INGA HOSP
**SÜDTIROL
VON AUSSEN**

1986

Alle Rechte vorbehalten
© by Verlagsanstalt Athesia, Ges.m.b.H., Bozen
Umschlaggestaltung: Roland Prünster, Bozen
Gesamtherstellung: ATHESIADRUCK, Ges.m.b.H., Bozen
ISBN 88-7014-425-9

———INGA HOSP———

SÜDTIROL VON AUSSEN

LEBENSBILDER ZWISCHEN HEIMAT UND FERNE

VERLAGSANSTALT ATHESIA - BOZEN

Inhaltsverzeichnis

Vorwort 8
Valentin Braitenberg 10
Denken als Lebenszweck
Karin Welponer 21
Ganzheit in zwei Hälften
Krista Posch 29
Flucht aus dem sozialen Netz
Knut Seeber 37
Nicht im Herzen sitzt die Seele
Vinzenz Maria Demetz 47
Die Tücken des Belcanto
Bernhard Winkler 56
Zukunft aufs Geratewohl
Rudi Unterthiner 66
Schönheit geht unter die Haut
Max Thaler 77
Mathematik als Kulturgut
Richard Tammerle 88
Laufbahn auf dem Luftweg
Herbert Rosendorfer 96
Die Systematik der Wortklauberei
Karl Frenes 108
Beweglichkeit als Naturell
Helmut Kutin 116
Ein Präsident für Kinder
Franziska Lemayr 125
Großmutter für drei Dörfer
Paul Flora 141
Das Verdächtige an der Zukunft
Franz Tumler 149
Umgehen in der Sprache
Matthäus Thun 160
Die Lust am Objekt
Frieda Abraham 170
Treppauf, treppab für Churchill
Gilbert Prousch 178
Leben als Kunst

Karl Plattner 186
Botschaften aus der Erschütterung
Oswald Oberhuber 194
Stillos aus Prinzip
Kristian Sotriffer 207
Heimatloser Heimatsucher
Inge Lehne 220
Dozentin für Wien(erisches)
Ulrich Runggaldier 231
Forschung zwischen Konflikt und Partnerschaft
Helmut Gadner 240
Schweres Geschütz gegen Krebs
Milena Rudiferia 252
Turnier mit Stimmen
Walter Deutsch 260
Große Nase für Volksmusik
Klaus P. Heiß 272
Geschäftsbeziehung zum Weltraum
Leonhard Paulmichl 285
Riecher fürs Wesentliche
Peter Mulser 296
Die offenen Enden unserer Welt
Anton Reiterer 310
Bischof für alle Hautfarben
Christoph von Unterrichter 318
Entwicklungshilfe als Mission
Klaus Dibiasi 328
Lokaltermin mit einem Modellathleten
Aldo Parmeggiani 337
Unser Gesicht aus Rom
Frieda Parmeggiani 345
Studieren beim Probieren
Erwin Tappeiner 353
Luxus mit Seele
David Langartner 360
Goldene Schlüssel für Probleme
Luis Trenker 367
Drei Variationen über ein Thema

Norbert Untersteiner 380
Dynamik im Eis
Paul Pfister 393
Ein halbes Jahrhundert Japan
Franz Matscher 402
Reisender in Menschenrechten
Walter Gubert 417
Puzzlespiel fürs Kapital
Heinz Winkler 426
Kochkunst für den Zeitgeist
Nachwort 436
Zwischen Heimat und Ferne: „Heimatferne"

Fotonachweis:

Hans Wielander, Ostermayer, Wolfgang Pfaundler, Renate v. Mangoldt, Schaffler, Ingrid v. Kruse, G. Schnabl, Friedrich Rauch (2), van Appelghem, Lesley de Vries.

Alle anderen Fotos: Privatbesitz

Vorwort

Dieses Buch ist das Protokoll einer etwa einjährigen, durchaus unvollständigen Spurensuche nach Südtirolern, die außer Landes gegangen sind. Sie sind also der geltenden Definition nach „Heimatferne", bei genauerem Hinsehen aber auch phantasievolle Individualisten, die sich nicht gern organisieren lassen, deren Heimatbezug jedoch fortdauert. Sie sind „weltläufig" geworden, jeder auf eine andere Weise, aber bei allen spielt Südtirol noch eine Rolle.

Sie haben berufliche Ziele angestrebt oder kreative Vorstellungen entwickelt, die sich daheim nicht oder nicht so hätten verwirklichen lassen.

Die meisten von ihnen kehren unterschiedlich häufig nach Hause zurück (was meine selbstgestellte Aufgabe erleichtert hat), viele habe ich dort, wo sie jetzt leben, aufgesucht (was besonders anregend war), mit ganz wenigen habe ich nur eine Tonband- oder Briefkorrespondenz führen können. Alle Gesprächspartner aber haben (nachdem ihnen sichergestellt schien, daß dies kein vordergründig neugieriger Report über Arrivierte werden sollte) sehr bereitwillig mitgearbeitet, wofür ich ihnen zu allererst danken möchte.

Danken aber muß ich auch meinem Mann Bruno und vielen anderen im Lande, die mir Suchhilfen und Ermunterung gegeben haben, sowie dem Verlag Athesia, der mit diesem Buch einmal nicht die „Innenperspektive" Südtirols fördert, sondern einen Blick „von außen" ermöglicht. Aber es scheint mir, daß dieser auch geeignet sein müßte, bei den Verbliebenen das Selbstverständnis zu vertiefen und ihnen Einsichten zu gestatten — und sei es nur die, daß auch ein so schönes Land wie Südtirol manchen Menschen nicht die Welt ersetzen kann.

Daraus geht auch hervor, daß die Menschenbilder dieses Buches über ihr Subjekt hinausweisen sollen und — vielleicht — Fragen wie diese klären helfen könnten:

Wie haben Menschen, die offenbar an sich hohe Ansprüche stellen, für sich selbst das Spannungsverhältnis zwischen ihrer Heimatgebundenheit, der Tiroler „Verwurzelung", und der Bewährung in der Ferne unter oft großem Konkurrenzdruck gelöst? Welche Motive haben sie zum Fortgehen veranlaßt? Sind sie ehrgeiziger gewesen als andere? Konnten sie, was sie erreichen wollten, nur außerhalb Südtirols erreichen? Wie erleben sie Südtirol, wenn sie zwischendurch heimkehren? Sehen sie anderes als die Ansässigen?

Ich bin mir darüber klar, daß aus dem Ansatz der Porträtreihe (und der unrunden Zahl von 42 offenen Lebensläufen) weder Vollständigkeit noch repräsentativer Aussagecharakter zu gewinnen ist, aber Mangel an Schärfe prägt ja, siehe Nachwort, die Heimatfernen-Thematik insgesamt. Es gibt sehr viel mehr heimatferne Südtiroler an sehr viel mehr Orten, und eine soziologische Studie sollte dies nicht werden. (Besonders viele leben und arbeiten übrigens in Innsbruck, etwa an der Universität. Sie sind Südtirol also ohnehin sehr nahe und im Sinne der Tiroler Landeseinheit auch gewissermaßen daheim geblieben und mögen sich durch Paul Flora würdig vertreten fühlen.)

Vielmehr war auch an Lesevergnügen gedacht, und um dieses nicht zu schmälern, wurde auf einen Fußnotenapparat verzichtet. Lesehinweise am jeweiligen Textende schienen mir handlicher. Die „Psychogramme", denen sich fast alle meine Gesprächspartner unterzogen haben, sind lediglich als Identifikationshilfen und Bekanntschaftsvermittler für den Leser gedacht. Es sei höflich davor gewarnt, sie zu wichtig zu nehmen, denn die sie ausfüllten, konnten sich auf die Fragen einlassen oder mit ihnen spielen — ganz nach Laune und Anlage —, und einige konnten ihren Widerstand gegen Fragebogen eben nicht überwinden.

Gelegentlich bescherte mir die Suche nach fernen Südtirolern, womit ich bereits vorgreife, reizvolle Überraschungen: So, als ich statt jenes existierenden Philosophen in Hamburg, von dem jemand aus einer „Arunda"-Nummer schattenhaft wußte, gleich dreierlei fand: Falentin Praitenberg, eine amüsante literarische Fiktion und eine ähnliche Schreib-Idee.

Ritten, Juni 1986

Inga Hosp

Psychogramm Valentin von Braitenberg

Geburtsort: Bozen
Sternzeichen: Untergang der k. u. k. Monarchie
Ihr ausgeprägtester Charakterzug: Eigensinn
Bekennen Sie sich zu einem Fehler? Ja, vorher und nachher
Sind Sie ehrgeizig? Überhaupt nicht geizig
Was verschafft Ihnen besondere Genugtuung? Hinsetzen
Bevorzugte Tätigkeit: Sitzen
Steckenpferd: Siehe Beruf
Was fürchten Sie am meisten? Deutsche Schäferhunde
Was ärgert Sie besonders? Besitzer deutscher Schäferhunde
Was kränkt Sie? Akademische Ehrungen
Sind Sie von etwas abhängig? Vom Essen und vom Trinken
Welches Abenteuer würden Sie gern erleben? Ein unvorhergesehenes
Gibt es eine Persönlichkeit, an der Sie sich orientieren? Verkehrspolizisten
Welche historische Persönlichkeit wären Sie gern gewesen? Adam
Lieblingslandschaft: Blick aus meinem Fenster
Lieblingsstadt: Bettstatt
Lieblingsgeräusch: Die eigenen
Lieblingsduft: Der eigene
Bevorzugter Autor: Wechselnd
Bevorzugter Komponist: Mahler
Bevorzugter Maler: Gustav
Welches Buch haben Sie zuletzt gelesen? Korrekturfahnen
Was tun Sie in Südtirol am liebsten? Ankommen bzw. Abreisen
Was könnte Sie wieder nach Südtirol zurückbringen? U. U. ein Leichenwagen

Valentin Braitenberg

Denken als Lebenszweck

Ein Philosoph in Hamburg, rosig, untersetzt und mit einem ladinischen Namen versehen, unterhält eine Praxis, in der er, „Sprechstunden von 11 bis 13 und von 17 bis 24 Uhr", wie weiland Sokrates, verstörte Zeitgenossen philosphisch therapiert.

Ein Dichter in Agram, „mit Dora Merl und Ernst Jandl eine der nicht zu überhörenden Stimmen im Gezwitscher der deutschen Lyrik südlich der deutschen Grenze", schreibt dodekaphonische Gedichte in kybernetischer Manier, wenn er nicht mit dem Erfinden von Witzen sein Geld verdienen muß.

Ein Soziopsychologe in New York untersucht die Unterschiede zwischen Mann und Frau. „Berühmt geworden ist seine statistische Studie über das Aufhängen von Klosettpapierrollen... 85% aller Frauen befestigen die Rolle so, daß das Papier hinten an der Wand abrollt, während fast alle Männer (96%) es vorziehen, das Papier an der dem Benutzer zugekehrten Seite herunterhängen zu lassen."

Alle drei sind „berühmte Tiroler im Ausland", lassen sich aber nur in der Gestalt eines vierten dingfest machen — und auch da ist kein Ergebnis zu garantieren.

Zwar scheint Falentin Praitenberg, der über die drei Herren Bericht erstattete, identisch mit Valentin Braitenberg, Direktor des Max-Planck-Instituts für biologische Kybernetik in Tübingen, aber auch mit dem leicht abgewandelten Hirnforscher Valentino Braitenberg, der unter diesem Namen englisch oder italienisch schreibt (was er sehr häufig tut). Er ist aber ferner eine identische Kopie des in der Bozner Streitergasse geborenen Sohnes von Altsenator Carl von Braitenberg und des Beirats in der „Gesellschaft für philosophische Praxis", die in philosophischen Therapiegesprächen Lebenshilfe anbietet.

An dieser Stelle sind wir also wieder bei dem Hamburger Philosophen angelangt und zugleich bei dem kybernetischen Dichter, denn Valentin Braitenberg hat sie nicht nur so gut erfunden, daß sie gelegentlich als existent angenommen wurden, sondern er hat ihnen auch Fragmente seiner eigenen Persönlichkeit eingepflanzt. Ob dies auch im Falle des dritten Tirolers angenommen werden darf, sei hier nicht weiter erörtert, aber eine gemeinsame Erfahrung teilt er auch mit diesem:

„Es wurde ihm klar, daß die Unterschiede zwischen den einzelnen Menschen eines Volkes viel größer sind, als die zwischen verschiedenen Völkern, und viel interessanter..."
Eine Konsequenz dieser Erfahrung ist, daß Valentin Braitenberg, unvorsichtigerweise nach seiner Heimat befragt, sich auf „23 Heimaten" beruft, unter denen er fünf näher umschreibt: Neu-England (wo das erste seiner drei Kinder geboren ist), Neapel (wo er zehn Jahre an der Universität gelehrt hat), Tübingen (wo er seit 1968 Direktor des für ihn gegründeten Instituts ist), Oberbozen (wo er Mitglied der elitären Schützengesellschaft ist) und Meran (wo er mindestens fünfmal im Jahr im behäbigen Wohnturm der Zenoburg haust).

Über seinem komplizierten Lebensgang als Physiker, Mediziner, Kybernetiker, Verhaltensforscher, Biologe, Bratschist, Filmdarsteller („Manchmal verwechselte man mich mit Kirk Douglas"), Jazzposaunist und Heimatschriftsteller ist er inzwischen in die 60er eingetreten, weshalb er zumindest gelegentlich die Frage duldet, wo er sich denn wohl nach seiner Emeritierung (nach den Gepflogenheiten der Max-Planck-Institute frühestens mit 65, spätestens mit 68) aufhalten werde.

Es erstaunt nicht, daß Valentin Braitenberg auch dafür keine eindeutige Option abzugeben bereit ist: In Tübingen bliebe er gern wegen seiner Mitarbeiter, das kleine Haus bei Neapel zöge er zum Schreiben vor, in Südtirol möchte er freilich auch sein, zu sehr interessiert ihn dort das Problem der beiden Sprachen, zu dessen Lösung ihm vorschwebt: „In beiden Sprachen gleich gern schwätzen, ohne die sprachliche Identität zu verlieren."

Er hat das, unter Hinzuziehung des Englischen, das die Muttersprache seiner Frau und die Sprache der meisten seiner etwa 100 wissenschaftlichen Publikationen ist, bei seinen Kindern exerziert, die freilich durch die Tübinger

Schuljahre allesamt fest im Deutschen verwurzelt worden sind. Im häuslichen Umkreis aber hatte er sie nicht in einer Sprache fixieren wollen — aus kybernetischen Gründen: „Das Interessanteste an einer Sprache ist das, was man leicht übersetzen kann."

Schon darum ist es Valentin Braitenberg ein berufsbedingtes Bedürfnis, Sprachgrenzen bewußt zu überspringen. Diese Art von Weltläufigkeit mag ihn gelegentlich in Kontrast zu Südtiroler Empfindlichkeiten bringen, aber sie gehört zu seiner internationalen Karriere wie zu seiner Persönlichkeit als Wissenschaftler, der davon ausgeht, daß Menschen nun einmal „sprechende Viecher" sind, zu Menschen gemacht eben durch ihr höchstes Gut, die Sprache. Welche, ist sekundär, wenngleich ihn die Abtönungen, die wichtige Begriffe im Gebrauch der verschiedenen Sprachen erfahren, faszinieren und zum Philosophieren reizen.

Auch das kommt nicht von ungefähr, da Valentin Braitenberg im Philosophieren von früher Jugend an geübt ist, was er in seiner „Autosemibiographie" (aus der im folgenden gelegentlich zitiert wird) für in mehrfacher Hinsicht folgenreich hält; denn die Philosophie lernte er im Bozner Gymnasium bei jener Frau Rigatti, die sich auch als Lehrmeisterin des erinnerlichen Hamburger Philosophen entpuppt, während die männlichen Lehrer „größtenteils damit beschäftigt waren, unsere geistige Entwicklung durch die Konfrontation mit Texten griechischer und römischer Rechtsanwälte zu bremsen. Ob ich Frauen lieber hab als Männer, weil sie mich in die Philosophie einführten, oder Naturphilosophie lieber als Rechtsphilosophie, weil sie von den Frauen kam, entzieht sich einer nachträglichen Kausalanalyse".

Jedenfalls sieht Valentin Braitenberg sich selbst und alle denkenden Mitmenschen als „Erben der Philosphie", weshalb er auch als Wissenschaftler sein Lebensthema, das Gehirn, durch philosophische Erörterungen zu umkreisen pflegt, was doppelte Berechtigung hat und ihn als zur Popularität fähigen Referenten und Autor für Verlage, Zeitschriften und Rundfunkanstalten so begehrenswert macht.

Einmal ist das Philosophieren bekanntlich eine Beschäftigung, bei der der Mensch besonders nah bei sich selbst ist, und zum andern lassen sich Probleme der Hirnforschung im Philosphieren ohne Formeln und hermetische Fachbegriffe darstellen. Im übrigen ist Valentin Braitenberg der Meinung, daß der Philosophie durch die erodierende Entwicklung der Spezialwissenschaften allzuviel weggenagt worden ist, weshalb sie heute der Pflege mehr denn je bedarf.

Aber auch wenn er nicht philosophiert, vermag Valentin Braitenberg sich verständlich auszudrücken, und da er überdies noch Esprit, Lust an der Fiktion und angelsächsisch eingefärbten Witz besitzt, hat er jüngst das schwierige Kunststück fertiggebracht, ein Buch zu schreiben, für das er von der literarischen Welt ausgezeichnet und von der Fachwelt belobigt wurde:
In 14 Kapiteln erfindet er 14 hypothetische, selbsttätige „Vehikel", die in zunehmender Verzwicktheit das Verhalten realer Lebewesen simulieren. Als Kind der Berge überläßt sich Valentin Braitenberg dabei der einem Südtiroler vertrauten Erfahrung, daß das Aufsteigen anstrengender ist als das Abwärtsgehen, also die Analyse schwieriger als die Synthese.

So nimmt er den Leser bei der Hand und führt ihn, entspannt, aber spannend, „bergab" in eine Welt mechanischer „Geschöpfe", die Verhaltensweisen von Lebewesen annehmen, die „Liebe", „Angst und Aggression", „Logik" und sogar „Egoismus und Optimismus" zeigen, mit denen aber auch die Grundtatsachen der Evolution (wie Vermehrung, Irrtum und Selektion) nachzuahmen sind.

Schließlich lehnt sich der Erfinder zurück und beobachtet die zahlreiche, seltsame Population in seinem Laboratorium: Alle seine „Vehikel" gehen ihrer Beschäftigung nach und folgen dabei bestimmten Gesetzen, von denen er einige versteht, weil er sie erfunden hat, andere nicht, weil sie von den Unwägbarkeiten des Evolutionsprozesses maskiert sind.

So wird alles bisherige Wissen über das Gehirn, die „graue Eminenz des Verhaltens", zum Erfinderwissen in einem Buch, das von der fiktiven und der wissenschaftlichen Brillanz seines Autors gleichermaßen geprägt ist. Erfindung in der Wissenschaft — „Science Fiction": statt Plattheit ein Spiel auf hohem geistigem Niveau.

Nach Tübingen berufen wurde Valentin Braitenberg freilich nicht dieser Tugend halber, sondern wegen seines Rufes als Hirnforscher von Weltrang, allerdings erst in letzter Minute, als er schon einen Ruf ans noble „California Institute of Technology" in Pasadena (Los Angeles) angenommen hatte. „Mir gefiel Los Angeles sehr. Eine Art Meran, nur größer. Mutspitze und Tschigat: Mount Wilson und Mount Palomar, die großen Observatorien. Dorf Tirol: Pasadena mit dem berühmten Institut. Die Stadt: Mischung aus Sächsisch und Lateinisch da und dort. Algund: Hollywood. Nur größer. Man stelle sich Untermais 200 km ausgedehnt vor, die Laubengasse 30 km lang. Der Gedanke, im extremen Westen, an der Front der europäischen Menschheit zu agieren, faszinierte mich, doch suchte ich vergeblich nach Eingeborenen, die an der Pazifischen Küste noch etwas von der klassischen Kultur lernen wollten, die ich im Gymnasium-Lyzeum Giosuè Carducci in Bozen seinerzeit dankbar erworben hatte. Ich fand in Californien keine Wilden mehr. So betrachtete ich mit Interesse das Angebot eines bundesdeutschen Vereins, der mit Vorliebe californische Projekte aufgreift und daher auf meine Tätigkeit aufmerksam geworden war... So verschlug es mich, Frau und Kinder nach Tübingen... Es müßte ein stumpfer Geist sein, den das warme, pulsierende Leben nicht inspirierte, das 18.000 Studentenseelen, angelockt vom Glanz lebendiger oder vergangener Tübinger Persönlichkeiten, in dieses schwäbische Dorf bringen."

Inspiriert war Valentin Braitenberg ohne Zweifel auch von den Arbeitsbedingungen, die die Staatsakademie der Max-Planck-Institute ihren hochrangigen Mitarbeitern bietet. Berufen wird nur, wer in der wissenschaftlichen Welt etwas gilt. Dem aber wird „sein" Institut (mit Förderung von Bund und Ländern) auch auf den Kopf geschneidert — und zwar auf Lebenszeit und mit aller Freiheit in der Wahl der Forschungsthemen.

Für Valentin Braitenberg hieß und heißt das: einer von vier Direktoren sein in einem Stab von 60 Biologen, Physikern, Mathematikern, Psychologen, Medizinern und Elektrotechnikern. Das Generalthema ist Braitenbergs wissenschaftliches Lebensziel: eine allgemeine Theorie der Gehirnfunktion. Zur Zeit ist das Hauptthema die quantitative Erfassung der Verschaltung in der Großhirnrinde. In dessen Verfolgung ist in Tübingen beispielsweise ein Modell der menschlichen Großhirnrinde entworfen worden, in der schätzungsweise 10 Milliarden Nervenzellen durch Faserbündel miteinander verschaltet, „vernetzt", sind. Die „Verdrahtungslänge" dieser Leitungen wurde von Valentin Braitenberg — auch dies ein weltweit anerkanntes Forschungsergebnis — auf eine Million Kilometer errechnet, weit mehr als die doppelte Entfernung zwischen Erde und Mond.

Der Informationsfluß im Innern des Gehirns kommt so zustande, daß die Nervenzellen über die Fasern mit Hilfe sogenannter Neurotransmitter kurzzeitig aktiviert werden, wobei die Erregung an den Kontaktstellen zwischen Fasern und Nervenzellen von einer Zelle zur andern überspringt. Andere Kontaktstellen wiederum bewirken das Gegenteil, nämlich nicht eine Aktivierung, sondern eine Hemmung der nächsten Nervenzelle.

Das alles sieht einem Digitalrechner, einem Computer, verteufelt ähnlich, weshalb man eine Zeitlang den Computer zum Elektronen-„Gehirn" hinaufzustilisieren und das Hirn zum Computer herabzuwürdigen versuchte. Valentin Braitenberg kommentiert diese Phase als Hurra-Erlebnis: „Jetzt weiß man also endlich, wieso wir so gescheit sind — weil wir wie Digitalrechner funktionieren."

Inzwischen ist Ernüchterung eingetreten, wenngleich Hirnforschung und Kybernetik (die von Norbert Wiener begründete und benannte Erforschung der Regelvorgänge in Technik, Biologie, Soziologie und Psychologie) einander mehr denn je brauchen; wenngleich Rechenanlagen immer häufiger als Modelle für Gehirnfunktionen verwendet werden; wenngleich die Computer-Tomographie die pathologische Erforschung des Gehirns mittels Skalpell weitgehend ersetzt.

Aber der Computer ist immer noch ein mittelmäßiger Schachspieler, und selbst bei diesem der Logik der Computer so verwandten Königsspiel führt oft erst eine emotionale, irrationale, phantasievolle — also nicht computertaugliche — Aktion zum Erfolg.

Aber es ist bereits abzusehen, daß eine neue Computergeneration — dies wiederum aufgrund der Erkenntnisse der Hirnforschung — auch so etwas wie Phantasie wird „lernen" können. Schon jetzt, weiß Valentin Braitenberg, gibt es Vorformen einer noch etwas klapprigen „Maschinenphantasie", zum Beispiel beim automatischen Beweisen von mathematischen Sätzen oder im Bereich der sogenannten künstlichen Intelligenz.

Trotz aller dieser Versuche und Versuchungen sieht Valentin Braitenberg die Hirnforschung wesentlich als Geisteswissenschaft. „Die Elektronik hat uns Mut gemacht, die Funktion des Gehirns wirklich zu verstehen. Verstehen heißt in diesem Fall nachbauen, und da bieten sich die großen elektronischen Rechenanlagen als Modelle an."

Aber: „Gehirne sind viel flexibler, unberechenbarer, können schlecht rechnen, aber um so besser in einer variablen, nur ungenau definierten Umwelt überleben. — So versuchen wir halt, Probleme zu isolieren, indem wir uns nur mit einem kleinen abgrenzbaren Teil eines Gehirns beschäftigen oder nur mit einem winzigen Gehirn oder nur mit Teilaspekten der Funktion oder gar nur mit der Funktion der einfachsten Bestandteile."

Am Tübinger Institut Valentin Braitenbergs werden solche Untersuchungen auch an Versuchstieren — Katzen, Fröschen, Ratten etwa — vorgenommen, und nicht von ungefähr widmet er sein Buch über die „Vehikel" den Geschöpfen, mit denen er umgeht; übrigens streng nach den Spielregeln des Tierschutzes. „Unseren Tieren geht es viel besser als Kindern in einem Spital", versichert er.

Den Spezialitäten des Fliegenauges etwa gelten viele seiner Veröffentlichungen. Welche Art von „Computer" zum Beispiel ist mit dem Facettenauge eines fliegenden Insekts verbunden? Viele dieser Fragen gelten scheinbar kleinlichen, bedeutungslosen Details. Valentin Braitenberg, auch hierin Philosoph, bekennt in sokratischer Bescheidenheit: „Es ist nicht viel, was wir über das Gehirn wissen."

Aber als Wissenschaftler läßt er auch Selbstbewußtsein anklingen: „Das wenige, was wir bereits wissen, ist wichtig. — Bei Affen und Katzen weiß man zum Beispiel ziemlich genau, in welche elementaren Bedeutungseinheiten das Bild der Umwelt zerlegt wird, sobald es von den Augen auf das Gehirn projiziert wird, und mit dem Eingang aus der Hörbahn scheint das Gehirn ähnlich symbolhaft umzugehen... Aber: Man kann nicht alles auffassen, nicht alles erkennen, nicht auf alles reagieren. Eine Vorauswahl geschieht durch angeborene Erkenntnismechanismen, aber bei den höheren Tieren und besonders beim Menschen spielt das Lernen die größere Rolle.

Das ganze Leben lang lernt man Gestalten zu unterscheiden, wichtige Situationen zu erkennen, besondere Reaktionen auszufeilen. Im Gehirn entspricht dem eine ständige Umstrukturierung der inneren Verbindungen, indem Zusammengehöriges zusammengeschaltet wird, Sequenzen eingeschliffen werden. Wenn dann alles im Gehirn so angeordnet ist, daß die Verbindungen der Nervenfasern untereinander ein genaues Bild darstellen von den logischen und kausalen Verknüpfungen der Dinge in der Außenwelt, dann kann man Geschehnisse probeweise im Innern des eigenen Gehirns ablaufen lassen, das heißt, man kann denken."

An dieser Stelle schien es sinnvoll, Valentin Braitenberg zu unterbrechen, weil er gerade so schön bei sich selbst angekommen war, dem Denken zum Lebenszweck geworden ist. Aber er wollte das nicht auf sich beruhen lassen, denn er ist keiner, der für sich allein vor sich hindenkt. Nicht einmal sein Meraner Wohnturm ist ein Elfenbeinturm. Zwar scheint das Holztor, hinter dem er sich verbirgt, massiv geschlossen, aber der Griff, der daran ist, wird leicht zum Riegel, weiß man nur den Trick, ihn zu öffnen.

So wird, wo immer er sich befindet, sein Haus zur Akademie im ursprünglichen Sinne, wo im Gespräch entwickelt wird „das Bild der Bilder, jedem das seine, das Bild der Menschlichkeit, solange es geht".

Freilich, Valentin Braitenberg wäre nicht, der er ist, machte er nicht auch ein amüsantes Vexierspiel aus seiner Tübinger Behausung:

„Wir kauften ein Haus im Zentrum, mit zwei Eingängen auf zwei verschiedenen Straßen. Den einen bewache ich. Er trägt die Überschrift: ‚Seminar und Praktikum für psychosoziologische interpersonelle Kontaktforschung der ök. Ver. dt. Fr.'. Dort übe ich meine Lehrtätigkeit aus. Zu meiner Freude gehören zahlreiche Studentinnen der ersten Semester zu den Besuchern des Seminars. Mein Hauptthema ist die Vereinsamung des Mannes und ihre Überwindung durch Nächstenliebe und im Praktikum die Technik der menschlichen Ausdrucksbewegungen unter besonderer Berücksichtigung des Problems der Schüchternheit.

Den andern Eingang bewacht meine Frau. Er trägt keine Überschrift, sondern ist mit einem roten Vorhang verschlossen. Einsame Männer, Dozenten und Gastprofessoren zählen zu unseren liebsten Besuchern, da sie leicht zu finanziellen Spenden für die Arbeit im Kontaktpraktikum angeregt werden können. Die eigentlichen Kontakträume befinden sich im Inneren des Hauses.

Beide Arten von Kunden, die meiner Frau und die meinen, wissen, daß nicht viele Worte für menschliche Kontakte nötig sind. So entstehen keine Mißverständnisse. Wir haben auf der einen wie auf der anderen Adresse zahlreiche Schreiben empfangen, die dankbarst bekunden, daß unser Unternehmen jedem das liefert, was er sich in seinem Innersten wünscht."

Lesehinweise:
ARUNDA, Nr. 7
ARUNDA, Nr. 11 (1981)
Das Fenster — Tiroler Kulturzeitschrift, Nr. 31
Als Einführung in Valentin Braitenbergs Gehirnforschung seien
   empfohlen:
V. B., Gehirngespinste, Heidelberg 1974
V. B., Vehicles-Experiments in Synthetic Psychology, Cambridge
   (Mass.), London 1984
deutsche Ausgabe: Künstliche Tiere, 1986 (Vieweg-Verlag)

Karin Welponer

Ganzheit in zwei Hälften

An einem schönen Feiertagsabend drängt sich halb München Schulter an Schulter durch die Leopoldstraße. Während jenseits des Siegestors die Birkenbäumchen an den imperialen Fassaden der Ludwigstraße noch ernste Erinnerungen an eine pompöse Fronleichnamsprozession wachhalten, zelebriert der „Boulevard Leopold" sein Klischee des Pariserischen. Straßenmaler und Händler von kunstgewerblichem Krimskrams signalisieren: „Hier ist Schwabing!" Den Touristen ist es recht und den Münchnern zwar nicht billig, aber insofern sie sich zu den „beautiful people" zählen, machen sie willig mit, stellen ihre Cabrios und sich selbst aus und bekennen sich heftig zum romanisch-leichtlebigen Element ihres Wesens.

München sei die nördlichste Stadt Italiens. Dieses schon ein wenig angejahrte Schlagwort wird unter dem weißblauen Himmel von Schwabing hingebungsvoll gelebt. Wer hier dazugehören möchte, muß „Spaghetti all'amatriciana" fehlerfrei und beiläufig aussprechen können. So hat sich Schwabing für die Kunst französisches, für den Lebensgenuß italienisches Flair geborgt und liegt damit wieder genau im Trend.

Ein paar Straßenecken von der Leopoldstraße entfernt ist Schwabing zum Glück noch münchnerisch eingefärbt. Da gehört ein stattliches Geviert von altbackenen Bürgerhäusern der „Münchner Rück", einer Institution des Geschäftslebens, die Versicherungen den Rücken deckt, und zu jedem dieser Häuser — sorgsam saniert die meisten — gehört ein Atelier, das Münchens italienisches Licht vom Himmel holt. Aus den Fenstern geht der Blick über hellrote, neu gedeckte Biberschwanzdächer zu anderen Atelierfenstern, im Hof sind ausgewachsene, frisch verpflanzte Bäume dabei, sich neu einzuwurzeln.

Die ornamentierten Häuserfassaden sind bis ins Detail restauriert. München demonstriert, daß es sich eines Besseren besonnen hat.

Psychogramm Karin Welponer

Geburtsort: Bozen
Sternzeichen: Krebs
Wo fühlen Sie sich zu Hause? Wo ich gut arbeiten kann.
Woran glauben Sie? An die Natur
Sind Sie von etwas abhängig? Harmonie
Ehrgeizig? Manchmal ja, manchmal nein
Emanzipiert? Mit mir zurechtkommen
Haben Sie ein Leitbild? Nie stehenzubleiben
Einen Lieblingsautor: Garcia Marquez, H. C. Artmann, Lord Dunsany
Einen Lieblingsmaler: Sehr viele (Goya)
Eine Lieblingslandschaft: Unberührte
Eine Lieblingsstadt: Ameisenhügel
Ihre liebste Farbe: Alle = weiß
Blumen: Bevor sie sich entfalten.
Speise: Austern
Beschäftigung: Träumen
Ihr liebster Duft: Frisch geschnittenes Gras
Ihr liebstes Geräusch: Einmotoriges Flugzeug im Sommer
Welches Tier ist Ihnen sympathisch? Eichelhäher, Rabenvögel
Was begeistert Sie? Unbelastete Ideen (meist von Kindern)
Was ärgert Sie? Borniertheit
Was kränkt Sie? Unverständnis
Was fürchten Sie am meisten? Menschen
Welches Buch haben Sie zuletzt gelesen? Ernst Jüngers Tagebücher
Haben Sie ein Motto? Weiterzugehen
Eine Sehnsucht? Ich lebe damit.
Welche historische Gestalt wären Sie gern gewesen? Keine
Gibt es etwas, das Sie nach Südtirol zurückziehen könnte? Meine Familie (versucht es)

Karin Welponer: Ich-Suche in der Sahara

Auch der Weg zu Karin Welponers Atelier ist ein Weg zum Licht — immer höher hinauf am gußeisernen Stiegengeländer entlang. Wo es ganz hell wird, hängt ein großformatiges Stück üppiger, fast fleischlicher Pflanzlichkeit im Treppenhaus.

„Drinnen hat's nicht Platz gehabt", erläutert Karin Welponer, und in der Tat ist's „drinnen" reichlich winkelig, auch nicht sehr rechtwinklig — und daher um so behaglicher.

Das Dekor entspricht den drei Facetten der Bewohnerin: tirolerisch, bayrisch und — weltläufig. Zwar hängt auch der Schlern an der Wand, aber nicht von Karin Welponer gemalt, sondern von einem Kollegen gezeichnet und gleich in doppelter Brechung: zwei verschieden farbige Versionen untereinander auf einem Bild und beide ohne Euringer. „Den hat er vergessen!"

Auch Bayrisches ist da: Votivbilder und hie und da etwas Volkskunst. Aber gleich sind Gegengewichte bereit: Steine aus der Sahara, Schneckenhäuser und Muschelschalen aus exotischen Ländern, formale Anreize für Karin Welponer, die sich künstlerisch immer noch von Form und Linie her definiert.

„Ich bin eigentlich eine Zeichnerin, die färbelt", sagt sie und legt ein Bettlaken aufs Fensterbrett, damit die Bücher nicht naß werden, während draußen ein Frühsommergewitter niedergeht. Die Fensterflügel läßt sie offen. Es ist nicht ihre Art, die Natur hinauszusperren.

Auch das Fenster zu ihrer Südtiroler Geburtsheimat hat sie offengelassen, obwohl sie seit mehr als 25 Jahren in München lebt. Der Wein, den wir trinken, ist ein Lagrein, und die Sprache, die sie spricht, ist nur ganz zart bayrisch angefärbt. Daß sie in München gelandet ist, hat die Boznerin Karin Welponer einer Nachprüfung zu verdanken, die sie mit 16 Jahren ausgerechnet in ihrem Lieblingsfach Latein abgefangen hatte. „Das war direkt ein Schock! Nicht in Mathematik — da hätt ich die Nachprüfung ja verdient! Aber grad in Latein. Da hab ich mit meinem Vater einen Vertrag geschlossen: Die Nachprüfung mach ich noch, und zwar gut, aber dann will ich weg!"

Der Vater, Kaufmann aus Grödner Familie in Bozen, hielt sich an den Handel und bezahlte der Tochter fünf Jahre lang das Studium an einer Münchner Schule für Gebrauchsgraphik und dann an der Kunstakademie. Aber er packte eine Klausel in den Vertrag, die dem Kaufmann vernünftig schien: Auch ein Brotberuf sollte erlernt werden. So erwarb sich Karin Welponer auch einen Berufstitel als Übersetzerin für Italienisch und eine Lehrbefähigung für Englisch.
Mit 21 Jahren war der „Vertrag" ausgelaufen, die Heimkehr nach Bozen stand bevor. Da schlug Karin Welponer ihren Eltern und Bozen ein Schnippchen und erlangte ein Ausländerstipendium der Münchner Kunstakademie.
Nun stand sie plötzlich auf eigenen Beinen — und darüber trug sie einen eigenen Kopf.
„Lebensgroße Akte in Preußischblau und Ocker hab ich danach gemalt. Entsetzlich! Aber viel lieber hab ich gezeichnet — Illustration, Graphik, alle Techniken hab ich gelernt. Danach bin ich mit meiner Mappe zu 17 Verlegern getippelt. Überall haben sie mich vertröstet — es war beschämend."
So ziemlich am Tiefpunkt dieser Gehversuche habe sie dann ein Team von Kollegen kennengelernt, die Restaurants einrichteten. „Da hab ich die Dekorationsmalerei gemacht. Das war amüsant und hat mich auch wieder zum Malen ermutigt."
Wie sich das in Bayern so gehört, wurde auch eine Brauerei zum Mäzen der Karin Welponer. Da hat sie das Naive in die Werbung gebracht, ein Erfolg, der heute noch mit ihrem Namen (und mit der Brauerei) verknüpft ist, sogar in Südtirol, wo sie griffige Slogans mit bunter Folklore illustriert hat. Aber Karin Welponer wäre nicht sie selbst, wäre sie bei einer solchen „Masche" stehengeblieben.

Mit dem finanziellen Schutzpolster der Gebrauchsgraphik hat sie sich lediglich den Freiraum für ihre Kunst etwas weicher ausgestattet. Inzwischen ist sie als Künstlerin arriviert genug, um mit reduzierten materiellen Ansprüchen davon leben zu können.

Im Tempel der etablierten Münchner Kunst gehört sie mittlerweile „dazu". Als Schriftführerin der Neuen Münchner Künstlergenossenschaft (einer der drei großen Künstlervereinigungen Münchens) ist sie gewissermaßen der höheren Weihen und der alljährlichen Großen Münchner Kunstausstellung im „Haus der Kunst" teilhaftig und würdig.

„Immer wieder hab ich's probiert. 1974 hab ich zum ersten Mal als Gast ein Bild in der Jahresausstellung gehabt. Das war ein herrliches Gefühl: Zu wissen, daß all die vielen Leute jetzt mein Bild sehen. Nach drei Jahren ist der damalige Schriftführer, der Anton Sailer, zu mir ins Haus gekommen, um meine Bilder anzuschauen. Ob das angenommene Bild nicht etwa bloß ein Zufallstreffer war! — Das ist heut' ganz anders. Mein großes Zittern damals... Heute kommen die Bewerber mit einem solchen Selbstbewußtsein daher. Die haben einen ganz anderen Stil!"

Die Mitgliedschaft in der angesehenen Künstlervereinigung in einer Stadt, die sich so gern als Kunststadt bespiegelt, tut Karin Welponer sichtlich wohl. Noch mehr aber braucht sie die freundliche Reibung an der Kritiklust ihrer Kollegen, die sie immer wieder auf sich selbst zurückwirft und sich ihrer eigenen Gefährdungen bewußt werden läßt.

„Du mit deiner Grödner Geschicklichkeit...", habe ihr Professor immer wieder warnend zu ihr gesagt. „Nur nie geschickt werden!" Nach dieser Maxime arbeitet Karin Welponer.

„Wenn du was mit der rechten Hand kannst, dann probier's mit der linken. Und wenn's da auch geht, mit dem Hintern oder mit dem Mund. Bloß nicht stehenbleiben! Nichts Gekonntes wiederholen!"

Infolge dieser Erkenntnis, aber auch nach Todeserfahrungen, die ihr viel Trauerarbeit auferlegt haben, hat sich die üppige Farbigkeit aus ihren Bildern zeitweilig zurückgezogen. Und auch die Motive sind andere geworden. Die exzessiv wuchernden Pflanzen sind abgestorben. Statt dessen ist Karin Welponer buchstäblich in die Wüste gegangen. Auf Reisen in die Sahara, die sie immer wieder macht, um die eigene Ausgesetztheit, aber auch das Wunder einfachsten, radikal angepaßten Lebens in lebensfeindlicher Umgebung zu erfahren, hat sie Steine gesammelt und gemalt, hat die „unglaubliche Chance" gestaltet, die aus einem Samenkorn noch in der Wüste eine Pflanze werden läßt. Hier findet sie ein atavistisches, ein unterschwelliges Daheim, abseits der Piste und ganz auf sich selbst gestellt.

Daheim in der Wüste? Für Karin Welponer kein Widerspruch. Übrigens hat sie ausgerechnet in der Sahara ein Schlüsselerlebnis in Sachen Südtirol gehabt, das ihr komplexes Verhältnis zur Geburtsheimat erhellt.

„Da komm ich an einer Felswand vorbei, mitten in der Wüste, und was steht dick hingepinselt drauf: Heil Südtirol! — Ich hab mich so geschämt! Und dann hab ich stundenlang daran herumgewaschen — bis nichts mehr zu sehen war! — Dabei hab ich in Südtirol die Füß bis zu den Knien in der Erd!" Scham über eine Manifestation des Heimatstolzes, der in der Ferne geradezu obszöne Aufdringlichkeit anhaftete. Und gleichzeitig ein Heimatbekenntnis wie aus den erdigen Tiroler Stücken von Karl Schönherr. Bei Karin Welponer wird auch dieser Widerspruch zur Ganzheit; denn die ganze Karin Welponer besteht eben aus zwei ganzen Hälften: Die Südtirolerin in ihr hat den bäuerlich-naturnahen Untergrund, der sie jeden Herbst zum Äpfelklauben heimfahren und über eine intakte Bauernstube ins Schwärmen geraten läßt. Einen Kirschbaum möchte sie neben jeden Bauernhof gepflanzt haben, und leid ist es ihr um die vielen abgesägten Maulbeerbäume.

„Ich komm so gern nach Südtirol und tu mich dann so schwer mit meiner freieren Art."

Die großstädtisch-intellektuelle Hälfte der Karin Welponer vermißt in Bozen vor allem das liberale Klima, das freie Spiel mit allen Anregungen und Einflüssen. Aber Bozen sei dennoch weniger provinziell als viele deutsche Städte dieser Größenordnung.

In München gilt sie übrigens als Südtirolerin schlechthin, und wenn es in bayrischer Runde wieder einmal heißt, das Land gehe am Tourismus kaputt, dann greift sie energisch ein, denn ihr Land soll gut dastehen!

Auf mehrere schlaue Versuche ihrer Eltern, „die einzige" wieder heim nach Bozen zu bringen, hat sie schließlich vorsichtig die Hälfte eines halben Beins wieder in Südtirol eingesetzt. Im väterlichen Haus in der Bozner Museumstraße hat sie sich und anderen eine Galerie und im Unter-

dach sich ganz allein eine Bleibe eingerichtet. Für die Galerie, die inzwischen von ihr und vom „Forum ar/ge Kunst" betrieben wird, hat sie nun eine Organisationsform gefunden, die ihr die übergroße finanzielle Bürde mittragen hilft, und für die Wohnung?
„Erst hab ich mit 40 hinuntergehen wollen, jetzt eher mit 70... — In Südtirol ist es wahrscheinlich zu schön und zu angenehm für mich. Gefordert muß ich werden!"
Auf einem ihrer letzten Bilder — es ist übrigens wieder Blau und Ocker darin — hat Karin Welponer eine Frauengestalt in eine leere, weite Wüstenlandschaft gesetzt, die rechte Schulter schutzsuchend hochgezogen, den Blick zur Seite und ins Weite gerichtet.

Krista Posch

Flucht aus dem sozialen Netz

Wenn in München die Sommerabende jene Qualität erreicht haben, daß sich die Titelseiten der lokalen Boulevardblätter mit ihnen beschäftigen, bricht die hohe Zeit der Biergartenkultur an.
Gleichzeitig erreicht der „Radi", die bayerische Spielart des Rettichs, das Stadium, in welchem er als köstlichste Zutat zum Bier erst zelebriert und dann verzehrt werden will. Das Verfahren, mit dem er zeremoniell in ein „Buch" zu zerscheibeln ist, zwischen dessen einzelne „Seiten" Salz gestreut wird, das den fest zusammengedrückten Radi dann zum „Woana" und den menschlichen Magen zum Lachen bringt, scheidet den professionellen vom an- oder gar ungelernten Münchner und ist ein Stück kulinarischer Kultur wie der Biergarten insgesamt.
Weil München aber nur mit besonders viel Kultur seinem Weltstadtimage gerecht werden zu können glaubt, manifestiert sich neuerdings auch die früher eher schlichte Biergartenkultur in rekordbuchwürdigen Superlativen: „Ein 25 Meter langer Brotzeitkiosk!" klotzt die Biergartenwerbung. Und wer da noch nicht genug Kultur konsumiert hat, für den hält München auch die sommerlichen Opernfestspiele bereit. Schließlich kann man ja den Salzburgern und Bayreuthern das Terrain nicht allein überlassen, und so macht der Troß der reisenden Stimm- und Taktstockstars allsommerlich auch an der Isar halt. Nur „Jedermann" hatte man hier noch keinen.
Als die Münchner Festspielmacher über dieses betrübliche Defizit lang genug nachgedacht hatten, fiel ihnen — erstmals im Sommer 1985 — natürlich auch etwas ein: Carl Orffs bayrisches Stück von der „Bernauerin", jener historischen Augsburger Baderstochter, die seinerzeit vom Bayernherzog Albrecht zur Gattin erwählt worden war. Albrechts Vater, der hitzige Herzog Ernst, hatte zwar der Mésalliance eine Weile zugesehen. Als er aber in der Verbindung ein Hindernis für eine standesgemäße Erbfolge sehen mußte, setzte er im Herbst 1435 eine brutale Gewalttat: Während der junge

Psychogramm Krista Posch

Geburtsort: Bozen
Sternzeichen: Steinbock/Jungfrau
Gibt es eine Charaktereigenschaft, die Sie besonders prägt? Himmelhochjauchzend — zu Tode betrübt
Würden Sie sich zu einem Fehler bekennen? Ja
Haben Sie Ehrgeiz? Ja
Was bereitet Ihnen besondere Genugtuung? Nichts tun, ohne das Gefühl, etwas zu versäumen.
Haben Sie ein Steckenpferd? Noch mein Beruf
Gibt es ein Abenteuer, das Sie gern erleben würden? Sag' ich nicht.
Orientieren Sie sich an Persönlichkeiten? Welchen? Nicht an meinen Lehrern!
Gibt es etwas, das Sie besonders fürchten? Gewalt in jeder Form
Was kränkt oder ärgert Sie besonders? Dummheit und Selbstgerechtigkeit
Sind Sie von etwas abhängig? Je länger ich nachdenke, um so mehr fällt mir dazu ein… Liebe, Lachen, gute Luft…
Lieblingslandschaft: Hängt von meiner Stimmung ab
Lieblingsstadt: Keine
Was riechen Sie besonders gern? Waldboden nach Schneeschmelze
Bevorzugte Autoren: Christa Wolf, Marcel Proust, Dostojewski
Welche Musik hören Sie besonders gern? Alles von Mozart und „Mercedes Benz" von Janis Joplin
Haben Sie Vorlieben auf dem Gebiet der Bildenden Kunst? Die Bilder von Schiele und die Bilder von Sibylle Mumelter
Welches Buch hat Sie in letzter Zeit besonders beeindruckt? „Kassandra" von Christa Wolf; „Der Baader-Meinhof-Komplex" von Stefan Aust
Wo fühlen Sie sich beheimatet? Hoffentlich immer in mir
Was tun Sie in Südtirol am liebsten? Mit meinem Sohn zusammensein
Was nehmen Sie mit, wenn Sie Südtirol wieder verlassen? Schüttelbrot und italienische Schuhe
Könnte Sie etwas auf Dauer nach Südtirol zurückbringen? Nein

Albrecht zur Hirschjagd aus war, ließ Herzog Ernst die Bernauerin gefangennehmen und zu Straubing über die Donaubrücke stoßen.

Der junge Witwer hat sich übrigens — so weiß es die Geschichte — nach erstem Schmerz und Zorn mit dem Vater ausgesöhnt und später brav eine Braunschweiger Prinzessin geheiratet.

1945 hat Carl Orff aus dem historischen Melodram ein Stück „bairisches Welttheater" gemacht, einen musikalischen Szenenreigen zwischen Mysterienspiel und Volksstück, in dem die Mundart zur Sprachkunst überhöht ist.

Und genau dort, wo der Herzog Albrecht aufgewachsen war und der aufgebrachte Vater das Todesurteil über die mißliebige „duchessa" unterzeichnet hatte, in der steinigen Gotik des Alten Hofs im frühesten Teil der Münchner Residenz, da wurde zu Carl Orffs Gedenken im Juli 1985 unter freiem Himmel der bayerische „Jedermann" konstituiert und soll gar zur ständigen Festspielattraktion werden.

Damit das Vorhaben eindrucksvoll gelingen konnte, inszenierte der Münchner Generalintendant August Everding persönlich, holte sich den Bach-Spezialisten Hans-Martin Schneidt als Freilichtkapellmeister ans Pult, ließ den Alten Hof von den Toren bis zu den Zinnen mitspielen und verpflichtete die Bernauerin, die ihm schlechthin ideal erschien, obwohl sie keine Bayerin ist: Krista Posch aus Bozen.

Damit hatte Everding in München zweifellos hoch gepokert, aber das Wagnis gelang: Kein Rezensent fand an der schlankeren Sprachmelodie der Südtirolerin etwas auszusetzen, ebensowenig an der Tatsache, daß die brünette Krista Posch nicht dem blonden Urbild der Bernauerin entspricht. Keine weichfleischige Bernauerin war sie, sondern eine dünnhäutige, zornige und verletzte und schließlich todergebene Bernauerin. Ihre Sprache ging auf der dünnen Linie mundartlicher Sprachkunst, die jeder falsche Ton brechen ließe. Aber die Färbung stimmte.

Dieser erstaunliche Erfolg ist zwei Tage vor der ausverkauften Premiere, bei der letzten Hauptprobe im Alten Hof, noch ein ferner Traum. Da sitzt eine nervös frierende Krista Posch im schulterfreien Kostüm inmitten heilloser Unordnung am Schreibtisch eines Großraumbüros des Münchner Zentralfinanzamts, das an den Alten Hof angrenzt, in einer provisorischen Garderobe zwischen Aktenordnern, Schreibmaschinen und Theaterrequisiten.

Unten im Theaterhof will nichts klappen. „Morgen ist Generalprobe, und wir hatten noch keinen einzigen Durchlauf", stöhnt sie und zieht ihre langen, wollenen Unterhosen unter dem langen Kostümrock möglichst weit über die Knie. „Da geht's bei den Südtiroler Laienspielern geradezu professionell zu", erinnert sie sich an ihr früheres Theaterleben.

Währenddessen gibt die Regieassistentin die Anweisungen des Meisters an die Hauptdarstellerin weiter: „Sing das ‚Eh will ich Lieb in Leiden han' im Monolog vielleicht doch etwas weniger erbost!" rät sie.

Krista Posch schweigt und sieht nicht erbost, sondern bloß verzweifelt aus. Sie schlingt sich einen Wollschal um die Schultern und geht hinaus.

Im Hof dominiert Everdings megaphonverstärkte Stimme. Er kämpft mit den Tücken der Technik und der menschlichen Trägheit.

Im überdimensionalen Badebottich sollen sich zwei Dutzend Komparsen als Augsburger Badegäste tummeln. Es riecht nach Seifenlauge. Die Komparsen pritscheln verbissen zur orgiastischen Orff-Musik. Daß sie in ihren patschnassen Fetzen jämmerlich frieren, ist nicht zu übersehen.

Jetzt fängt es auch noch an zu tröpfeln. Die Orchestermitglieder fackeln nicht lang: Sie stehen auf, bergen ihre Instrumente und gehen. Übrig bleibt ein mit Plastikfolie bedecktes Klavier, auf dem als Orchesterersatz der Pianist agiert.

Christian Kohlund, der Herzog Albrecht, bemüht sich, sein tänzelndes Pferd zu bändigen, damit er wenigstens zornig genug sein wiederholtes „Wo ist die Bernauerin?" dem „Volk" entgegenschleudern kann.

Stoischen Gemüts sind nur die Darsteller der bayerischen Bürger, die, Bierkrüge vor sich, in langer Tischreihe das Verhängnis um die „Badhur" Agnes Bernauer kommentieren müssen. Lieblinge der Münchner sind sie, die bayerischen Volksschauspieler vom Schlage eines Gustl Bayrhammer und Fritz Straßner, denen die altbairische Sprachkunst Carl Orffs ganz problemlos von den Lippen geht. Und sie nehmen auch die Kalamitäten der Hauptprobe unerschüttert hin: „Morgn werd's scho geh!" Davon sind sie überzeugt und besiegeln die Gewißheit mit einem Schluck Bier. Im Biergarten wär's jetzt freilich behaglicher.

Eine Schlüsselszene soll noch geprobt werden, besonders heikel. Durchs sich öffnende Hoftor — draußen eine Münchner Altstadtgasse, ganz echt — kommt der Hochzeitszug der Bernauerin in den Alten Hof. Ein Dutzend Brautjungfern helfen Krista Posch ihr in allen Farben schillerndes Brautkleid tragen, das sich zum Liebesgarten weiten und den mittlerweile überbauten Riesenbottich zur Gänze zudecken soll. Die Brautjungfern haben ihre liebe Not mit dem Zeltgewand, sie schütteln und ziehen am Stoff, und Krista Posch schwankt davon wie ein Rohr im Wind. Wie wird das bei der Premiere gehen?

Als die Probe schließlich zur Mitternacht endgültig versandet, hat sich die Laune der Hauptdarstellerin alles andere als gebessert.

Und doch hat sie für diesen Beruf, der mehr als jeder andere Himmel und Hölle bereithält, fast alles aufgegeben, was sie vor Jahren in Händen hielt: die gesicherte Stellung mit Pensionsanspruch, Familie, Freunde und den festgefügten Lebenskreis in Bozen.

Als Rundfunksprecherin beim Sender Bozen der RAI hätte Krista Posch noch zehntausendmal Nachrichten und Programmansagen „verkaufen" können, hätte in den Pausen zwischen ihren Sprecheinsätzen in Ruhe noch viele Pullover stricken, hätte daheim ihren Sohn bemuttern und gelegentlich beim Amateurtheater mittun können, wo ihr immer wieder außerordentliches Theatertalent bescheinigt worden war, schon vom Kindesalter an, als sie beim Sender Bozen als „Pinocchio" und in vielen anderen Hörspielrollen beeindruckte.

Aber im Herbst 1979 warf sie all das hinter sich und bewarb sich am Wiener Reinhardt-Seminar um Aufnahme in die berühmte Schauspielschule. „Zu alt!" hieß es damals für die Dreißigerin. Im Theaterfach krümmen sich die Häkchen

beizeiten — die meisten Bewerberinnen sind zehn Jahre und mehr jünger als Krista Posch es damals war. Dennoch legte sie mit Hebbel-, Sartre- und Brecht-Sprechproben eine sensationell gute Aufnahmeprüfung hin und wurde prompt genommen.
Und ebenso prompt und fristlos kündigte sie in Bozen und ging nach Wien, eine Seiltänzerin, die das soziale Netz verschmähte. Und hinter ihr raunte es im Bozner Gerüchtekessel. Immerhin stammt Krista Posch aus einer sehr gutbürgerlichen Familie: Vater ehemaliger Landtagsabgeordneter, Mutter Antiquitätenhändlerin.

Krista Posch hörte und sah nichts davon. Sie schaufelte sich in drei Jahren durchs Reinhardt-Seminar und spielte schon während ihrer Ausbildung viel Theater.

„Einen richtigen Muskelkater hab ich gehabt — um den Mund herum —, so hat mich der ständige Zwang zur Bühnenhochsprache hergenommen", erinnert sie sich.

Aber sie wußte, daß sie da durch mußte, und es war ja auch, was sie so sehr wollte. Also hat sie wohl um ihr Leben gelernt, um dieses Leben, das sie nur noch vor sich sehen konnte, weil sie das hinter sich nicht länger ertrug. Gerade diese Besessenheit jedoch war es, die sie auffallen ließ. Eine große Fernsehrolle strahlte schöne Bilder von ihr an der Seite prominenter Partner ab, auch nach Südtirol.

Ihr herbes Gesicht, das noch jung war, aber schon Charakterrollen vertrug, ihre modulationsreiche Stimme mit der unverbindlich südlichen Tönung machten die Regisseure nachhaltig auf sie aufmerksam.
Bei den „Tiroler Volksschauspielen" war sie Kranewitters triebhafte „Eav" und die Magd in Felix Mitterers „Stigma"-Drama. Die Arbeit mit der bekannten Schauspielerin Ruth Drexel, die Regie führte, brachte Krista Posch wieder ein gutes Stück weiter.

Als der Düsseldorfer Schauspielintendant Günther Beelitz sie in Tirol sah, holte er sie vom Fleck weg für eine ganze Spielzeit an den Rhein.
Und wieder ging Krista Posch den mühsameren Weg: Statt ans Wiener „Theater in der Josefstadt", wo sie sich fast schon

hätte heimisch fühlen können, in die rauhere Düsseldorfer Theaterluft.

„Das war ziemlich harte Arbeit, aber ich hatte das Gefühl, ich dürfte es mir nicht bequem machen. Ich wollte weiterlernen…"

Sie lernte Brecht: die Marie im „Dickicht der Städte", die Lena in Büchners „Leonce und Lena", die Recha in Lessings „Nathan", sie war auch die „Bucklige Angelika" in Jörg Grasers gleichnamigem Stück.

„Kopfrollen" und „Bauchrollen" bunt gemischt, aber die zweite Sorte mag sie besonders. Und vielleicht ist es ein Erbteil aus ihrem „ersten" schauspielerischen Leben im Laientheater ihrer Heimat, daß sie gerade die kreatürlichen Gestalten so gut zu erfassen versteht.

Als Günther Beelitz nun als Chef des Bayerischen Staatsschauspiels nach München kam, nahm er Krista Posch mit. Ihre Münchner „Bernauerin" war ein erster Schritt dorthin. Denn München ist für sie voller heimatlicher Assoziationen. Hier lebt auch ihre Schwester Uschi, als Journalistin und Buchautorin Ursula Goldmann-Posch, die ebenfalls den Weg ins Weite gegangen ist und nach ihrem vielbeachteten Erstling über Erfahrungen mit der Depressionskrankheit ein nicht weniger spektakuläres zweites Buch über Priesterehen geschrieben hat: „Unheilige Ehen, Gespräche mit Priesterfrauen."

„Wenn ich in München spielen kann, bin ich ja eh fast daheim", sagt Krista Posch und freut sich vor allem, nun ihrem Sohn näher sein zu können.

In ihrem Verhältnis zu Südtirol scheint sich durch etliche Jahre der Abwesenheit ein sentimentaler Ton eingeschlichen zu haben. „Ich seh auch die Landschaft jetzt viel intensiver als früher und freu mich daran! — Ich ärgere mich über gewaltsame Bauten, die früher nicht da waren, aber ich genieße es sehr, manchmal heimzukommen."

Zwar habe sie nicht das Bedürfnis, alle und jeden zu treffen, wenn sie in Südtirol zu Besuch ist, aber es mache ihr Spaß, hin und wieder am Mazziniplatz, wo der RAI-Sender Bozen steht, einen Kaffee zu trinken und alte Kollegen zu sehen.

„Und dann bin ich auf einmal gar nicht weg gewesen!"

Knut Seeber
Nicht im Herzen sitzt die Seele

Seine Kameraden erinnern sich an den Ausnahmeschüler mit einer großen Leidenschaft zum Indianerspielen. Knut Seeber, Jahrgang 1936, geboren in Bruneck (dessen Vater aus Luttach, dessen Mutter aus Schlanders stammt), hatte aber schon als Mittelschulzögling in Salern und als Gymnasiast in Brixen eine weit größere Leidenschaft: die Naturwissenschaften, besonders die Physik.
Nachdem er, „unheimlich g'scheit" nach dem Urteil seiner Mitschüler, eine Klasse ohne weiteres übersprungen hatte, machte er mit 18 eine glänzende Matura. Ein Mitglied der Maturakommission eröffnete ihm den Weg an die Bildungsstätte der italienischen Intelligenz, die berühmte „Scuola Normale" in Pisa, wo er mit neun anderen Kandidaten in Konkurrenz zu Prädikatsstudenten aus dem ganzen Staatsgebiet die Aufnahmeprüfung bestand. Mit 23 war er Doktor der Universität Pisa, promoviert in seinem Lieblingsgebiet, der Theoretischen Physik.
Kurz danach war er in den USA, erst einmal zum „Schnuppern" und um sich umzusehen in der schönen neuen Welt der Elektronik. Sein erster Job in Houston, Texas, richtete sein Interesse auf die beiden Brennpunkte der Hochtechnologie: Kalifornien (wo im „Silicon-Valley" die geradezu legendäre Brutstätte der Elektronik liegt) und in Boston.
Den Europäer Seeber zog es zur Ostküste, an den „europäischen" Atlantik, in Amerikas englischste Ecke. Dort haben Unternehmen ihren Sitz, die an der vordersten Front der Technologie kämpfen, dort, wo die an die industrielle Produktion angekoppelte Industrieforschung in die Diskretion der militärischen Geheimhaltung übergeht, wo dollarmilliardenschwere Regierungsaufträge erfüllt werden.
Dort ist Knut Seeber seit 24 Jahren tätig: zuerst in der Elektronik-, nun in der Laserforschung. In einem Team von 40 bis 50 Mitarbeitern ist es seine Aufgabe, der Produktion „vorzudenken", also die theoretischen Voraussetzungen zu schaffen, damit dem Laser neue Anwendungsmöglichkeiten zuwachsen können. „Laser (Light amplification by stimula-

Psychogramm Knut Seeber

Geburtsort: Bruneck
Sternzeichen: Jungfrau
Wo fühlen Sie sich beheimatet? Wo ich lebe.
Sind Sie von etwas abhängig? Nein
Haben Sie Ehrgeiz? Nicht übermäßig
Was kann Sie begeistern? Neue Ideen
Orientier(t)en Sie sich an Persönlichkeiten? Nein
Lieblingslandschaft: Gebirgslandschaften, z. B. Alaska
Lieblingsstadt: Keine
Welches Buch hat Sie in letzter Zeit besonders beeindruckt?
 Stefan Zweig, „Sternstunden der Menschheit"
Vorlieben in der Kunst: Keine
Bevorzugte Komponisten: Keine
Haben Sie ein Motto? Nein
Eine Sehnsucht? Nein
Was tun Sie in Südtirols am liebsten? Alte Freunde treffen
Was vermissen Sie außerhalb Südtirol am meisten? Meine
 Angehörigen
Was vermissen Sie in Südtirol? Den weiten Horizont einer
 Großstadt
Was nehmen Sie mit, wenn Sie Südtirol wieder verlassen?
 Steinpilze
Was könnte Sie wieder nach Südtirol zurückbringen? Weiß
 ich nicht.

Knut Seeber mit Familie und als Student

ted emission of radiation), heute noch ein Zauberwort, mit dem man die Vorstellung geheimnisvoller Strahlen verbindet, wird schon in naher Zukunft ein alltäglicher Begriff sein. Die Laserstrahlen werden unser Leben genauso entscheidend verändern, wie es die Elektronik und die Kernenergie getan haben."

Diese prophetische Vorhersage, die in einem 1969 erschienenen Buch über „Laser — Licht von morgen" steht, ist immerhin teilweise eingetroffen. Die „stimulierte Emission", von Albert Einstein als physikalische Möglichkeit schon 1917 beschrieben und technisch 1960 realisiert, beruht auf einer sich lawinenartig fortsetzenden Lichtverstärkung. Sie wiederum entsteht dadurch, daß Atome durch eine bereits vorhandene Lichtstrahlung sich bereitwillig dazu reizen lassen, Lichtquanten abzustrahlen, die wiederum andere Atome veranlassen, ebenfalls gleichförmiges Licht abzustrahlen und so fort. Die Lichtlawine ergibt mit den nötigen physikalisch-technischen Voraussetzungen einen scharf gebündelten, außerordentlich energiereichen Lichtstrahl, der etwa bei diffizilen Operationen als Laser-„Skalpell" Gewebe unblutig „verkochen", verstopfte Blutgefäße (etwa bei drohenden Herzinfarkten) „durchputzen", aber auch Metallplatten durchbohren, als Leitstrahl Flugobjekte sicher führen und absolut zuverlässiges Richtmaß im Tunnelbau sein kann.

Anwendungsmöglichkeiten ganz anderer Art kennen Konsumenten von Videospielen und Science-Fiction-Filmen: Da werden Feinde elegant mit dem Lasercolt erledigt und „Todesstrahlen" löschen ganze Populationen von kosmischen Bösewichtern aus.

Etwas zwischen Realität und Fiktion ist die Holographie, die so erstrebenswerte Neuerungen wie das dreidimensionale, also das räumliche Fernsehen, das Sichttelefon oder einen fabelhaften Erkennungscomputer ermöglichen könnte, der, gekoppelt mit einer Holokamera, jeden an ihm Vorbeigehenden sofort identifiziert.

Knut Seeber ist zwar der Meinung, daß einige der vielen Verheißungen, die anfangs an den Laser geknüpft waren, enttäuscht worden sind, aber sein Spezialgebiet scheint nicht nur zukunftsträchtig, sondern schon sehr gegenwärtig zu sein. Das dreidimensionale Radarsystem, an dem er mitarbeitet, macht nämlich Lenkwaffen geradezu traumwandlerisch sicher und noch dazu kaum abwehrbar.

Hier führt die Laser-Technologie dazu, daß etwa ein „Cruise Missile" auf einer in jedem beliebigen Flugmuster programmierbaren Strecke in geringster Höhe über der Erdoberfläche regelrecht „spaziergehen" kann. Sie kann also einer Route folgen, die von niemandem vorhergesehen und deshalb kaum von Gegenmaßnahmen gestört werden kann.

Seebers Bostoner Firma mit für amerikanische Verhältnisse „bescheidenen" 70.000 Mitarbeitern hört auf den klang- und geheimnisvollen Namen „Raytheon", liefert hochwertiges Know-how aus dem Bereich der künstlichen Intelligenz und ist auf diese Radartechnologie spezialisiert. Dorthin also fährt Seeber fünfmal in der Woche 40 Minuten in seinem Auto mit Südtirolplakette am Heck, das er immer am entferntesten Ende der riesigen Parkfläche abstellt, damit er bis zum Eingang möglichst weit zu Fuß gehen kann. Seine amerikanische Frau arbeitet unterdessen halbtags als Systemprogrammiererin, indem sie Computer für das vorbereitet, womit sie später von den Programmierern gefüttert werden. Sonst füttert sie die beiden Töchter Kelda und Karin, fünf und drei Jahre alt. Es ist ein geregeltes Berufs- und Familienleben nach amerikanischem Zuschnitt im Mittelbau der amerikanischen Gesellschaft. Und für Wochenenden und Ferien ein kleines Haus am Seeufer in New Hampshire, zwei Autostunden von Boston entfernt, in kleinräumiger, überschaubarer und an Europa erinnernder Landschaft. Knut Seeber hat eine außerordentliche Karriere gemacht. Er hat viele amerikanische Freunde, denen er geduldig erklärt hat, daß er Südtiroler sei, daheim „in the German-speaking South Tyrol region of Italy". Das sei der einzige Nachteil seiner „komplizierten" Herkunft, daß er sie ständig erklären müsse. Ein Deutscher aus Deutschland, ein Österreicher aus Österreich — okay. Daß aber einer mit deutscher Muttersprache aus Italien kommen könne, bedarf eines Exkurses, dem sich Knut Seeber freilich immer wieder geduldig unterzieht. Denn die Bindung zu seiner Heimat ist stark und emotional betont. Deshalb fährt er auch gern nach Alaska, wo ihn die Landschaft besonders an Südtirol erinnert.

Und er ist alljährlich heimgefahren, hat Urlaub gemacht in St. Georgen bei Bruder und Eltern, sich vollgesaugt mit Bildern und Wörtern. Er hat den gewachsenen Wohlstand ebenso registriert wie die gesteigerte Bautätigkeit — „zum guten wie zum schlechten". In den 70er Jahren hat er auch einmal damit geliebäugelt, nach Europa zurückzukehren, vielleicht nach München, denn in seiner engeren Heimat gäbe es für ihn keinerlei berufliches Fortkommen. Aber dann ist er doch in Amerika geblieben, läßt sich aber von daheim eifrig informieren, telefoniert, beschafft sich Zeitungen, hält Kontakt zu alten Freunden in Südtirol. Sein sehr akkurates, vollkommen geläufiges Deutsch hat nichts gemeinsam mit dem Kauderwelsch, zu dem manchen amerikanischen Neubürgern schon nach wenigen Jahren in den USA ihre Muttersprache verkommt. Sein Englisch ist so wenig „amerikanisch" wie bei den meisten Intellektuellen in Neu-England, wo die europäischen Akzente (wie auch andernorts in den USA) neuerdings immer stärker werden.

„Europäische Lebensformen, europäische Autos, sogar europäische Eßgewohnheiten sind in Amerika auf dem Vormarsch", scheint es ihm.

Der freiwilligen, perfekt geplanten Karriere hat er übrigens eine unfreiwillige, völlig ungeplante angehängt, einen „american way of life", den er niemals gehen wollte: Er hat nun das Herz eines Amerikaners. Es schlägt in ihm seit dem 8. Mai 1984.

An jenem Tag wurde ein Zwanzigjähriger, der einiges über den Durst getrunken hatte, bei einem Autounfall getötet.

Zu diesem Zeitpunkt lag Knut Seeber im Bostoner Brigham and Women's Hospital und hatte nach den Voraussagen der Ärzte noch allenfalls fünf Jahre zu leben. Fünf Wochen vorher hatte er aus heiterem Himmel und ohne je Schmerzen verspürt zu haben einen ebenfalls schmerzlosen Herzinfarkt erlitten. Alle drei Arterien waren blockiert, sein Herz war so geschädigt, daß ihm kaum eine Überlebenschance auf Dauer blieb.

Man schlug ihm eine Herztransplantation vor, und er analysierte die Alternative auf seine eigene, systematische Weise:

Er verglich, während er ständig am Monitor hing, die Statistiken der Infarkte mit denen der Transplantationen. Mit dem Kopf des Wissenschaftlers fand er heraus, daß er den auf Millionen von Fällen basierenden schlimmen Infarktstatistiken glauben könne, den nicht weniger schlimmen Transplantationsstatistiken aber nicht. Denn da steckten hoffnungslose und weniger schwere Patientenschicksale gleichermaßen drin.

„Ich fühlte, daß ich's riskieren konnte. Denn ich war, bis auf das Herz, in gutem Gesundheitszustand. Aber als Infarktpatient war mein Risiko wesentlich höher, und ich konnte nichts dagegen tun. Also entschied ich mich für das kleinere Risiko — die Transplantation."

Als die Entscheidung gefallen war, begann das Warten auf ein geeignetes Spenderherz. Die Organbank, versehen mit allen Details über Knut Seebers Körper und das gewünschte Transplantat, wartete mit. Und es wartete im selben Spital ein weiterer Patient: ein 21jähriger Amerikaner.

Unterdessen bemühte sich ein Team von Psychiatern um die psychologischen und ethischen Aspekte des Themas, auch bei Barbara Seeber.

Die Bostoner Klinik ist ebenso hochspezialisiert wie Knut Seebers berufliches Umfeld. Der König von Saudi-Arabien und der Reeder Onassis waren dort schon Patienten gewesen. Auch zwei Transplantationen waren bereits gemacht worden, zwei von 700 seit der ersten amerikanischen im Jahre 1968.

„Am 8. Mai um 1 Uhr mittags kamen sie und sagten, sie hätten ein Herz gefunden! Es war sehr aufregend, obwohl ich doch darauf gewartet hatte. Sie fingen an, mich vorzubereiten…"

Inzwischen machte sich eine Gruppe von Ärzten, „Ernte-Team" genannt, auf, um das Herz aus einem anderen Bostoner Krankenhaus zu holen. Der Vergleich von Gewebeproben ließ es für Seeber geeignet erscheinen. Aber nur für ihn! Für seinen jüngeren Mitbewerber wäre es zu groß gewesen. Er ist einen Tag später gestorben. Knut Seeber hat überlebt.

Seine vierstündige Operation verlief glänzend. Nach weiteren drei Stunden wachte er auf, am Tag danach holte man ihn aus dem Bett und setzte ihn auf ein Zimmerfahrrad. Sein neues Herz konnte etwas leisten!
Zwei Wochen später schickte man ihn zur Probe für einen Nachmittag nach Hause, nach einer weiteren Woche wurde er entlassen. Seither hat er die Klinik nur für die vorgesehenen Kontrollen wieder betreten.
Nach nochmal drei Wochen konnte Seeber sein Auto wieder fahren. Er kaufte ein, kochte, machte den Haushalt, fuhr ins Weekend.
Im August 1984, als er das erste Mal für einen Zeitraum von zehn Tagen ohne Kontrollen war, verschwand er. Bei der nächsten Visite erzählte er, daß er inzwischen in Alaska gewesen sei.
„Dieser Ausreißer nach Alaska war für mich ein wichtiger Test: Ich wollte wissen, ob ich ganz allein zurechtkommen würde. Ich fuhr nach Sitka, das Alaskas Hauptstadt war, als es noch den Russen gehörte; es gibt dort interessante alte Bauten. Es war eine ziemlich brave Reise, und ich machte natürlich keine abenteuerlichen Sachen. Aber sie war wichtig, weil ich wissen wollte, ob es mir wirklich so gut ging, wie alle mir sagten."
Tatsächlich ist der Schlüssel zu einer erfolgreichen Herztransplantation nicht so sehr die Chirurgie, die inzwischen eine fast perfekte Technik darstellt, sondern das Geschehen danach. Denn das körpereigene Abwehrsystem versucht „pflichtgemäß", den Fremdkörper abzustoßen, was letztlich das neue Herz zum Versagen bringen kann. Deshalb müssen alle Herzempfänger Medikamente zur Unterdrückung dieser Abstoßungsreaktion nehmen, aber in so fein abgestimmter Dosierung, daß der Körper andererseits nicht wehrlos gegen Infektionen wird.
„Eine junge Herzempfängerin, der es ähnlich glänzend ging wie mir, hörte eines Tages eigenmächtig auf, die Medikamente zu nehmen. Es dauerte nicht lang, da war sie tot. — Ich selbst halte mich sehr gewissenhaft an die Medikation, obwohl vor allem die ständige Einnahme von Cortison unangenehm ist, weil sie das Gesicht immer etwas aufgedunsen

wirken läßt. Nach Alaska nahm ich bestimmte Arzneimittelflaschen in doppelter Ausführung mit, so daß ich, wäre mir eine Flasche unterwegs zerbrochen, nicht ohne Medikament gewesen wäre. Aber ich habe auch Glück gehabt. Eine wirkliche Abstoßungsreaktion habe ich nie gehabt."

Zur zusätzlichen Kontrolle entnimmt man Knut Seeber in Boston alle paar Monate mittels eines vom Nacken aus ins Herz geschobenen Katheters eine winzige Gewebeprobe, die dann auf kleinste Anzeichen von Abstoßung untersucht wird. Das sei nicht sehr schmerzhaft, schon gar nicht am Herzen, denn das sei nicht mit den Nerven verbunden.

Dafür aber stellt sich ein anderer Effekt ein: In einem Augenblick des Schreckens reagiert das Herz nicht sofort, sondern verzögert, weil die Reaktion nicht über die Nervenbahnen, sondern auf „chemischem" Wege über das Kreislaufsystem erfolgt. So entsteht eine Zeitverschiebung zwischen der Eingabe und der Reaktion — Knut Seeber hat also eine etwas längere „Schrecksekunde". Und, wie alle transplantierten Herzen, schlägt es rascher — über 100 Schläge im Ruhezustand.

„Aber ich merke das nicht. Es gibt überhaupt nichts, was ich, vom Herzen her, anders empfinde als vorher."

Ein gutes Jahr nach seiner Operation (ein halbes Jahr danach war er bereits wieder voll im Beruf) kam Knut Seeber zum ersten Mal wieder in seine alte Heimat. Er hat die zwei Wochen im Pustertal intensiv genossen. Da sein Heimatgefühl, seine Liebe zu Land und Leuten unverändert ist, erweist sich an Knut Seebers amerikanischem Herzen wieder einmal, daß die Seele ganz gewiß woanders ihren Sitz haben muß als im Herzen. Niemand, der Knut Seeber von früher kennt, fand ihn psychisch verändert, am allerwenigsten er sich selbst.

Aber natürlich hat sich seine Lebenseinstellung verändert, er lebt, bewegt sich, ißt so bewußt wie nie vorher, ohne zu verdrängen, was er erlebt hat.

„Sicher wäre es mir lieber gewesen, es hätte all dies für mich nicht gegeben. Aber nun, da es geschehen ist, versuche ich, das Beste daraus zu machen."

Darin ist Knut Seeber Amerikaner, und amerikanisch ist auch die publizistische „Nachbehandlung", die ihm in den USA zuteil wird. Nicht nur, daß alle Medien in Neu-England minuziös über den Südtiroler aus Boston berichteten, er ist auch ein wichtiger Träger der medizinischen „public relations" geworden. Der Physiker als Demonstrationsobjekt und Trostspender: Knut Seeber spielt diese Rolle nicht einmal unwillig.
„Es gibt noch zu viele Tabus über die Herztransplantation" — davon ist er überzeugt. Auch in Gesprächen mit Patienten, die vor der Operation stehen, bemüht er sich um deren positive Einstellung zu ihrem künftigen zweiten Herzen. Und er vergißt auch nicht, darauf hinzuweisen, daß bei den so schwerwiegenden Entscheidungen über die etwaige Bevorzugung des einen vor dem andern Patienten einzig die medizinische Indikation eine Rolle spiele.
„Es gibt so viele Wartende und es gibt zu wenige Spenderherzen. Aber ob der Empfänger nun ein Pfarrer oder eine Dirne ist — beide haben das gleiche Recht."
Auch Seebers Versicherungsgesellschaft wirbt mit ihrem ersten Herzempfänger. Seine Geschichte steht in ihrem Jahresbericht ebenso wie in großformatigen Inseraten, natürlich nicht nur als Erfolgsmeldung für den Patienten, sondern auch für den Versicherungsnehmer Knut Seeber.
Was auf den ersten Blick makaber wirken mag, hat bei näherer Betrachtung eine verblüffende Logik, die vielleicht geeignet sein könnte, die amerikanische „Transplantationsmoral" auch für europäische Köpfe verständlich zu machen: Wer, heute noch, das Herz eines andern bekommen hat, gehört wohl nicht mehr ausschließlich sich selbst. Ganz abgesehen davon, daß das neue Herz des Knut Seeber auch seinen brillanten Kopf gerettet hat — und damit hat das technologieversessene Amerika in dem Physiker fast so etwas wie eine Option auf Fortschritt und Zukunft.

Vinzenz Maria Demetz

Die Tücken des Belcanto

Mit Vinzenz Maria Demetz durch Urtijei — St. Ulrich zu gehen, heißt, eine heimatgeschichtliche Wanderung zu unternehmen. Sie beginnt bei seinem Vaterhaus am Kirchplatz, nach dem er sich immer noch gerne „Zenz da Four" nennt, und führt an viel erneuerter Bausubstanz in der Ulricher Hauptstraße vorbei, in der jetzt endlich der Durchgangsverkehr nicht mehr die Hauptrolle spielt.
Das Wort „früher" kommt in den Erläuterungen von Vinzenz Maria Demetz oft vor: Da sei früher die Fuhrwerks- und Kutschenstation gewesen, und da beim „Adler" habe er vor fast 50 Jahren ein Konzert gegeben, das Folgen für sein ganzes Leben gehabt habe.
Sein Geburtsjahr 1912 fällt noch fast in die Postkutschenzeit. Daß man es ihm in keiner Weise ansieht, führt er auf die Wirkung des Lebertrans zurück, den er in seiner neuen Heimat Island seit 30 Jahren zu sich nimmt.
Was zwischen St. Ulrich und Reykjavik liegt, ist ein Lebensweg durch die Verheißungen des Belcanto, denn sein Tenor ist dem Zenz da Four nicht nur geschenkt, sondern auch auferlegt worden, und wie in den Opern, die er sang, hat sich das Schicksal auch in sein Leben dramatisch eingemischt.
Daß der Zenz eine gute Stimme hat, erwies sich schon vor dem Stimmbruch, aber in der Kaufmannsfamilie Demetz war das kein Thema für den Lebensplan. Zunächst galt es einmal, eine Schule zu finden, die den Buben nach den vier Ulricher Volksschuljahren auch behalten wollte. Nicht daß er ein Tunichtgut gewesen wäre, aber nach 1918 gab es für einen Ladiner wie Vinzenz Maria Demetz, dessen Vater übrigens der letzte k. u. k.-österreichische Bürgermeister von St. Ulrich gewesen war, auf deutschen Schulen plötzlich keinen Platz mehr. So landete der Zenz auf italienischen Schulen in Obermais und Rovereto und schließlich in einer Geschäftslehre.
Als der Vater 1930 in Padua ein Geschäft für Schnitzereien aufmachte, wäre der Berufsweg des Sohnes eigentlich

Psychogramm Vinzenz Maria Demetz

Geburtsort: St. Ulrich in Gröden
Sternzeichen: Waage
Wo fühlen Sie sich zu Hause: In Gröden
Was tun Sie in Südtirol am liebsten: Wandern
Sind Sie von etwas abhängig: Von der Arbeit
Ehrgeiz: Keinen
Haben Sie ein Leitbild: Die Natur
Einen Lieblingsautor: Stefan Zweig
Einen Lieblingsmaler: Leonardo da Vinci
Eine Lieblingslandschaft: Die Dolomiten
Eine Lieblingsstadt: Florenz
Ihre liebste Farbe: Dunkles Lila
*Lieblingsspeise:*Jegliche!
Lieblingsbeschäftigung Musik
Ihr liebstes Geräusch: Bach- und Waldesrauschen
Was begeistert Sie: Die Natur
Was ärgert Sie: Die Politik
Was kränkt Sie: Die Ungerechtigkeit
Was fürchten Sie am meisten: Böse Menschen
Welches Buch haben Sie zuletzt gelesen: „Ich, Luciano Pavarotti"
Haben Sie ein Motto: „Man muß das Leben eben nehmen, wie das Leben eben ist"
Eine Sehnsucht: Die Heimat
Welche historische Gestalt wären Sie gern gewesen: George Washington
Gibt es etwas, das Sie nach Südtirol zurückziehen könnte: Mein Land und mein Volk
Was vermissen Sie in Island: Den Wald
Was nehmen Sie sich aus Südtirol nach Island mit: Bilderbücher, an Speck und a G'selchtes

Vinzenz M. Demetz: Venedig, Teatro alla Fenice, 1952

Nordisland, auf Heringsfang, 1958

Scala, Mailand: (auf der Treppe stehend), 1947/48

RO ALLA SCALA
ONE LIRICA 1947-48

DEL CORO: VITTORE VENEZIANI

ŒDIPUS REX

MUSICA DI IGOR STRAWINSKI
MAESTRO DIRETTORE: NINO SANZOGNO

REGIA: A. SAVINIO - G. MARCHI
DIRETT. ALLESTIM. SCENICO:
NICOLA BE

gebahnt gewesen, aber so kaufmännisch dachte der Vater denn doch nicht, daß er seinem Vinzenz nicht einen Gesangslehrer zugestanden hätte. Er mag es bald bereut haben, auch daß er dem Sohn zu dessen erstem Konzert in St. Ulrich seinen eigenen Anzug geliehen hatte. Denn der offenbarte sich dem Hausfaktotum, der alten „krumpen" Moidl: Sänger wolle er werden! „Na, Zenz, dann muasch in die Stadt", wehrte die erschrocken ab, aber mit dem Vater redete sie doch, und so, daß er nach einem ordentlichen häuslichen Krach seinen Segen dazu gab.

Nur den alten Maestro Narducci, dem der Zenz anvertraut wurde, vereidigte der Vater aufs Kreuz, ihm die Wahrheit zu sagen über die Aussichten des Sohnes. „Vale la pena!" — „Der ist es wert!" war das Ergebnis der Prüfung.

Sein nächster Lehrer, Vincenzo Pintorno, war Professor am Mailänder Konservatorium. Auch er sah Großes voraus. „Bezahl mich, wenn du verdienst!" bot er seinem Schüler an und bildete ihn weiter. Er schien den rechten Riecher gehabt zu haben. 1935 kehrte Vinzenz Maria Demetz von einem internationalen Gesangswettbewerb in Wien mit einem Diplom nach Mailand zurück.

Für den weiteren Aufschwung seiner Karriere ist der Aufschwung des Fremdenverkehrs in der Grödner Heimat nicht ganz bedeutungslos. 1937 hörte ihn bei einem Konzert in St. Ulrich ein Ehepaar aus Sachsen und legte dem jungen Sänger nahe, nach Dresden zu kommen, wo die jetzt wiedererstandene Semper-Oper damals eine Drehscheibe des internationalen Opernkults war. Und noch ehe sich Vinzenz Maria Demetz Gedanken über die Seriosität eines solchen Ansinnens machen konnte, kam ein Brief von der Staatsoper — mit bezahlter Reise und einem Angebot zum Vorsingen bei Generalmusikdirektor Karl Böhm.

Wenn Vinzenz Maria Demetz von diesem Vorsingen erzählt, ist sein Erinnern so präzis bildhaft, daß zu spüren ist: Dies war ein entscheidendes Erlebnis für ihn. Die Gralserzählung auf italienisch in einem kleinen Kammerl; mit Böhm am Klavier habe er sich „wie von Engeln getragen" gefühlt. Und zwei Tage später auf der Bühne und blind vom Licht wieder dasselbe Gefühl. Und der alte Bühnenarbeiter, der ihm in der

Wartezeit im schönsten Sächsisch versichert habe, daß er ganz gewiß engagiert werde — in sowas hätte er Erfahrung. Am nächsten Tag hatte Vinzenz Maria Demetz einen Vorvertrag in der Tasche für fünf Jahre und zwei Opern im ersten Jahr. Erstes Auftreten am 28. Dezember 1937 mit Maria Cebotari in „Manon".
Was dann geschah, ist eine gelebte Variante zum „Traviata"-Thema: Bei einem Routineröntgen nach einer Erkältung wird eine Kaverne in Demetz' linkem Lungenflügel entdeckt... Den Abend des Debuts erlebt er in einem Sanatorium bei Berlin, wo ihm ein reicher alter Herr, ebenfalls Patient, über seine Verzweiflung wegplaudern hilft.
Über drei Monate bringt er dort zu, und als er geheilt entlassen wird, sind in Dresden die Türen zu. Irritiert beobachtet er in Berlin, wo er auf eine Entscheidung des Theater-Schiedsgerichts über seinen geplatzten Dresdner Vertrag wartet, die Vorgänge der Reichskristallnacht. Brillanten aus geplünderten jüdischen Schmuckgeschäften rollen auf der „Tauentzien". Auf Berlins elegantester Flanierstraße regiert der Mob. Den Sommer 1939 verbringt Vinzenz Maria Demetz daheim in St. Ulrich. Auf der Schwaig erholt er sich völlig. Dann kehrt er zurück nach Mailand, studiert weiter, gastiert mit großen Tenorpartien und großen Kollegen und ist 1942 am römischen Teatro Reale dell'Opera bei Tullio Serafin.

In Rom auch landet er eines Abends auf einer Nobelgesellschaft im Palazzo Farnese. Karajan ist da! Vinzenz Maria Demetz wird zum Vorsingen eingeladen. Und wieder hat er, mit dem Maestro am Klavier, dieses „Engelserlebnis" einer schönen Verheißung, während er aus „Bohème" und „Tosca" singt. Am nächsten Tag ein Anruf vom deutschen Kulturattaché: Karajan hat ihn nach Aachen empfohlen — dort soll er vorsingen. Vinzenz Maria Demetz setzt sich ins nächste Flugzeug.

Und wieder wird seine Erinnerung eidetisch: die gleißende Marmolata unter ihm, ein kleiner Unfall auf der Bahnfahrt von München nach Aachen. Mit verbundenem Arm erscheint er zum Vorsingen und erhält prompt einen Dreijahresvertrag: erstes Auftreten im September 1943 mit Karajan in der „Bohème".

Die Zeit bis dahin überbrückt er mit einer Gesangstournee für italienische Arbeiter in Deutschland. Im Juli 1943 fallen die Bomben auch auf Aachen. Das Theater und die Karriere liegen wiederum in Trümmern...

Über Gröden kehrt Vinzenz Maria Demetz erneut nach Mailand zurück. Die Einberufung zum SS-Regiment Bozen bringt ihn nur an die Propagandafront: Bei den Soldatensendern Mailand und Turin ist Demetz für den Belcanto zuständig und erwirbt sich Live-Erfahrung in vielen Partien.

Dem Radio bleibt er auch nach dem Krieg verbunden, zunächst bei Radio Lugano.

1948 ist er an der „Scala", es folgen Auftritte in Barcelona, Venedig, Neapel, Zürich. Immer wieder muß er für erkrankte Kollegen einspringen, immer wieder ohne eine einzige Probe. Bravourarien sind wie Edelsteine, die, einmal gefaßt, unverändert bleiben als Schmuckstücke für die Große Dame Oper. Ihre harte Welt lernt Vinzenz Maria Demetz gründlich kennen — und in vielen Partien. „Ödipus Rex", „Der fliegende Holländer", „Boris Godunow", „The Rake's Progress" mit Ferdinand Leitner an der „Scala". Rare und populäre Partien in bunter Folge.

Einen Abend, bevor er mit Maria Cebotari, seiner gefeierten Partnerin aus dem nicht zustandegekommenen Dresdner Debut, in einer Züricher „Salome" den Herodes singen soll, tritt die schwerkranke Diva endgültig von der Bühne ab. Der Sprung in die „Scala" ist freilich getan. Aber in der Mailänder Oper herrschten auch damals harte Sitten. Wer sich den diskreten Usancen zu unterwerfen vergaß, wer die knarrenden Tore des Tempels nicht schmierte, dem verschlossen sie sich... „Finito!" sagte man zu Vinzenz Maria Demetz.

Ein gewonnener Prozeß gegen die „Scala" war ihm ein geringer Trost. Aber noch harrte er in Mailand aus, betrieb Stimmtraining bei einer altgedienten „Scala"-Sängerin. Mit ihm trainierte eine Isländerin mit blondem Haar und grünen Augen. Vinzenz Maria Demetz realisierte, daß es auch im hohen Norden ein Musikleben gab.

Im September 1955 fing er in Reykjavik an, mit 15 Schülern, sang auch gelegentlich nochmal eine Lieblingspartie. Vor allem aber tat er das, was nun schon 30 Jahre dauert: Er blieb hängen und machte sich seßhaft, und er meint, er habe sich bei diesem Hängenbleiben nicht wehgetan.

Nicht nur in Reykjavik, sondern auch in der Hauptstadt des isländischen Nordens, in Akureyri, kümmerte er sich um den Sängernachwuchs. Inzwischen hat Reykjavik ein neues Konservatorium, an dem Vinzenz Maria Demetz unterrichtet, und auch ein ständiges Opernensemble. Das sommerliche Musikfestival in Reykjavik ist so prominent geworden, daß sogar Luciano Pavarotti einen Gastspielsprung an den Rand des Polarkreises zu machen bereit war.

„Rand des Polarkreises": Vinzenz Maria Demetz meint, über Island müsse man in Kontinentaleuropa doch die eine oder andere Fehleinschätzung ausräumen. Die Assoziation von Finsternis und Kälte sei ein schlampiges Vorurteil angesichts der doppelten natürlichen Heizanlage aus Golfstrom und heißen Quellen, und was Island sommers kühl bleiben lasse, mache es im Winter weniger kalt als New York oder Wien: sein ozeanisches Klima.

Vinzenz Maria Demetz hat sich auf seine zweite Heimat voll eingelassen, nicht nur in seinem Hauptberuf, sondern auch als gesuchter Reiseleiter für deutschsprachige und italienische Touristengruppen. Angeworben wurde er dazu von der Generalsekretärin des Isländischen Reisebüros mit dem klingenden Namen Vigdis Finnbogadottir (Isländer tragen den Vornamen des Vaters als ihren Zunamen, mit der Klarstellung „Tochter" oder „Sohn" am Ende). Sie hat inzwischen Karriere gemacht und ist Islands Staatspräsidentin.

Auf solchen Fahrten durch Island hat sich Vinzenz Maria Demetz, der auch mit einer Isländerin verheiratet ist, erst so richtig heimisch gemacht. Er versteht mit Fisch und Kochgeschirr umzugehen: die Nagelprobe für jeden Isländer, der es auf sich nimmt, Reykjavik und die gebahnten Wege auf den 21 Prozent nutzbarer Fläche zu verlassen. Der ganze große Rest Islands sind Seen, Lavafelder, Gletscher, Sände und anderes Ödland.

Was dort zu finden ist, preist Vinzenz Maria Demetz nicht mit dem hohen C des Tenors, aber mit der Wärme und Bewunderung dessen, der heimisch geworden ist, wo er sich heimisch machen wollte.

Er vergißt auch nicht, darauf hinzuweisen, daß Island ein modernes Land sei, was besonders für Reykjavik gilt, das zur Gänze mit Heißwasser aus dem brodelnden unterirdischen Keller der Insel beheizt wird und demzufolge völlig rauchfrei ist — obwohl Reykjavik nichts anderes heißt als „Rauchende Bucht". Ein Widerspruch.

Aber wie sollte ein Land nicht widersprüchlich sein, das seine Existenz zwischen Feuer und Eis sucht? Angeblich hat man in Island bei der letzten Volkszählung über 235.000 Widersprüche ermittelt — ebenso viele wie Einwohner.

Diese Selbsteinschätzung zeigt, daß die Isländer Humor haben, schon aus mythischer Vergangenheit her. Zwar gibt es immer noch akademische Pedanten, die genau wissen wollen, welche der über 700 von unbekannten Autoren auf Kalbshäute notierten Sagas wann geschrieben worden sind, aber wesentlich erhellender sollte die Tatsache sein, daß auch die Isländer der Sagas Humor hatten.

Oder wie anders ist jene Episode aus der etwa 700 Jahre alten Njalssaga zu bewerten, die erzählt, wie Thorgrimur aufs Hausdach kletterte, um nachzusehen, ob sein Feind Gunnar zu Hause sei, worauf man ihm von unten durch die Dachöffnung einen Speer in den Bauch stieß. Als er sich ächzend zu seinen Kameraden zurückgeschleppt hatte und man ihn nach Gunnar fragte, antwortete Thorgrimur, sie sollten nur selbst herausfinden, ob Gunnar daheim sei. „Nur eins weiß ich, sein Speer war zu Hause!" Sprach's, fiel um und war tot.

1100 Jahre auf ihrer Insel — das feierten die Isländer auf dem Platz Thingvellir, wo sich die isländische Volksversammlung 930 erstmals konstituierte. Ein Viertel der Bevölkerung mitsamt dem Althing (dem heutigen Parlament) versammelte sich unter freiem Himmel und widmete einen Betrag von einer Milliarde Islandkronen (47 Milliarden Lire) einem Naturschutzprogramm, das „die Schäden von 1100 Jahren menschlicher Besiedlung" heilen helfen soll.

Wie ist ein „Exote" wie VinzenzMaria Demetz in einem Land und unter Leuten eingebettet, deren Selbstbewußtsein durch 700 Jahre norwegische und dänische Fremdherrschaft geschärft worden ist? Akzeptiert — ja, das sei er. „Aber immer a Stapfl drunter..." meint er und erzählt, isländischer

Staatsbürger, der er ist, von seinem permanenten Kampf mit den Unwägbarkeiten der isländischen Sprache, in der er sich heute noch nicht perfekt fühlt. Aber er habe auch nie Zeit für systematische Sprachstudien gehabt. Immer noch unterrichtet er 35 Wochenstunden.

Stolzer als auf sein Isländisch ist er auf seine Erfolge als Mentor seiner Gesangsschüler, denen er außer dem technischen Wissen auch seine wechselvollen Erfahrungen im Umgang mit den Tücken des Belcanto mitgibt. Einige von ihnen hat er „untergebracht", hauptsächlich in den USA. Die Freude darüber zeichnet sich deutlich in seinem Gesicht ab. Für Sänger aus Island sei das Eis gebrochen. Der große isländische Komponist müsse allerdings erst kommen. Die Breitenarbeit in den isländischen Chören kann sich ebenfalls sehen lassen. Bei seinem letzten Besuch in Südtirol 1985 begleitete Vinzenz Maria Demetz einen 70köpfigen Chor vom Skagafjord — hoch oben im Norden — durch seine alte Heimat.

Der Chor ist längst weitergezogen, aber Vinzenz Maria Demetz ist immer noch da. Nur — länger als einen Monat mag er lieber nicht bleiben. „Es isch halt so: Wenn i da bin, denk i aufi, wenn i oben bin, denk i herunter!"

Mit diesem Zwiespalt hat er zu leben gelernt, und auch wenn er in Gröden ist: „Dieses Island geht einem unheimlich nach!" Genau wie ihm der Langkofel nachgeht, wenn er droben ist. Und er fügt hinzu: „Ich bin froh, daß ich mich überall ganz gut einfügen kann. Aber: Weihnachten ohne Gröden, ohne Langkofel, Sella, Raschötzerwald, Seiseralm, Mastlé... das ist für mich seit Jahr und Tag meines Fortseins nie 'mein' Weihnachten. Es fehlen die Gerüche der schöngeputzten Äpfel auf den Schränken, des Weihnachtszelten, Vaters prima Hauswürste, Speck und Weinfassl im Keller... Unsere amici del sud sagen: 'Chi s'accontenta gode'. Ich bin auch immer der Meinung, daß ein zufriedener Mensch auch ein glücklicher sein kann."

Kein Wunder: Vinzenz Maria Demetz ist von einer mythischen Landschaft in eine andere gekommen: von den Zauberbergen der Dolomiten ins Land der Sagas, das Land zwischen Eis und Feuer.

Psychogramm Bernhard Winkler

Geburtsort: Sand in Taufers

Sternzeichen: Habe mich nie darum gekümmert.

Gibt es eine Charaktereigenschaft, die Sie besonders prägt? Man sagt, ich sei hartnäckig.

Würden Sie sich zu einem Fehler bekennen? Ja, Fehler sind nicht das Schlimmste.

Haben Sie Ehrgeiz? Wenn man mich herausfordert.

Was bereitet Ihnen besondere Genugtuung? Gelungenes Risiko

Haben Sie ein Steckenpferd? Etwas Neues erdenken

Gibt es ein Abenteuer, das Sie gern erleben würden? Nein — Architektur ist abenteuerlich genug.

Orientier(t)en Sie sich an Persönlichkeiten? Welchen? Würde ich als Einschränkung empfinden.

Wären Sie gern eine bestimmte historische Persönlichkeit gewesen? Der Gedanke ist mir fremd.

Gibt es etwas, das Sie besonders fürchten? Immer noch: der Willkür ausgeliefert sein.

Was ärgert Sie besonders? Wenn jemand sagt: „Das geht nicht!"

Sind Sie von etwas abhängig? Von der Ruhe: bin lärmempfindlich.

Lieblingslandschaft: Dolomiten

Lieblingsstadt: München

Was riechen Sie besonders gern? Natürliches, zum Beispiel frisches Gras

Bevorzugte Autoren: Ich komme von Goethe nicht los.

Welche Musik hören Sie besonders gern? Johann Sebastian Bach

Haben Sie Vorlieben auf dem Gebiet der Bildenden Kunst? Malerei des 20. Jahrhunderts

Welches Buch hat Sie in letzter Zeit besonders beeindruckt? Keines

Wo fühlen Sie sich beheimatet? In den Bergen

Was tun Sie in Südtirol am liebsten? Natur und Leute beobachten

Was nehmen Sie mit, wenn Sie Südtirol wieder verlassen? Ausgeglichenheit

Könnte Sie etwas auf Dauer nach Südtirol zurückbringen? Ich bin nie ganz weg von Südtirol gewesen.

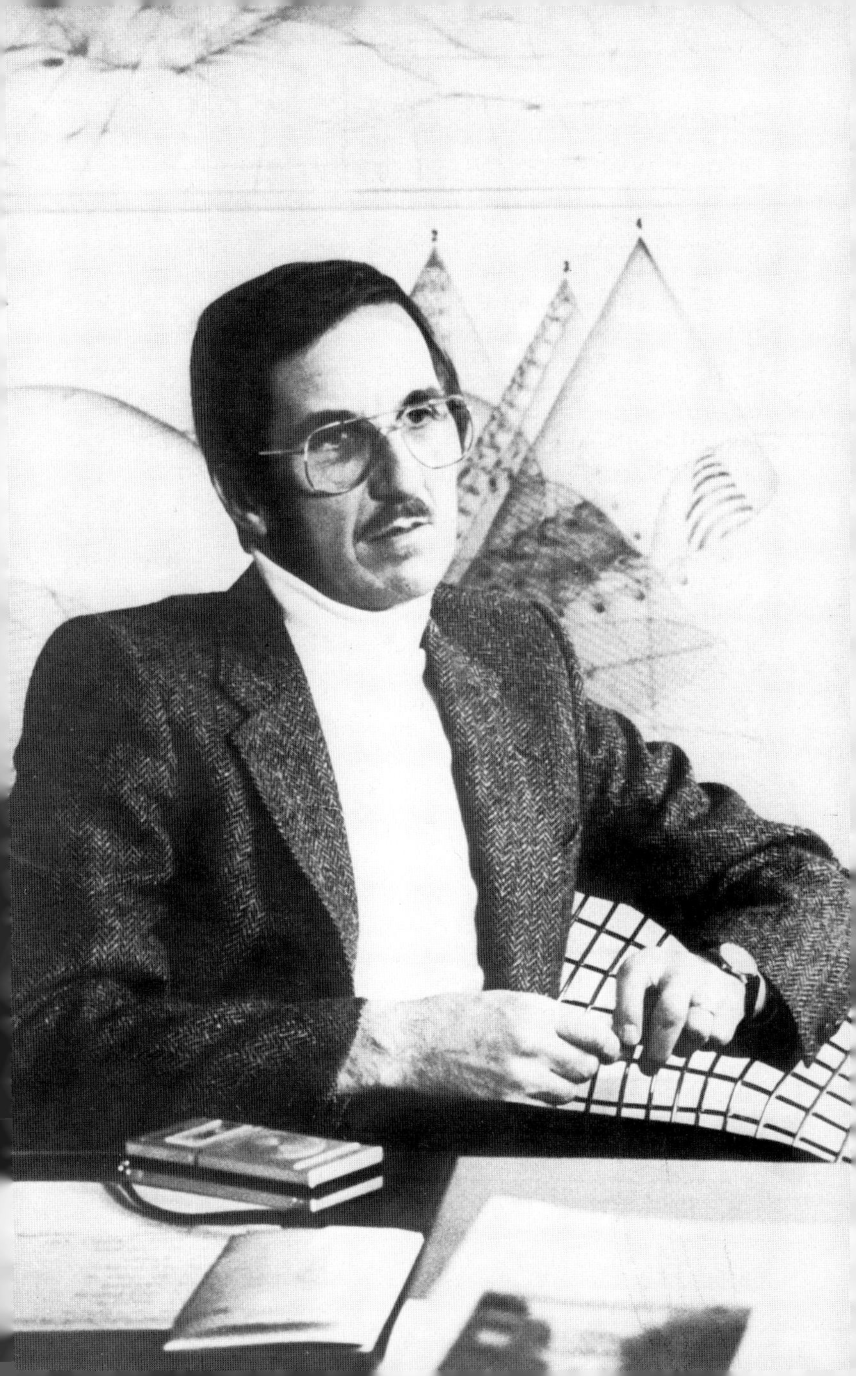

Bernhard Winkler

Zukunft aufs Geratewohl

„Entwerfen von Bauten" heißt Bernhard Winklers Lehrstuhl an der Technischen Universität München. Im Vorraum zu seinem Institut nehmen seine Studenten diese Aufgabe wörtlich: Modelle und Pläne führen im Rahmen einer kleinen Ausstellung vor, wie verschieden die Idee eines Planetariums für die bayerische Landeshauptstadt realisiert werden könnte. Die Lösungen reichen von „unauffällig" bis „extravagant", aber sie sind mehr als bloße Planspiele, nämlich Teilantworten auf Bernhard Winklers grundlegende Fragestellung nach dem Gesamtbezug zwischen Bauen, Mensch und Welt.

Dieser fast philosophische architekturtheoretische Ansatz geht über die Gewissenserforschung des erfolgreichen Architekten weit hinaus in die Denkbewegung des Forschers — und da macht Bernhard Winkler es weder sich noch seinen Mitarbeitern und Studenten leicht. Vor allem deshalb, weil er ein tiefes Mißtrauen gegen Patentrezepte hat — ganz besonders gegen gebaute.

„Die einfachen Antworten kennt man — und damit ist Architektur oft schnell bei der Hand: aus der Zeit, aus den Umständen, aus der Mode oder den ökonomischen Bedingungen, als Protest gegen das Vorhandene oder einfach nur für das ganz Neue, Originelle und Einmalige. Aber es gibt eine Vielfalt von vitalen Antworten, die dem jeweiligen Umstand auf den Leib zu schneidern sind."

Aus solcher Einsicht erhält Bernhard Winkler die eigentliche Herausforderung beim Planen und Bauen für die Gemeinschaft — „eine differenzierte Gemeinschaft", betont er. „Der formlose Kompromiß liegt nahe oder die totale Antwort, und selten nur kann breit angelegtes Denken Gestalt und kreativen Ausdruck finden."

Hinter dieser Überzeugung steht jene Skepsis, die aus jahrzehntelanger Beobachtung und weltweiter Erfahrung kommt. Und am Anfang seines beruflichen Weges hieß das vor allem: Wer etwas lernen will, gehe zu denen, die etwas lehren können!

Jahrhundertelang war dieses Prinzip des Über-die-Schulter-Schauens der Grundstein auch für die Zöglinge der Baukunst. Sein Handwerk lernte man bei den Meistern des Fachs. Bernhard Winkler, derzeit auch Dekan seines Fachbereichs und Jahrgang 1929, ist durch und durch ein Mensch der Gegenwart, und doch wirkt sein Lebensweg über lange Strecken wie eine zeitgenössische Variante der alten Geschichten vom reisenden Handwerksburschen.

Den Zugang zum Handwerk bekam er übrigens schon von daheim mit, und „daheim" ist Sand in Taufers, wo sein Vater, selbst welterfahren und weit gewandert, Spengler- und Glasermeister und Betreiber des Haushaltswarengeschäfts der Familie war.

Von den fünf Kindern gingen die Söhne oft mit dem Vater, etwa wenn Kirchenfenster zu machen waren, die der Krieg zerstört hatte. Die Prägung aufs Bauen, das früher auch bei repräsentativen Bauten mehr mit Handwerk als mit Kunst zu tun hatte, stammt wohl aus dieser Kindheit — und die Lust auf die Welt vom Vater, der ihn ermunterte, über die heimischen Berge hinauszuschauen und hinüberzugehen.

Noch eine andere Prägung stammt aus der Jugendzeit, eine freilich, die Bernhard Winkler jahrelang zu schaffen gemacht hat: ein negatives Verhältnis voller Mißtrauen und Ablehnung gegenüber Amt und Öffentlichkeit des Faschismus. Der Schüler italienischer Volksschulen hat die früh erlebten Probleme mit einer fremdsprachigen Amtsbürokratie fast traumatisch erfahren und erst viel später abgelegt.

Zum Mittelschulbesuch wurde er nach Innsbruck geschickt und mit der Schule kurz vor Kriegsende nach Meran verlegt. Wieder ein prägendes Erlebnis: Der Bub aus dem „Tal" lernt das weichere Südtirol kennen, das sie in seiner rauhen Heimat „das Land" nennen.

Inzwischen ist der Krieg zu Ende. 1949 macht Bernhard Winkler seinen Fachschulabschluß an der Innsbrucker Bundesgewerbeschule. Nach einem kurzen Praktikum in Bruneck bricht er zum ersten Mal aus — und auf, beginnt über Nacht eine Zukunft aufs Geratewohl. Er fährt nach Mailand, praktiziert beim Zunftkollegen Minoletti. Dann klopft er in Genua an die Tür des prominenten Architekten Carlo

Daneri, ausgerechnet am Ostermontag. Die Kapazität öffnet, ist einigermaßen fassungslos — und nimmt den Adepten. Er bleibt ein ganzes Jahr.

Bernhard Winkler macht eine Menge positiver Erfahrungen und beobachtet vor allem, wie seine unguten Jugenderinnerungen an den Amtsfaschismus ins Gegenteil umschlagen: Nun lernt er das kreative Italien kennen und bewundern. Zugleich erlebt er, gleichsam als Rückkopplungseffekt, den Vertrauensvorschuß, der ihm künftig in Italien immer wieder gewährt wird: ein Südtiroler — das heißt Verläßlichkeit und Gründlichkeit.

Mit diesem Bonus ausgestattet, geht Bernhard Winkler auch nach Rom, wiederum reichlich selbstbewußt und zu keinem Geringeren als Professor Pier Luigi Nervi, der auch durch seine Olympiabauten berühmt geworden ist. Ein „Lyriker des Betons" wird er genannt.

Nach diesem römischen Intermezzo, das er durch ein Studienjahr an der Universität untermauert, ist Bernhard Winkler wieder reif für den Aufbruch. Diesmal verschlägt es ihn nach Le Havre in Nordfrankreich, in das Baubüro des hochbetagten Perret, des geistigen Vaters von Le Corbusier, der in diesen frühen fünfziger Jahren und kurz vor seinem Tod beschäftigt ist mit dem Wiederaufbau der besonders stark zerstörten Hafenstadt. Wesentlich nüchterner sind hier Klima und Konzeption als vorher in Rom und wieder ganz anders in Stockholm, wo Bernhard Winkler zwei Sommer lang bei einem Schulbauarchitekten praktiziert und skandinavisches Baudenken kennenlernt, zu einer Zeit, als grenzüberschreitendes Reisen noch ein Abenteuer war, über dessen Erfolg oder Mißerfolg die Paßkontrollen entschieden.

Das merkt er unliebsam in New York, wo man ihm — der zur Finanzierung der Reise sein letztes Geld investiert hatte — tatsächlich die Einreise verweigert. Aber da er nun schon einmal in Amerika ist, weicht er nach Kanada aus und findet sich schließlich für einen Sommer in Toronto in einem Büro nach amerikanischem Maßstab: 150 Architekten in einer Arbeitsgemeinschaft. Das gänzlich andere Denken in Organisationsfragen und über die Grundlagen des Bauens erweitert sein eigenes Weltbild. Nun versteht er den Anstoß des Vaters erst richtig.

1955 macht er sein Diplom in Stuttgart und einen weiteren Ausflug ins Blaue. Er beteiligt sich an einer Ausschreibung für eine Gastdozentur an der Kingston-Kunstakademie in London — und erhält die Stelle. Für ein Jahr geht er nach England. Sein Thema: Entwerfen.

Danach entwirft er seine Zukunft etwas weniger sprunghaft, denn seine württembergische Frau fördert das Kontinuierliche: Wieder in Stuttgart baut er im Viererteam mit am Landtagsgebäude der baden-württembergischen Hauptstadt und macht sich schließlich selbständig.

Und nun — Anfang der 60er Jahre — stellt er sich noch einmal die Frage nach der Zukunft. Kaum Mitte 30 und schon auf Lebensdauer niedergelassen? Diese Aussicht scheint Bernhard Winkler nicht sehr verlockend.

Noch einmal packt er zusammen, diesmal mit seiner Frau, und geht nach München, wo der verwandtschaftliche Bezug zur Südtiroler Heimat stärker spürbar ist.

Ein Entschluß, meint er heute, der ihn um zehn Jahre zurückgeworfen habe, denn in München mußte er wieder „von vorn" anfangen: als Assistent an der Technischen Universität immerhin, aber auch als Neuankömmling in der großen Sippe der selbständigen Architekten, freilich zu einer Zeit, in der auch München seinen Bauboom hatte.

Architekturwettbewerbe waren die einzige Basis für den Stadtfremden. Einer davon galt der Erstellung des Rathauses von Amsterdam: Bernhard Winkler gewann mit seinem Projekt den zweiten Preis. Ein anderer Bewerb galt der Fußgängerzone für die Münchner Innenstadt.

Dieser Wettbewerb zielte auf ein Projekt quasi auf Gedeih und Verderb, das schon im vorhinein im Kreuzfeuer von Kontroversen und Interessen stand. Er barg aber auch eine Chance, die für den weitgereisten und breit geschulten Bernhard Winkler, im nachhinein betrachtet, wie maßgeschneidert war.

„Fußgängerzonen, wie sie damals in vielen Altstädten entstanden, waren meist enge Schläuche, aus denen der Verkehr weggeräumt wurde. Aber die Münchner Innenstadt, im

Krieg schwer zerstört und danach rasch wiederaufgebaut, war anders. Da gab es vergleichsweise riesige Flächen zwischen Stachus, Rathaus und Theatinerkirche, und viele sagten:

Soviel Raum läßt sich nicht richtig zusammenbinden. Andererseits bestand die dringende Notwendigkeit, die verschütteten städtebaulichen Qualitäten unter der Verkehrslawine auszugraben."

Und nun kamen Bernhard Winkler vor allem seine italienischen Erfahrungen zugute, denn von dort kannte er die kraftvollen, durch die Renaissance geprägten Stadtlandschaften mit ihren weiten Plätzen und ihrer delikaten Harmonie von bebautem und freiem Raum.

Besonders in der Gegend der Michaelskirche zwischen Stachus und Marienplatz glaubte Bernhard Winkler dieses italienische Flair zu finden, und so nahm er seinen „Mut zum freien Platz" zusammen, präsentierte seine Vorstellung von einer Fußgängerzone für München und verteidigte sie gegen viele Widerstände.

Im Münchner Rathaus, wo damals noch Hans-Jochen Vogel regierte, fand er offene Ohren, den ersten Preis und den Willen zur Weltstadtdimension, der damals im olympiabegeisterten München besonders ausgeprägt war.

Zu den Spielen von 1972 war die Fußgängerzone fertig und über Nacht Empfangsraum für die Gäste aus aller Welt, und noch heute sieht man, daß Winklers Konzept tragfähig war, wenn sogar am Sonntag und bei geschlossenen Geschäften der Fußgängerbereich nicht verödet, sondern von mannigfaltigen Aktivitäten und quirligem Leben erfüllt ist — obwohl, wie er betont, an seinem ursprünglichen Konzept aus finanziellen Gründen viele Abstriche gemacht worden seien.

Kein Zweifel: Diese Münchner Fußgängerzone (für die er in den USA den „Reynolds Memorial Award" und den Preis der amerikanischen Designer erhalten hat) hat Bernhard Winkler zu der städtebaulichen Autorität gemacht, die er heute ist, aber er ist mehr als ihr Schöpfer.

Seine Berufung zum Ordinarius mag 1973 auch mit der Erfolgswelle des Fußgängerbereichs gekommen sein, aber

sie honoriert mehr noch seine lebenslange aufmerksame Beschäftigung mit dem Beziehungsgeflecht zwischen Mensch und Bau.
In den weiten Räumen seines Instituts sind die Wände tapeziert mit großformatigen Plakaten für eine Ringvorlesung, die er seit zehn Jahren für die Fakultät neben dem eigentlichen Vorlesungsbetrieb unterhält. Viele große Namen der internationalen Architektur scheinen in diesem Rahmen zu wechselnden Generalthemen auf und halten ein breites Gespräch auf europäischer Ebene über die Probleme und Erfordernisse des Bauens in Gegenwart und Zukunft in Gang.
Wie in seiner Lehrzeit der lernbegierige Bernhard Winkler in die Welt gegangen ist, so holt er nun die Architektur-„Welt" nach München.
Hat er, als Hochschullehrer und Architekt, ein besonderes Anliegen, ein Lebensthema?
„Ja, es heißt ‚Bauen für den Menschen'!" sagt er ohne Zögern und erinnert nochmals an seine Jugendangst vor den Behörden der Staatsmacht.

„Besonders öffentliche Gebäude waren und sind teilweise immer noch Machtgesten. Sie erschweren den Umgang mit der Amtsgewalt, weil sie vor allem imponieren wollen. In einer Staatsform, die sich demokratisch nennt, sollte aber auf gebaute Machtgesten verzichtet werden können. Nun ja, vielleicht ist die Demokratie noch zu jung, um dafür passende und sichere Antworten geben zu können."
Seine Studenten will Bernhard Winkler deshalb vor allem kritisch geschult von der Hochschule entlassen. Wenn sie zu seinem Fachgebiet kommen, nach dem Grundstudium, sollen sie vor allem die Typologie des Bauens verstehen lernen.
„Einfach ausgedrückt, heißt das: Was ist zum Beispiel notwendig, damit ein Kindergarten auch wirklich ein Kindergarten wird, also ein Haus für Kinder und nicht nur die Wiederspiegelung der Vorstellungen von erzieherisch denkenden Erwachsenen?"
Er selbst erlebte als Kind in Südtirol noch eine Welt der Väter als geschlossenes System. Da war die vernünftige, überschaubare Welt des Elternhauses, wo Arbeit und Leben,

Sorge und Erfolg in der Familie anschaulich erlebt wurden. Dieser verständliche Zusammenhang war ihm zugleich eine gute Voraussetzung für den Aufbruch ins Ungewisse.

Heute, so weiß und lehrt es Bernhard Winkler, sind seine Schüler in einer völlig offenen Situation, in der — auch für das Bauen — jeweils wechselnde Anhaltspunkte zu finden sind. Problembewußt sollen die Studenten deshalb in erster Linie werden und dem Bauen die kritische Reflexion und die Hinterfragung der Aufgabenstellung vorausgehen lassen.
Wieder gibt er ein Beispiel:
„Was ist der städtische Straßenraum? Bloß ein Verkehrssystem oder Lebensraum für Bürger?
Die Frage ist keine zufällige und bringt heute manches Stadtoberhaupt in Bedrängnis. Da melden sich breite Schichten des Stadtvolks brachial zu Worte, finden ihr Sprachrohr über Presse und Parteien. Aus dem allgemeinen Ruf nach lebensgerechter Stadt und humaner Umwelt ist deutlicher vernehmbar die Forderung nach Schließung der Tore — zumindest der Altstädte für das Auto. Die Volksabstimmungen zeigen's in deutlichen Zahlen und stehen gegen Wirtschaftsinteressen und vielfältige Notwendigkeiten. — Das städtische Leben ist heute so komplex, daß man eben nicht einfach fragen darf. Denn dann würde man Patentlösungen anstreben, die der Situation nicht angemessen und oft sogar gefährlich, weil gefährlich simpel sind."
Kommunalpolitisch brisante Fragen der Stadtplanung stellen sich heute in den meisten Städten Europas — auch in den größeren Italiens. So holt man Experten, oft von weit her, und Bernhard Winkler wird von jenseits der Alpen geholt: zum Beispiel auch nach Mailand, wo er vor 35 Jahren seine Wanderschaft begann.
Differenziertes Denken, Problembewußtsein und kritische Reflexion wird Bernhard Winkler wohl auch brauchen, wenn er nun in Bozen, an dessen Bebauungsplan er bereits 1972 mitwirkte, zum Zeichenstift greift und Farbe bekennen muß. Das Stück Stadt zwischen Verdiplatz und Pfarrkirche, mit dessen Neugestaltung er beauftragt ist, sieht er in erster Linie als Problemzone zwischen Alt und Neu. Sorglosigkeit scheint ihm dort am allerwenigsten angezeigt. Davon gebe

es, auch in Südtirol, insgesamt ohnehin schon zuviel, wodurch zweifellos einiges an wertvoller baulicher Substanz verloren gegangen sei.

Dennoch fasziniert ihn die Kulturlandschaft seiner Heimat immer noch. Richtig aufgegangen sei ihm das schon, meint er heute, als er damals in Toronto von einem Kollegen hörte: „Aus den Dolomiten kommst du? Was tust du dann hier in diesem Steinhaufen?"

Eine Frage, die damals fast schlagartig seinen Heimatbezug mobilisiert habe.

Den findet Bernhard Winkler, der sich in München und am Starnberger See, wo er wohnt, auch darum so wohl fühlt, weil er da „fast vor der Haustür" lebt, heute am ehesten über den europäischen Aspekt.

„Wir Südtiroler könnten beinahe so etwas wie erste Europäer sein", meint er und sieht Südtirol vor allem als ein Land, in dem die angelsächsisch-germanische und die romanische Kultur Einflüsse hinterlassen haben. Das bedeute freilich nicht, sie in einem Schmelztiegel amerikanischer Art zu nivellieren.

„Aber wir haben ganz besonders die Chance, beide Mentalitäten zu begreifen."

Wenn er, meist im Sommer, in seinem Heimattal Urlaub macht, aber auch zu Hause, zeichnet und malt er viel: Reiseeindrücke von Städten und der Architektur ferner Länder, die er zu flüchtig aufgenommen hatte, verarbeitet er, stellt unfertige Gedächtnisbilder fertig.

Das Bild der Heimat hat sich durch die erfahrene Realität verändert, aber es behält den erinnernden Grundton aus frühen Jahren. Geistige Heimkehr gehört in den Lebensplan, der zwischen Kalkül und Wagnis begonnen hatte. Jetzt, in der Lebensmitte, ist Bernhard Winkler in München „europäisch" beheimatet. Vielleicht wird die Rückkehr an seinen Ursprung einmal die Gegenkraft zu jener nach außen gerichteten Kraft, die ihn ins Weite zog.

Psychogramm Rudi Unterthiner

Geburtsort: Neapel
Sternzeichen: Fisch
Gibt es eine Charaktereigenschaft, die Sie besonders prägt? Individualismus, Verständnis für den Nächsten
Würden Sie sich zu einem Fehler bekennen? Nicht nur zu einem... zu vielen!
Haben Sie Ehrgeiz? Hoffentlich
Was bereitet Ihnen besondere Genugtuung? Freundschaft — in der Welt
Haben Sie ein Steckenpferd? Leider nicht mehr
Gibt es ein Abenteuer, das Sie gern erleben würden? Jeder Tag ist für mich ein Abenteuer.
Orientier(t)en Sie sich an Persönlichkeiten? Welchen? Individualisten mit altruistischer Gesinnung
Wären Sie gern eine bestimmte historische Persönlichkeit gewesen? Lieber nicht
Gibt es etwas, das Sie besonders fürchten? Egoismus
Was kränkt oder ärgert Sie besonders? „Narrowmindness", also Neid, Geiz und Verlogenheit
Sind Sie von etwas abhängig? Vom Leben selbst
Lieblingslandschaft: Die Welt
Lieblingsstadt: Sterzing
Was riechen Sie besonders gern? Natürliches
Bevorzugte Autoren: Schiller, Dante, Hemingway... viele andere
Welche Musik hören Sie besonders gern? Volksmusik
Haben Sie Vorlieben auf dem Gebiet der Bildenden Kunst? Ja
Welches Buch hat Sie in letzter Zeit besonders beeindruckt? Die Bibel
Wo fühlen Sie sich beheimatet? In der Welt
Was tun Sie in Südtirol am liebsten? Leben
Was nehmen Sie mit, wenn Sie Südtirol wieder verlassen? Kraft für den Alltag
Könnte Sie etwas auf Dauer nach Südtirol zurückbringen? Ja

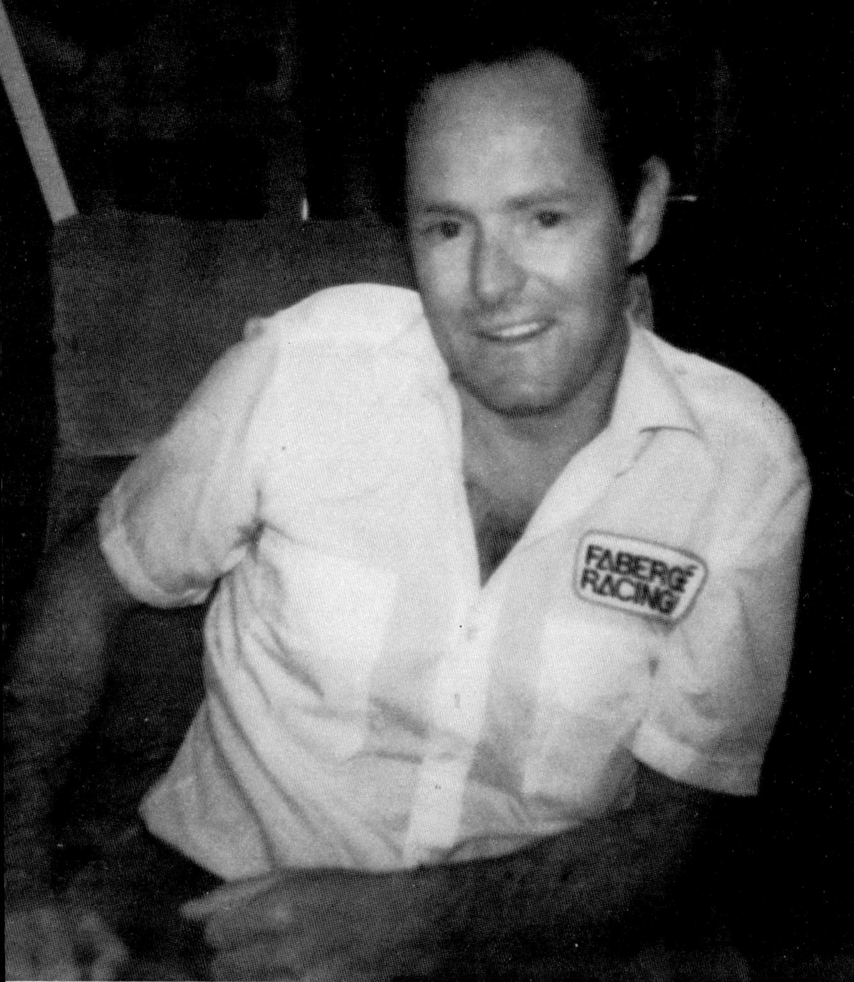
FABERGÉ
RACING

Rudi Unterthiner

Schönheit geht unter die Haut

Um es nur gleich zu sagen: Es besteht keine Chance, dem Doktor Unterthiner diskrete Informationen darüber herauszulocken, wen er denn nun wie verschönert habe von seiner prominenten Klientel.
Hat er, dessen gute Beziehungen zum Reagan-Clan offenkundig sind, etwa auch den Präsidenten? Hat die Tatsache, daß Frank Sinatra der Taufpate seiner Frau ist, etwa auch berufliche Aspekte?
Die Klärung dieser diffizilen Fragen sei der Regenbogenpresse überlassen. Da kann, was nicht recherchierbar ist, kurzerhand erfunden werden.
Tatsache dagegen, recherchierbar und von ihm selbst bestätigt, ist die langjährige Bekanntschaft zwischen Unterthiner und Reagan, und Tatsache ist auch, daß der Doktor Unterthiner mit seinem verjüngenden Skalpell bei den Show People von Hollywood und Umgebung ein sehr gesuchter Mann ist. Näheres, wie gesagt, verschweigt er und verbirgt sich hinter dem Berufsethos des plastischen Chirurgen, das da fordert:

Der Korrekturwunsch muß aus dem Patienten selbst gewachsen sein. Niemals würde der Doktor Unterthiner von sich aus jemandem eine andere Nase andienen oder einen flacheren Bauch oder vollere Lippen. Aber er verweigert sich nicht, wenn jemand „besser" ausschauen will, auch wenn er ihm zu bedenken gibt: „Beauty is skin-deep", was, aus der griffigen Sprache amerikanischer Erbauungssprüche übersetzt, etwa bedeutet, daß Schönheit unter die Haut geht.

Im übrigen könne es, sagt der Doktor, durchaus geschehen, daß er einer Patientin, deren Mann eine junge Freundin hat, davon abrät, sich nun ihrerseits verjüngen zu lassen, um den Ungetreuen wieder ins eheliche Nest zurückzubringen. Das funktioniere sicher nicht, und er warnt auch vor dem „Bikini-Schock", den er selbst einmal erlitt, als er eine berühmte Frau, der er ihr junges Gesicht zurückgegeben hatte, dann unverhüllten — alten — Leibes gesehen habe. Monstrositäten wie diese und die Ideologie vom menschlichen Körper als einer Sammlung von Ersatzteilen, aus der ein hinreichend geschickter Chirurg nach Lust und Laune des Auftraggebers die angeborene Karosserie umstylen kann, scheinen uns nur allzu gut in ein naiv-tatenfrohes Amerika zu passen. Der Europäer Unterthiner — wenn auch seit 1963 US-Bürger — scheint da ein Konzept zu haben, das in seiner Mischung aus Demut und Handwerksgeschick der kalifornischen Schickeria sehr genehm ist.

So bleibt denn die Korrektur in der moralischen Verantwortlichkeit des Auftraggebers, und sie erhält den lockeren psychologischen Charme eines Make-ups, das halt zu frischerem Aussehen und mehr „Natürlichkeit" verhilft — eine Vokabel, die im „american way of life" für vieles herhalten darf und großen Stellenwert besitzt.

Für seine eigene Psychologie hat Rudi Unterthiner übrigens eine hübsche biographische Verknüpfung parat: Sein Großvater, so erzählte er einem amerikanischen Reporter („Unterthiner ist vielleicht der faszinierendste und wahrhaft anständigste Mensch, dem dieser Reporter in 45 Jahren des Schreibens begegnet ist"), sei Bergmann und Holzschnitzer gewesen — und mit der Schnitzerei habe die plastische Chirurgie einiges gemeinsam.

Doch so direkt ist seine Berufsentscheidung mitnichten zustandekommen. Im Gegenteil: Der Lebensweg Rudi Unterthiners ist nichts weniger als linear, und nicht einmal heute begnügt er sich damit, womit er im heißen Südkalifornien, in Rancho Mirage, Palm Springs und Beverly Hills sein Geld verdient. Rudi Unterthiner, Mensch, Arzt und Spezialist für plastische Chirurgie (auf diese Reihenfolge legt er Wert), ist in dieser speziellen Konstellation auch ein Musterkoffer amerikanischer Tugenden und trägt sich als solcher immer wieder nach Europa, um als Berater des amerikanischen Kongresses und des „State Department" Sympathien für die USA heimzubringen.

In der Hauszeitung des Parlaments wird er für seine „ständige Unterstützung der amerikanischen Philosophie" belobigt, und er selbst drückt seine Hoffnung aus, „ein wenig dazu beisteuern zu können, sich mit diesem großen Land zu identifizieren, es und die jungen Leute von heute zurückfüh-

ren zu können zu den Grundsätzen, auf denen es einst gegründet wurde".
Das klingt so plakativ, wie es für derlei Missionen gebraucht wird, aber Rudi Unterthiner weiß nun einmal, was er Amerika verdankt, und so sieht er keinen Anlaß, dem „amerikanischen Traum" am Zeug zu flicken. Der Stoff dieses Traums ist immer noch die Kraft des Einzelmenschen, mobilisiert durch ein Erfolgscredo, das in Rudi Unterthiner musterhaft zu wirken scheint.
Und mit Träumen begann es auch für ihn, als er sich nach der Sterzinger und Brixner Schulzeit im Leobener Bergwerk sein erstes Geld verdiente. Das war Mitte der fünfziger Jahre, als es in Südtirol unruhig zu werden begann. Von einem Land ohne Grenzen träumte der zwanzigjährige Sterzinger (in seiner Geburtsstadt Neapel verbrachte er gerade zwei Tage), der von einem Latzfonser Vater und einer schweizerisch-spanischen Mutter abstammt. Als er nach dreizehn Monaten genügend Kapital beisammen hatte, fuhr er mit einem Studentenvisum in die USA.
Angesichts drastisch gesenkter Einwanderungsquoten durfte er sich nicht viel erhoffen. Da half auch kein forscher Brief an den Präsidenten Eisenhower. Zurück kam zwar ein Formbrief des Außenministers John F. Dulles, aber der war abschlägig. Er wurde nach Rom zurückgeschickt.

Wie es Rudi Unterthiner dennoch geschafft hat, schließlich ein Arbeitsstipendium für ein Jahr zu erhalten, gehört schon zu seiner Persönlichkeit, die Probleme vor allem als Aufforderung zu ihrer Bewältigung versteht.
Es ging nach Minnesota und nach Aspen, Colorado — als Student und Skilehrer: ein Tiroler in Amerika, wie er im Buche stehen könnte. Und im noblen Denver jobbte er unter anderem am Flughafen.
Wann immer man ihn zurückschicken wollte nach „good old Europe" — er weigerte sich, und immer dann, wenn er die Frist bis zur Deportation fast ausgeschöpft hatte, fand er Leute, die von seinem aggressiven Enthusiasmus begeistert waren.
Nur, die staatlichen Universitäten blieben für den Ausländer Rudi Unterthiner geschlossen, vor allem die medizinische

Ausbildung, zu der er sich inzwischen entschlossen hatte. Schließlich fand er Aufnahme in der Universität von Edmonton im kanadischen Westen.

Sein Geld verdiente er inzwischen als Agrarpilot, nachdem er einen Weg gefunden hatte, eine Fluglizenz zu erwerben. Zwölf Dollar die Stunde — pures Gold für seine medizinischen Blütenträume.

Immerhin: Es ging aufwärts. Ab 1960 war er legal in den USA, und noch heute gedenkt er seiner eigenen Immigrationsschwierigkeiten, indem er sich in einer US-Kommission für Einwanderer aus Mexiko einsetzt.

1966 machte er seinen Abschluß im Staat Washington, seine Spezialisierung für Chirurgie („Ich wollte immer was mit meinen Händen tun!") schon in Südkalifornien.

Aber die Neurochirurgie, für die er sich zunächst entschied, habe ihm in ihren menschlichen Aspekten arg zu schaffen gemacht. Die Hoffnungslosigkeit der meisten Fälle — Unfallopfer mit schwersten Kopfverletzungen zum Beispiel — ertrug er nicht. Mit dem Schlafsack in die Berge sei er damals gegangen, und nach einigen nachdenklichen Tagen habe er seinem damaligen Chef vorgeschlagen, ihn auf plastische Chirurgie umsatteln zu lassen.

Man darf es dem Doktor Unterthiner getrost glauben, daß er damals noch nicht an prominente Gesichter, Pos und Hüften gedacht hat, denn die Schönheitschirurgie, um das Mißverständnis aufzuklären, ist schließlich nur ein Zweig der plastischen und Wiederherstellungschirurgie.

Sein erster Fall war ein Kind, dem der Rasenmäher eine Hand schwer verstümmelt hatte. Unterthiner operierte und hatte ein Erfolgserlebnis: Die abgetrennten oder zerschnittenen Finger gewannen viel von der früheren Funktionstüchtigkeit zurück.

Aber Unterthiner war nur einer von etwa 4000 Chirurgen, die damals für 40 Plätze an renommierten amerikanischen Kliniken „anstanden". Damit begann das Rennen, dessen Ziel man in Europa vorwiegend aus amerikanischen Filmen kennt, und das dort gemeinhin mit der Zauberformel endet: „Let him have his chance!" — Er soll seine Chance haben.

In Rudi Unterthiners Erinnerung stellt sich seine Chance ebenfalls als filmreife Szene dar. Er überzeugte die Kapazität, bei der er sich weiterbilden wollte, im Lift.
„Was haben Sie, Mr. Unterthiner, was Sie besser sein läßt als andere?" — „Wait and see! Warten Sie ab! Eines Tages werden Sie auf mich stolz sein!" (Eine Filmrolle, die Ronnie Reagan gespielt haben könnte.)
1972 mietete Unterthiner eine Klinik bei Los Angeles. Die ersten Patienten wurden ihm aus umliegenden Spitälern geschickt: Thorax-Wiederherstellung, Unfälle, Geburtsfehler.

Über einen anderen Fall mit besonderem Mitleidseffekt berichtete eine kalifornische Zeitung: Ein junger Mann aus Sizilien war als Kleinkind von elf Monaten mit dem Gesicht auf glühende Holzkohle gefallen. Seither lebte er ohne Augenlider und mit verstümmelter Nase. Damit seine Augen nicht austrockneten, mußte er ständig künstliche Tränenflüssigkeit hineinträufeln. Niemand habe ihm helfen können.

Als er 28 Jahre alt war, erfuhr er durch einen anderen Arzt von Rudi Unterthiner, der sich nach einem medizinischen Kongreß in Rom gerade in Sterzing aufhielt.

„Begleitet von einem Freund, fuhr Francesco im Auto von Taormina in die Alpen, mit zwei Steigen Orangen und Feigen und einem großen tiefgefrorenen Fisch als Geschenken im Kofferraum — für den Mann, auf den er hoffte…"

Unterthiner operierte ihn ein erstes Mal in Italien, formte ihm neue Augenlider aus Haut, die er hinter den Ohren des Patienten entnahm. Mit der Hilfe seiner Mitbürger brachte Francesco das Geld für die Reise nach Kalifornien zusammen, denn es waren weitere Operationen notwendig.

Unterthiner beherbergte ihn fünf Monate und machte zehn Eingriffe, bei denen er das Gesamtbild von Francescos Augen laufend verbesserte und ihm aus Haut- und Knochenteilen eine neue Nase rekonstruierte.

„Nach 27 Jahren blickt Francesco einer neuen Zukunft entgegen — einer Zukunft ohne das entsetzte Starren seiner Mitmenschen", schließt die Reportage.

Wenn Rudi Unterthiner sich an dieses Erfolgserlebnis erinnert, erwähnt er vor den medizinischen Aspekten des Falles etwas anderes: „Ich empfand zuallererst menschliche Wärme für den jungen Mann. Das war anders, als ich es bei den Ärzten in Italien beobachtet hatte: Sie hielten ihre Patienten immer auf Distanz. Ich aber brauchte diesen mitmenschlichen Bezug. Und als die Behandlung abgeschlossen war, empfand ich tiefe Befriedigung. Obwohl die Narben des Kindheitsunfalls wohl niemals ganz getilgt sein werden, konnten Francescos Nase und Augen doch wieder normal funktionieren."
Die ersten Schauspielerinnen wurden ihm von deren Friseusen geschickt. Für den Rest sorgte die Mundpropaganda nach dem Schneeballsystem. Die Möglichkeiten, sich auf Prominentenparties Patienten zu fischen, kann er getrost vernachlässigen. „Ich bin kein Partylöwe."
Lieber pflegt er in seinem Haus in Rancho Mirage („komfortabel, aber anspruchslos" nennen es Kenner) und auf der angeschlossenen „Farm" ein Gemeinschaftsleben mit Frau und drei Kindern, mit Geißen, Pferden, Maultier und Bernhardinerhund.
Mit seiner Frau Linda ist er, ganz unamerikanisch hartnäckig, seit mehr als 20 Jahren verheiratet. Sie ist hübsch und gebildet genug, um ihrer Persönlichkeit willen geliebt zu werden. Aber Rudi Unterthiner hatte noch einen anderen Grund, sich für sie zu interessieren. Sie ist zur Hälfte Indianerin vom Stamme der Schoschonen, und Rudi Unterthiner hat nach eigener Aussage ein Faible für Ethnisches.

Deshalb machte er sich auch in Südkalifornien ansässig, wo ebenfalls so eine kulturelle Nahtstelle ist wie daheim in Südtirol.

„Am Fenster zu einer anderen Kultur zu sitzen, ist doch eine gewaltige Chance. Da muß man sich bewußt sein, daß in der anderen Kultur andere Ideen Bedeutung haben", sagte er in einem Interview in Südtirol.

Aus seinem südkalifornischen Fenster sieht er sogar in drei Kulturen: die amerikanische des Großraums von Los Angeles, die mexikanische im nahen Niederkalifornien und die indianische rund um Palm Springs, wo das Wasser unter der

Wüste drei bis vier Ernten im Jahr bringt, wo das Land vor 70 Jahren in ein Indianerreservat eingebracht und schachbrettartig aufgeteilt wurde.

Und die mexikanische Kultur wiederum — 30 Prozent der Einwohner sind Mexikaner — prägt ganz Südkalifornien. Das mag vordergründig sein, wenn es um den „mexikanischen Stil" bei Tankstellen geht oder um Chili con carne oder Tortillas in der Snackbar, aber für Rudi Unterthiner geht es tiefer:

Zu Weihnachten, Ostern oder auch fürs Weekend fliegt er hinunter nach Puertocitas und verwandelt sich aus einem Jet-Set-Doktor in einen einfachen praktischen Arzt und Allerweltschirurgen, der Mexikanern medizinische Basisbetreuung bietet. Läßt sich der Arrivierte etwa selbstgefällig zu den armen Brüdern hinab?

Rudi Unterthiner hat eine Rechtfertigung:

„Ich halte an der Allgemeinmedizin fest", distanziert er sich von seinem Spezialgebiet. „Ich hab das Privileg, andern helfen zu können. Deshalb gehe ich nach Mexiko, und ich bin sehr bescheiden bei dem, was ich mache. Deshalb auch bedeutet mir der Hollywood-Flitter nicht so viel. Ich genieße es, ein einfacher, alter praktischer Arzt zu sein…"

Diese Philosophie, deren leise Koketterie man bemerken, aber nicht tadeln mag, verdichtet sich aus Rudi Unterthiners Lebensgeschichte zur Maxime im Heimatton:

„Sein alls lei Menschen!"

Freilich, gewundert habe er sich schon manchmal, im nachhinein, wenn er da gerade „ein Stück Geschichte" behandelt habe, das er allenfalls aus dem Sterzinger Kino kannte, aber letztlich sei eins nur wichtig:

„Sein, wer man isch, leben, wie's kommt, und einkalkulieren, daß es auch schiefgehen kann!"

Wenn er seine Lebenserfahrung preisgibt, verfällt Rudi Unterthiner besonders leicht in seinen alten Dialekt. Der ist frei von allem Akzent; in der Hochsprache schleicht sich gelegentlich amerikanisch Artikuliertes ein.

Natürlich auch amerikanisch Gedachtes. Gedanken aus Reagans Amerika: über die Gefährdung von Moral, Nation und Familie etwa, über die Religion als Remedium gegen die

Angst, über die Grundwerte der amerikanischen Staatsidee. Er teilt Reagans Ansichten über den Individualismus als staatstragendes Element und er steht dafür ein, daß Reagan von seinen Ansichten zutiefst überzeugt ist. „Einen guten, ehrlichen Menschen mit Fehlern", nennt er ihn, den er seit mehr als fünfzehn Jahren kennt. Damals leistete Unterthiner — was er noch heute, Amerika zuliebe, regelmäßig tut — Reservedienst bei der Air Force und dolmetschte dem damaligen Gouverneur Reagan, der in dieser Eigenschaft auch Befehlshaber der National Guard des Bundesstaates war. Die Bekanntschaft hatte Bestand. Dennoch meint Rudi Unterthiner, die rechten Leute zu kennen, sei in Europa wichtiger als in den USA.

Er seinerseits kennt die richtigen Leute in beiden Erdteilen: auch den amerikanischen Botschafter in Rom, den er zu seinen Freunden zählt — auch den Landeshauptmann in seiner alten Heimat, die er jedes Jahr aufsucht, freilich nicht zu beschaulichem Urlaub, sondern immer wieder auf einen Sprung zwischen seinen Good-will-Touren als Sendbote einer „Diplomatie des zweiten Bildungsweges", denn in Amerika kann einer nicht nur über die Akademie zur Diplomatie gelangen.

Auf einen Ruf zur Politik mag sich Rudi Unterthiner zwar nicht festlegen, aber das Zeug dazu hätte er. Die Mischung zwischen der Distanz des Einwanderers und der Dankbarkeit des erfolgreichen Einwanderers könnte ihm gerade bei europäischen Adressaten besondere Glaubwürdigkeit verleihen. Und er selbst läßt immerhin durchblicken, daß er mit nicht-medizinischem Tätigkeitsbereich sich durchaus eine Rückkehr nach Europa vorstellen könnte. „Vielleicht in der Lehre", sagt er unverbindlich.

Bei allem Engagement für Amerika: von Europa und besonders von Südtirol hat er sich nie ganz abgenabelt. Daß ihm überall in der Welt die Sterzinger Pfarrkirchenglocken nachgeläutet hätten, erzählt er in schönster Heimatfilmmanier und dennoch glaubhaft. Daß er erst nach dreizehn Jahren genug Geld gehabt hätte, um wieder einmal heimzukommen. Daß er Heimweh gehabt habe — soviel, daß er sich

nicht sicher ist, ob er noch einmal auswandern würde. Daß er Kraft aus seiner Südtiroler Herkunft gesogen habe.
Und wenn er zu Aspekten und Problemen des heutigen Südtirol befragt wird, antwortet er diplomatisch, versöhnlich, ausgewogen durch und durch: gegenseitige Achtung der Volksgruppen, aber Beharren auf der eigenen Kultur, Balance zwischen Landschaftserhaltung und Wirtschaftsinteressen, Zugeständnisse für die Jugend, Neues, aber mit Grenzen.
Der Doktor Unterthiner, Mensch und Arzt — ob in der Westküsten-Society der junggelifteten Gesichter oder bei den Unterprivilegierten in seinem mexikanischen Dorf: Er hätte das Zeug dazu, auch noch an einer dritten Alternative Geschmack zu finden.

Psychogramm Max Thaler

Geburtsort: St. Walburg/Ulten
Sternzeichen: Wassermann
Wo fühlen Sie sich daheim? Natürlich in Südtirol. Aber auch da, wo man das Glück hat, mit Menschen zusammenzuleben, die die persönliche Eigenart respektieren, ohne Bedingungen zu stellen.
Bevorzugte Landschaft? Besonders Gegenden, wo verschiedene Landschaftsformen ineinander überfließen.
Lieblingsstadt? Salzburg
Ihr vorherrschender Charakterzug? Da sich Charakter vor allem in der Art und Weise des Umgangs mit anderen Menschen äußert, möchte ich diese Frage an diejenigen weitergeben, die davon — angenehm oder unangenehm — betroffen sind.
Ihr größter Fehler? Eine durch Erziehung und Schule begünstigte starke Autoritätsgläubigkeit gegenüber dem Wissenschaftsbetrieb. (Ich habe den Eindruck, daß diese Haltung in Südtirol generell stark verbreitet ist. Vielleicht ist darin eine der Ursachen dafür zu suchen, daß verhältnismäßig wenige Südtiroler eine wissenschaftliche Laufbahn wählen. Der Mangel an Begabungen ist es sicher nicht.)
Welche Tugend möchten Sie besitzen? Ich freue mich über jeden Ansatz zu einer Tugend, den ich bei mir ausmachen kann, ohne auf eine bestimmte Tugend besonders aus zu sein.
Ehrgeizig? Ich habe bisher noch keinen Menschen kennengelernt, der nicht in der einen oder anderen Hinsicht ehrgeizig wäre. In diesem Sinne bin ich es natürlich auch.
Bevorzugte Tätigkeit? Wenn ich die Frage auf die beruflichen Tätigkeiten einschränke, die vielfältige Schwerpunktsetzungen in Forschung und Lehre zulassen, dann ist der Unterricht die Tätigkeit, die ich am liebsten ausübe.
Lieblingsbeschäftigung? Zeitungs- und Zeitschriftenlektüre, interessante Gespräche
Was ist Glück für Sie? Einklang zwischen Vorstellung und Realität

Was fürchten Sie am meisten? Daß Atmowaffen in die Hände von Fanatikern geraten könnten.
Welche Errungenschaft des 20. Jh.s. halten Sie für die bedeutendste? Die Erforschung menschlicher Psyche und menschlichen Verhaltens, sowohl als geistige Pionierleistungen, als auch im Hinblick auf Verbesserung der Lebensqualität.
Lieblingsautor? Ich habe zu verschiedenen Zeiten stets verschiedene Autoren bevorzugt und kehre nur selten zu einem „alten" Autor zurück. Zur Zeit ist W. Somerset Maugham meine Lieblingslektüre.
Lieblingskomponist? Ich höre jetzt sehr gerne Musik von Mozart, wozu mein Salzburgaufenthalt sicher wesentlich beigetragen hat.
Lieblingsmaler? Von den älteren Malern hat mir C. Spitzweg immer besonders gut gefallen.
Welches Buch haben Sie zuletzt gelesen? W. Somerset Maugham: „Cakes and Ale"

Haben Sie ein Leitbild? Leitbilder entwerfen sich naturgemäß ständig neu. Meine Leitbilder sind vorwiegend von Grundsätzen geprägt, die von Erziehern, Lehrern und Freunden überzeugend vorgelebt wurden oder werden.
Welche historische Gestalt wären Sie gerne gewesen? Unter den historischen Persönlichkeiten, die ich besonders bewundere, gibt es keine, die ich ganz so gewesen sein möchte, wie ich sie kenne.

Sind Sie von etwas abhängig? Am stärksten von der Möglichkeit, mit Menschen Kontakt zu haben, deren Urteil ich schätze.
Was tun Sie in Südtirol am liebsten? Wandern, Lesen und Nichtstun. Sehr gerne nütze ich aber die Gelegenheit zu Gesprächen, nicht zuletzt um der Gefahr einer vorwiegend sentimental betonten Südtirolsicht soweit als möglich vorzubeugen.
Was nehmen Sie aus Südtirol mit? Wenn ich in der Unterscheidung zwischen Sein und Schein gelegentlich kritischer bin als erwartet und meine Toleranz ab und zu über das übliche Maß hinausgeht, dann halte ich dies eindeutig für Lektionen, die ich in meiner engeren Heimat gelernt

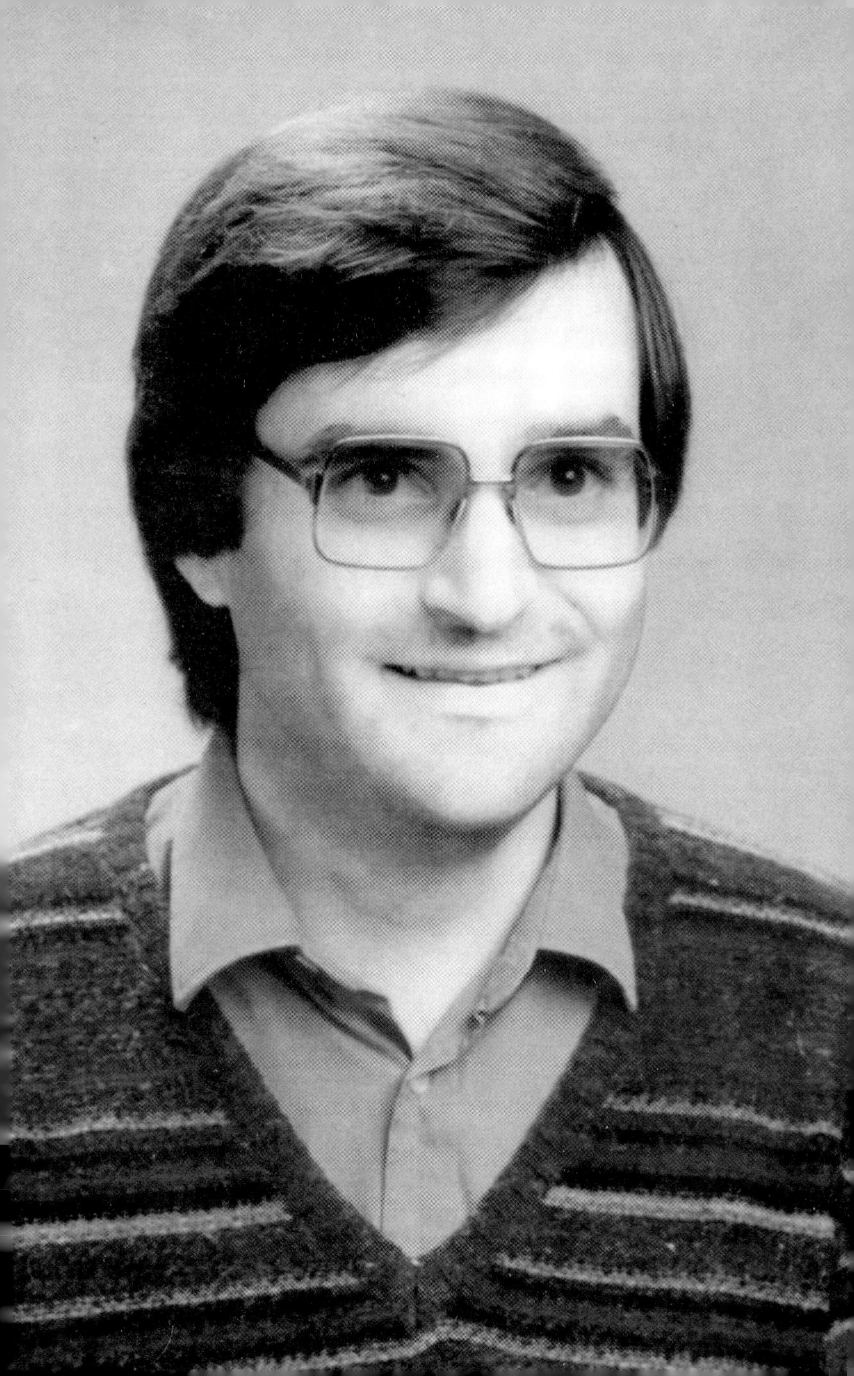

habe. Allerdings bin ich im allgemeinen natürlich nicht imstande, zwischen dem, was ich aus Südtirol mitgenommen, und dem, was ich durch Erfahrungen außerhalb Südtirols gelernt habe, eine halbwegs klare Grenze zu ziehen.

Was könnte Sie nach Südtirol zurückziehen? Mathematische Forschung, speziell Grundlagenforschung, setzt ein geeignetes Umfeld und die Möglichkeit zu internationalen Kontakten voraus, welche nur eine Universität oder ein Forschungsinstitut gewährleisten kann, und ist daher in Südtirol derzeit unmöglich. Ich kann mir aber gut vorstellen, daß der Wunsch, nach Südtirol zurückzukehren, im Laufe der Jahre größer wird und im selben Maße auch die Kompromißbereitschaft in beruflicher Hinsicht zunimmt.

Max Thaler

Mathematik als Kulturgut

Daß der Computer das Leitmotiv dieser Jahrhunderthälfte ist, werden uns nicht erst die Historiker des 21. Jahrhunderts bestätigen. Wir wissen es jetzt schon recht gut und sehen uns als Zeitgenossen der elektronischen Revolution, gleichgültig, ob wir Computer forsch als unsere „nützlichen Idioten" einsetzen, oder ob wir sie als leidenschaftslose und daher überlegene Konkurrenz fürchten.

Gleichwie — sie haben uns ordentlich beim Wickel, und während sie uns gehorchen, machen sie uns gelegentlich Angst. Vor allem aber: Sie strahlen, wie alles nicht auf Anhieb Zugängliche, eine Faszination ab, der wir uns nicht entziehen können. Und diese Faszination betrifft nicht nur „uns", die Uneingeweihten oder Normalverbraucher der Computer, sondern auch die Wissenschaftler, ihre Manipulateure und Spielführer. Sie können immer häufiger beobachten, wie Computer sogar die fundamental geglaubte Grenze zwischen Wissenschaft und Kunst zu verwischen vermögen.

„Wird das Geschaute und Erlebte in der Sprache der Logik nachgebildet, so treiben wir Wissenschaft; wird es durch Formen vermittelt, deren Zusammenhänge dem bewußten Denken unzugänglich, doch intuitiv als sinnvoll erkannt sind, so treiben wir Kunst."

So schrieb Einstein. Für ihn mochte es stimmen, aber in den Computergraphiken, wie sie neuerdings in unerschöpflicher Vielfalt beim logischen Tun des Elektronengehirns entstehen, scheinen Wissenschaft und Kunst tatsächlich ineinanderzufließen.

Die Spielweise, auf der sich solches ereignet, heißt „experimentelle Mathematik", und es spricht einiges dafür, daß das Spiel ein neues wissenschaftliches Weltbild etablieren helfen könnte.

Einfache mathematische Eingaben in die Hochleistungscomputer der letzten Generation führen offenbar zu unvorstellbar komplexen Ergebnissen und an Grenzen, die vorläufig nur mit der Phantasie auszuloten sind. Das Chaos im Kosmos erblüht in unendlicher Farb- und Formenvielfalt neu auf dem Computer-Bildschirm — mit nichts als einer einfachen, rechnerisch auf die Spitze getriebenen mathematischen Vorgabe: „Quadriere eine Zahl, addiere eine feste Zahl und füttere die Vorschrift immer wieder mit deren Ergebnis!" befahl — aufgrund von Untersuchungen, die schon in der ersten Jahrhunderthälfte gemacht wurden — 1980 ein amerikanischer Mathematiker seinem Computer.

Etwa: $2^2 + 3 = 7$, $7^2 + 3 = 52$, $52^2 + 3 = 2707$ usw.

Man nennt so etwas eine mathematische Rückkopplung, und was dabei herauskam, war eine bizarre Figur, deren fortwährende Ausschnittvergrößerung, immer neue Feinheiten enthüllend, an biologische Organisationsprinzipien erinnert und daher auch Physiker und Biologen aufhorchen ließ.

Die Reise ins Wunderreich der mathematischen Rückkopplungen hat vorläufig dort ihr Ende, wo auch der leistungsfähigste Computer seine Grenzen hat. Aber das Experiment und seine Varianten hat die Experten in aller Welt hellhörig gemacht. Die Suche nach dem Schlüssel zu den letzten Geheimnissen des Lebens wird auf einem neuen Weg weitergeführt. Die Mathematiker und ihre elektronischen Spürhunde in aller Welt sind in bester Aufbruchsstimmung.

Mit von der Partie ist auch ein Südtiroler Mathematiker, wenngleich er seinen Weg, der ihn aus dem Ultental vorläufig auf eine Dozentur an der Universität Salzburg geführt hat, recht entspannt und beiläufig und ohne verbissenen Karriere-Ehrgeiz geht.

Eigentlich ist Max Thaler, Jahrgang 1950 und geboren in St. Walburg, sogar ein wenig gegen seinen Willen in die vorderen Startreihen der „reinen" Mathematiker gelangt. Sein Onkel Matthias Thaler, der am Johanneum in Dorf Tirol Mathematik unterrichtete, war das einzige genealogische Bindeglied zu seinem jetzigen Tun. Der Vater, erst Bauernknecht und später ein kleiner Holzhändler in Ulten, hätte es freilich zunächst lieber gesehen, wenn sich sein Sohn ebenfalls mit Holz, dem Grundstoff des Ultner Wirtschaftslebens, beschäftigte. Aber die Mutter duldete nicht nur, sondern förderte auch das Studium des Buben in Dorf Tirol.

Eine eindeutige Begabungsrichtung mag sich Max Thaler für seine Schulzeit gar nicht zuweisen, außer daß er es schon damals gut verstand, seinen Kameraden Mathematisches beizubringen.

Als er dann an der Universität Innsbruck Mathematik belegte, dachte er an nichts mehr als ans Lehramt für die Mittelschule. Auch während der letzten Studienphase hatte er noch nichts anderes im Sinn, als Mathematik zu unterrichten.

1975 war er mit seiner Dissertation fertig. Seine Promotion „sub auspiciis" sowie Kollegen und Professoren stießen ihn förmlich auf die Hochschullaufbahn. Eine freie Stelle in Salzburg, eine eher halbherzige Bewerbung dafür und ein unerwarteter positiver Bescheid darauf stellten schließlich die Weichen, obwohl Max Thaler, wie er sagt, auch da noch nicht seelisch bereit war zum „Draußenbleiben".

Endgültig entschieden hat er sich erst 1979, als Folge eines Stipendiums der „Royal Society" für einen halbjährigen Studienaufenthalt in Warwick nahe Coventry in Großbritannien, wo ein erlesener Kreis von Mathematikern lehrte und lernte.

Max Thaler überwand Hemmschwelle und Sprachbarriere. Zwar konnte er bereits einiges mathematische Englisch, aber zum Einkaufen brauchte er anfangs noch ein Wörterbuch. Und er war begeistert, denn hier lernte er Dinge, die er sofort anwenden konnte, und er erfuhr auch, daß, was er so gern wollte — unterrichten — auch an der Universität möglich war.

Solcherart getröstet über die Abweichung von seinem ursprünglichen Berufsbild, drang Max Thaler in die Internationale der Mathematiker ein, wo in erster Linie englisch (mittlerweile auch von ihm selbst) publiziert und parliert wird, aber auch französisch und russisch.

Nun begann er auch mit seiner Habilitationsarbeit, die er im März 1984 abschloß. Ihr Thema: „Intervallabbildungen mit unendlichen invarianten Maßen". Hinter dem Fachjargon steckt die Frage, was auf lange Sicht geschieht, wenn man einer Eingabe ihr eigenes Ergebnis einsetzt.

Auch Max Thalers Arbeit beschäftigte sich also mit dem eingangs geschilderten plötzlichen Übergang vom Selbstverständlichen, Trivialen ins Unverständliche, Chaotische, genauer gesagt: mit den Gesetzmäßigkeiten im chaotischen Bereich selbst. Sie versucht, wie alle „reine" Mathematik, ein Modell des Konträren zu formen und liegt voll im Trend dessen, was gegenwärtig auch die Naturwissenschaften so stark interessiert.

Doch gleich ist da wieder die Schwierigkeit des Fachs, nicht nur nach außen, sondern auch als internes Problem. Die Chaosforschung beispielsweise ist zwar vielversprechend und gestützt durch mathematische Modelle, aber so diffizil, daß auch die Besten ihres Fachs bald an Grenzen stoßen. „Da bräuchte es einen Über-Einstein", meint Max Thaler und wünscht eine Vision herbei.

Dabei gehört es zum Persönlichkeitsbild des Menschen wie des Mathematikers Max Thaler, daß er in aller Bescheidenheit und ganz ohne Koketterie der Ansicht ist, die reine Mathematik könne nichts wirklich klären. Und wieder spricht er von einer Vision: Sie bestünde in einem versöhnenden Mittelweg zwischen der deterministischen und der stochastischen Theorie, also zwischen Bestimmtheit und Wahrscheinlichkeit. Daß der Mathematiker sich hier mit Problemen einläßt, die auch Themen für die Philosophie sind, irritiert nur oberflächlich. Denn schon der Mathematiker Karl Friedrich Gauß spottete über das falsche Verständnis der Mathematik, als er schrieb:

„Der Mangel an mathematischer Bildung gibt sich durch nichts so auffallend zu erkennen wie durch maßlose Schärfe im Zahlenrechnen."

Für Max Thaler und seine mathematischen Zunftkollegen ist die Mathematik daher vor allem eine Geisteswissenschaft, gelegentlich aber auch nicht unähnlich dem Tun von Agatha Christies Meisterdetektiv Hercule Poirot, wenn er sich, mit geschlossenen Augen im Sessel zurückgelehnt, „mit den Augen des Geistes" der Lösung eines Problems nähert.

Oder er vergleicht die Mathematik mit einem Kuchen, von dem nur eine kleine Schnitte für die praktische Anwendung tauglich ist. Der Rest, so postuliert er, sei Kulturgut und trage deshalb sogar vor allem ästhetische Beiwerte. Mathematik als „art pour l'art"? Mathematik im Elfenbeinturm, wo nur wenige Auserwählte einem für nur wenige Eingeweihte verständlichen Tun frönen, das noch dazu für die Gesellschaft nichts bringt?

Max Thaler kennt diese Verurteilungen und die Kommunikationsschwierigkeiten seines Fachs. Er beobachtet auch, wie diejenigen seiner Kollegen, die sich zum Praktischen hingezogen fühlen, sich von der „reinen" Mathematik ab — und dem Computer zuwenden. Und er empfindet es als notwendig und als Teil seiner Aufgabe an der Hochschule, nicht nur die „Eliten" anzusprechen, die später in der Universitätslaufbahn bleiben, sondern auch die sogenannten „Mittelmäßigen", die sich dann meist für das Lehramt entscheiden.

Es wäre ihm freilich unangenehm, wenn der Eindruck entstünde, als würden nur Mittelmäßige das Lehramt an Schulen ergreifen, zumal er selbst nicht wenige Lehrer kennt, die sich für die Schule entschieden haben, obwohl ihre mathematische Begabung sicherlich auch für eine Universitätslaufbahn gereicht hätte. Außerdem weist er darauf hin, daß zur Zeit an den Hochschulen nur sehr wenige bis gar keine Posten für junge Kollegen zur Verfügung stehen, so daß auch Hochbegabte sich anderweitig umschauen müssen. Glücklicherweise bietet das Computerwesen Betätigungsmöglichkeit auf jedem Niveau.

Er mag sich auch nicht rundweg damit abfinden, daß die mathematische Arbeit ein einsames Tun sei, er ist vielmehr dafür, das Mehr an Öffentlichkeit, das der Computer für die Mathematik geschaffen hat, auch zu nutzen.

Lehre und Forschung einander näherbringen, Kontakte mit den „Anwendern" der Mathematik in Statistik, Meinungsforschung und Versicherungswesen pflegen — das möchte er gern. Deshalb arbeitet er jetzt an einem Einführungsskript, aus dem ein Buch werden könnte. Aber das Interesse der Studenten für die Spezialitäten der „reinen" Mathematik sei eher gering, und Südtiroler habe er in Salzburg in seinem Fachbereich erst zwei gesichtet.

Auch Max Thaler selbst hat seine Schwierigkeiten gehabt, mußte erst eine ganz persönliche Ehrfurchtsschwelle überwinden, die ihn durch ein Übermaß an Respekt vor Kollegen gehemmt hat. „Die andern haben immer Ideen gehabt. Ich nie! Bis ich draufgekommen bin: Das ist mir ja auch schon eingefallen." Er ist selbstbewußter geworden, seit er gemerkt hat, daß es auch im Wissenschaftsbetrieb seines Fachs „menschelt"; daß es da „Moden" gibt, von großen Namen kreiert; daß der „Geschmack" sogar in der Mathematik eine Rolle spielt; daß es schwer ist, in Fachzeitschriften hineinzukommen, die nur allzu oft besondere Vorlieben haben und deshalb qualifizierte Artikel ungerechtfertigt abschmettern. Inzwischen hat er Gelassenheit gelernt und jene Selbstsicherheit, die er mit Künstlern teilt: „Auch für mich gibt es ein Publikum!"

Aber er lebt auch mit der Frustrationsangst der Künstler, wenn er wochenlang an ein Problem hindenkt und dann die Lösung verwerfen muß. Deshalb graust es ihm bisweilen geradezu davor, ein Problem anzugehen.

Auf der andern Schale dieser nicht immer ausbalancierten Gemütswaage liegt das mathematische Erfolgserlebnis: nach langem Aufenthalt in einer zermürbenden Sackgasse endlich eine ergiebige Lösung gefunden zu haben.

Aber obwohl sich Max Thaler jetzt entspannter unter den Koryphäen seines Fachs bewegt, hält er sich noch für zu jung, um resolut eine Professur anzustreben.

Doch Salzburg gefällt ihm: Ein gutes Klima in seinem Fachbereich und insgesamt, die Freiheit, sich das Leben einzurichten in geselligem Kontakt mit toleranten Leuten. Das alles sind Argumente, die ihn weiterhin für diese Stadt einnehmen.

Wenn er zu Weihnachten, zu Ostern, im Sommer oder zwischendurch Urlaub macht, rennen ihm freilich die Probleme über den Brenner nach — bis nach St. Walburg, wo er sich das Heimathaus nach dem Tod der Eltern mit seiner einzigen Schwester teilt.

„Ich hab mir vor dem Erstwohnsitz schon den Zweitwohnsitz gerichtet", sagt er lächelnd.

Ihr und ihrer Familie fühlt er sich besonders verbunden, und mit Wonne läßt er sich vom Neffen und von der Nichte okkupieren. Er besucht gern seine Kollegen von der Schule und von der Musikkapelle, bei der er lang mitgespielt hat. Den Neujahrsumgang — einen Fixpunkt im Dorfbrauchtum — macht er immer noch mit. „Herumlungern" nennt er sein absichtsloses Tun in der ersten Urlaubsphase. Dabei lassen ihn die Probleme allmählich los, und er gliedert sich wieder in den kleinen Kosmos von St. Walburg zurück.

Er redet gern mit älteren und alten Leuten und findet viele von ihnen staunenswert innovativ im Vergleich zu dem Grad der Verknöcherung, den er bei manchen Akademikern festgestellt hat.

Von dieser Art ist sein Heimatbezug, der auch nach zehn Jahren Salzburg immer noch so stark ist, daß er ihn sich inzwischen als Grundbedürfnis bescheinigt.

Seine Anfälligkeit für die Krankheit namens Heimweh kennt er ebenfalls, wenn sie auch durch Salzburger Bindungen etwas gemildert worden ist. Früher hat er so sehr darunter gelitten, daß ihn jeder berufliche Erfolg geschreckt hat, weil er wußte: Dies ist wieder ein Schritt weg von daheim. Nun ist es eher so: Wenn er sich gegen das Ende der Ultner Urlaube hin wieder in sein Fach einspinnt, dann tut er es in bewußter Disziplinierung — sein Heimweh ist nun wenigstens keine bittere Pille mehr.

Lesehinweis:
GEO, Nr. 6/1984

Psychogramm Richard Tammerle

Geburtsort: Mölten
Sternzeichen: Widder
Ausgeprägtester Charakterzug: Das gesetzte Ziel zu erreichen
Bekennen Sie sich zu einem Fehler? Warum sollte ich nicht?
Sind Sie ehrgeizig? Ja
Was verschafft Ihnen besondere Genugtuung? Wenn eine besonders schwierige Arbeit gut gelungen ist.
Bevorzugte Tätigkeit: Mein Beruf
Steckenpferde: Familie, Garten, Theater
Was fürchten Sie am meisten? Unruhen durch Politik und Religion
Was ärgert Sie besonders? Unehrlichkeit
Was kränkt Sie: Wenn man über Probleme nicht spricht
Lieblingslandschaft: Bizarres Gebirge
Lieblingsstadt: Es gibt nicht nur eine, es sind mehrere
Lieblingsgeräusch: Vogelgezwitscher am Bergbach
Lieblingsspeise: frischer Spinat in Knoblauchsauce
Lieblingsautor: St. Exupéry
Lieblingsmaler: Mumelter
Lieblingskomponist: Antonio Vivaldi
Gibt es einen Menschen, den Sie besonders bewundern? Ja, Einstein
Welches Abenteuer würden Sie gern erleben? Eine Reise zum Mond
Welche historische Persönlichkeit wären Sie gern gewesen? Marco Polo
Sind Sie von etwas abhängig? Zur Zeit nur von der Arbeit
Woran glauben Sie? An die positive Einstellung allgemein
Was tun Sie in Südtirol am liebsten? Bergwandern, Skilaufen, Schwimmen
Was könnte Sie wieder nach Südtirol zurückbringen? Eventuell später das Rentenalter

Richard Tammerle im Cockpit. Der Lufthansakapitän flog den ersten westdeutschen Spacelab-Astronauten Ulf Merboldt (links) im Dezember 1983 nach seinem Raumflug aus den USA zurück nach Frankfurt.

Richard Tammerle

Laufbahn auf dem Luftweg

Vielleicht fliegt Richard Tammerle nächstens wieder exklusiv für den Monarchen von Brunei, der ihn schon einmal samt Jet und Crew von der Lufthansa „geshuttled" hat. Vielleicht sind seine Passagiere aber auch 325.000 Eintagsküken, unterwegs nach Kairo, mit Bohnen als Rückfracht. Kann sein, er holt 39 Tonnen Nelken aus Nairobi oder den ersten deutschen Astronauten Dr. Ulf Merboldt aus Atlanta — oder er bringt 87 Kühe von Dänemark nach Bagdad. Dabei muß er jedenfalls darauf achten, daß keine Golfkriegs-Rakete seine Flugbahn kreuzt.

Wenn er dagegen mit 237 Touristen über die Alpen fliegt, spielt er über Südtirol gern den Gipfelführer. Auch über jeden Kirchturm weiß er was zu sagen, und die Charterpassagiere mögen es, wenn der Kapitän locker über den Bordlautsprecher mit ihnen plaudert, natürlich in lupenreinem Hochdeutsch. (Der Heimatdialekt wird nur in Südtirol „ausgepackt", nicht d a r ü b e r.) Auf Linienflügen würde er das nicht machen, die Geschäftsleute fühlten sich womöglich beim Aktenstudium oder Zeitungslesen gestört. Die Urlauber aber würden sich über soviel Ortskenntnis wundern und die Lufthansa (für deren Tochter „Condor" Richard Tammerle etwa in den Süden flöge) für ihren Spezialservice loben.

Das freilich würde Richard Tammerle den Leuten denn doch nicht sagen, daß da unten, ein paar tausend Fuß tiefer und immer noch hoch über dem silbernen Schlängelband der Etsch, sein Traum vom Fliegen begonnen hat. Aber die Möltener Seilbahn, wo der Schüler Richard Tammerle im Sommer als Maschinist aushalf, hat schon auch ein bißchen was mit dem Fliegen gemeinsam, wenn die Gondeln so lustig über die Abgründe schweben. Und eines Tages kurvte ein kleines Sportflugzeug über der Seilbahn herum, und der Bub fragte dem Piloten so lang nach, bis er ihn zu fassen bekam. Fürs Mitfliegen investierte er die sündhafte Summe von 3000 Lire. Was er bekam, war ein halbstündiger Rundflug über Mölten und den Bazillus des Fliegens, der ihn fürs

Leben infiziert hat. Als Handelsoberschüler in Bozen erwarb er ein Zeugnis für den Boden und beim bekannten Fluglehrer Roman Gasser den „Primo grado" für die Luft. Er bewarb sich bei der italienischen Luftwaffe, als einer von 9000 Bewerbern, die ebenfalls Piloten werden wollten.

Für 8967 von ihnen war der Traum bald ausgeträumt. Richard Tammerle war einer von den 33, die ihre Schulbubenträume in ein Berufsbild umformen durften und eine Ausbildung bekamen.

Er weiß, daß er diese Qualifikation vor allem deshalb schaffte, weil er alles andere ist als ein „interessanter" Mensch. Denn dieser Beruf, der von Träumern und Bewunderern so sehr mit dem Klischee des Abenteuerlichen, mit dem Image der „tollkühnen Männer in ihren fliegenden Kisten" bekränzt wird, braucht das genaue Gegenteil all dessen: den „völlig normalen" Menschen ohne Extravaganzen, ohne Ecken und ohne Vorsprünge. Der rasante Sportwagen-Playboy ist im Cockpit eines Jets ebenso fehl am Platze wie das neurotische Genie. Der einzig gute Pilot ist der physisch und psychisch perfekt organisierte Techniker des Reaktionsvermögens, bildsam und bereit, sich in ein vorgegebenes System einzuordnen und darin verläßlich zu funktionieren. Zu funktionieren wie die Geräte, mit denen er umgeht, aber nicht „wie eine Maschine", sondern besser als eine Maschine.

Ausgestattet mit all diesen Eigenschaften, wurde Richard Tammerle als Einundzwanzigjähriger ab 1959 auf die „Ochsenentour" der Militärflieger geschickt: zwei Jahre Ausbildung in Lecce und Foggia auf Propellerflugzeugen und Jets. „Reparti"-Training auf dem Lockheed-Fighter bei Treviso. Vier Jahre Fluglehrerausbildung in Tarent. Dann wieder Treviso, wo er auf dem dortigen NATO-Stützpunkt für die FIAT G 91 geschult wurde. „Eine feine Zeit", findet er im Rückblick, vor allem wegen der vielen Begegnungen mit Militärpiloten aus den Ländern des atlantischen Bündnisses. Drei Südtiroler waren sie damals in Treviso, aber es war gerade Sprengstoffzeit, und daheim in Südtirol krachte es politisch. Das Trio aus dem Land der „Dinamitardi" wurde auseinandergerissen, ob vorsorglich oder zufällig, mag

Richard Tammerle nicht entscheiden. Er jedenfalls kam nach Bergamo, und da war es aus mit den internationalen Begegnungen.

Richard Tammerle entschloß sich, die Luftwaffe zu verlassen und machte im Urlaub den „größten" zivilen Flugschein bei der Alitalia, den „Terzo grado". Eineinhalb Jahre gondelte er — nun in zivilem Auftrag — zwischen italienischen Städten und Inseln umher. Dann bewarb er sich auf ein Zeitungsinserat hin bei der Lufthansa, mit wenig Zuversicht und einiger Neugier, was dort mit seinen italienischen Papieren wohl zu machen sei. Als Antwort kam ein Freiflugschein Rom—Hamburg.

Nach viertägiger Aufnahmeprüfung und vielen Simulatorflügen wurde er akzeptiert und als Fluglehrer nach Bremen engagiert. Alles war bereits perfekt, aber da waren noch Unterlagen abzugeben bei der Zentrale. Der Herr auf dem Nebensitz im Flugzeug nach Frankfurt war der Flugbetriebsleiter der „Condor", jener Lufthansa-Tochter, die seit Beginn des bundesdeutschen Fernreisebooms fürs Urlauber-Chartergeschäft zuständig ist.

„Sie sind der richtige Mann für die ‚Fokker Friendship'!" sprach's und dirigierte den Neuling ins eigene Nest. Nun machte Richard Tammerle wieder seine „Ochsentour" — diesmal mit Passagieren: Erster Offizier auf innereuropäischen Urlaubsrouten. Nach einem halben Jahr rückte er als Copilot auf die Boeing 707 auf.

Nun kamen die „schönen" Strecken — abwechselnd für die Lufthansa und für „Condor": Curacao, Montreal, Paris — Los Angeles, Bombay, Karachi, Bangkok und der ganze Ferne Osten.

Was diese Strecken so schön macht, sind nicht nur die Routen und Zielflughäfen, sondern das, was das fliegende Personal im Insider-Jargon die „Layovers" nennt, denn am Ende der großen Sprünge über Kontinente und Weltmeere kommen die Ruhetage am exotischen Ziel: Skifahren im August in Chile, Sydney und eine Woche frei, drei Tage in Rio, Frankfurt — Anchorage — Tokio! und Zeit für Japan, Dakar — Johannesburg und Kurzurlaub am Kap, der Sicht-Anflug auf Hongkong, der bei schönem Wetter auch den bedächtigen Richard Tammerle zum Jauchzen bringt (und bei Taifun die Passagiere zum Schwitzen).

Dann wieder die „Ochsentour" für die Boeing 737: Theorie am Boden, Flugsimulator, Flugpraxis in Tucson, Arizona, weitere vier Monate unter Aufsicht. Schließlich der erste Flug als Kapitän mit erfahrenem Copiloten auf einer innereuropäischen Route am 11. Juli 1970.

Nun ist Richard Tammerle schon recht weit „oben" — nicht nur am Himmel, sondern auch in der Hierarchie seiner Fluggesellschaft. Neun Tage später holt ihn ein außerordentlich häßliches Erlebnis ein Stück herunter — zum Glück haarscharf am Verhängnis vorbei.

Er fliegt 96 Passagiere von Frankfurt nach Reus bei Tarragona in Spanien. Der Anflug ist bereits freigegeben. Und plötzlich — 20 Meter vor der Boeing — ist da eine kleine Piper-Cherokee. Ein Krachen. Der Copilot schreit: „Wir stürzen ab!" Eine halbe Schrecksekunde, dann sind alle voll beschäftigt mit dem Checken der Instrumente. Die Boeing stürzt nicht ab, sondern landet sicher. Auf der linken Tragfläche hängen Wrackteile der Piper. Es gibt Ermittlungen. Auch über Richard Tammerle schwebt die Schuldfrage. Doch er wird für schuldlos befunden. Der Pilot der Piper, der den Zusammenstoß nicht überlebte, hatte die ihm angewiesene Flughöhe nicht eingehalten. Knapp unter der Boeing konnte er sie nicht sehen, ebensowenig wie ihn die Lufthansa-Crew sehen konnte.

Der Privatpilot bezahlt seinen Fehler mit dem Leben, Richard Tammerle, voll rehabilitiert zwar, bezahlt für den Fehler des andern mit einem Trauma, das ihn für die nächsten drei Jahre leiden ließ. Psychologische Tests und Gespräche mit dem Fliegerarzt halfen ihm zwar, das Horror-Erlebnis aufzuarbeiten. Was bleibt, ist eine gewisse Übervorsichtigkeit — und Herzklopfen, etwa wenn bei einem Flug in den Wolken auf dem Wetterradar ein anderes Flugzeug auftaucht. Inzwischen erklimmt er, Maschine für Maschine, die Karriereleiter der Lufthansa: 737...727...707...DC-10. Drei Tage daheim, Flug, fünf Tage frei, Flug... — längster Umlauf: 14 Tage, und eine Ehe auf Stopover-Basis, denn auch Frau Maxi flog, als Stewardeß bei der Lufthansa.

Seit drei Jahren ist Richard Tammerle auf der DC-10, zu der die meisten Piloten ein beinahe zärtliches Verhältnis pflegen. „Sie ist wie eine schöne Frau. Man muß sie behutsam anfassen, und den kleinsten Fehler nimmt sie übel." Maxi Tammerle, die inzwischen den familiären Bodendienst bei den beiden halbwüchsigen Töchtern versieht, hört's und kontert trocken: Sie erinnert sich, daß es in der DC-10 einmal einem Speiseaufzug gelang, eine Stewardeß buchstäblich zu köpfen.
Richard Tammerle hat dennoch Grund zum Schwärmen: von den schönen Strecken der DC-10, von ihrer Zuverlässigkeit, von der anspruchsvollen Technik, die Landungen bei einem solchen Nebel ermöglicht, daß man hernach am Boden kaum den Parkplatz zu finden vermag.
20 Jahre ist er jetzt „draußen", acht aktive Lufthansa-Jahre hat er noch vor sich. Sie werden ihm noch den „Jumbo" bringen, für den er sich bereits beworben hat. Und dann, mit 55, ist bei der Lufthansa Schluß, aus personalpolitischen Gründen. Was dann?
Manche pensionierten Lufthansa-Kapitäne heuern bei exotischen Linien an und fliegen weiter.
Manche ziehen sich in permanente Ferien zurück, nach Mallorca, auf einen Bauernhof im Allgäu... — die meisten haben einen Trend in den Süden.
Richard Tammerle denkt nicht darüber nach, was er „dann" machen wird. Drei Jahre vor der Pensionierung wird er damit beginnen.
Wenn er in seiner Ferienwohnung in Völs Urlaub macht, büffelt er für die nächste Prüfung — Schloß Prösels steht vor dem Fenster. Abends erfrischt er sich im Völser Weiher.
Sein Wissen muß er jedes Vierteljahr bei ausführlichen Checks auffrischen. Der Simulator konfrontiert ihn mit fliegerischen Problemen, bei deren Lösung sein Gehirn Tauglichkeit beweisen muß. Jedes halbe Jahr hat sein Körper „Examen". Fitneß ist in diesem Beruf keine Freizeitmode, sondern Startkapital im wahrsten Sinne.
Es kann kein Zweifel darüber bestehen, daß Richard Tammerle an Körper und Geist voll tauglich ist. Sein Bruder, der ihn im Urlaub mit selbstgebackenem Schüttelbrot versorgt,

meint, der Richard sei halt ein Hundertprozentiger. Immer schon gewesen. Man brauche ihm nur beim Speckschneiden zuzuschauen. Und wenn er seinen Wagen starte, dann mache er das so gewissenhaft, als sitze er im Cockpit der DC-10.

Psychogramm Herbert Rosendorfer

Geburtsort: Bozen-Gries

Sternzeichen: Ungeklärt, weil ich Astrophysikern mehr glaube als Astrologen. Geburtstag: 19. Februar.

Worauf richtet sich Ihr Ehrgeiz? Ein Buch zu schreiben, das man vielleicht in 200 Jahren noch kennt.

Was verschafft Ihnen besondere Befriedigung? Schöpferische, gelungene Arbeit

Was ärgert sie? Dummheit und Korruption in der Politik

Was fürchten Sie am meisten? Einen Weltkrieg

Welche Autoren mögen Sie besonders? Den ich gerade lese (Ranke).

Welchen Komponisten? Mozart

Welche bildenden Künstler? Wechselnd, augenblicklich Michelangelo (Ich mache gerade eine Studie über Michelangelo als Modeschöpfer), dann auch Tinguely

Was riechen Sie besonders gern? Meine Zigarren und Pfeifen

Was hören Sie besonders gern? Musik. Allgemein: geordnete akustische Phänomene; gegen Rasenmäher dagegen bin ich empfindlich.

Welches Tier mögen Sie am liebsten? Katzen — eigentlich alle Tiere

Sind Sie von etwas abhängig? Von der Ordnung um mich herum

Welches Abenteuer würden Sie gern erleben? Eine Jeepfahrt durch die Sahara

Was halten Sie für die bedeutendste Errungenschaft des 20. Jahrhunderts? Die Narkose

Gibt es eine politisch-historische Persönlichkeit, die Sie bewundern? Nur wenige, zum Beispiel Kaiser Augustus

Bekennen Sie sich zu einem Fehler? Ja, wahrscheinlich bin ich faul.

Wo fühlen Sie sich beheimatet? Eigentlich in Kitzbühel — trotz allem.

Was tun Sie in Südtirol am liebsten? Im Wirtsgarten sitzen.

Was nehmen Sie aus Südtirol mit? Wein, Parmesankäse, Olivenöl

Würden Sie gern in Ihre Geburtsheimat zurückkehren? Ja, sofort, aber als Münchner Jurist hätte ich dort natürlich keine Chance.

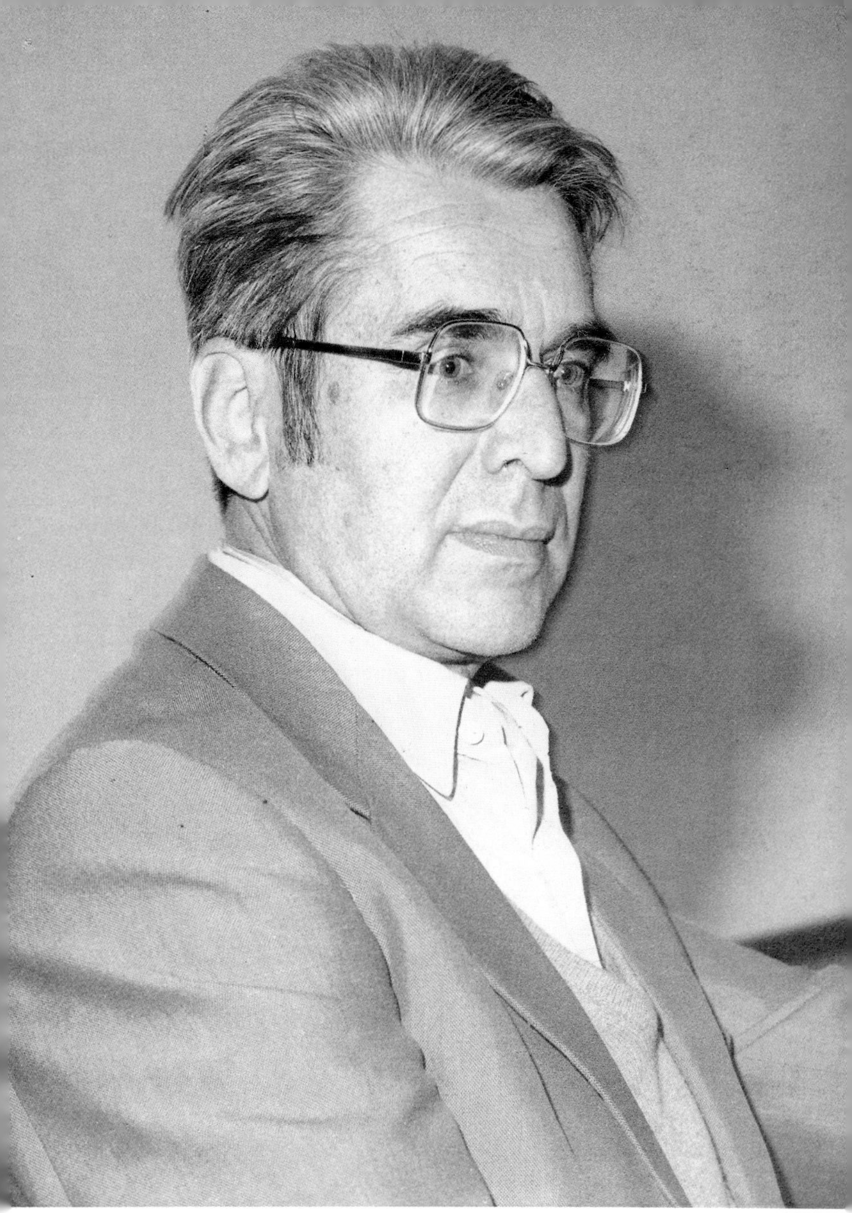

Herbert Rosendorfer

Die Systematik der Wortklauberei

Tierliebenden Autofahrern ist in München nichts Besseres zu wünschen als der Richter Herbert Rosendorfer. Einem von ihnen, der vor Jahren eine Vollbremsung riskierte, um einen über die Straße hoppelnden Igel nicht zu überfahren, und dem dabei ein nachfolgender Autofahrer hinten draufbrummte (welcher wiederum gegen die übliche Spruchpraxis „Wer auffährt, ist schuld" vor Gericht zog mit dem Argument, ein Igel rechtfertige kein Bremsmanöver) — diesem Autofahrer also war das Glück hold, vom Richter Rosendorfer verhandelt zu werden: Sehr wohl sei es ein Igel wert, vom Verkehrstod verschont zu bleiben, wies er die Klage des Auffahrers ab. — Die Münchner Gazetten hatten willkommenen Schreibstoff.

Mit dem Richter Rosendorfer können sich aber gleich zwei Berufsstände schmücken: die Juristen und die Verleger: Für die einen ist er ein exotisches Bindeglied zur Belletristik, für die andern ein seltenes Exemplar der Spezies des schöngeistigen Beamten, worauf in jedem Verlagstext hingewiesen zu werden pflegt. Herbert Rosendorfer: Richter in München. Der doppelt Beanspruchte dürfte also jeden Grund haben, seinen Brotberuf unerfreulich zu finden. Aber wenn er drauf angesprochen wird, daß die Juristerei — die, wie alle Nichtjuristen zu wissen glauben, „trocken" zu sein hat — dem Schriftsteller doch gewiß eine tägliche Last und Prüfung sei, hat Herbert Rosendorfer erstaunlicherweise eine ganz andere Antwort parat.

In einer philologisch grundsoliden Abhandlung im „Rechtshistorischen Journal" hat er erst neulich aufgelistet, daß die juristische Berufspraxis sich direkt proportional zur literarischen Produktion verhält: Sebastian Brant und Goethe, E. T. A. Hoffmann und Eichendorff, Franz Grillparzer und Kafka, Gottfried Keller und Novalis, Theodor Storm und Tucholsky — lauter Juristen, untadelige noch dazu. Und gar Eichendorff und Grillparzer:

„Beide sind nach der Pensionierung, wenn sie endlich Zeit und Freiheit gehabt hätten, verstummt. Eichendorff schrieb

fast nur noch literaturwissenschaftliche und philosophische Arbeiten, die innerhalb seines Oeuvres als untergeordnete Werke gelten, Grillparzer schrieb überhaupt nichts mehr."
Doch nicht nur die **Tatsache** der überreichen Repräsentanz von Dichter-Juristen oder Juristen-Schriftstellern hält Herbert Rosendorfer fest, er findet auch die **Begründung** dafür, und zwar im Briefwechsel zwischen Eichendorff und seinem unberühmten jüngeren literarischen und juristischen Kollegen Lebrecht Dreves, worin die Jurisprudenz geradezu die Lebensretterin des Musensohnes genannt wird. Da verdanken beide dem „Amtsleben" und seinen „prosaischen Gegensätzen" einen Schutzschild gegen den „poetischen Rausch" und gegen die „poetische Zerfahrenheit, (die) gewöhnliche Krankheit der Dichter von Profession".

Gerüstet mit dem Urteil des berühmten Romantikers, darf es der Richter und Dichter Rosendorfer daher unternehmen, in aller Liebenswürdigkeit einen Rundumschlag auszuteilen: „In den Pässen der meisten großen Literaten der Vergangenheit stand nicht: Dichter. Erst das 20. Jahrhundert hat den Schriftsteller als Beruf erfunden, und seitdem spricht man von den anderen nicht ungern verächtlich als von ‚Nebenerwerbsliteraten'. Aber die Sache etwas weiter weg gehalten und von schräg oben betrachtet, scheint mir, wenn man so alles in allem zusammenhält, so zu sein, daß der Niedergang der Literatur da angefangen hat, wo die hauptamtlichen Literaten das Feld zu beherrschen begannen."

Es wundert daher nicht, daß Herbert Rosendorfers, des PEN-, Akademie- und „Turmbund"-Mitglieds kollegialer Nasenstüber sich auch in sein schriftstellerisches Werk hinein fortsetzt, etwa in seiner Erzählung „Die Glaswürfel", in der ein genealogisch hochdekorierter junger Mann namens Stephan Faßl (Nachkomme der Grafen Hendl) auftritt, der sich nicht nur zum Schriftsteller, sondern gleich zum **erfolgreichen** Schriftsteller berufen fühlt und seiner Mutter, die ihm zur materiellen Absicherung das Jusstudium anempfiehlt, folgendermaßen antwortet:

„Die Literatur muß von innen heraus kommen, ohne sich durch ein Gestrüpp von bürgerlichem Beruf winden zu müssen." Wenn berufene und berufliche Schriftsteller bei

Herbert Rosendorfer über das Schreiben reden, ist höchste Vorsicht geboten.

So darf gefolgert werden, daß Herbert Rosendorfer im Gestrüpp des bürgerlichen Berufs zumindest nicht in Pein sich windet, vielleicht sogar, daß er es auf eine vertrackte Art braucht.

Genauer befragt, findet er auch verwandte Züge zwischen den beiden Beschäftigungen. „Systematik der Menschenkenntnis und Wortklauberei" seien Eigenheiten, denen beide, Juristen wie Schriftsteller, verpflichtet seien. Aber vor allem: Durch seine Beamtenpflicht fühle er sich ganz einfach gezwungen, „nur das zu schreiben, was unbedingt notwendig ist".

Was er zuletzt geschrieben hat (den Roman „Vier Jahreszeiten im Yrwental"), war ihm aber offenbar so notwendig, daß er sogar von seiner Behörde ein Dreivierteljahr „Schreiburlaub" bekommen hat.

Er hat auch gleich ein weiteres Projekt in diesen Urlaub mitgenommen, eine Erzählung, in der sich die Hauptperson in anderen Erzählungen versteckt, wobei nebenher auch noch eine „Stadtpartitur" Münchens entsteht.

Damit sind nun gleich drei Ingredienzien zusammengeschüttelt, die den Erzähler, Dramatiker und Essayisten Herbert Rosendorfer ausmachen: die amüsante Verschlungenheit seiner Erzählweise, der öfters durchschimmernde bayerische Hintergrund und das kenntnisreiche Interesse für Musikalisches, das so weit geht, daß Herbert Rosendorfer bei weniger realistischer Einschätzung seines Talents vielleicht sogar und eigentlich am liebsten Komponist geworden wäre, es aber nicht geworden ist.

Er wird mit diesem Akt der Verweigerung auf seine Weise fertig, nämlich in Gestalt unzähliger musikalischer Anspielungen in seinen Werken und in zwei Musikbüchern besonderer Art: dem mehrmals aufgelegten Wagner-Vademecum „Bayreuth für Anfänger" und den 1984 erschienenen Gedanken zur Musik unter dem Titel „Der Traum des Intendanten". Es ist fast zu bedauern, daß Herbert Rosendorfer seine musikalischen Ambitionen wieder von den Notenblättern radiert und bloß zwischen Buchseiten gesetzt hat. Vielleicht wäre etwas ähnlich Geistreiches dabei herausgekommen wie Gerard Hoffnungs philharmonische Spiegelfechtereien, aber es ist auch so Erfreuliches zu vermelden: Leporello, aus der Oper „Don Giovanni" entflohen, wird ein reicher Herr mit Register und partiell an den Sternenhimmel versetzt; Mozart inkarniert sich im Park von Bayreuth und wundert sich über Wagner; er tut dies aber auch in einem Innsbrucker Fremdenführer namens Alois Kranewitter, der jüngst als „KV 704" eine zu einem Achtel im Radio gesendete Suite für vier Zithern „Der Inn" abgeliefert hat; Wagner waltet über der Grieser Wassermauerpromenade; und ein intellektueller Vampir versteht es, einem Komponisten seine Einfälle schon beim Entstehen auszusaugen.

Über allem schwebt Herbert Rosendorfers Bewunderung für den Genius der Musik, der ihn offenbar rechtzeitig hat erkennen lassen, daß Musik „eine Kunst ist, in der Talentlosigkeit besonders rasch auffällt — rascher jedenfalls als in der Literatur", womit auch die eigene Spezies gleich wieder eins ausgewischt bekommt.

Das literarische Talent des Herbert Rosendorfer ist übrigens schon seit 20 Jahren buchkundig. 1966 erschien seine in den 50er Jahren geschriebene Erzählung „Die Glasglocke" als Buch, zehn Jahre vorher war sie bereits durch Gertrud Fussenegger, seine Entdeckerin also, in der Zeitschrift „Wort im Gebirge" veröffentlicht worden, und eben diese Erzählung machte ihn seinerzeit auch bei der 5. Jugendkulturwoche in Innsbruck bekannt.

Der literarische Durchbruch kam für den Tiroler in München mit dem Roman „Der Ruinenbaumeister" 1969. Er ist jenes von Rosendorfers Büchern mit den besten Verkaufsergebnissen geblieben und auch das mit prominenten Lobpreisungen bestausgestattete. Mit ihm schrieb sich Rosendorfer in die „Familie eines E. T. A. Hoffmann oder Jean Paul" (Martin Gregor-Dellin) ein. „Und wenn das Ganze keinen anderen Sinn hätte, als nachzuweisen, daß man sich die Zeit vor dem Weltuntergang am besten durch kunstvoll erzählte Geschichten vertreibt, dann wäre dieser Nachweis glorreich geglückt", schrieb Friedrich Torberg entzückt.

In der zwiebelhaften Erzählstruktur des „Ruinenbaumeisters", in der unendlich viele Geschichten ineinander verschachtelt sind, ist der zwanghafte Geschichtenerzähler Herbert Rosendorfer so recht in seinem Element — und im Bann jener höchst literarischen Lebensdeutung, die da sagt:
„Da die Geschichte, die ich Ihnen erzähle, wahr ist, hat sie den Nachteil, daß sie unendlich nach vorn und hinten und nach allen Seiten hin in andere Geschichten hineinverästelt und verzweigt ist und daß andere Geschichten in sie hineinragen oder auch nur, fast unbemerkt, wie der Schatten eines fliegenden Vogels über sie hinwegziehen, daß sich also ihre Grenzen nur undeutlich bestimmen lassen im Gewirr der Geschichten, die unser Leben ausmachen, das heißt, in der einen, einzigen, eigentlichen Geschichte, die ‚die Schöpfung' heißt."
Das Material dazu holt sich Rosendorfer aus dem Steinbruch Geschichte, aus deren Wissens-„Gerümpel" er seine Erzählanstöße herausbricht, und daß ihm dazu die Ironie als Werkzeug dient, kann das Vergnügen des Lesers nur steigern.
Alle gängigen Erzählmuster und literarischen Moden scheinen persifliert: vom Don-Juan-Mythos bis zur Science Fiction, vom Wagnerkult bis zum britischen Humor, und wäre der „Ruinenbaumeister" nicht 1969 auf den Markt gekommen, sondern fünfzehn Jahre später, da die Leserlust unendliche Geschichten (von Ende und Eco und anderen) mit Bestsellerehren vergoldet, so wäre sein Erfolg wohl noch viel ansehnlicher ausgefallen — wie in Polen, wo der Roman (der außer in polnischer auch in französischer Übersetzung vorliegt) geradezu ein Kultbuch ist.
Wie sagt doch Mirandolina?
„Das Leben schreibt einen Roman, sagt man gemeinhin. Das ist gewiß wahr. Aber wie langatmig ist das Leben, wieviel Nebensächliches erzählt es! Das Leben oder der sogenannte Roman, den das Leben erzählt, kommen mir vor wie ein Marmorblock, aus dem der Künstler erst den wahren Roman, ich möchte sagen: das wahre Leben, herausarbeiten muß..."
Das Leben — ein Roman. Der Richter Rosendorfer hat nicht den schlechtesten Beruf für einen Erzähler, und in seiner

juristischen Karriere war Rosendorfer immer da, wo er die „Geschichten, die das Leben schreibt", aus nächster Nähe aufgeblättert bekommt: Als Gerichtsassessor in Bayreuth, als Amts- und Untersuchungsrichter in München ist er geradezu ein Fachmann in Lebensläufen, von Fall zu Fall genötigt, den Hintergrund von Schicksalen und Personen zu erheben.

„Ich muß wissen, was das für einer ist, auch wenn er nur einmal reinkommt", fordert er von sich, vom Juristen wie vom Autor Rosendorfer. Sorgfältige Recherchen helfen diesem wie jenem — und dem Autor darüber hinaus noch eine stattliche Lexikonsammlung im bürgerlich schlichten Reihenhaus ein gutes Stück südlich von München, wo die bayerische Hauptstadt ihre Tentakel längst aufs flache Land hinausgestreckt hat.

Das Münchnerische reicht aber auch weit in Herbert Rosendorfers Texte hinein, wo er immer wieder in einer Mischung aus Fiktion und spitzfedriger Gesellschaftskritik den Kunst-, Musik- und Literaturbetrieb aufs Korn nimmt und ganz besonders die Leute, die es vorziehen, statt „Ich heiße..." — „Ich bin..." zu sagen.

In seinen „Vorstadtminiaturen" rollt er auf seine Weise Alltagssituationen auf: Vertreterin an der Wohnungstür, Kellnerin und Cafékundin, Polizist und Staatsbürger... — aber das Gewöhnliche schlägt unversehens ins Surreale um, denkt sich weg von Erfahrung oder Resignation und sucht sich, geleitet von der Rosendorferschen Phantasie, neue, unordentliche Wege. Herbert Rosendorfer, ein Autor, der Karl Valentin mit Herzmanovsky-Orlando potenziert; Paul Flora gehört auch noch zur Geistesverwandtschaft.

Für Verwandtschaften — so verwinkelt wie möglich — hat Rosendorfer ebenfalls ein tiefsitzendes Faible. Manier oder Manie? Etwas davon gehört sicherlich zur Berufsgewohnheit des Richters, Erhebungen zur Person sorgfältig vorzunehmen.

Etwas aber auch zur nicht gerade unkomplizierten Abstammung Rosendorfers selbst, des Südtirolers, der 1934 in Bozen-Gries geboren ist und dessen Großvater nach 1918 Österreicher geblieben war. So wurden die Rosendorfers

1938 — ohne zu optieren — deutsche Staatsbürger und übersiedelten 1939 nach München, wo der Vater, ein Sparkasseninspektor, gleich eingezogen wurde. Als er 1943 gefallen war, ging Mutter Rosendorfer mit den drei Kindern zunächst zu den Schwiegereltern nach Kitzbühel und 1948 — wegen der Pension — wieder nach München.

Herbert Rosendorfers erste Erinnerungen an Bozen sind daher von der unsicheren Art, die aus den Überschneidungen eigenen Erlebens mit den Erzählungen vor allem der Mutter entsteht. An die Sommerfrischen in Jenesien und Tiers erinnert er sich jedoch auch aus eigener Kraft.

Um so stärker beeindruckt hat ihn dafür seine Geburtsheimat, als er nach Kriegsende immer wieder nach Südtirol kam, gezogen vom Heimweh der Mutter, die sich sogar auf den Motorradsozius des jüngeren, 1936 geborenen Sohnes bequemte, um wieder einmal heimzukommen. Wie ihr älterer Sohn, der Schriftsteller, mehrfach mitgeteilt hat, war sie in den „unwirtlichen Tundren nördlich der Alpen" so wenig verwurzelt, daß sie schwor, auch zu Fuß nach Bozen zu gehen, wenn sie das nur wieder heimbringen könne.

Dieser Mutter hat Herbert Rosendorfer in mehreren autobiographischen Rückblenden respekt- und liebevolle Erinnerungen gewidmet, aus denen hervorgeht, daß sie es erstaunlicherweise geschafft hat, mit ihrer kleinen Witwenpension drei Kinder am Gymnasium und später an der Universität studieren und den Buben überdies noch eine solide musikalische Ausbildung geben zu lassen, daß sie die italienische Sprache (inklusive der ausgefeiltesten Flüche) gut, die italienische Küche noch besser und am besten den Erzherzog-Johann-Jodler beherrschte, und daß sie schließlich eine meisterhafte Schmugglerin war, die heiteren Gemütes sogar ein Faltboot und einen Kanonenofen von München nach Bozen zu schwärzen vermochte.

Ihren Sohn in keiner seiner künstlerischen Neigungen, weder beim Komponieren noch beim Malen noch gar beim Schreiben, behindert zu haben, das rechnet Herbert Rosendorfer seiner Mutter noch heute hoch an. Ein wenig erleichtert sei sie freilich schon gewesen, als er von der Münchner

Kunstakademie an die juristische Fakultät der Universität übergewechselt sei.
Mit 50 Jahren früh verstorben und statt in Aldein, wie sie es sich gewünscht hätte, auf dem Münchner Ostfriedhof begraben, ist die Mutter dennoch das wesentliche Bindeglied Herbert Rosendorfers zu Südtirol. Zwar gibt es kein deutlich hörbares heimatliches „Einklicken", wenn er über Südtirol schreibt, aber eine Grundfärbung der Warmherzigkeit und leisen Wehmut, die zurückreicht bis zur Abtrennung Südtirols von Österreich, über die er in seinen Jugenderinnerungen „Eichkatzelried" so berichtet hat:

„Südtirol war, nachdem gewiß war, daß sich kein österreichischer Soldat mehr darin befand, von an anderen Fronten davongelaufenen Italienern besetzt. Die Italiener hätten auch Nordtirol besetzt, am Brenner stand jedoch ein Straßenkehrer aus Matrei, der eine Dienstmütze trug. Die Italiener waren sich nicht sicher, ob es nicht doch ein Kaiserjäger sei, und nahmen auf der Höhe des Stafflers in Mauls — wo heute ein diesbezüglicher Gedenkstein steht — Abstand von weiterem Vormarsch. Südtirol wurde annektiert."

Seine Geschichten aus Kindheit und Jugend hat Herbert Rosendorfer mit der verspielten Ortsmarke „Eichkatzelried" versehen, worunter die Kitzbüheler Jahre der Rosendorfers zu verstehen sind. Da mischen sich freilich auch gelegentlich gallige Töne ins besonnte Erinnern — etwa darüber, daß den Eichkatzelriedern literarische Betätigung als verwerflich gelte: „Die windigste Olympia-Ski-Medaille gilt bei den Eichkatzelriedern mehr als die Fähigkeit, lesen und schreiben zu können."

Solche und andere milde Schmähungen mögen dazu geführt haben, daß Herbert Rosendorfer sich zwar ein ungebrochenes Verhältnis zu Eichkatzelried attestiert, bei den Kitzbühelern aber ein gebrochenes Verhältnis zu Herbert Rosendorfer feststellen muß.

Wie dem auch immer sei — die schärferen Töne, die Herbert Rosendorfer gelegentlich gegenüber Tirol anschlägt, werden wohl eher im Eichkatzelrieder denn im Bozner Tirol entstanden sein. Unüberhörbar sind sie aber keineswegs, woher immer sie nun auch kommen mögen. Zimperliche könnten sich daher ohne weiteres auch an jener Säule stoßen, auf der Herbert Rosendorfer sein letztes, im Frühjahr 1986 in Stuttgart uraufgeführtes Stück spielen läßt. Sein Titel ist ein Stoßseufzer: „O Tyrol!", sein Thema der skurrile Monolog des letzten Tiroler Stiliten, zu deutsch: Säulensitzers, des 18. Jahrhunderts. Trotz der Festschreibung in die ferne Vergangenheit sind satirische Vorgriffe ins 20. Jahrhundert nicht zu übersehen, aber das sind sie nirgends in Rosendorfers Büchern und schon gar nicht in seinen Theaterstücken, wo der scharfblickende Beobachter den skurrilen Erzähler nur allzu gern verdrängt.

Ob Herbert Rosendorfer dereinst in der einen oder in der anderen Montur in die Literaturgeschichte eingehen wird, ist vorerst noch nicht auszumachen. Daß er es sich wünscht, ist nicht zu bezweifeln, denn er würde nach eigenem Bekunden ganz gern ein Buch schreiben, von dem auch in, nun, sagen wir 200 Jahren noch die Rede ist.

Und das ist nicht wenig angesichts der allgemeinen Kurzlebigkeit des literarischen Gedächtnisses.

Auf dieses Thema gebracht, spielt Herbert Rosendorfer gern ein Abfragespiel durch, das er auch in seiner Geschichte „Die weiße Nadel" vorexerzieren läßt — nicht ohne Bedeutung von zwei Zunftkollegen, dem Schriftsteller Walther Berengar („galt als Verfasser sogenannter ‚schwieriger Texte' und war daher bei den Rezensenten beliebt") und Sergio Kreisler („galt in der Literaturszene als amüsant, aber oberflächlich").

„Ich meine", fuhr Kreisler fort, „ich muß da weiter ausholen. Wir schreiben das Jahr 1983. Wie viele Bücher, die Sie noch kennen, sind 1883 geschrieben oder veröffentlicht worden?"

Auch das war eine rhetorische Frage. Kreisler beantwortete sie sofort selber. Er ließ ungern eine Gelegenheit aus, seine Bildung darzulegen. „Stevensons ‚Schatzinsel', Zolas ‚Zum Paradies der Damen', vielleicht eine Novellensammlung von Keller und ein Gedichtband von Liliencron."

„Und Fontane", sagte Berengar.

„Möglich", sagte Kreisler, „1783 —? Schillers ‚Räuber' im Jahr vorher, natürlich hat auch Goethe in dem Jahr irgendwas geschrieben. Sophie von La Roche: ‚Die glückliche Reise'. Und 1683? Da tun wir uns schon ganz schwer. Irgend-

welche schlesischen Schäferpoesien. Und vielleicht Leibniz. Und 1583? Da ist es schon aus mit unserer kulturellen Erinnerung. Und das sind erst vierhundert Jahre. Glauben Sie, daß es in vierhundert Jahren irgendwelche Bedeutung hat, ob ein Walther Berengar 1983 einen Roman geschrieben hat oder nicht?"
Vermutlich würde Herbert Rosendorfer, wenn er nicht Rosendorfer hieße, doch lieber Sergio Kreisler heißen als Walther Berengar.

Lesehinweise:
Rechtshistorisches Journal, Heft 3, Frankfurt-Main 1984
Das Fenster — Tiroler Kulturzeitschrift Nr. 33/1983 („Die Glaswürfel")
Vier Jahreszeiten im Yrwental, Roman
Ball bei Thod, München 1980
Über das Küssen der Erde, Zürich 1971
Der Ruinenbaumeister, Zürich 1969
Der stillgelegte Mensch, Zürich 1970
Vorstadtminiaturen, dtv Nr. 10354, 1984
Eichkatzelried, München 1979
Die weiße Nadel, Erzählung, in: Süddeutsche Zeitung Nr. 1/1985

Psychogramm Karl Frenes

Geburtsort: Bruneck
Sternzeichen: Skorpion
Worauf richtet sich Ihr Ehrgeiz? Auf Ausgeglichenheit im Leben, Arbeit mit Freude und Erfolg
Was verschafft Ihnen besondere Genugtuung? Probleme rechtzeitig vorhergesehen und ihnen vorgebeugt zu haben
Bekennen Sie sich zu einem Fehler? Ja, ohne weiteres
Welchen würden Sie als Ihren ausgeprägtesten Charakterzug nennen? Optimismus
Was ärgert Sie? Penible Starrköpfigkeit
Was fürchten Sie am meisten? Nichts im besonderen (auf Krieg und ähnliches habe ich leider keinen Einfluß)
Welche Autoren mögen Sie besonders gern? Zeitgenössische, geschichtliche, moderne, z. T. auch biographische Literatur; Zuckmayer, Thomas Mann, Grass
Welche Komponisten, welche Maler? Keine besondere Vorliebe
Was riechen Sie besonders gern? Gute Küche
Was hören Sie besonders gern? Klassische Musik, Lieder
Ihre Lieblingslandschaft: Meer oder Berge
Welches Tier mögen Sie am liebsten? Hund
Sind Sie von etwas abhängig? Vom Schlaf
Welches Abenteuer würden Sie gern erleben? Keine besonderen Wünsche
Gibt es Persönlichkeiten, an denen Sie sich orientieren? Nein
Was halten sie für die bedeutendste Errungenschaft des 20. Jh.s? Explosion der technischen Entwicklung
Steckenpferd: Keines
Lieblingsspeise: Knödel, Spaghetti
Wo fühlen Sie sich beheimatet? Dort, wo ich wohne: längerfristig in Südtirol
Was tun Sie in Südtirol am liebsten? Faulenzen, skifahren, auf die Berge gehen
Was nehmen Sie aus Südtirol mit? Wein
Würden Sie gern in Ihre Geburtsheimat zurückkehren? Kurzfristig immer
Was könnte Sie zurückbringen? Krieg oder Revolution in dem Land, wo ich mich gerade aufhalte

Karl Frenes und seine Familie
am Grand Canyon (USA), 1980

Karl Frenes

Beweglichkeit als Naturell

Wer heute als Südiroler das Bergbauwesen studiert, läßt Südtirol gleich zu Beginn seiner Ausbildung hinter sich. Denn hierzulande gehört der Bergbau zu den abgekommenen Gewerben, die höchstens noch den Historikern Beschäftigung sichern.

Die Historiker haben die Bedeutung Tirols um die Wende zur Neuzeit, besonders um 1500, neuerdings vorrangig aus dem Reichtum seiner Bergwerke hergeleitet. „Des Kaisers Schatzkammer" war Tirol damals. Bergherren und Knappen zogen Reichtum und Verdienst aus Tiroler Silber, Kupfer, Zink, Blei und Eisen, münzten ihn aber auch um in Kulturgüter — etwa Kunstdenkmäler — die langlebiger waren als die Erzadern.

So ist zwar der Kupferbergbau im Ahrntal erloschen, aber die baulichen und literarischen Zeugnisse der Knappenkultur (wie etwa Faktorhaus und Erzstadel in Steinhaus oder das Prettauer „Faust"-Spiel) dauern fort und prägen das ganze Tal — bis hinaus nach Bruneck.

Der 1937 in Bruneck geborene Karl Frenes begann sein Studium der Montanistik im steirischen Leoben freilich keineswegs, um es danach in seiner Heimat auszuüben. Als er 1961 seinen Ingenieur für Erdölwesen machte, schaute er schon weit über Südtirol hinaus: zu AGIP nach Sizilien (wo er sich mit seinem Schulkollegen Hans Hinterhuber, inzwischen Ordinarius für Wirtschaftswissenschaften an der Universität Innsbruck, umtat) und dann als Praktikant nach Wien zu Schlumberger, einer amerikanisch-französischen Weltfirma in Sachen Erdöltechnologie, wo er seit nun 25 Jahren arbeitet.

Schon damals war klar: Wo immer auf der Welt Erdöl zu finden ist, würde auch Karl Frenes zu finden sein. Ihn in Südtirol zu finden, war ab sofort purer Zufall, und obwohl ihn das Öl inzwischen unzählbar oft um die Erde gespült hat — und mit ihm seine Olanger Frau Elisabeth und die beiden inzwischen erwachsenen Kinder — hat er sich mit einem kleinen Ferienhaus in Oberolang eingewurzelt, so als wolle er bekunden, daß die Mobiliät zwar sein Berufsbild, aber nicht ganz und ausschließlich sein Naturell bestimmt.

Er ist zwar auch jetzt nie lang genug da, um ein „Heim" daraus zu machen, aber eine Laufbahn wie die von Karl Frenes läßt ohnehin keine Festschreibung von erster, zweiter oder weiterer Heimat zu. Er ist Südtiroler nicht zwischen Heimat und Fremde; er hat soviel Spaß an der Welt, daß Heimat kein sentimentales Gegenbild zu sein braucht.

Seine berufliche Entscheidung sieht er noch heute als „Chance, hinauszukommen", und „hinaus" — das war sieben Jahre lang überall da, wo ein Bohrturm steht, und alles, was zwischen Erdöl-Exploration und Förderung ist.

Nach dem unverzichtbaren Englischkurs in London und einem firmeninternen Ausbildungsprogramm in Paris und Nigeria schickte man ihn erst richtig auf Tour. Was er zu tun hatte, waren jene diffizilen Messungen, die, von der eigenen Firma entwickelt, überall da gemacht werden, wo Mineralanreicherungen im Boden zu vermuten sind. Diese sogenannten „Schlumberger"-Messungen werden vor jeder Einführung von Stahlrohren gemacht und halten in Form von physikalischen Parametern, die auf Magnetband gespeichert werden, fest, was sich „da unten" an Förderbarem befindet. Im Falle von Erdölreserven ergibt sich erst aus diesen Berechnungen der zu erwartende Ertrag der Bohrung.

Das ist eine Arbeit, die sich nicht auf bequeme acht Stunden beschränken läßt. Wenn es sein mußte, hat Karl Frenes auch schon 24 Stunden „durchgemacht".

Auf dem Land war er oft mit dem Zehntonner-Meßwagen unterwegs, einem mit Technik vollgepackten Monstrum, das die für die Messungen notwendigen Bohrungen selbst niederbringen kann: in Nigeria, Gabun, Madagaskar, Libyen, Kuwait, USA, aber auch auf den Ölplattformen in der Nordsee hat Karl Frenes gearbeitet. Seit seiner Heirat 1965 ging auch Elisabeth Frenes mit auf große Fahrt. Und natürlich sind auch die beiden Kinder geboren, wo es Erdöl gibt: die Tochter in Ostfriesland, der Sohn in Louisiana.

Was er sieben Jahre lang selbst getan hatte, brachte Karl Frenes anschließend anderen Ingenieuren bei. 1968 bis 1970 trainierte er in Australien seine jüngeren Kollegen.

Die nächsten vier Jahre verbrachte er als Distriktsleiter in Sumatra, danach nahm er zwei weitere Sprossen der Karriereleiter in Europa, eine in Houston, Texas, und von 1980 bis 1983 avancierte er zum Division Manager seiner Firma für jedes Stück ölgetränkter Erde vom Jemen über Oman, die Arabischen Emirate und Katar bis hinüber nach Pakistan.

Besonders die Zeit in Indonesien bringt die beiden Frenes noch jetzt zum Schwärmen. Das Zusammentreffen vieler Nationalitäten in diesem Raum haben sie als Lernanstoß und Erfahrungsimpuls besonders genossen. Spannungsfrei, betont der Südtiroler Frenes, gehe es dort freilich auch nicht zu. Besonders der Neid auf die geschäftstüchigen Chinesen, die sich überall in Fernost höchst geschickt ins Wirtschaftsleben einfädeln, rührt immer wieder Emotionen auf. Aber insgesamt herrsche ein Klima vorurteilsarmer Weltoffenheit und Freiheit, die für Karl Frenes ein Leben in Fernost immer noch besonders attraktiv sein läßt.

Und natürlich fällt auch das Wort „Streß", denn die selbstgemachte Geißel des amerikanisch-europäischen Geschäftslebens ist am Rande des Pazifischen Ozeans kaum spürbar. Ein übriges tun die Freundlichkeit und existentielle Uneile der fernöstlichen Menschen, die Streß gar nicht erst aufkommen lassen, und Fremdlinge passen sich da bald an.

Sogar die Mohammedaner in Indonesien seien offener und kontaktfreudiger als in Arabien.

„Wenn man in Saudi-Arabien arbeiten muß, dann bleibt man auf die gesellschaftliche Inzucht der Öl-Camps beschränkt. In Kuwait und Dubai geht's schon liberaler zu."

Aber das Höchstmaß an Integration sei in Indonesien möglich gewesen. Da sei die Konsulats-, Erdöl-, Plantagen- und Schiffahrts-Gesellschaft nicht unter sich geblieben. Auch Elisabeth Frenes hat jede Chance zu Kontakten mit den Einheimischen genutzt: Mit rührendem Eifer seien viele Indonesierinnen zum Englischunterricht gekommen, den sie mit einigen Frauen organisiert habe. Es gebe Freundschaften aus dieser Zeit, die über die Distanz von Jahren und

Tausenden von Kilometern weiterbestünden, und wenn man sich wiedersehe, sei alles „wie gestern".

Im übrigen hat die Absolventin der Handelsoberschule Elisabeth Frenes es während all der unsteten Jahre immer als ihren Hauptberuf verstanden, der Familie, wo auch immer, schleunigst ein Zuhause zu bereiten.

Hochkarätige Öl-Nomaden vom Range eines Karl Frenes genießen dabei beste Konditionen: Meist stehen ihnen recht komfortable Häuser mit allem nötigen Mobiliar zur Verfügung — inklusive Haushaltshilfe. Größere Möbel müssen also nicht mitreisen. Trotzdem ist Elisabeth Frenes der Rhythmus von Ankommen und Abreisen samt den unvermeidlichen Ein- und Auspackaktionen so in Fleisch und Blut übergegangen wie seßhaften Hausfrauen der Arbeitsrhythmus, der aus dem Ablauf der Jahreszeiten entsteht.

Im übrigen ist sie überzeugt, daß auch den Kindern das Wanderleben nicht geschadet habe. „Wichtig war nur, daß sie überall, wo wir hingekommen sind, gleich ein Nest gehabt haben." Und eine englische oder amerikanische Schule (für reisende Technokratenkinder meist die beste Adresse am exotischen Ort) sei immer in der Nähe gewesen. Zur Maturavorbereitung sind Tochter und Sohn dann jeweils in Schweizer Internate gekommen.

„Die Kinder haben immer eine positive Einstellung zu unserer Art des Lebens gehabt — und daher war es, ja, wirklich unproblematisch, sie überallhin mitzunehmen." Daß beide Kinder dennoch ein Verhältnis voller Wärme und Anhänglichkeit gerade zu Olang gefunden haben, konstatieren die Eltern nicht ohne leise Verwunderung. „Wir sind natürlich Südtiroler geblieben", erklärt Karl Frenes, „stehen aber auch aus Gründen der Fairneß auf seiten unserer Minderheit. Das ist unsere einzige Identifikationshilfe." In einer internationalen Firma mit Welt-Spannweite sei die Frage der Nationalität ihrer Mitarbeiter sowieso höchst sekundär. So sei er nie genötigt gewesen, sich einerseits von seiner Herkunft zu distanzieren, und sich andrerseits woanders zu integrieren. Es sei zwar nicht immer leicht, die ethnischen Feinheiten eines „Deutschen" mit italienischem Paß zu erklären, aber da die Erde ohnehin voller Minderheitenecken sei, werde auf dem internationalen Parkett eigentlich nie ein Problem daraus.

Südtirol — einer von vielen Minderheitenwinkeln. Die weltweite Perspektive mindert für Karl Frenes zwar nicht den Stellenwert der heimatlichen Problemsituation, aber die Distanz relativiert einiges.

Dafür ist er umso scharfsichtiger, wenn er sich im Lande selbst umschaut. Da fällt Karl Frenes vor allem eines auf: „Die Leute arbeiten zwar unausgesetzt, aber darüber hinaus ernten sie wenig — außer Wohlstand." So eine brave Raffgier sei allenthalben im Land, aber im geistigen Bereich... — Natürlich, das Bildungsangebot sei breiter als früher, ob die Bildungsbereitschaft aber mitgewachsen sei, bezweifelt Karl Frenes.

Elisabeth Frenes erlebt die Veränderungen in ihrer Heimat, vor allem in Olang, sinnlicher.

„Von dem Paradies in meiner Erinnerung sind eigentlich nur die Gerüche geblieben", stellt sie fest und konstatiert den Boom in Asphalt und Beton als Fortschritt mit zweierlei Vorzeichen.

Eine allgemeine Empfehlung zum Maßhalten deponieren beide — aus der gesicherten Position des „Pakets" mit all seinen Kompetenzen sollte das nicht allzu schwer sein, meint Karl Frenes.

Daß Südtirol ein „Vorposten für Europa" würde, fände er — und nicht er allein — besonders wünschenswert. Etliche Jahre in den USA haben ihn aber gelehrt, daß die Fusion der Nationalitäten nach amerikanischem Muster für Europa kein erstrebenswertes Modell sei.

Regional akzentuiert müsse Europa vielmehr sein und bleiben. Karl Frenes hat seit drei Jahren beste Gelegenheit, Europa wieder aus der Nähe zu sehen — vorläufig jedenfalls. Seßhaft wie nie zuvor, aber immer noch nicht auf Dauer niedergelassen, führt er von Frankfurt aus nun das Computergeschäft für den deutschen Teil seiner Firma.

Der Sprung aus der bewegten Erdölkarriere mit ihren Implikationen von Ferne und Abenteuer in die dezentere, kühlere Welt des „Computer-aided-design" (bei dem es um Entwurf der Software für elektronisch gesteuerte Maschinen geht)

scheint ihm gar nicht so groß. „Auch im Erdölwesen ist der Computer heute unverzichtbar." Wo nicht?
Jedenfalls ist auch Karl Frens' Übertritt von der einen in die andere Sparte Teil jener bemerkenswerten Mobilität, wie sie die Zukunftsstrategen der Berufsausbildung immer wieder fordern: Mobilität als Prinzip, Beweglichkeit als Naturell.

Psychogramm Helmut Kutin

Geburtsort: Bozen
Sternzeichen: Waage
Ihr vorherrschender Charakterzug: Schönes in allem sehen zu können
Bekennen Sie sich zu einem Fehler? Zu mehreren
Sind Sie ehrgeizig? In Maßen
Lieblingsbeschäftigung: Mit Kindern umgehen
Steckenpferd: Brauche keines
Lieblingslandschaft: Berge, wo auch immer
Lieblingsstadt: Bozen, trotz allem
Bevorzugte Musik: Klassische — bis Schubert
Bevorzugte Lektüre: Sachbücher zu Zeitfragen
Lieblingsmaler: Kinder
Was hören Sie besonders gern: Meeresrauschen, Feuerknistern
Was riechen Sie besonders gern: Jasmin, Weihrauch
Was ärgert Sie? Intoleranz
Was kränkt Sie? Falschheit
Was fürchten Sie am meisten: Krieg, Haß
Sind Sie von etwas abhängig? Von der Zuneigung der Kinder
Was macht Sie glücklich? siehe oben
Was möchten Sie besonders gern zustandebringen? Daß jedes Kind ohne permanentes Zuhause eins bekommt
Gibt es eine Persönlichkeit, an der Sie sich orientieren? Nehru, Albert Schweitzer, Hermann Gmeiner, Dalai Lama
Welche historische Gestalt wären Sie gern gewesen? Bin zufrieden mit dem, was ich bin
Welche Errungenschaft des 20. Jahrhunderts halten Sie für die wichtigste? Mit Verlaub: die SOS-Kinderdörfer
Welches Abenteuer möchten Sie gern erleben? Mein Bedarf ist gedeckt
Wo fühlen Sie sich daheim? In jedem Kinderdorf der Welt
Was tun Sie in Südtirol am liebsten? Wandern
Könnte Sie etwas nach Südtirol zurückbringen? Physisch kaum, aber Südtirol bleibt mir eine Herzenssache

Helmut Kutin, „daheim" im Kinderdorf Imst und auf dem Baugelände des ersten SOS Kinderdorfs in der Volksrepublik China

Helmut Kutin

Ein Präsident für Kinder

„Niemand weiß, wie das ist, wenn man keine Eltern mehr hat und bei einer Tante lebt. Die Tante sagt immer: ‚Du undankbares Kind!' Da kann man tun, was man will. Nichts ist ihr recht. Aber eines Tages ist eine Frau gekommen. Und meine Tante sagt zu ihr: 'Nehmen Sie die Sylvia gleich mit. Mir macht sie nur die Nerven hin.' Und dann am Abend hat sie mich geschlagen. Nicht sehr fest. Aber doch so, daß es weh getan hat. Zwei Wochen später war es zu Ende. Ich bin abgeholt worden und hab' vor dem SOS-Kinderdorf große Angst gehabt. Denn meine Tante hat gesagt: ‚Dort werden sie dir schon einbleuen, wie man als Kind zu sein hat.' Da hat sie sich geirrt. Meine SOS-Kinderdorfmutter ist jung. Es geht mir sogar besser als früher einmal im Kindergarten. Das SOS-Kinderdorf ist so, daß man darüber nur staunen kann."
Das steht in einem Aufsatz der neunjährigen Sylvia E. Die gleichaltrige Martha F. sinnt aus einem anderen Blickwinkel über ihr Leben nach:

„Niemand auf der Welt hat mich so lieb wie meine SOS-Kinderdorfmutter. Sie liebt auch meine Geschwister. Aber mich liebt sie am meisten. Ich könnte mir etwas anderes gar nicht vorstellen. Meine Geschwister lachen mich deswegen aus. Aber das ist mir ganz egal. Ich hätte meine Mutter am liebsten ganz allein für mich. Und ich sehe schon ein, daß ich mir etwas wünsche, das nicht in Erfüllung gehen kann."

Das Defizit an Liebe ist der schwerste Mangel, mit dem verwaiste oder verlassene Kinder fertig werden müssen. Bloße Obsorge wie im „klassischen" Kinderheim, in dem Gruppen Gleichaltriger von wechselnden Pflegepersonen betreut werden, führt bekanntlich zu nachhaltigen Schädigungen. Sie sind nur zu vermeiden, wenn familienähnliche Strukturen mit festen, nicht auswechselbaren Bezugspersonen und Kindern verschiedenen Alters hergestellt werden. Darüber sind sich die meisten Forscher heute einig.

Sylvia und Martha in ihrem Kinderdorf haben in ihrem Unglück das Glück, in einer solchen Struktur leben zu

dürfen. Vielleicht leben sie sogar — abgesehen einmal von der „intakten" Familie — in der besten Art von Ersatzfamilie, die es weltweit gibt, eben in einem SOS-Kinderdorf.
Sein Erfinder Hermann Gmeiner, ein Vorarlberger Bergbauernbub, der früh die Mutter verlor, hat freilich die Kinderdorfidee nicht eigentlich erfinden müssen, sondern sie am eigenen Leib erfahren können: Seine älteste Schwester lebte den Beruf der Kinderdorfmutter daheim vor.
Daß Hermann Gmeiner sich nicht nur schwesterlich bemuttern ließ, sondern daß er später, als Medizinstudent in Innsbruck, für das Nachkriegselend vieler Kinder eben diese Betreuungsform aufgriff und sie 1949 im ersten Kinderdorf in Imst zu praktizieren begann, macht die Idee so genial: Das Nächstliegende zum Prinzip zu machen, ist der Kern vieler genialer Gedanken. Aber während das Genie in Kunst und Wissenschaft meist seine demütigen Bewunderer oder kritiklosen Anbeter findet, ist Genie im sozialen Bereich nicht selten zu selbstlos stillem Walten verurteilt.

Das Genie Hermann Gmeiners war, was seine Idee durchaus befördert, von anderer Art. Die heute fast 600 Kinderdorfprojekte in über 80 Ländern der Erde sind lauter Werbetrommeln für Hermann Gmeiner und seine Idee, und er selbst scheute sich nicht, sein Ziel in der Diktion der Produktwerbung zu benennen; in jedem Haushalt eine XY-Maschine... „In jedem Land der Erde ein SOS-Kinderdorf mit den dazugehörigen Sozialzentren, wie Kindergärten, Schulen, Jugenddörfern und Lehrwerkstätten, errichten." Auf halbem Weg zu diesem Ziel ist man bereits: 233 eigentliche Kinderdörfer in Afrika, Asien, Europa, Latein- und Nordamerika, dazu 370 Sozialzentren weist die SOS-Broschüre für 1985 aus. Ehrungen und Auszeichnungen für den Begründer der SOS-Idee fließen reichlich, und die gekrönten und gewählten Oberhäupter vieler Länder, dazu vielerlei andere Zelebritäten vom Dalai Lama bis zur Mutter Teresa nahmen von Hermann Gmeiner Notiz, wie auf mehreren Bildseiten stattlich dokumentiert ist.

Den Fehler vieler „großer alter Männer", nämlich nicht rechtzeitig für die passende Nachfolge gesorgt zu haben, hat Hermann Gmeiner nicht begangen. Im April 1986 ist er mit

67 Jahren gestorben. Aber er hatte schon seit langem einen jüngeren Sachwalter aufgebaut:

Helmut Kutin, Jahrgang 1941, geboren in Bozen, aufgewachsen am Ritten, in Imst und Innsbruck, seit Mai 1985 Präsident von SOS-Kinderdorf-International und Nachfolger von Hermann Gmeiner.

SOS-Aktivist ist Kutin freilich nicht erst seit seiner Wahl an die Spitze, sondern schon seit 1967, und die Kinderdorfidee kennt er so gründlich wie überhaupt möglich: Er ist selbst ein Kinderdorf-Kind.

Als er mit neun Jahren nach einer Familientragödie kurz nacheinander eine Schwester und seine Mutter verlor, sein Vater, Rechtsanwalt in Bozen, im Zuge politischer Querelen auch noch die Staatsbürgerschaft, gab es für den Buben zum Glück in seinem Unglück einen Platz im ersten Kinderdorf in Imst. Betreut von einer Kinderdorfmutter aus dem Ahrntal, verbrachte er dort fünf Jahre und siedelte dann ins erste SOS-Jugendhaus bei Innsbruck über, wo Lehrlinge, Schüler und Studenten näher an Beruf, Schule oder Hochschule Unterkunft finden.

Helmut Kutin besuchte die Lehrerbildungsanstalt und maturierte 1963. Dann begann er an der Innsbrucker Universität mit Volkswirtschaft und war nebenher Reiseleiter für ein bundesdeutsches Touristikunternehmen. Im Ötztal baute er ein Reisebüro mit auf, das noch heute existiert. Sein eigentliches Berufsziel damals war das Hotelfach.

In den späten 60er Jahren begann die Kinderdorf-Bewegung richtig international zu werden: Bei Saigon entstand das erste vietnamesische Kinderdorf Go Vap, mit 41 Häusern und 500 Kindern das größte der Welt.

Der junge Imster Zögling mit den Tourismus-Ambitionen schien Hermann Gmeiner der richtige Mann, um bei diesem Projekt vor Ort nach dem Rechten zu sehen. Im Herbst 1967 war die Sache perfekt: Zuerst wurde Helmut Kutin nach Paris geschickt, um Französisch und Vietnamesisch zu lernen. Dann fuhr er mit Hermann Gmeiner nach Saigon — und blieb, um von dort aus auch die Nachbarländer mitzubetreuen.

Aus einem Kinderdorf in Vietnam wurden im Lauf der nächsten Jahre fünf. Das kriegsgequälte Land hatte sie bitter nötig.

Als sich die große Wende im Kriegsgeschehen abzuzeichnen begann, erlebte Helmut Kutin aus nächster Nähe mit, wie die kaum fertigen Dörfer ihm eins nach dem andern wieder abgenommen wurden. Die Bitterkeit dieser Ereignisse hat ihm bis heute die Lust auf Abenteuer vergällt (siehe Psychogramm). Das schönste der vietnamesischen Kinderdörfer und Helmut Kutins zweites stand in Da Lat, etwa 300 Kilometer von Saigon, an einem alten Urlaubsplatz der Franzosen. Einen Tag vor dem Fall von Da Lat evakuierte er die 110 Kinderdorfkinder nach Saigon — mit einer alten DC-3. 20.000 Menschen warteten auf dem Flugplatz ebenfalls auf Gelegenheiten zur Flucht vor den Vietcong.

„Ich bin mit dem Piloten ein Cola trinken gegangen. Inzwischen sind die Kinder rasch an Bord der Maschine gebracht worden. Als der Pilot sah, was er da alles befördern sollte, wollte er nicht starten. — Wir haben ihn irgendwie überredet, es doch zu versuchen. Und es ging auch. Ich sehe ihn noch mit den Tragflächen wackeln, als er endlich in der Luft war."

Helmut Kutin ist auch nach dem Fall Saigons Ende April 1975 noch in Vietnam geblieben, um zu retten, was zu retten war. Bis 1978 war er noch mehrmals, zuletzt als Regierungsgast, in Vietnam. Aber es ist nicht eben viel übriggeblieben von den fünf vietnamesischen Kinderdörfern. Genutzt werden sie wohl — teils für Revolutionärskinder oder als Urlaubsstätten für verdiente Kadermitglieder, aber ihr allgemeiner Verfallszustand wirkt nicht gerade anheimelnd.

Viele Hilfen und ein Trostpflaster hat Helmut Kutin in dem vietnamesischen Desaster immerhin bekommen: Bundeskanzler Kreisky schickte einen Diplomatenpaß, damit Helmut Kutin sich freier bewegen konnte, die Rotarier gaben ihm ihren Preis für Zivilcourage.

Aber während der Jahre in Vietnam hatte Helmut Kutin auch schon Korea, Taiwan, die Philippinen, Indonesien, Thailand, Bangla Desch, Nepal, Indien, Sri Lanka und Pakistan mitbetreut. Das machte ihn zum Ostasienexperten der Kinderdorf-Bewegung. In zehn Jahren hat er in Asien 50

Kinderdörfer und weitere 50 begleitende soziale Einrichtungen auf die Beine gestellt.
Dafür und seit seinem Avancement im Dachverband SOS-International ist er fast ständig unterwegs. Seine Wohnung in Innsbruck ist für den Junggesellen nur ein Ort unregelmäßiger Zwischenlandungen, wo er den Schnupfen auskurieren muß, der ihn, wenn er aus heißen Ländern kommt, im kühlen Tirol ziemlich regelmäßig anfällt.

Die Räume, denen man ihre sporadische Benützung ansieht, sind reichlich geschmückt mit Asiatica: von textiler Wandkunst - Geschenke aus fernen Kinderdörfern — bis zum tibetanischen Sattel. Eine durchscheinend-kostbare Jadeschale von der Nichte des Dalai Lama und einen höchst seltenen aufrecht stehenden Holzbuddha aus Sri Lanka hütet er als besondere Schätze.
Seit kurzem kommen auch Mitbringsel aus Rotchina dazu. Als gegenwärtig interessantestes Projekt betreut Helmut Kutin die beiden ersten Kinderdörfer in der Volksrepublik China, für die Hermann Gmeiner im Sommer 1985 den Grundstein gelegt hatte und deren Vollendung jetzt unmittelbar bevorsteht.
Bei Tianjin und bei Yentai in der Provinz Shantung, Städten mit insgesamt über 15 Millionen Einwohnern, entstehen die zwei Dörfer für je etwa 150 bis 200 Kinder und geben erstmals davon Kunde, daß es auch im roten China überhaupt Waisenkinder gibt. Bisher existierten nach offizieller chinesischer Lesart verlassene Kinder nicht, obwohl schon allein die immer wieder auftretenden Naturkatastrophen eine ganz andere Einschätzung zulassen.

„Früher hat man Waisenkinder kurzerhand in Altersheime oder Brigaden eingebettet, aber das hat, wie man heute zuzugeben bereit ist, nicht sonderlich gut geklappt. Daß die Chinesen sich nun zu unserer von der familiären Struktur getragenen Kinderdorfidee bekennen, halte ich für ziemlich bedeutsam."
Und die chinesischen Partner hätten sich um den Bau der Kinderdörfer mit großem Eifer bemüht. Sie haben die Grundstücke bereitgestellt (in Tianjin übrigens in der Nachbarschaft mehrerer großer Appartementhäuser, die eigens

für Besuche von Auslandschinesen bereitstehen) und bei der Planung geradezu Enthusiasmus gezeigt: Der Grundriß schreibt das Kürzel SOS nach; für die Aufschriften in Klinkerziegeln wurden sorgsam spezielle Produktionskapazitäten gesucht — und gefunden; Anstecker in hoher Auflage werben für die Kinderdorfidee.
Die Kinderdorfmütter sind schon ausgesucht. Sie entsprechen auch in China dem SOS-Standard: 26 bis 35 Jahre alt, unverheiratet oder familiär unabhängig, erfahren im Umgang mit Kindern, aber nicht eigens darin ausgebildet, charakterlich und religiös gefestigt.
Diese letzte Bedingung sei natürlich für China weitherziger auszulegen gewesen, erzählt Helmut Kutin. Und so habe der chinesische Bürgermeister denn bei gegebenem feierlichem Anlaß für die Kinderdorfmütter den religiös fundierten Liebes-Dienst säkularisiert und sie zum „Dienst am Vaterland" aufgerufen.
Die religiöse Grundausrichtung der Kinderdörfer scheint im übrigen nirgends ein Problem zu sein, denn, so will es das SOS-Statut: „Die betreuten Kinder werden in ihrer Religion und Kultur erzogen. Ziel der Erziehung ist die Integration der Kinder in die Gesellschaft des Landes, in dem sie leben."
Kinderdörfer gibt es schließlich auch im Ostblock: bisher in Ungarn und Polen.

Auch das größte „Kinderdorf-Land" Indien mit seinen 20 Kinderdörfern wird von nichtchristlichen Religionsgemeinschaften dominiert. Und die weltweit über fünf Millionen unterstüzenden „Kinderdorf-Freunde" sind ebenfalls nur zum Teil Christen.

Daß gerade im christlich aufgeputzten Amerika der Reagan-Ära noch kein einziges Kinderdorf steht, mochte man jedoch an der SOS-Spitze nicht einfach tatenlos akzeptieren. Eine „Promotion-Tour" von Hermann Gmeiner und Helmut Kutin im Winter 1985/86 mit vielen Vorträgen und Presseterminen sollte da Abhilfe schaffen.

Ein neuralgischer Punkt bei SOS-International ist auch Südafrika, wo im Kinderdorf Ennerdale in der Kapprovinz etwa 100 Kinder in schwarz-weißer Koedukation betreut werden. Nobelpreisträger Bischof Tutu sitzt im Vorstand. Ein weiteres Kinderdorf im Apartheidstaat ist im Bau, aber von der SOS-Prominenz mag sich angesichts der heiklen politischen Lage und der zu erwartenden Komplikationen vorläufig niemand dort sehen lassen. Erst mal abwarten, heißt die Devise, die zu erkennen gibt, daß die Politik auch in rein humanitäre Absichten hineinregiert.

Was sich ein fünfzehnjähriges Mädchen in Bangla Desch gewünscht hat: „Im Jahr 2000 möchte ich sicher in einem Volk von Menschen leben", peilen auch Hermann Gmeiner und Helmut Kutin als höchstes Ziel an. Ihm seinerseits, meint Helmut Kutin, sei Toleranz als Lebenselixier schon aus seiner Kindheit in Südtirol zugeflossen.

Aber auch im Kinderdorf funktioniere das Familienmodell nur, „wenn ich lerne, das eigene Ich nicht bestätigen zu müssen, indem ich mich gegenüber meinem Nachbarn aggressiv verhalte."

Wie alle Faustregeln für den gesellschaftlichen Umgang scheint auch diese, im politisch-historischen Vakuum formuliert, zu ideal für die Verhältnisse in politischen Problemzonen. Als Über-Vater von weit über 30.000 SOS-Kindern und -Jugendlichen kann Helmut Kutin mit Hermann Gmeiner nur den humanitären Aspekt vertreten:

„Es ist nicht die Aufgabe der SOS-Kinderdörfer, sich gegen irgendwelche Gegebenheiten aufzulehnen. Es ist vielmehr unsere Aufgabe, ein wenig mehr Liebe in die Welt zu tragen."

Wenn Helmut Kutin irgend etwas zu wünschen ist, dann, daß die Saat der Liebe aus der Windstille der Kinderdörfer ins rauhere Klima der politisch geprägten Welt hinüberzuretten ist.

Psychogramm Franziska Lemayr

Geburtsort: St. Michael/Eppan

Sternzeichen: Weiß ich nicht, aber als ich nach Korea kam, hat man mir gesagt, daß ich im „Jahr des Hundes" geboren sei, und das sei ein sehr gutes Zeichen, besonders für eine Frau.

Vorherrschender Charakterzug: Verantwortungsbewußtsein, Anteilnahme

Bekennen Sie sich zu einem Fehler? Zu mehr als einem, z. B. dazu, daß ich meine koreanischen Mitarbeiter zu leicht nach meinem eigenen Maßstab bemesse: Ich bin sehr gesund und darum auch leistungsfähiger als viele Koreaner, die bedeutend jünger sind.

Lieblingslandschaft: Dolomiten, aber ich liebe auch die koreanische Landschaft sehr, weil es hier viele Berge gibt.

Lieblingsstadt: Eigentlich keine; ich schätze das Land mehr.

Bevorzugte Musik: Am liebsten klassische, aber auch Volksmusik

Bevorzugte Autoren: Hier habe ich wenig Zeit zum Lesen, aber als ich im letzten Urlaub daheim war, habe ich nach langer Zeit wieder Gertrud von Le Fort und Ruth Schaumann gelesen; auch St. Exupérys „Kleiner Prinz" und Michael Endes „Momo" freuen mich immer wieder. Auch mit Mario von Gallis „Gott will die Freude" gehe ich gern um.

Worauf richtet sich Ihr Ehrgeiz? Darauf, ein neues SOS-Kinderdorf aufzubauen, das von den Koreanern selbst errichtet wird.

Welche Errungenschaften des 20. Jahrhunderts scheinen Ihnen wichtig? Fortschritte in der Medizin und in der Kommunikation. Aber: Wir können uns ihrer nur erfreuen, wenn wir auch die Verantwortung spüren, sie richtig zu gebrauchen.

Gibt es etwas, das Sie besonders fürchten? Ich lebe so in der Gegenwart und bin jeden Tag so gefordert, daß mir keine Zeit bleibt zum Fürchten — und wovor sollte ich mich auch fürchten? Ich bin ja in Gottes Hand!

Was kränkt Sie besonders? Mißtrauen, Mißverstanden-Werden

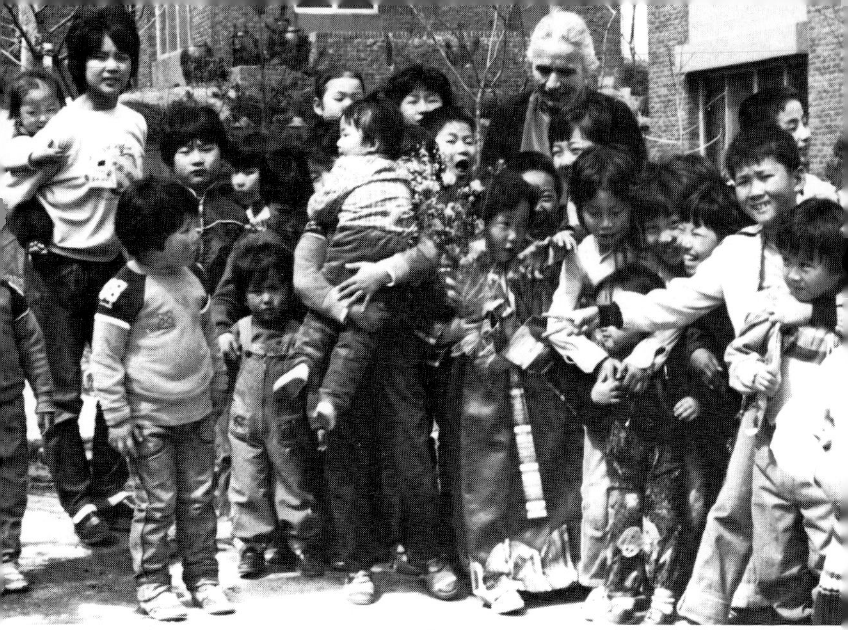

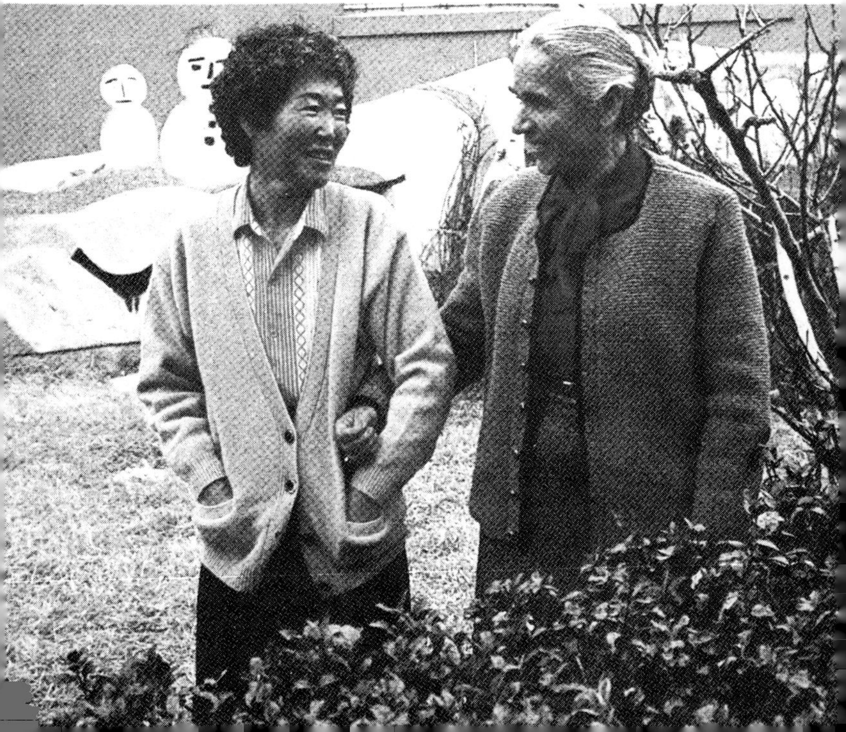

Gibt es ein Abenteuer, das Sie gern erleben würden? Ich hatte nie, auch nicht als ich jung war, ein Verlangen nach Abenteuern. Aus eigener Initiative wäre ich wohl auch nie nach Korea aufgebrochen.

Was riechen Sie besonders gern? Waldluft

Welches Geräusch hören Sie gern? Wassergeräusche: das Plätschern eines Bergbachs, aber auch das Rauschen des Regens, besonders nach langer Trockenheit

Welche historische Persönlichkeit bewundern Sie besonders? Mahatma Gandhi, Hermann Gmeiner

Gibt es eine Empfehlung, die Sie jungen Leuten gern geben würden? Denkt positiv! Glaubt an Gott, an den Menschen und an Euch selbst! (Der Glaube an sich selbst gründet sich auf den Glauben an Gott und an den Menschen.) Nehmt Euer Leben als Geschenk und macht es zum Geschenk für den Mitmenschen und für Gott! Das macht glücklich.

Was tun Sie in Südtirol am liebsten? Wandern und lesen

Was nehmen Sie aus Südtirol mit? Was ich mir eventuell nach Korea mitnehme, das sind vielleicht ein Stück Käse und eine Salami.

Würden Sie gern wieder nach Südtirol zurückkehren? Weder ja noch nein: Als ich nach Korea ging, bin ich einem Ruf, einer Einladung gefolgt, und zwar im Bewußtsein, daß das eine Entscheidung fürs Leben war. — Es mag vielleicht schwer zu verstehen sein und komisch klingen, aber irgendwie sind für mich Südtirol und Korea eine Heimat.

Franziska Lemayr

Großmutter für drei Dörfer

Wer die Essenz des modernen Südkorea sucht, macht möglicherweise die gleiche Erfahrung wie einer, der das Herz einer Zwiebel sucht: Er schält die dünne, sehr dünne Haut der westlichen und vor allem amerikanischen Zivilisation ab, danach die überraschend feste Rinde der „Japanisierung", entfernt dicke Schichten chinesischer Einflüsse — und darunter findet er vielleicht bloß noch Fragmente eines lebenden Organismus.
Und dennoch sei Korea — sagen diejenigen, die es kennen — mehr als die Summe seiner Überkrustungen.
Das Grenzland Korea ist seit über 1000 Jahren ein Spielball der Giganten. Der Preis fürs Überleben scheint den Koreanern ins Gesicht geschrieben, oder, wie ein koreanisches Sprichwort sagt: „Wenn Wale kämpfen, werden auch die Krabben verwundet."
Die Tugenden, die Korea aus seiner historischen und geopolitischen Situation lernte, sind Geduld, Flexibilität, Hartnäkkigkeit und ein gewisser robuster Humor.
Die kollektiven Eigenschaften der Südtiroler (wenn man sich schon auf derlei Volkspsychologie einlassen will) werden meist ganz ähnlich beschrieben. Und noch etwas ist gemeinsam: Auch Korea hatte seine Annexion, formell seit 1910, und die japanischen Okkupanten beabsichtigten nicht bloße Einverleibung, sondern vollständige Assimilierung.
Aber geduldig, anpassungsfähig und hartnäckig zugleich setzten die Koreaner sich dagegen zur Wehr, und 1945 erhielt Korea vorerst seine Unabhängigkeit zurück.
Die Bitterkeit der Erinnerung an die japanische Besatzung ist freilich immer noch lebendig — sogar bei den jungen Koreanern, die sie selbst gar nicht mehr erlebt haben.
So komplex wie das vielschichtige Spektrum der Überlagerungen im koreanischen Nationalcharakter ist auch die religiöse Situation Koreas, das nach der sowjetischen Besetzung des Nordens im Jahr 1945 erstmals und nach dem Koreakrieg 1953 endgültig entlang dem 38. Breitengrad geteilt wurde.

Seit Nordkorea eng dem sowjetisch-chinesischen Machtbereich angeschlossen wurde, entfaltet sich koreanisches religiöses Leben im „westlich" geprägten Südkorea, dort aber in all seiner Vielfalt.

Ein Beobachter schildert die komplizierte zeremonielle Verflechtung der Religionen an einem Beispiel: Ostersonntag vor der Myongdong-Kathedrale von Seoul:

„Ältere koreanische Christen nehmen respektvolle Verbeugungen jüngerer Leute in der konfuzianischen Tradition entgegen, während sie in den Vorraum der ehrwürdigen Kirche im gotischen Stil eintreten. Matronen in farbenfrohen Traditionsgewändern, bestickt mit taoistischen Symbolen, verkaufen auf dem Platz unterhalb scheuen Kindern Ostereier und Süßigkeiten. Dazwischen kreuzen kahlköpfige buddhistische Mönche in grauem Habit die Szene, und auf der anderen Straßenseite konsultiert ein Wahrsager seine Handbücher, um eine Frau nach bestem Schamanenwissen für ihre Zukunft zu beraten..."

Eine spirituelle Leitlinie wie in den meisten ostasiatischen Ländern scheint es in Südkorea nicht zu geben. Starke Ströme des Schamanentums, des Konfuzianismus, Taoismus, Buddhismus und des Christentums durchdringen die koreanische Kultur auf allen Ebenen des täglichen Lebens. Das christliche Südkorea wird von mehr als sechs Millionen Menschen (16 Prozent der Bevölkerung) repräsentiert. Zu solch beachtlicher Anhängerschaft kam es, seit der Diplomat Yi Sunghun 1784 in Peking von einem italienischen Missionar getauft worden war. Besonders seit seiner Rückkehr nach Korea wehte der christliche Glaube als „frischer Wind" durch das verfilzte Gestrüpp der konfuzianischen Elite-Hierarchie. Das Christentum bekam sozialreformerische Beiwerte.

Heute ist die Rede von allein 1100 katholischen Priestern und 700 Pfarreien in Südkorea, von etwa 80 Colleges und Schulen und um 170 sozialen und medizinischen Einrichtungen sowie 215 Kindergärten. Wesentlich beigetragen zum Selbstbewußtsein des katholischen Korea hat die Ernennung des Koreaners Stephan Kim zum Kardinal.

August 1959, München. Auf dem Bahnhof warten die Eppanerin Franziska Lemayr und der koreanische Priester Kim auf den Erzbischof von Daegu in Südkorea, zu Besuch in Bayern.

Aber der Bischof kommt nicht mit dem erwarteten Zug. Erst am nächsten Tag kann Franziska Lemayr dem Bischof in der Benediktinerabtei St. Ottilien am Ammersee ihr Anliegen unterbreiten: nach Korea möchte sie gehen, dort mit einer früheren Kollegin aus dem Wiener Seminar für kirchliche Frauenberufe etwas aufbauen. Der Bischof hört sie an und entläßt sie.

Als endlich Nachricht kommt, ist Franziska Lemayr enttäuscht und zufrieden zugleich: Zu alt sei sie mit ihren 37 Jahren, um noch die koreanische Sprache zu lernen, meint der Bischof.

Franziska Lemayr bleibt in Bozen bei ihrer Arbeit als Diözesan-Mädchenführerin und im Missionsamt ihrer Heimatdiözese. Aber sie wechselt Briefe mit jener österreichischen Kollegin in Korea Maria Heißenberger, und drei Jahre später, am Dienstag der Karwoche 1962 (das weiß sie noch auf den Tag genau), bekommt sie jenen Brief der Freundin aus Korea, der die Abweisung des Bischofs korrigiert und ihr ganzes Leben radikal wendet: Der Bischof von Daegu sei der Meinung, für Franziska Lemayr dennoch Verwendung zu haben. Bei einer sozialen Arbeit mit Kindern könne sie vielleicht auch mit weniger Koreanisch zurechtkommen.
Franziska Lemayr ist inzwischen 40. Sie steht zwischen Bereitschaft und Angst.

Aber da gibt es ein Vermächtnis ihrer früh verstorbenen Mutter, die es gern gesehen hätte, wenn ihre Kinder Missionsarbeit übernähmen. Und da ist der Vater, der ihr immer die Entscheidung über ihren Lebensweg freigegeben hatte. Sie fährt nach Wien, wo Maria Heißenberger gerade zu einem Heimataufenthalt eintrifft. Am Flughafen erzählt die Kollegin einem Reporter der Kirchenzeitung, sie wolle in Korea ein Waisenhaus übernehmen und vielleicht ein Kinderdorf daraus machen.

Im November 1962 fliegen die beiden Frauen gemeinsam nach Seoul und fahren von dort nach Daegu im Südosten der Koreanischen Halbinsel.

Das Interview in der Kirchenzeitung bleibt nicht ohne Folgen, denn im Sommerlager der SOS-Kinderdörfer in Caldonazzo im Trentino wickelt eine Händlerin Hermann Gmeiner einen Einkauf in Zeitungspapier — ausgerechnet in das Blatt mit dem Interview vom Wiener Flughafen. So erfährt der Vater der Kinderdorf-Idee vom Vorhaben Maria Heißenbergers.

Im Jänner 1963 kommt Hermann Gmeiner nach Südkorea und gründet in Daegu das erste Kinderdorf außerhalb Europas. Zu seiner Finanzierung zieht er in Europa und den USA eine „Reiskornaktion" auf, mit deren Erlös das Kinderdorf gebaut wird.

Franziska Lemayr ist mit Maria Heißenberger und einer weiteren Österreicherin, Luise Sinnhuber, das weibliche Kleeblatt, das mit dem Projekt betraut wird.

Für die Kinder, die ins Kinderdorf einziehen sollten, war schon gesorgt, denn die drei Frauen betreuten vor der Errichtung des Kinderdorfs in Daegu bereits zwei Waisenhäuser. Eins davon war das sogenannte Schuhputzerbubenheim, das Maria Heißenberger zusammen mit der Engländerin Susie Younger gegründet hatte. Es war ein Heim für jene Ärmsten der Kriegswaisen, die als verwilderte Zeugen der fortdauernden Not eines längst beendeten Krieges in der Stadt ein kümmerliches, haltloses Leben fristeten.

Susie Younger erinnert sich:

„Damals lebten alle Schuhputzerbuben in Banden. Keiner konnte in Daegu ein Plätzchen zum Schuhputzen finden, bevor er nicht die Protektion einer Bande hatte. Für die kleineren Buben bedeutete das, daß sie das meiste von ihrem Verdienst den Bandenführern geben mußten, die ihrerseits zu alt und zu stolz zum Schuheputzen waren. An regnerischen Tagen, wenn keine Kunden zu finden waren, mußten die Kleineren für die Größeren betteln gehen. Einige der Bandenchefs waren berufsmäßige Kriminelle, andere nur ‚Amateure', aber alle genossen ihre Gewalttätigkeit und ihr Erpressergehabe…"

Susie Younger und Maria Heißenberger brachten es fertig, eine Gruppe von Schuhputzerbuben von ihren Bewachern zu lösen, sie in ihrem Heim zu halten und die Schule besuchen zu lassen.

Inzwischen sind die Schuhputzerbuben von einst längst erwachsen, und ein paar von ihnen haben sogar die Universität besucht. Schuhe putzt nur noch einer.

Das Schuhputzerbubenheim war Franziska Lemayrs erste Arbeitsstätte in Korea. Als sie ankam, begrüßten die Buben sie mit deutschen Liedern.

Franziska Lemayr wusch, putzte und heizte für sie und machte sich daran, die koreanische Sprache zu lernen. Eine verwirrende Erfahrung, denn das Koreanisch, das sie im Austausch von Deutsch lernenden Studenten bekam, hatte mit dem Dialekt der Kinder wenig gemeinsam. Die vielen ähnlichen Laute provozierten — nicht nur komische — Verwechslungen, und Franziska Lemayr bekam Minderwertigkeitskomplexe.

Die wahre Dimension des Waisenelends der sechziger Jahre illustriert Susie Younger mit einer bedrückenden Zahl: 4000 Kinder seien in Daegu allein im Jahr 1964 „weggelegt" worden, von denen die meisten keine wirklichen Waisen waren, sondern aus gescheiterten oder nie legalisierten Ehen und von bitterarmen Eltern stammten, die offenbar dachten, die Kinder würden besser aufwachsen in der Obhut kirchlicher Einrichtungen als in der Not und Unwissenheit der eigenen viel zu großen Familie.

„So sind die Waisenhäuser zum Bersten voll, und die staatliche Hilfe deckt nicht einmal die Lebensmittelrechnungen. Das SOS-Kinderdorf ist bei weitem das populärste Waisenhaus in Daegu, aber dort einen Platz zu bekommen, ist nicht leicht."

Als Franziska Lemayr in das neu erbaute Kinderdorf von Daegu einzog, bekam sie noch mehr Arbeit, vor allem mit der Schulung der Kinderdorfmütter, die meist auf gegenseitiges Lernen hinauslief.

Koreanische Kinderdorfmütter haben meist keinen linearen Berufsweg. Da ist Lee Yun-Ja. Sie ist die älteste von fünf Geschwistern, deren Vater früh starb. Sie hat schneidern gelernt und mit der Mutter für die Geschwister gesorgt. Als alle flügge waren, stand Lee Yun-Ja vor einem höchst koreanischen Problem: Woher sollte sie jetzt noch einen Mann bekommen?

Nach koreanischer Sitte hat eine unverheiratete Frau ihr Lebensziel verfehlt und kommt nach dem Tod nicht zur Ruhe. Die Erleichterung koreanischer Eltern bei der Verheiratung einer Tochter ist deshalb groß. Die Tochter ist dann versorgt.

Lee Yun-Ja las eine Mütterwerbung für die SOS-Kinderdörfer in Seoul und Suncheon. Sie meldete sich, machte den Kurs und eine zweijährige „Tanten"-Probezeit in der Familie als „Imo", das heißt in der Rolle einer Schwester der Kinderdorfmutter. Sie ist längst selbst eine gute Mutter geworden. Und das Kinderdorf wird lebenslang ihre Heimat bleiben, denn für pensionierte Kinderdorfmütter (deren Familien von acht bis zehn Kindern gegen Ende der mütterlichen Dienstzeit nicht mehr ergänzt werden, damit die Kinder sich nicht auf eine neue Mutter einstellen müssen) gibt es in Daegu ein Mütterheim mit Einzelwohnungen, damit die ehemaligen Kinder auch einmal zu Besuch kommen können.

80 der 200 Jugendlichen aus 23 Jahren Daegu haben inzwischen selbst eigene Familien. Sie haben fast alle Partner von außerhalb des Kinderdorfmilieus gefunden, was freilich manchmal zu anfänglichem Versteckspiel mit der Kinderdorfherkunft führte. Denn die künftigen Schwiegereltern hatten fast immer zunächst Vorbehalte gegenüber den Schwiegerkindern ohne „richtige" Familie.

Aber mit solchen Vorurteilen haben koreanische Kinderdorfkinder zu leben gelernt, denn im Kinderdorf werden sie auch darauf trainiert, ihre besondere Identität anzunehmen, statt sich dafür zu schämen.

Gemäß dem Konzept der SOS-Kinderdörfer haben sich auch um die koreanischen Dörfer Daegu, Seoul und Suncheon verschiedene andere soziale Einrichtungen angelagert. Franziska Lemayr erläutert die Idee am Beispiel von Seoul:

„Der Platz für das Kinderdorf war eigentlich der einzige Auslauf in einer ungemein eng gedrängten und dicht besie-

delten Wohngegend. Um zu vermeiden, daß die für die Verhältnisse der Anrainer ohnehin besonders ‚schönen' Kinderdorfhäuser auf dem einzigen freien Platz Eifersucht und Ablehnung erwecken, wurde zum Kinderdorf gleich ein Sozialzentrum gebaut, das die Einbettung in die Umgebung leisten sollte.
Und es ist glücklicherweise gut angenommen worden: Der Kindergarten holt die Kinder von der Straße weg, eine Tagesstätte für Klein- und Vorschulkinder entlastet die berufstätigen Mütter des Viertels, es gibt Vorträge, Gesprächsrunden und Kurse für die Koreanerinnen.
Kindergarten und Tagesheim betreuen 300 Kinder aus der Umgebung.
Jetzt werden dort zwischen Kinderdorf und Sozialzentrum noch einige Häuser für die dem Kinderdorf entwachsenden Jugendlichen gebaut."
18 Buben können im Herbst 1986 dorthin übersiedeln, wo sie nun nicht mehr mit Müttern, sondern mit Erziehern leben, die ihnen das Erlebnis auch der Vaterfigur ermöglichen.
Franziska Lemayr betreut als Projektleiterin alle drei SOS-Stationen in Südkorea mit 450 Kinderdorfkindern und -jugendlichen. Dafür ist sie jeweils die Hälfte jedes Monats unterwegs.
Seoul: Gespräche mit den Mitarbeitern, Wege zu Ämtern und Behörden, besonders jetzt, während des Baus des Jugenddorfs, Betreuung vor allem der jungen Kinderdorfmütter, Information für die vielen Gäste.
Suncheon: Betreuung der Kinder aus zehn Familien und aus dem angeschlossenen Jugenddorf für Mittel- und Oberschüler, Gesprächsrunden mit den Müttern, Monatsabrechnungen, Korrespondenz.
Lange Bahnfahrten zwischen den weit voneinander entfernten Kinderdörfern.
Daegu: Dem Kinderdorf für 15 Familien mit 195 Waisenkindern sind ein Jugendhaus, ein Mädchenheim, das Mütterheim und der Kindergarten angeschlossen. Außer den 17 Müttern und sieben Tanten hat das Kinderdorf Daegu noch 25 weitere Mitarbeiter. Hier ist Franziska Lemayr wirklich zu Hause. Nicht nur den größten Teil ihrer Zeit verbringt sie

hier, sie ist auch die „Großmutter" des Kinderdorfs, ganz und gar integriert und angenommen.

„Du siehst aus wie eine koreanische Großmutter!" habe einmal eine Kinderdorfmutter zu ihr gesagt. „Das war mein größtes Kompliment", erinnert sie sich.

Wichtige Lebensschritte der „Kinder", wie der Eintritt in eine Universität oder eine Anstellung, werden erst getan, nachdem sie mit der „Großmutter" darüber diskutiert haben.

Besonders wenn Kinderdorfkinder an einer Universität studieren wollen, trifft die Mutter meist eine schwere Krise. Denn nur wer ein Stipendium erringt, kann studieren. Wer keins bekommt und dennoch studieren will, grollt daher der Mutter, weil sie zu wenig Geld hat, um das Studium ihres Kindes zu unterstützen.

Gerade in solchen Fällen muß Franziska Lemayr in ihrer Großmutterrolle eingreifen und die Dinge wieder ins Lot bringen.

Das Kinderdorf in Daegu liegt am östlichen Rand der drittgrößten koreanischen Stadt. Eine ausgedehnte Industriestadt breitet sich in dem weiten Kessel aus, recht kalt im Winter, heiß im Sommer. Ganz in der Nähe ist ein Flughafen und der schmutzige Komofluß, der im Winter zum Eislaufplatz wird. Früher standen ringsum ärmliche Hütten. Inzwischen sind neue Häuser gebaut worden, die den Kontrast zu den soliden zweigeschossigen Kinderdorfhäusern weniger augenfällig machen.

Blaue und rote Dächer, niedrige Hecken, Pflanzbeete und einzeln stehende Nadelbäume betonen den Ensemblecharakter der Häuser. Einzelne Hauswände sind bemalt: ein weißer Winterbaum wächst auf blauem Grund, darunter eine Schneelandschaft mit zwei Schneemännern. Ihre Gesichter sind koreanisch.

Franziska Lemayr spaziert Arm in Arm mit einer Kinderdorfmutter vorbei. Sie trägt einen reinrassigen grauen Sarner. Ihr kräftig konturiertes braunes Gesicht mit den breiten schwarzen Augenbrauen unter dem weißen Haar kontrastiert stark zu dem weichen runden Gesicht der Asiatin mit dem graumelierten schwarzen Wuschelkopf. Aber ihr

Lachen macht die beiden Frauen zum einmütigen Gespann.
Lee Sun-Ja ist Kinderdorfmutter seit 1963. Damals war sie
für neun Kinder zwischen einem und 15 Jahren verantwortlich und selbst 29. Bis heute hat sie 25 Kinder aufgezogen,
acht bilden ihre jetzige Familie. Die älteste Tochter Jin-Hong
lernt Gesang in einer Kunstoberschule, der älteste Sohn Nae-Su besucht die Mittelschule. Eun-Suk und Kab-Suk sind
leibliche Schwestern und besuchen Ober- und Mittelschule,
desgleichen die Söhne Young-Sik und Young-San. Young-Sik ist ein talentierter Marathonläufer und gerade im Trainingslager. Mia besucht noch die Volksschule und die Jüngste, Young-Mi, weicht der Mutter nicht von der Seite.
Jetzt geht sie ins Haus. Sie wird mit einigen ihrer Töchter
Sojabrote formen.
Auf dem Spielplatz tummelt sich ein ganzes Rudel von
Kindern, viele aus der Nachbarschaft des Kinderdorfs.
Außer dem öffentlichen Kindergarten und den 15 Häusern,
die durch einen gemeinsamen Gemüsegarten noch anheimelnder wirken, gehört zu dem Komplex auch ein Gemeindehaus und das Heim für pensionierte Mütter.
Franziska Lemayr macht täglich ihre Runde durchs Dorf,
aber dann hat sie schon ein paar Stunden im Büro hinter
sich. Natürlich ist sie Frühaufsteherin und natürlich hat sie
keinen Achtstundentag. Aber sie betont, daß sie sich einen
Sonntag im Monat strikt für sich selbst freihält. Den braucht
sie zum Auftanken.

Ihre Gelassenheit kommt nicht nur aus Zufriedenheit und
der Überzeugung, am rechten Ort das Richtige zu tun, sondern ist auch Ergebnis kluger und ganz und gar nicht müheloser Aneignung.

„Für jede Arbeit in der Dritten Welt sind Ruhe, Geduld und
Einfühlungsvermögen unverzichtbar. Man muß lernen, sich
als Empfangende der fremden Kultur und Lebensweise viel
eher zu fühlen denn als Gebende. Nur wenn man ihre Art zu
leben akzeptiert, wird man angenommen — und dann auch
sind sie zum Entgegennehmen bereit."
Die Sprache der Koreaner gut zu beherrschen, ist eine wichtige Facette von Franziska Lemayrs Wertschätzung. Eine
Europäerin, die sich mit solcher Hingabe sprachlich zu

integrieren bereit ist, nötigt die Koreaner zu besonderem Respekt. Franziska Lemayr hat dadurch von ihrer eigenen Identität nichts aufgegeben, aber eine zweite, ihr ebenso wichtige Identität dazugewonnen.

Wird sie nach ihren Ansichten über ihre alte Heimat Südtirol befragt, dann denkt sie lang und sorgfältig nach. Schließlich scheidet sie fein säuberlich nach „positiv" und „negativ": Von der Schönheit Südtirols sei sie immer wieder aufs neue gepackt. Einmal war sie mit dem damaligen koreanischen Dorfleiter bei einer Tagung in Wien und anschließend für ein paar Tage in Südtirol.

„Herr Kim konnte die Schönheit des Landes nicht genug bewundern. Einmal sagte er nach langem Schweigen: ‚Hier atmet alles Frieden, hier muß man sich wohlfühlen!' — Er selbst wohnt in einem kleinen Dorf am Stadtrand von Daegu in einem kleinen Haus, vorn die Straße, hinten die Eisenbahn, inmitten von Kohlenfabriken. Den größten Raum des Hauses nimmt sein Papiergeschäft ein, so daß für die achtköpfige Familie kaum Platz bleibt. — In Südtirol hat jeder genügend Lebensraum, gesunden Lebensraum!"

Positiv vermerkt Franziska Lemayr auch die Gebefreudigkeit ihrer Südtiroler Landsleute, vor allem das in den letzten Jahren gestiegene Interesse für die dritte Welt.

Aber sie schreibt ihren Landsleuten in aller Freundlichkeit auch etwas ins Schuldbuch: „Sicher haben die Südtiroler seit dem Anschluß an Italien viel Leid erfahren und tragen müssen, aber die schwersten Zeiten sind doch längst hinter uns, und wir sollten auch dankbar sein können für das, was erreicht wurde! (Unsere Mutter hat seinerzeit alle Zeitungen und Zeitschriften aufbewahrt, weil sie glaubte, bis wir groß wären, gäbe es nichts Deutsches mehr zum Lesen). Selbstmitleid berührt daher unangenehm. Die Dornenkrone beim Festzug in Innsbruck habe ich als Blasphemie empfunden: Wieviel Leid gibt es doch heute auf der Welt!"

Und noch etwas ist ihr aufgefallen, als sie im Gedenkjahr 1984 auf Urlaub daheim war:

„Mich hat besonders unangenehm berührt, wie man über die ‚Helden von 1809' in der Presse geschrieben hat. Müßte nicht jeder, der sich zum Schreiben berufen fühlt, wissen, daß man

jedes Ereignis und jede Persönlichkeit aus der Zeit heraus verstehen und beurteilen muß, um ihnen gerecht zu werden? Ist es dann richtig, wenn man z. B. die Haltung eines Peter Mayr als Übertreibung abtut, weil wir heute meinen, einen anderen Begriff von Wahrheit zu haben und zu einer solchen Haltung nicht mehr fähig wären?
Ebenso bedauerlich ist es, wie wenig Beachtung und Verständnis z. B. die Haltung und das Martyrium von Josef Mayr-Nusser und anderer Opfer des Nazismus in ihrer Heimat Südtirol finden!
Wie sehr verehren die koreanischen Christen ihre Märtyrer, obwohl auch sie die Haltung dieser Menschen, von denen viele das Martyrium nicht nur erduldet, sondern gesucht haben, eigentlich nicht verstehen können."

So ist es: An beiden Polen ihrer Welt ist für Franziska Lemayr Heimat, und beide Länder — Südtirol und Korea — sind ihr zu einer Heimat zusammengewachsen.

„Ich bin im Spätherbst nach Korea gekommen. In der ersten Zeit, als ich noch kein Wort verstand, als alles anders war, habe ich abends oft zum Sternenhimmel aufgeschaut, der im Herbst und Winter ja besonders schön ist — und da schien mir die Entfernung zwischen Südtirol und Korea aufgehoben. Es war der gleiche Sternenhimmel, der sich über beiden Ländern wölbte, und ich fühlte mich ‚daheim', geborgen in der Hand dessen, der alles trägt."

Sie verschweigt nicht, daß ihre erste Zeit in Korea hart war. Es begann schon beim Kochen, wenn einmal eine Kinderdorfmutter abwesend war:

„Für eine Europäerin ist Reiskochen eine leichte Sache. Wir in Korea können den Reis aber nicht einfach aus der Pakkung in den Kochtopf schütten. Nur durch sehr geduldiges Waschen verschwinden nämlich all die kleinen Steinchen, die noch im Reis sind.

Als ich zum ersten Mal den Kinderdorfkindern Reis kochte, fischte eines der älteren Mädchen wortlos, aber vielsagend mit ihren Stäbchen immer wieder ein Steinchen aus der Eßschale und legte es auf den Tisch... — und dann: Zwar wußte ich, wie man Gemüse oder Sojabohnensuppe kocht,

aber nicht, wie das Essen schmecken sollte. Nun, ich hab's gelernt!"
Gelernt hat sie auch, sich auf dem komplizierten Hintergrund jener Familienschicksale zurechtzufinden, aus denen manche der Schützlinge kamen, als sie noch nicht, wie heute meist, über die städtische Fürsorge in die Kinderdörfer geleitet wurden.
Ein „Fall" von vielen, ohne erhabene Tragik, aber geprägt von alltäglichem Elend:
„Es war vor 15 Jahren etwa, da kam eine junge Frau zu uns mit einer dreijährigen Nichte. Der Vater sei tot, die Mutter verschwunden, wir möchten das Kind also aufnehmen."
Franziska Lemayr ließ nachforschen.

Der Sekretär des Kinderdorfes fand nach vielem Fragen das Mädchen und eine ältere Schwester bei der Großmutter. Es kam heraus, daß die vorgebliche Tante die Mutter selbst gewesen war.

Tage später: Die Polizeistation teilt mit, Polizisten hätten nachts ein weinendes Mädchen in der Nähe des Kinderdorfs gefunden. Es ist das jüngere der beiden Kinder, das die Mutter dort deponiert hatte. Der Großmutter hatte sie gesagt, sie nehme das Kind mit sich nach Seoul.

Das kleine Mädchen wird im Kinderdorf aufgenommen, aber es leidet sowohl unter der Trennung von der Mutter als auch von der älteren Schwester. Auch sie findet Aufnahme im Kinderdorf.
Inzwischen sind Jahre vergangen. Beide Mädchen sind im Kinderdorf daheim und studieren.

Die leibliche Mutter hat sie immerhin einige Male besucht. Eine nicht alltägliche, aber auch nicht einzigartige Geschichte, die auch die Veränderungen in der Struktur der koreanischen Familie nachzeichnet, denn die Obsorge für verlassene Kinder aus gescheiterten Beziehungen wird heute nicht mehr mit der gleichen Selbstverständlichkeit wie früher von der Verwandtschaft geleistet.
Aber es gibt auch Wandlungen zum Guten.
23 Jahre Kinderdorfarbeit haben der Idee in Korea Respekt verschafft. Der Weg der SOS-Kinder in die „normale" Gesell-

schaft ihres Landes ist zwar immer noch nicht problemfrei eben, aber weniger steinig als früher.

Franziska Lemayr möchte diese Wendung nicht nur beobachten, sondern aktiv nutzen — zum Wohl aller Waisen, die noch ihre „Enkel" werden können: Bis zum runden 25. Jahr seit der Gründung des ersten koreanischen Kinderdorfs soll ein viertes Kinderdorf stehen. Aber es soll von den Koreanern selbst finanziert, erstellt und verwaltet werden.

Franziska Lemayr wird also auch weiterhin unabkömmlich bleiben.

Paul Flora
Das Verdächtige an der Zukunft

Hier ist zu berichten von drei weitgehend mißlungenen und einem leidlich geglückten Versuch, Paul Flora zu finden. Nicht, daß er sich in seinem äußeren Leben besonders rar macht: Er spielt nicht das bei Prominenten andernorts so beliebte anmutige Versteckspiel mit der „geheimen" Telefonnummer, und auch im Innsbrucker Stadtteil Hungerburg entzieht er sich der Öffentlichkeit nicht sonderlich ernsthaft — abgesehen vom sichtschützenden straßenseitigen Pflanzenwildwuchs vor seinem Haus und dem fehlenden Namensschild am Gartentor.
Nach der Bereitwilligkeit, die Besucherin zu empfangen und bis unters Dach hinauf zu führen, sieht er für weitere Hilfestellung keinen Grund mehr. Er maskiert sich mit vollkommener Offenheit und fundamentaler Gleichgültigkeit gegen alle Fragen, die ihn veranlassen wollen, über sich und seine Arbeit etwas anderes zu äußern, als was er in einigen lapidaren Lebensläufen selbst ausgesagt hat. Wahrscheinlich ist dies keine Koketterie, sondern die reine Schutzmaßnahme, denn angesichts seines anhaltenden Ruhmes wird er so anhaltend interpretiert, daß er sich glatt zum Denkmal seiner selbst stilisieren könnte, wenn er dazu nicht zu gescheit wäre — und zu faul. Was keine Beleidigung ist, denn er bekennt sich selbst zu seiner Faulheit, wie alle Leute, die bei ihrer Arbeit wirklich fleißig sind. „Sicher bin ich faul. Ich bin insofern faul, daß ich viel Muße brauche, damit mir etwas einfällt, das verstehe ich unter Faulheit. Ein Mensch wie ich kann ja nicht acht Stunden am Tag arbeiten, ich kann vielleicht drei oder vier Stunden arbeiten, die übrige Zeit muß ich mich bemühen, faul zu sein, damit mir etwas einfällt."

Mißlungener Versuch, in Paul Flora einen Feind Tirols zu sehen

Von schlichten Gemütern und Patrioten ist Paul Flora dieser Vorwurf vor allem gemacht worden, als er um 1970 seine

Paul Flora
und:
„Der Rattenfänger"
1975

„verwurzelten Tiroler" in allerlei knorrigen Variationen gezeichnet hatte. Da war nördlich und südlich des Brenners sogar das böse Wort vom „Nestbeschmutzer" zu hören. Das „Nest" stand übrigens 1922 in Glurns und wurde 1927 durch elterliche Übersiedlung nach Innsbruck verlegt. Nur ein so gewalttätiges Ereignis wie der Weltkrieg hat es vermocht, Paul Flora für längere Zeit aus dem Tiroler Nest hinauszutreten. Späteren Versuchen, ihn aus Tirol etwa durch Rufe an namhafte Akademien herauszuschmeicheln, hat er mehrfach widerstanden.

Man könnte ihn deshalb mit einiger Oberflächlichkeit selbst als „verwurzelten" Tiroler ansprechen. Aber zu dieser Festschreibung bekennt er sich so wenig, wie er sich von ihr distanziert.

Vielmehr ist er davon überzeugt, daß der Denkprozeß des Künstlers — Tirol hin oder her — stark überschätzt wird: „Ein Künstler denkt sich nichts, sondern er hat optische Einfälle."

Im Falle der „verwurzelten Tiroler" hätten Wurzelstöcke beim Thaurer „Mullerlaufen" die optischen Einfälle provoziert. Die habe er dann gezeichnet, wobei ihn in erster Linie das Bizarre und Skurrile an der Komposition, nicht eine „Aussage" im Sinne von Karikatur oder Bildsatire interessiert habe. Der Betrachter solcher Blätter läuft deshalb Gefahr, den Satiriker Flora über- und den Zeichner unterzubewerten. Wer freilich einen aufmerksameren Blick auf seine Blätter richtet, findet immer wieder solche optischen Aufreizungen — Kugeln, Federn, Raben oder auch Kreise, wie im Fall der Hochradfahrer, die schon seit 1961 durch seine Blätter rollen. 1985 hat die österreichische Postverwaltung seine vier hochradfahrenden Karnevalsfiguren dreieinhalbmillionenfach als Briefmarke aufgelegt. (Im gleichen Jahr ist er übrigens auch im Nachbarstaat Liechtenstein mit Theatermotiven zu Briefmarkenehren gekommen). Aber er hat seine Hochräder auch mit Tiroler Trachtenträgern bestückt und erlaubt sich mit ihnen akrobatische Exkurse über die „alttirolische Kunst des Hochradfahrens".

Dabei entstehen zwar lustige Tiroler, aber mit dem Klischeebild des „lustigen Tirolers", wie er sich im Dienste der

Fremdenverkehrswerbung darstellt — jodelnd, schuhplattelnd und selbstverliebt — haben jene ebenso wenig gemein, wie Paul Flora mit diesen gemein haben will.
Er weigert sich vielmehr standhaft, ein „lustiger Tiroler" zu sein, wie ihn überhaupt „lustige Leute eher melancholisch" machen.
Wenn er sich von der Tiroler Identität distanziert, dann am ehesten von gewissen Selbstüberschätzungen.
„Die Tiroler meinen immer, sie seien was Besonderes", findet er, aber das billigt er, wenn überhaupt, allenfalls den Südtirolern wegen ihrer besonderen Situation zu. Auch er selbst sei in dem Bewußtsein erzogen worden, einem verfolgten, auserwählten Stamme anzugehören.

„So eine Mischung aus Stolz und Unterwürfigkeit" (den Fremden gegenüber) diagnostiziert er ferner südlich des Brenners, und daß man dort die Nordtiroler so gar nicht möge, findet er so unabänderlich wie schlicht „schad".

Für bedauerlich hält er auch, daß in Südtirol — wo man ihn immer und durchaus nicht gegen seinen Willen als einen Landsmann reklamiert hat — manche Leute so bös aufeinander sind. Freilich: „Entkrampfen — das sagt sich von außen so leicht!" Aber notwendig sei es, vor allem in der Kulturpolitik. „Junge Leute sind halt ungebärdig. Na und?" Für einen dieser aufmüpfigen Jungen, den 1978 mit 31 Jahren verstorbenen Autor Norbert C. Kaser, hat er sich seinerzeit sogar engagiert. Und das will, wie bald zu sehen sein wird, etwas heißen.
Paul Flora ein Feind Tirols? Er ist nichts weniger als das, auch wenn er sich manchmal an Tirol reibt. Denn was dabei frei wird, ist weniger Reibungs- als Gemütswärme. Es könnte die Wärme des Humoristen sein, der für die Satire zu gutmütig ist — und zu weltweise, als daß er daran glaubte, mit spitzer Feder Zustände verändern zu können.

Daß er es auch nicht jemals vorher geglaubt hat, mag überraschen angesichts der Tatsache, daß er seit 1957 über 14 Jahre lang für die linksliberale Hamburger Wochenzeitschrift „Die Zeit" (und nicht nur für sie) über 3000 politische Karikaturen gezeichnet hat. Aber auch als Karikaturist hat er den Protagonisten der Weltpolitik weniger kalte Distanz, als vielmehr skeptische Zuneigung zuteil werden lassen.

Aus gegebenem Anlaß hat er während dieser langen Zeit den Zeichner Paul Flora immer wieder gegen den Karikaturisten in Schutz nehmen müssen:

„Mit der Zeit hat es mich dann eher gestört, fast völlig mit diesem Teil meiner Arbeit identifiziert zu werden, und auch aus diesem Grunde habe ich sie dann aufgegeben."

Mißlungener Versuch, Paul Flora auf etwas anderes festzulegen als auf den optischen Einfall

„Ich habe mich zwar als Karikaturist betätigt, mich aber immer als Zeichner verstanden."

In dieser Hinsicht ist Paul Flora artverwandt mit Olaf Gulbransson, in dessen Münchner Akademieklasse er während des Krieges eingeschrieben war. Da aber sowohl der Schüler als auch der Lehrer eine unüberwindliche Abneigung gegen Akademien hatten, sind die beiden sich dort nie, sondern erst 15 Jahre später begegnet.

Wahlverwandtschaften haben Experten auch mit Saul Steinberg und Lyonel Feininger aufgespürt, aber die einzig offensichtlichen Verwandtschaftsbeziehungen, die Paul Flora nachzuweisen sind, bestehen zu Leuten, die geneigt sind, gegen den Uhrzeigersinn zu denken.

Es läßt sich auch mit den Worten Friedrich Dürrenmatts sagen, der von Paul Flora vermutet, er schreite „rückwärts in die Zukunft", eine Gangart, zu der sich Paul Flora rückhaltlos bekennt. Das sei nun mal das Österreichische an ihm, findet er selbst.

Welcher Art dieses Österreichische ist, wird bei Erwähnung zweier weiterer Wahlverwandtschaften deutlich: mit dem abgründig-verwunschenen Zeichner Alfred Kubin — den Paul Flora einmal einen „Fischer im Drüben" genannt hat — und mit dem dichterischen Phantasten Fritz von Herzmanovsky-Orlando, der 40 Lebensjahre in Meran verbracht hat, und in dessen tagträumerischem Land Tarockanien (eine Parallelaktion zu Robert Musils „Kakanien") sich auch Paul Flora zeichnend besonders gern aufhält. Seine Hauptstadt ist eine Mischung aus Wien, Bad Ischl, Venedig, Byzanz und

Meran — Triest nicht zu vergessen, zu dem Paul Flora ebenfalls Zuneigung hegt. Der dort wehende Geist des mitteleuropäischen Mythos (als Kriegsdienstpflichtiger hielt sich Paul Flora im Raum Görz auf) fasziniert und amüsiert ihn zugleich. Das Verrottete, Versunkene, Ruinöse, Vernebelte, Nachtgeschwärzte bewegt seine künstlerische Phantasie über die Maßen; die barocken Themen von Nichtigkeit und Vergänglichkeit wirken nach und etablieren in seinen Blättern ein Panoptikum mit der Spannweite des Welttheaters.

All dies interessiert Paul Flora nicht in der historischen Dimension. Nicht etwa, daß er dem Habsburgerstaat hinterhertrauerte: Er sei der Letzte, der sich die Habsburger herwünsche, wiegelt er ab.

Wieder ist es der optische Einfall, die optische Komik in raffinierter Zubereitung, die ihn anregt. Unterstrichen wird die Szene noch vom Wort, sei es, daß Paul Flora in der Bildunterschrift Atmosphäre bis ins Orthographische hinein schafft („Altösterreichische Excellenz im Bordell", 1972) oder daß er Wörter („Rabenmütter", 1976) oder Buchstaben für Sprach-Eulenspiegeleien nützt.

Dazu stimmt die Definition des Zeichners als eines „graphischen Schriftstellers", was auch für Paul Flora ziemlich zutreffend ist, wenn man berücksichtigt, daß sein Oeuvre inzwischen mehr als 30 Bücher umfaßt, und daß ihm auch, wenn er, statt zu zeichnen, schreibt, Bravour nicht abzusprechen ist. Seine Lebensgeschichte hat er des öfteren mit derselben pointierten Feder festgehalten, mit der er auch zu zeichnen pflegt. Die am stärksten verdichtete Fassung ist diese:

„Ich wurde als italienischer Untertan geboren, wurde mit sechs Jahren für zehn Jahre Österreicher, war dann sieben Jahre deutscher Staatsbürger und bin seit 1945 wieder Österreicher und als solcher und auch als Humorist nicht besonders heiter, und überhaupt machen mich lustige Leute eher melancholisch. Ein besonders engagierter Mensch bin ich nicht. Mir kommt es hauptsächlich darauf an, möglichst gute Zeichnungen zu machen, mich bei der Arbeit an diesen zu amüsieren und dafür womöglich noch bezahlt zu werden.

Ich bin ein gewöhnlicher Egoist, was die anderen und besonders die engagierten Leute ja auch sind."

Nicht ganz mißlungener Versuch, Paul Floras Engagement zu finden

Die engagierten Leute... Paul Flora hegt wohl darum ein so tiefes Mißtrauen gegen sie, weil er an den Fortschritt nicht so recht glauben mag. Er habe ihn nun einmal noch nicht zu sehen bekommen, meint er, und Höhenflüge gestattet er allenfalls seinen Raben. Die Wahrheit aber steht mitten im Labyrinth, und die Eiszeit macht auch vor dem Wolkenkratzer nicht halt. Illusionen rieseln wie Getreidekörner aus dem kaputten Sack in die politische Landschaft, und der kategorische Imperativ drückt den, der voller Eifer nach ihm strebt, nur umso wuchtiger nieder.

Da hält Paul Flora es ganz mit Johann Nestroy, der dem Fortschritt auch nicht über den Weg traute, und im Vorwort zu seinem Bildband „Der Zahn der Zeit" (1961) bekennt Paul Flora deutlich Farbe:

„Sollte jemand aus all dem heraussehen, daß ich an der Vergangenheit hänge, daß mir das Entschwinden der Zeit leid tut und daß mir der Fortschritt und die Zukunft verdächtig sind, so werde ich ihm nicht widersprechen."

Vielleicht engagiert sich Paul Flora noch am ehesten für seine eigene Skepsis, ganz sicher aber für die Kunst, die in sich zeichenhafte. Er hat keine Scheu, sich zum „L'art-pour-l'art"-Standpunkt zu bekennen, dem Schlagwort für jene Kunstauffassung, die außerkünstlerische Maßstäbe ablehnt. Aber er nimmt sich auch die Freiheit einer sehr persönlichen Übersetzung: „Machen, was i gern mog." Und weiter:

„Ich habe keine Botschaft außer dem, was ich mache. Die Wirkung beruht darauf, daß was da ist. Und manchmal stellt sich eben heraus, daß, was ich mache, gut ist." Fertig. Basta.

So ist denn am Ende wenigstens zu berichten von dem **endlich gelungenen Versuch, Paul Flora doch noch festzulegen,**

nämlich auf sich selbst. Dort ruht er breit, behäbig und gelassen über dem Kunstbetrieb, der ihn nicht im mindesten zu kümmern scheint. Außer, daß er sich junger Künstler annimmt, sich krasser Urteile über deren Treiben enthält und sich nur ganz gelegentlich einmal ärgert, wenn er findet, daß es sich einer von den Jungen allzu einfach macht. Die Toleranz, die er dazu braucht, bringt er leicht auf, denn er schaut nur, ob hinter dem, was einer macht, der Mensch selbst steckt.

Ein ähnlich entspanntes, selbstsicheres Verhältnis wie zum Kunstbetrieb hat er — Professor ehrenhalber und Träger hoher bundesdeutscher und österreichischer Auszeichnungen — zu Ehrungen seiner Person: „Mir isch's recht, sonscht nix!" sagte er, als er 1985 den Ehrenring der Stadt Innsbruck bekam.

Wahrscheinlich läßt sich dieser Ausspruch auch auf die kaum noch zählbaren Ausstellungen anwenden, deren eine mit ziemlicher Sicherheit immer zu sehen ist zwischen New York, Paris, Wien und Mailand. Er selbst hat sie mit Sicherheit nicht gezählt, genausowenig wie seine Blätter, er eigne sich nun mal nicht zum Buchhalter.

So lebt er, zuständig für sich selbst und für die schwebende Wahrheit, die hinter der banalen Realität liegt, hoch über dem Getümmel in keinem Elfenbeinturm, sondern in seiner altmodischen Hungerburger Idylle, ein wenig verwunschen, aber nicht weltfremd.

Im Winter stürzen sich, fast senkrecht über seinem Hausdach, die Skifahrer von der Seegrube herab auf die Hungerburg, wo immer noch ein schickes Appartementhaus in die letzten Baulücken geschoben wird. Die Stadt Innsbruck hat ihren Nordketten-Balkon mit dem asketischen Namen inzwischen umgetauft: „Hoch-Innsbruck" weckt wohl für Neubürger angenehmere Erwartungen als „Hungerburg".

Tief unten liegt die Stadt inzwischen auf dem Grund eines herbstlichen Nebelmeers, ein Vineta im Tiroler Look, das sich in lächelnder Nachsicht einen Paul Flora leistet.

Innsbrucks wichtigstes Gebäude besitzt vielleicht ohnehin er: Sein schreibender Landsmann Herbert Rosendorfer jedenfalls vermutet, daß das Riesenrundgemälde keinem andern gehöre als Paul Flora.

Franz Tumler

Umgehen in der Sprache

In den „Notizen am Schluß" zu seiner 1971 erschienenen Topologie „Das Land Südtirol" wird erzählt von einem, der hin und her geht, vom Zollhaus am Reschen durch den Vinschgau und weiter durch alle Gemeinden bis an die Grenze zum Trentino und wieder zurück. Er ist kein Bettler, wenngleich er in den Armenhäusern übernachtet und sich von Haus zu Haus durchfüttern läßt. Er ist auf der Straße daheim, so und so angezogen und ausgestattet, lebt in dem Recht, nach dem Abendläuten dort, wo er grad ist, ein Quartier zu bekommen.
So ist das mit dem fremden Krauskopf, aber Franz Tumler erzählt nicht so — oder vielmehr auch anders, dreimal insgesamt, und jedesmal aus anderer Perspektive: Zuerst berichtet „ein Mann" in Reiseeindrücken von einer „ungemütlichen Figur", dann begegnet Franz Tumler selbst dem Fremden auf der Laaser Dorfstraße, auf dem Weg, seinen Vetter zu treffen, und schließlich überholen beide den Wanderer noch im Auto, und der Vetter erzählt nun ausführlich, wer der sei und was er mache. Dies Verfahren, Wirklichkeit festzuhalten, festzuschreiben nicht durch bloßes Nachmalen einer einspurigen Erinnerung, wendet der Erzähler Franz Tumler immer wieder an. Es ist ein Hin- und Hergehen in der Sprache selbst, ein Umgehen, kreisend, einkreisend, mit einer Sorgfalt, ja Skrupelhaftigkeit, die sich nicht damit begnügt zu sagen: Also so war es und damit basta.
„Worte, Benennung, Schritte, und langsam erinnerte ich mich, wie es dort war."
Für ein Buch, dessen Titel eine Landesbeschreibung vermuten läßt, ein aufwendiges, auch ein ungewohntes Verfahren, aber für den Dichter Franz Tumler das einzig legitime. Denn weil er ein Dichter des Realen ist (der Übereinstimmung mit Adalbert Stifter, aber auch Unterscheidung von ihm bekannt hat), schaut er hinter dies reale Heimatliche, geht um die Realität herum. So wurde sein Südtirolbuch eben auch ein tiefsinniger Essay über das Schreiben angesichts seiner Gegenstände, über das Verhältnis zwischen Wort und

Psychogramm Franz Tumler

Geburtsort Bozen
Sternzeichen Steinbock
Wo fühlen Sie sich zu Hause? Karlsruher Straße 7
Sind Sie von etwas abhängig? Von 1000 Dingen
Ehrgeizig? Ja
Bevorzugte Autoren? Adalbert Stifter
Maler? —
Komponisten? —
Lieblingslandschaft? gewisse Landschaften im (oberen) Vinschgau
Lieblingsstadt? Wien
Was begeistert Sie? Erfolg
Was ärgert Sie? Mißerfolg
Was bedrückt Sie? eigener Mangel an Liebe
Welches Buch haben Sie zuletzt gelesen? Sabbioneta von Gerrit Confurius (Hanser Verlag)
Welches Buch (außer den eigenen) hätten Sie gern geschrieben? —
Welches Ihrer eigenen Bücher mögen Sie am meisten? Wechselt
Haben Sie ein Motto? Nein
Eine Sehnsucht? Nein
Was tun Sie in Südtirol am liebsten? Zuschauen
Gibt es etwas, das Sie nach Südtirol zurückziehen könnte? Nichts Erkennbares
Ist es Ihnen wichtig, in Südtirol als Autor geschätzt zu werden? Ja
Kennen Sie „Heimweh"? Nein
Welche Duftempfindung stellt sich bei Ihnen ein, wenn Sie an Südtirol denken? Heugeruch, Milchgeruch, Teergeruch
Mit welchen Pflanzen identifizieren Sie Ihre Geburtsheimat? Nutzpflanzen
Welches ist Ihr liebstes Geräusch? Das Fahren von Eisenbahnzügen
Wo fühlen Sie sich mehr „daheim": in Ihrem Geburtsort Bozen oder in der Heimat Ihrer Vorfahren, im Vinschgau? Im Vinschgau

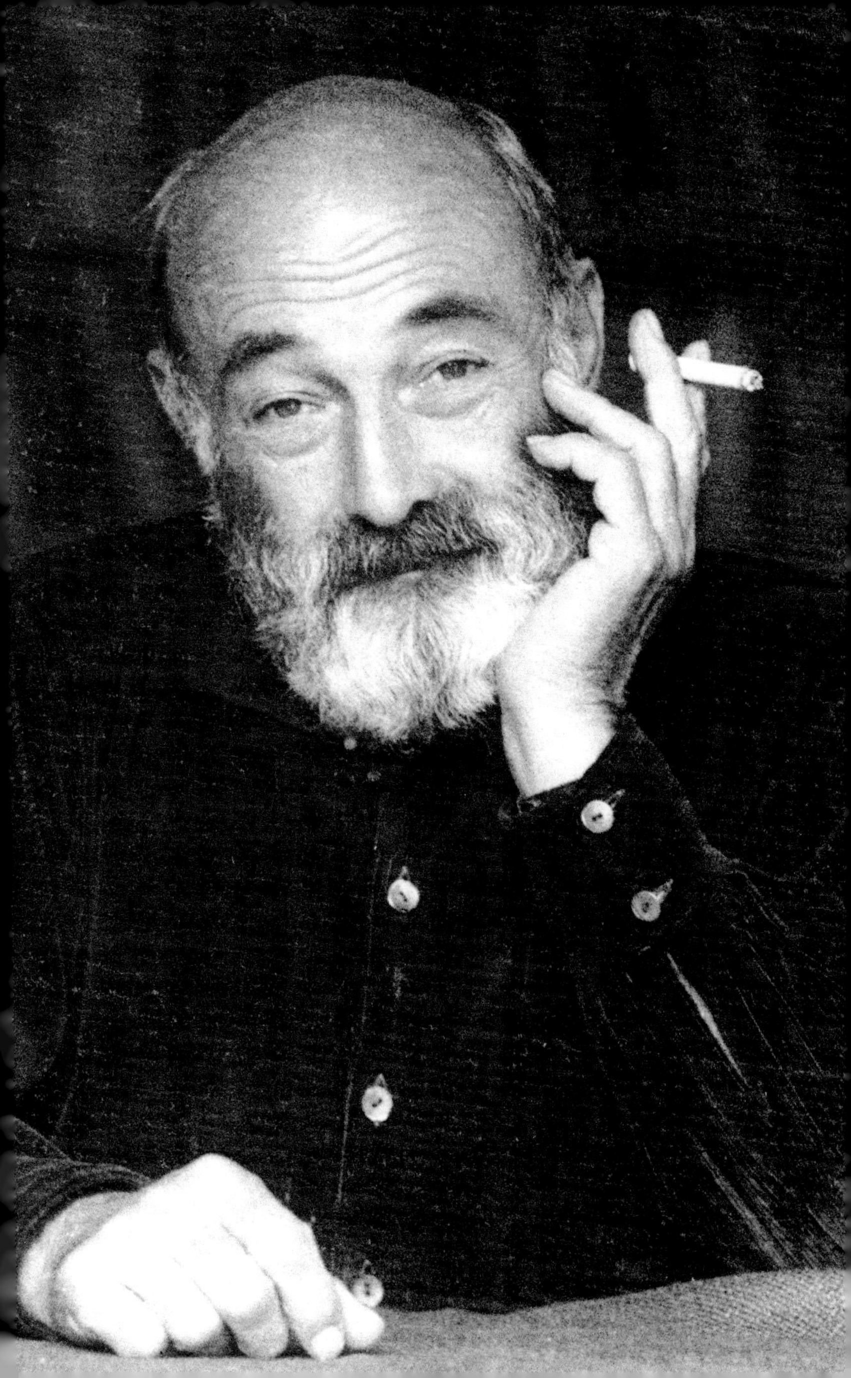

Wirklichkeit: „Ich machte mir diese Gedanken nicht aus Überfluß, sondern wegen meiner Arbeit hier, sie sollte ein 'Bild des Landes' geben. Wenn ich mir klar wurde, was das war, mußte ich mir sagen: es war nicht möglich. Außer so: ich durfte nicht 'abmalen', abschreiben, auch das Anschauliche nicht. Mit nur schreiben mußte es gehen. Ich konnte Benennungen von Orten geben, die als 'Namen' schon im Schwange seienden Wörter, kaum mehr. Ich konnte Sätze bilden, sie füllten kein 'Bild' aus. Und wenn ich, wie jetzt, ins Historische ging, mußte ich's auch mit dem nur schreiben tun. Ich konnte von dem Ereignis, das erzählt wurde, so wenig Wirklichkeit hereinbekommen wie von dem kurzen Tonfall des Paters. Ich konnte nur sagen: ein Ereignis — jetzt verändert sich etwas, und es geht ohne Kontrolle vor sich, und anders, als du es aufschreibst."
Anders, als du es aufschreibst: Diese außerordentliche Vorsicht Franz Tumlers beim Festschreiben von Sachverhalten — eine geradezu lyrische Vorsicht auch in der Prosa — kennzeichnet seine Texte durchgehend.
In der Erzählung „Nachprüfung eines Abschieds" (1961) geschieht das nämliche. Und fast mit denselben Worten und mit derselben Achtsamkeit: Tagesdämmerung wird da zur Wörterdämmerung.
„Der verdämmernde Tag bricht die Gedanken ab. Nur einzelne Stücke stellen sich ein, und auch sie bleiben nicht lange. Ein Bild hält vor für zwei oder drei Sätze, dann treffen die Wörter vorbei, der Gegenstand verschwimmt und schrumpft ein, und schon ist nicht mehr zu unterscheiden, was war. Am Abend will ich davon erzählen."
Und noch ein Ortswechsel. „Volterra" (1962) — an der toskanischen Stadt zeigt Franz Tumler, wie Prosa, wie seine Prosa entsteht.
„Ich erzähle dir jetzt Volterra, aber es ist lange her, ich brauchte so lange, bis ich mich auskannte, wie es dort war."

Natürlich erfahren wir auch, was dort war, in Volterra, aber die Erinnerung packt nicht resolut zu, sondern zögernd, bedenklich, in einer Bewegung, die allerhand aufnimmt und manches wieder fallen läßt, bis jenes diffizile, gleichsam flimmernde Bild entsteht, das einen Gegenstand oder ein

Erlebnis, von allen Seiten verschieden stark angeleuchtet, im Strom des Bewußtseins schwimmend zum Vorschein bringt.

Von dieser Art ist das Erzählen Franz Tumlers, und was immer er erzählt, er erzählt es in dieser Redlichkeit, denn er erzählt die Krise des Erzählens mit.

Der Germanist Peter Demetz hat in einem Werkstattgespräch mit Franz Tumler den Ort des Dichters in der zeitgenössischen Literatur zu ermitteln versucht und ihn auf dem Mittelweg zwischen dem „alten" Realismus und den auf Bedeutungen verzichtenden Sprachexperiment gefunden.

Franz Tumler selbst beschreibt seinen Standort so: „Die Möglichkeit des Realismus... Es führt schriftstellerisch nur weiter, wenn wir es in der Sache selbst, in diesem, was wir Erfassung der Wirklichkeit genannt haben, weiterführen. Und das kann aber auf ganz verschiedenen Wegen geschehen und mit verschiedenen Mitteln. Ich hab das versucht in der 'Aufschreibung aus Trient', indem ich die Stimmen gegeneinander gesetzt habe, wobei dann merkwürdigerweise Beschreibungen vorkommen können. Aber es wär mir unmöglich, die Sache zu beschreiben, so wie jemand, der ein Bild malt und sagt, hier steht der und so... Das geht nicht."

Die literarische Antwort auf die Herausforderung des Erzählens in unserer Zeit hat Franz Tumler in seinem Werk gegeben, aber auch in seinem Leben — vor allem in der Art, wie er sich seiner Geburtsheimat Südtirol genähert, wie er aber auch immer wieder Abstand von ihr genommen hat.

1912 ist er in Gries, damals noch bei Bozen, in der Villa Fortuna unterhalb des Gscheibten Turms geboren. Sein Vater, aus Schlanders stammend und Gymnasiallehrer in Bozen, starb 1913, mit noch nicht 35 Jahren. Franz Tumler, damals eineinhalb Jahre alt, hat keine Erinnerung an ihn. Seine Mutter ging mit den Kindern nach Linz, wo ihre Eltern lebten. Von Südtirol blieb Franz Tumler zunächst nur der ausländische Geburtsort in seinen Papieren, mit dem er als Schüler auffiel. Später kamen, von den Onkeln mütterlicherseits erwähnt, Namen von Kriegsschauplätzen in den Dolomiten dazu, auch der Name Cesare Battisti und noch später das Wort: optiert. „Es stand auf einem vom Staat durch

Stempel bestätigten Zettel, auf dem meine Mutter für mich diese Erklärung abgegeben hatte."
So kommt es, daß Franz Tumler da, wo er wohnt, nicht zuhause ist, aber seine Heimat nicht kennt. Doch sie zieht ihn an. 1926, kurz nur, ist er erstmals in Südtirol und dann wieder 1933, eingehend, aufmerksam.
„Und vielleicht bewirkt es diese Aufmerksamkeit, daß einem begegnet, was man schon mitbringt."
Was Franz Tumler begegnete, als er durch das Eggental und über den Karerpaß ins Ladinische hinein wanderte, war der Schauplatz seiner ersten Erzählung „Das Tal von Lausa und Duron", die er eineinhalb Jahre später niederschrieb: eine verlassene Alm, die wie ein Dorf aussah.
„Und wenn ich später an meine Wanderung dachte, standen mir als erstes immer diese stummen verlassenen Häuser vor Augen, als wären sie das deutlichste Bild meiner Heimat, wahrer als die anderen wirklichen, belebten Orte."

Die von Franz Tumler ausführlich berichtete, komplizierte Entstehungsgeschichte seiner Erstlingserzählung geht wieder über Beziehungen zwischen Erlebtem und Erfundenem — und zusätzlich dem aus Nachlaßstudien des Vaters Erfahrenen, der dem Sohn weit über seinen Tod hinaus Anleitung besonders zu den ladinischen Wurzeln seiner Heimat gegeben hat. Wurzeln, die auch im Vinschgau, wo Franz Tumler besonders gern bei seinen Verwandten ist, noch spürbar sind, wenngleich sich das Rätoromanische aus der Sprache längst zurückgezogen hat.

„Das Tal von Lausa und Duron" ist zwar eine fiktive, erfundene Geschichte von Krieg und Verödung geworden, aber auf dem Hintergrund von Erlebtem und Erfahrenem — und sie hat Franz Tumler seinerzeit plötzlich bekannt gemacht. Sie hat ihn auch immer wieder veranlaßt, dieses Land aufzusuchen, aus dem er stammt, aber er kam nie aus Heimweh oder in Nostalgie, sondern immer auf der Suche nach Erfahrbarem, vor allem im Vinschgau, wo er seinem rätischen Lebensgrund nachgeht, wieder und wieder hin und her geht. Wenn er dabei Geschichte findet, dann geht es ihm nicht um zeitgebundene Ereignisse, sondern um jene Schicht „unterhalb" von Geschichte, „so als wäre ein bestimmter Typus immer gleich geblieben". Es ist jene Schicht, die „älter als Geschichte" ist, tiefer gegründet als die anerzogenen, gewohnten, eingebildeten Markierungen der Geschichte oder ihrer Bedingungen.

In den Erzählungen der Menschen, die er trifft, kommt diese ältere Schicht als scheinbar „unteres" Leben zum Vorschein. „Es entfaltet sich anders, zäh und unkenntlich, es bleibt dabei nicht bei einem simplen Bauernleben stehen" — wie er nachweist, wenn er die uralten Gesetzmäßigkeiten der Vinschgauer Wasserrechte erzählt.
Aber so einfach ist es nicht, dieses Erzählen. Nur hinfahren, schauen und beschreiben genügen nicht, um die Landschaft zu erzählen, wie Franz Tumler es tut.
„Ich suche die Gegenden auf, von denen ich schon ein Bild habe", sagt er und beschreibt damit auch, wie das Südtirolbuch entstanden ist. Viel habe er schon gewußt, viel sei er herumgefahren im Land und geschrieben habe er das Buch dann auf Anregung des Verlegers Klaus Piper während eines Stipendienaufenthalts bei Rom.
„Ein Grund meines Schreibens war das Hier", sagte er auch, als er im Herbst 1985 in Bozen den angesehenen Walther-von-der-Vogelweide-Preis entgegennahm, „und mein Suchen nach dem verstorbenen Vater".
Als „Das Land Südtirol" 1971 erschien, ist es in Südtirol selbst zum Teil heftig kritisiert und wohl auch mißverstanden worden. Dies vor allem, weil es den Anschein erweckte, ein Sachbuch zu sein. Und da versteht der durchgebildete ansässige Experte ja keinen Spaß. Wehe der falschen Einzelheit! Hubert Mumelter, dem Franz Tumler das Buch gewidmet hat, erkannte jedoch, daß es sich hier nicht um ein Sachbuch im geläufigen Sinne handelte, sondern um ein Erlebnisbuch, in dem die komplexe Struktur eines Landes eingekreist werden sollte. Und schon gar nicht um ein Heimatbuch.
Im Kapitel über den „Abrogans" des aus Mais bei Meran stammenden Bischofs Arbeo — das, salopp gesagt, erste deutsche Buch — kritisiert Franz Tumler eine wissenschaftliche These über die zentrale Stellung Südtirols im vorkarolingischen Kulturdreieck Freising — Salzburg — Pavia. Er

mißtraut dieser „Zentrierung auf etwas Heimatliches in der Perspektive".

Und an anderer Stelle im Zusammenhang mit Oswald von Wolkenstein schreibt er, es gebe im Grunde keine „Heimatkunst", sondern nur Kunst, und nur insofern sei Oswalds heimatliche Färbung (die Nennung von Namen und Orten) wichtig, weil sie zur Charakterisierung beitrage.

„Tirol ist ein Gegenstand für sich. Aber das Tirolische in den Gedichten des Oswald von Wolkenstein könnte genauso gut spanisch oder texanisch sein, sie wären um nichts weniger Dichtung."

Mißtrauen wird hier spürbar gegen das „Heimatliche" als Maßstab der Beurteilung von Kunst, und auch dies hat man dem in Südtirol geborenen Franz Tumler, wenn er über Südtirol schrieb, gelegentlich übel genommen: daß sich einer da so vorsichtig, so mehrwertig und so abwägend auf seine Heimat einließ. Heimatliebe — das mußte so klingen wie bei Luis Trenker, oder mindestens so wie bei Karl Felderer. Aber da lebt und schreibt nun einer in Oberösterreich und schließlich gar in Berlin, kommt nur selten ins Land und schreibt, worüber er nicht befugt wäre zu schreiben. Sechs Jahre vorher hatte Franz Tumler ebenfalls ein Buch veröffentlicht, das tief in die Streitsache Südtirol hineinstieß, seinen Roman „Aufschreibung aus Trient" (1965), in dem einer, durch einen Unfall in Trient festgehalten, für seine Begleiterin und sich selbst eine „Aufrollung von Geschichte" beginnt. Er setzt damit — Franz Tumler wie auch sein Ich-Erzähler — einen Prozeß der Aneignung in Gang, während dessen er das Unrecht auf der einen, aber auch auf der andern Seite des Südtirolproblems in den Blick bekommt: Die Gestalt des Vaters und Cesare Battistis sind die Protagonisten dieser fairen Perspektive, und schließlich gelingt die Verständigung, mit ihren konträren historischen Voraussetzungen nur als poetische Vision möglich, den beiden Romanfiguren, dem Mann und der Frau: „Wir können uns nicht verständigen, sage ich, wir können überhaupt nicht reden. Und denke: aber mit ihr kann ich es. Mit ihr lerne ich reden, weil sie mitgegangen ist, da habe ich angefangen."

Der Roman ist nicht nur eins der wichtigsten Bücher Franz Tumlers geworden, sondern auch ein wichtiger Roman der deutschen Literatur. Ebenso wie die schon 1959 erchienene Erzählung „Der Mantel", die der Frankfurter Germanist Hans Dieter Zimmermann den besten deutschen „nouveau roman" nennt. Die Wertschätzung des Erzählers und auch des Lyrikers Franz Tumler läßt sich freilich nicht aus den Bestsellerlisten herauslesen, sondern aus dem Rang, den er, zumal in den sechziger und siebziger Jahren, in der deutschen Literaturszene einnahm.

Der in Südtirol geborene Österreicher, Lehrer, Kriegsteilnehmer und freie Schriftsteller, der sich schließlich nach Berlin aufmachte, gewann dort, ausgewiesen durch die Qualität seines Schreibens, Kontakt zu allen Großen des Literaturbetriebs, saß oft mit Gottfried Benn zusammen, befreundete sich mit Walter Höllerer und Günter Grass, mit Ernst Schnabl, Peter Härtling, Jean Améry, Peter Huchel und Hermann Peter Piwitt. Er wurde ausgezeichnet mit bedeutenden westdeutschen und später auch österreichischen Literaturpreisen. Zwischen 1967 und 1970 hatte er leitende Positionen in der Berliner Akademie der Künste inne. Er las an den Brennpunkten des literarischen Interesses und verbrachte mehrfach literarisch ertragreiche Auslandsaufenthalte.

Von den Reisen bleiben Gedichte, in denen sich Genauigkeit und Schönheit zu Sprachkunstwerken von rarem Wert ergänzen:

> „Auf Delos
> Stirnband Stein Boden
> sofort stellt der Mensch einen Acker her
> Haus und pflanzt sich ein
>
> jeder Fels hat einen Namen
> bloß er nicht
> Namen der dauert
> bloß er nicht überdauert sein Haus
>
> Namen von Lippen gesprochen
> die nicht mehr sprechen
> aber geschrieben gilt es
> Nachschreiben gilt"

Die Gedichte sind Franz Tumler so zugewachsen, daß er sie noch bei seinen Südtiroler Leseabenden im Anschluß an die Verleihung des Vogelweide-Preises mühelos in beeindrukkender Zahl auswendig vortragen konnte, obwohl ihn eine schwere Erkrankung vor Jahren arg hergenommen hatte.

Das Unterwegssein macht ihm nun mehr Beschwernis, aber immer noch braucht er es als Antrieb für seine Art, die Welt zu sehen und nachzuschreiben. „Bloß mehr ums Karree" geht er jetzt in Berlin. In Halensee, am Ende des Kurfürstendamms wohnt er, da, wo die Pracht- und Flanierstraße der Berliner nicht mehr vornehm ist. Hin und hergehen. Das ist nun: den Ku-Damm rauf und runter. Und dort will er auch bleiben, er mag Berlin, weil es so offen und lebendig ist. Aber dann ist er plötzlich wieder einmal weg — in Südtirol, bei den Laaser Verwandten meist.

Als ich ihn dort zuletzt traf, war's vor einem Gasthaus. Durch den Ort lärmte der sommerliche Urlaubs- und Güterverkehr. Aber Franz Tumler wählte nicht einen Tisch in der stilleren Wirtsstube, sondern draußen auf dem Platz. Als wir eine Weile da gesessen waren und uns über all das Brausen angerufen hatten, erschienen, einer nach dem andern und ganz beiläufig nach der Notwendigkeit ihrer vormittäglichen Verrichtungen: ein Vetter auf dem Moped, ein Neffe mit dem Traktor und eine Base zu Fuß, die Zeugen der Tumlerischen Bodenständigkeit. Sie blieben am Tisch stehen, in Rede und Gegenrede — und Franz Tumler hat das nicht übel gefallen. Ich glaube nun zu wissen, warum er draußen sitzen wollte. Noch einmal ist die Frage zu stellen: Was ist die Landschaft Südtirols, ihre Geschichte, was sind die Menschen hier für den Erzähler Franz Tumler? Nur Material wie der Laaser Marmor? Oder mehr?

In den „Notizen am Schluß" im Südtirolbuch erinnert er sich an einen Pfarrer in Mölten, der die Parschalk-Bibliothek nach ihrer Überführung aus der alten Deutschordens-Kommende Lengmoos am Ritten ins Johanneum nach Dorf Tirol zu ordnen gehabt hatte und der dieses Südtirol „erzählte": „Ich fragte mich, ob die Lebensumstände hier, mehr als in anderen Ländern, solche Erzählernaturen hervorbringen, oder ob das Medium in der Anlage der Leute allgemeiner und dichter ist. Ich kann mir nur diesen Grund denken: eine dichtere Präsenz des Körpers Tirol, der diese Geister reden läßt, ohne daß sie provinziell werden."

Lesehinweise:

Arunda-Anthologie zum 70. Geburtstag Franz Tumlers, 1982
Franz Tumler: Das Land Südtirol, Piper-Verlag München, 1971
Franz Tumler: Aufschreibung aus Trient, Suhrkamp-Verlag, Frankfurt, 1965

Psychogramm Matthäus Thun

Geburtsort: Bozen
Sternzeichen: Zwilling
Welcher ist Ihr hervorstechender Charakterzug? Optimismus
Sind Sie ehrgeizig? „Normal"
Bekennen Sie sich zu einem Fehler? —
Was verschafft Ihnen besondere Genugtuung? Das Leben
Bevorzugte Tätigkeit: Mein Beruf
Steckenpferd: Mein Beruf
Was ärgert Sie besonders? Raucher
Welches Abenteuer würden Sie gern erleben? Mit einmotorigem Flugzeug um die Erde
Gibt es Persönlichkeiten, an denen Sie sich orientieren? Meine Frau und Brigitte Bardot
Welche historische Persönlichkeit wären Sie gern gewesen? Marco Polo und Leonardo da Vinci
Lieblingslandschaft: Toskana und die Wüste
Lieblingsstadt: Los Angeles
Lieblingsduft: Frischgefälltes Holz
Bevorzugter Autor: Goethe
Bevorzugte Komponisten: Mozart
Bevorzugte Maler: Leonardo da Vinci und Raffaello
Welches Buch hat Sie in letzter Zeit besonders beeindruckt? Goethes „Faust"
Wo fühlen Sie sich beheimatet? Fast überall
Was tun Sie in Südtirol am liebsten? Schifahren
Könnte Sie etwas auf Dauer nach Südtirol zurückbringen? „Frühpensionierung"

Matthäus Thun

Matteo Thun: „Chaiselongue", 1983

Matthäus Thun

Die Lust am Objekt

Aufs Jahr genau fünf Jahrhunderte liegen zwischen Matthäus Thun (geboren 1952 in Bozen) und Leonardo da Vinci (geboren 1452 bei Empoli), einem seiner großen Vorbilder. Wie beim Toskaner Leonardo kommt man auch beim Bozner Thun nicht mit einer Berufsbezeichnung aus, bei beiden geht das geistige Design in Richtung „Kultur total".
Beide haben an einem Fluggerät konstruiert, wobei vermutlich Thuns Vehikel das flugtauglichere war, sonst hätte sich sein Konstrukteur wohl nicht mit Leib und Leben darauf eingelassen. Nur hat er, damals 24 Jahre jung, mit seinem Demonstrationsflug vom Berg Leonardos, dem Monte Ceceri, nicht nur einen Testflug absolviert, sondern auch seinen Studienabschluß erworben: „Matteo Thun Architetto" steht auf seinem Mailänder Briefkopf — ein Architekt, der nicht nur baut, sondern vielschichtig handelt und seine Aktivitäten so weit spannt, wie es die Schwingen seines Flugdrachens symbolisierten. Und so „baut" Matthäus Thun mancherlei: hypothetische (und nächstens auch einen realen) Wolkenkratzer für New York, eine Wohn-Welt für Modeschöpfer Karl Lagerfeld, ein Baumhaus für Kinder und: Lampen, Teekannen, Sektkelche, Chaiselongues, Schränke, Radiouhren, Vasen, Brillenständer und Industrieroboter.
Mit ähnlicher Entwurfsdynamik geht er an eine Zahnbürste und an ein Geschäftshaus heran und gründet seine Aktivitäten auf das Konzept eines „Bauhauses", wie die mittelalterlichen Bauhütten es waren: Werkstattgemeinschaften, in denen das Handwerk der Zukunft Anstöße erhält.
Matthäus (beruflich Matteo) Thuns spätmodernes „Bauhaus" steht in Mailand und beschäftigt 15 Mitarbeiter — Europäer, Amerikaner, Japaner, die, mit ihm als Hauptanstifter, „Existenzhypothesen für das nächste Jahrzehnt" entwerfen. Daß es dabei nicht um bloßes Produktdesign geht, sondern um Forschungsprojekte für ein Lebensgefühl von morgen, stellt Thun unverzüglich klar. Er habe ein intensives Bedürfnis zum Eingreifen, beschreibt er den Ansatzpunkt seines Tuns. Und er hält nicht damit hinterm Berg, daß das

am Anfang seiner beruflichen Laufbahn ein bißchen anders war.

Da bezog der Maturant — Sproß des altadeligen Hauses Thun-Hohenstein — die Innsbrucker Hochschule als Ingenieurstudent bei dem Brixner Architekten Professor Othmar Barth. Als Ersatzhandlung für eine, wie er meint, generationstypische Unzufriedenheit mit der kulturellen Peripherie fand er für sich den Sport. Skilehrer und Student in Innsbruck — eine vielfach erprobte, lustbetonte Kombination für ansehnliche „Sunnyboys", zu der sich Matthäus Thun noch den Nervenkitzel der Drachenfliegerei leistete. Einem NATO-Amerikaner kaufte er sein Fluggerät ab und lernte im Gleitflug vom Hafelekar wohl nicht nur die eigenen Grenzen kennen, sondern erkannte im Überflug auch sein Mißfallen an der eigenen Studiersituation.

Ein erstes Aha-Erlebnis habe ihm die zufällige Begegnung mit dem italienischen Architekten Savioli in Florenz beschert: schöpferisch-freies Gestalten in der Gesamtperspektive. Mit diesem kulturprogrammatischen Aspekt einer klassischen Architektur mochte er sich lieber identifizieren als mit hochbautechnischen Planspielen auf engem Bewegungsraum.

Drei weitere Begegnungen — eine frühe mit Oskar Kokoschka in Salzburg und die späteren mit Emilio Vedova, dem Leitbild und Vater der „Neuen Wilden", und mit Natalinis „Radical Design" — bringen ihn zum ersten Mal nach Amerika und gleich an die vorderste Front der amerikanischen Ostküsten-Architektur: zu den „New York 5".

Jetzt ist nicht mehr zu übersehen, daß er an einem Architekturbegriff arbeitet, der weit über das Bauen hinausgehen sollte. Für seine Dissertation „Entwicklung einer Flugmaschine" inszeniert er 1976 jene spektakuläre Abschluß-„Show": Er fliegt sein Gerät, läßt den Flug filmen und führt den Film mit der Prüfungskommission als Publikum zu Musik von „Pink Floyd" als Zerreißprobe eines Berufsbildes vor. Und er wird abermals zum Überflieger: Plötzlich ist er als Matteo Thun im kräftigen Aufwind der Branche.

Wieder geht er in die USA — diesmal an die Westküste mit ihrem ganz anderen, „pazifischen" Gesicht, das zum Fernen

Osten blickt. Er lernt die Hollywood-Architektur kennen, die aus Illusion und Vergänglichkeit ihr wichtigstes Ferment bezieht, er lernt die Karton-Architektur des erdbebengefährdeten Kaliforniens kennen mit ihrer eingeplanten Vorläufigkeit, lernt das Bauen in der reklamedurchsetzten Metropolis kennen, sieht die „gebauten Bilder" der amerikanischen Stadtlandschaften, dem raschen Konsum geweiht, und gewinnt allmählich den weiten Erfahrungshorizont, der ihm für sein ganzheitliches Verständnis von Architektur heute unabdingbar erscheint.

Schließlich gerät er in Mailand fast zwangsläufig an Ettore Sottsass, den in Innsbruck geborenen Gadertaler, einen Altmeister des italienischen Designs (dessen Vater, Ettore sen., übrigens das Bozner „Lido" und das Meraner Rathaus baute). Matthäus Thun hält ihn für eine der wichtigsten Persönlichkeiten in der Kulturgeschichte dieser Jahrhunderthälfte, was dann verständlich wird, wenn man bereit ist zuzugeben, daß schließlich auch eine Schreibmaschine, eine Tischlampe, ein Computersystem (lauter berühmt gewordene Kreationen von Sottsass) Signalobjekte kultureller Befindlichkeit sind — und wer wollte daran noch zweifeln? Italienisches Design, konzentriert im Großraum Mailand und gestützt von einer florierenden Kleinindustrie und zahllosen Handwerksbetrieben, gilt als das beste der Welt, und das schon seit fast 40 Jahren.

Zwar hatte es schon um die Jahrhundertwende von sich reden gemacht, aber zum Synonym für Eleganz, Raffinesse und kreativen Witz wurde es vor allem nach dem Zweiten Weltkrieg. Nach einer Phase der Wohnkultur für das Existenzminimum und der Hochkonjunktur der 50er Jahre mit ihren Büromöbeln und Benzinpumpen kam in den 60er Jahren der Einfluß der amerikanischen Pop Art zum Tragen. Es folgte eine Phase utopischer Entwürfe, während der die Designer mit ihren Gestaltungsbemühungen aufs Ganze gingen: „totales Design" hieß die Devise, nach der die Gestalter die gesamte Wohnumwelt — bis zum Stadtkomplex — unter ihre Stifte nahmen. Ende der 60er Jahre hießen die Anstifter des „Italian Style" den Zug wieder in eine radikal andere Richtung fahren. Mit aggressiver Ironie ließen sich

Gruppen wie UFO, Archizoom und Superstudio auf die Mechanismen der kapitalistischen Wirtschaft ein, um ihr... ein Schnippchen zu schlagen.

Das „Radical Design" — gewissermaßen als aufgeregter Wellenschlag über den stilleren Tiefenschichten der „klassischen" italienischen Produktgestaltung — produzierte irritierende, unerwartete und witzige Objekte, wie etwa den in ganz Europa reißend abgesetzten „sacco", jenen schaumstoffgefüllten Ledersack, der als Un-Sessel ein völlig neues Sitzgefühl anbot.

Natürlich ist das italienische Design eine Fiktion, die bei näherem Betrachten in so viele Facetten wie wichtige Einzelpersönlichkeiten auseinanderfällt — und die extremste und verblüffendste Erscheinung in der italienischen Designer-Elite ist eben Ettore Sottsass, der bald eine Reihe junger, schöpferischer Kräfte um sich schart und 1980 zur Gruppe „Memphis" formt. Matthäus Thun ist bei den Gründungsmitgliedern.

Gleich die erste Mailänder Ausstellung der Gruppe (in nur neun Monaten wurden 60 Entwürfe von der Idee zum Exponat gebracht) ist eine scharfe Attacke gegen das „saubere", „gute", funktionalistische (und brave) Design, ein Affront gegen Anpassung und Glätte, eine Manifestation bizarrer Objekte in wilden Farben und ungewohnten Materialkombinationen.

Die weltweit vorgetragene Botschaft von „Memphis" artikuliert auch Matthäus Thuns Lust, aus den Zwängen einer in ihrem zivilisatorischen Pessimismus erstarrten Welt auszubrechen. Dieser Ausbruch reißt — im „telepathischen" Gleichtakt mit den Kollegen an der amerikanischen Westküste und in Japan — rechte Winkel auf, läßt sich durch die „zweidimensionale" elektronische Landschaft inspirieren, pulverisiert die Maximen der „guten Gestaltung", spielt mit Flaschenscherben, Robotern und Versatzstücken der bürgerlichen Wohnkultur, experimentiert mit Materialien, die im Lunapark gefunden scheinen, reitet Angriffe auf die in den Schaufenstern ausgestellte sogenannte „gepflegte Tischkultur", bei der alles uniform aus einem Guß sein muß, und vor allem: ersetzt den alten Design-Grundsatz „form follows function" (Die Form ergibt sich aus der Funktion) durch den weitaus kurzweiligeren „form follows fiction" (etwa: Die Form ergibt sich aus der spielerischen Idee). Daraus ergibt sich eine Philosophie des gestalteten Objekts, die Spaß, Lebensfreude und spontanen Konsum zuläßt, gleichzeitig aber auch einen neuen Qualitätsbegriff durch ehrgeizige handwerkliche Fertigung in Kleinserien fordert. Dennoch kaprizieren sich Thun und Kollegen nicht nur auf das Entwerfen preziöser Raritäten fürs Sammlerregal: Kannen auf Klumpfüßen oder Insektenbeinchen, Gläser, die optisch die Grenzen der Standhaftigkeit und Schwerkraft auszulachen scheinen, Behälter mit Treppen-Design. Sie schaffen Großserien für die Massenproduktion: Geschenke, Haushaltsartikel und Bestecke für WMF, Aschenbecher und Trinkgläser für Campari...

Eine affektive, lustbetonte Bindung an das Objekt ist auch der wesentliche Kaufanreiz, für den entworfen wird. Nach dieser Philosophie erfindet Matteo Thun — inzwischen von Sottsass losgelöst und selbst Gruppen-Mittelpunkt in Mailand — Objekte als Metaphern des Lebens, Häuser als gebaute Bilder, Projekte als freundliche Erinnerungen.

Nichs davon ist für die Ewigkeit, kein Weltbild der definitiven Problemlösungen wird gesucht, nur Kommunikation ohne endgültiges Credo. Keine Ideologie entsteht und daher auch kein „Stil". Jeder Ausdruck ist legitim, der Wandel ist das einzig Feste. Es darf gespielt werden.

Daß Matteo Thun sein durch sehr viel Wissen und globale Erfahrung unterfüttertes Spiel-Bedürfnis so schön und sichtbar nach außen gekehrt tragen kann, verdankt er weitgehend der allem Kreativen aufgeschlossenen lebendigen Atmosphäre in seinem Bozner Elternhaus. Die Mutter, die das Design der Thun-Keramik bestimmt, der Vater, juristisch, unternehmerisch und kulturhistorisch versiert, der Bruder, der das Familienunternehmen weiterführt — sie alle haben Matthäus Thun durch Anregung und Entlastung den Weg zu Matteo Thun gewiesen.

Und der ist weltumspannend und von seiner Lust an der Bewegung geprägt. Ausstellungen in den wichtigen Städten Europas, Amerikas und Japans. Aufträge für Industrie- und

Produktdesign. Redaktionsarbeit für das Magazin „Casa Vogue", Vorträge — und seit 1982 auch Vorlesungen über Produktgestaltung im Bereich Keramik an der Wiener Hochschule für angewandte Kunst.

Als Gastprofessor dorthin gerufen, hat ihn sein Südtiroler Landsmann Oswald Oberhuber, der Rektor der Wiener „Angewandten", angetan von der Brillanz des jungen Bozners und der Übereinstimmung mit seinen eigenen Ansichten vom Stil-Pluralismus (siehe „Oswald Oberhuber — Stillos aus Prinzip").

Besonders im Zusammenhang mit seiner Wiener Professur sieht Thun sich als „Kulturkatalysator":

„Junge Leute für das Leben existentiell zu motivieren, ist nur möglich durch den intensiven Austausch mit der Realität der Marktwirtschaft, d. h. alle meine Informationen kommen von den vielen Reisen und Berufskontakten."

Auf Reisen entstehen nicht nur Massen von Ideogrammen, aus denen dann allmählich Entwürfe werden, sondern auch die Grundlagen für die Ikonographie eines weitgespannten Kulturbildes, in dem seine eigenen Objekte den Stellenwert von Forschungsobjekten besitzen.

Das vor allem versteht Thun unter „angewandt": eine möglichst globale Aufnahme von kulturellen Reizen, aus denen mit der Zeit ein dichtes Bedeutungsgeflecht wird. Angewendet auf „sein" Material Keramik, das ihn seit seiner Kindheit begleitet, heißt das etwa:

„Die moderne Keramik muß der Herausforderung der Mode, des Films, Fernsehens, der Zeitschriften und Medien überhaupt gerecht werden. Eine Inflation visueller Kommunikation zwingt auch die Keramik, schnellebiger zu werden... Keramik braucht Tempo, d. h. Kombinationen traditionell getrennter Fertigungsmethoden ermöglichen beschleunigte Statements. Kein Material, weder Holz noch Bronze noch Ziegelsteine, erlaubt so kurzfristige materialimmanente Aussagen."

Die Erweiterung des Materialspielraums mag beim Beschauer zunächst (legitime) Belustigung wecken, bringt aber im Zusammenwirken mit handwerklicher Ambition auch technische Neuerungen.

Die Absicht der Projekte reicht auf jeden Fall weiter als der Augenschmaus des Betrachters. Ebenso wie Matteo Thuns Augenmerk weit über das kalkulierte Risiko mit den materialeigenen Grenzen hinausreicht.

Schließlich ist er Architekt — mit Auszeichnung sogar — und wünscht sich nichts mehr als nach seinem breiten Konzept vom Bau als einer funktionierenden Skulptur zu bauen.

Das heißt für ihn „von außen nach innen" bauen, von der Oberfläche in die Tiefe des Baukörpers planen, ein Haus von seiner Bildhaftigkeit zu konzipieren.

Manche dieser „Bilder" hat er aus frühester Jugend konserviert. Als „Dorf aus der Erinnerung" hat er einige von ihnen modelliert: eine Badehütte, wie sie zur Zeit seiner Rittner Sommerfrischen am Wolfsgrubner See stand, ein kleines Haus in Klobenstein.

Aber auch die kenntnisreiche Projektion amerikanischer Großstadtbauten bringt er ein, nimmt „Oberflächlichkeit" bewußt auf sich, führt sie auf den eigentlichen Wortsinn zurück und beginnt mit einer „Skin-Operation", mit einer architektonischen Handlung an der Außenhaut.

„Die Funktion des Baus kann konkreter erfüllt werden..., aber von außen her", erläutert er diese Vorgangsweise, die von der schockartig empfundenen Unlust am großstädtischen Wohncontainer oder ländlichen Einheits-Häuslbau inspiriert ist.

Andererseits müsse man von der Funktion diktierte Bauformen, die nun einmal da sind — ein Raffineriekomplex, Bohrtürme in der Nordsee — eben hinnehmen, weil sie da sind, ob sie einem nun gefallen oder nicht. Die Verweigerungshaltung ist Matteo Thuns Attitüde nicht.

In einer langen Nacht des neuen Sehens entwickelte er im Spätherbst 1985 parallel zu diversen Ausstellungsaktivitäten in seiner Heimatstadt Bozen seine Gedanken über „Das Objekt im Umbruch" mit Hilfe einer umfangreichen Dia-Schau. Eingeladen hatte die Bozner Architektenkammer, deren Mitglied er ist. Dabei waren auch Thuns eigene Architekturprojekte und -modelle, unter anderem für zehn hypothetische Wolkenkratzer in den USA, die als Wanderausstellung in Kanada gezeigt wurden und im Herbst 1986 im

Museum für angewandte Kunst in Wien und anschließend im Frankfurter Architekturmuseum zu sehen sind.
Ein Wolkenkratzer, Modell Matteo Thun, ist schon keine Hypothese mehr, sondern bereits fertiger Entwurf: ein „kleines" Hochhaus für eine Kosmetikfirma Ecke 56. und 5. Straße in New York.
Auch europäische Bauherren holen sich neuerdings Matteo Thun als Projektanten: ein Theater für Düsseldorf, ein Geschäftshaus in der noblen Münchner Maximilianstraße, ein Hotel in der Schweiz, ein Geschäftshaus („mit Piazza") am Arlberg, aus Thunscher Werkstatt von der Architektur bis zur Türschnalle, eine Blockhausvilla mit Nebengebäuden bis zum Kinderspielhaus in Kitzbühel. Dieses Bauwerk in höchst delikater alpiner Landschaft hat er so geplant, daß es so „unsichtbar" wie möglich sich ans Gelände anschmiegt.
„Dort, wo man ein Haus baut, muß man erst mal eine Woche spazierengehen", erläutert er seinen Planungsansatz für organisches Bauen in der höchst verletzlichen Alpenlandschaft.
Für sich selbst (wie auch für seinen Lehrmeister und ehemaligen Kompagnon Ettore Sottsass) unterstreicht er die alpine Ausgangsposition — auch im Bezug auf Verhaltensweisen wie das Kleinbleibenwollen (auch im Beruf) als Reaktion auf eine ungemein kleinräumige Kulturlandschaft oder das Durchsetzen eines eigenen Willens „gegen den Wind". Er sieht das reiche Vokabular seiner aufgefalteten, aufgetürmten Bergheimat mit ihren schiefen Ebenen, dem Spiel von Licht und Schatten und den Höfen, die vielfach auch funktionierende Skulpturen sind.
Keine Frage, daß er auch hier gern bauen würde! Häuser wie Bilder, die in die Zukunft schauen.

Psychogramm Frieda Abraham

Geburtsort: Bozen
Sternzeichen: Jungfrau
Wo fühlen Sie sich daheim? Jetzt wieder in Südtirol
Ihr vorherrschender Charakterzug: Zu schwer zu beantworten
Bekennen Sie sich zu einem Fehler? Kein Fehler, aber mir tut's leid, daß ich so wenig Schulbildung hab genießen können.
Was ärgert Sie? Wenn Menschen nichts mit sich anzufangen wissen
Was fürchten Sie am meisten? Nichts Spezielles
Ihre Lieblingslandschaft: Heimat
Ihre Lieblingsstadt: London
Ihre Lieblingsbeschäftigung: Alte Leute betreuen
Was lesen Sie am liebsten? Bücher über Geschichte und Geographie
Bevorzugte Musik: Klassische
Lieblingsduft: Blühende Bäume
Was möchten Sie gern erleben? Ein warmes Land — weit weg
Gibt es eine Persönlichkeit, die Sie besonders bewundern? Lady Clementine Churchill
Welche historische Persönlichkeit wären Sie gern gewesen? Keine, denn diese Leute waren auch nicht glücklicher als wir andern.
Welche Errungenschaft des 20. Jh.s halten Sie für die bedeutendste? Das Telefon
Was tun Sie in Südtirol am liebsten? Aufs Land gehen
Was nehmen Sie aus Südtirol mit? Obst, Speck, Schnaps
Was könnte Sie nach Südtirol zurümkbringen? Die nahe Zukunft

Frieda Abraham und ihr Neffe Walter: Dienst bei Sir Winston Churchill

Frieda Abraham
Treppauf, treppab für Churchill

Von Bozen nach London sind es heute ein paar Reisestunden zu Lande und eine dazu in der Luft. Frieda Abraham brauchte für diese Distanz 37 Jahre. Dafür war sie am Höhepunkt ihrer Karriere Mitglied eines der berühmtesten Häuser des Vereinigten Königreichs. Sie hat für Winston Churchill gekocht und Konrad Adenauer in den Mantel geholfen, und mit ihren Erlebnissen könnte die englische Fernsehserie „Eaton Place" um ein gutes Stück verlängert werden.

„Upstairs — downstairs" (Treppauf — treppab). So lautete der englische Originaltitel der auch auf dem Kontinent beliebten Serie. Frieda Abraham weiß, wo „oben" und „unten" ist in den Häusern der besten englischen Gesellschaft, und was sie erzählt, wäre leicht zum Drehbuch umzuschreiben. Aber sie mag ihr Wissen nicht gern an die große Glocke hängen.

Upstairs — da wäre schon alles in Ordnung gewesen, über „Sir Winston" und „Mylady" läßt sie nichts kommen, auch wenn die beiden mit ihren vier Kindern allerhand Kummer gehabt hätten. Aber „downstairs" — da habe es mehr Neid gegeben als Eintracht, mehr Mißgunst als Kollegialität, und der Butler sei auch nicht gerade von der „feinen englischen Art" gewesen, dafür aber um so schneller beim Einsammeln von Trinkgeldern, die abreisende Gäste fürs Personal zurückzulassen pflegten.

Die Hierarchie im Dienstbotentrakt hat Frieda Abraham lückenlos durchlaufen, und sie muß ihre Sache wohl besonders gut gemacht haben, denn ihr Zeugnis, geschrieben auf feinstem Bütten in der energischen Handschrift von Lady Clementine Churchill, vermerkt:

„Fräulein Frieda Abraham war seit Mai 1957 in meinem Haushalt, zuerst als Hausmädchen, dann als mein persönliches Mädchen. Ich kann ihre Fähigkeiten nicht hoch genug loben... Sie scheidet mit meinen guten Wünschen."

Es war nicht Frieda Abrahams erstes und nicht ihr letztes Zeugnis, aber es ist ihr wichtigstes. Sie hat es gleich zur Hand, nimmt es flink aus dem Schreibtisch in der bescheide-

nen Gemeindewohnung in Londons Camden Road. Da bewohnt sie — ein gutes Stück entfernt von der erhabenen Eleganz der Innenstadt — ein Zimmer und versorgt gleichzeitig den alten Mr. Henderson, der einst Butler-Chauffeur im Haushalt der jüngsten Churchilltochter Mary Soames war und nun bald ins Altersheim gehen wird.
Frieda Abraham hat es da besser. Sie hat sich mit der Arbeit ihres 66jährigen ledigen Lebens eine Wohnung in Bozen verdient, wohin sie — allmählich — übersiedeln will.
Zwar hat sie nie zuvor London so ausgiebig genießen können wie jetzt, da sie ihre Zeit zu allerhand Stadtausflügen mit den roten Doppeldeckerbussen und mit der Subway nützt. Früher, im Dienst, da hatte sie kaum Zeit zum Ausgehen: Meist war für „Mylady" zu tun, während die andern sich amüsierten.
Aber nun fängt das Klima an, ihr Beschwerden zu machen. Sie denkt immer häufiger an die freigebige Sonne ihrer Heimat, sie sehnt sich nach dem Äpfelklauben und hat doch Angst vor der späten Rückkehr. Ob sie wohl Gesellschaft findet, Ansprache und Bekanntschaften?
In London hat sie viele Freunde, betreut ein paar alte Leute, hat ihre Gewohnheiten und Vertrautheiten: ihren „early morning tea" gleich nach dem Aufwachen, ihr Porridge zum Frühstück, ihren Jasmintee am Nachmittag (manchmal auch „Schwarzplentene" zum Abendessen) — und ihren Rentnerausweis, der ihr manche Vergünstigung bringt.
Sie wird sich von London nach Bozen langsam umgewöhnen, hat sie beschlossen. Erst einmal sechs Monate „hinunter", dann nochmal eine Weile nach London, und dann... man wird sehen. Frieda Abraham, agil und quick, wie sie immer noch ist, sorgt sich nicht allzu sehr um ihre Zukunft. Hätte sie das je getan, wäre sie gar nicht erst so weit gekommen.
Die Bodenständigkeit hat sie ja eigentlich nie so recht gekannt, obwohl sie eine Bauerntochter aus der Grieser Kaiserau ist. Nach Schulbesuch und neun Jahren Arbeit am heimatlichen Hof ging sie erst einmal nach Gröden. Bald nach dem Krieg — immerhin schon 26jährig — machte sie ihren ersten großen Sprung: als „Buffettochter" nach Bern.

Zehn Jahre blieb sie dort, aber sie wollte weiterlernen, vor allem Englisch, das sie im Hotelfach für nützlich hielt.

Ob sie niemanden wüßte für zwei Hausmädchenstellen in London, wurde sie eines Tages gefragt: eine bei McMillan, eine bei Churchill. O ja, sagte die Frieda. Eine wüßte sie schon: sich selbst, und sie wolle zu Churchill.

Am 22. Mai 1957 kam sie in London an. Was ihr zuerst auffiel, war der Schmutz in der Victoria Station. Umso nobler ging es dafür in ihrem neuen Haus zu. 28, Hyde Park Gate — eine denkbar vornehme Adresse nicht weit vom Buckingham Palace, wo Churchill, damals von seinem Amt als Premierminister gerade erst zurückgetreten und schon über 80, das immer noch betriebsame Leben eines englischen Aristokraten, Parlamentsmitglieds und Denkmals der Nation führte. An seiner Seite Lady Clementine, Aristokratin nicht minder. Und nicht minder repräsentativ der Landsitz in Kent, Chartwell, wo die Familienfeste mit den vier Churchill-Kindern gefeiert wurden: Diana, Randolph, Sarah und Mary.

Doch während Churchill in Kent schreibend und malend das Leben eines höchstrangigen Pensionärs führte, gab es in London immer noch ein „großes Haus": Die noch aktiven Größen der Weltpolitik versäumten es nie, den großen alten Mann des alliierten und Nachkriegs-Englands aufzusuchen, wenn sie in London waren, und bei den Dinner-Parties hat Frieda Abraham, inzwischen zu Lady Clementines Kammerfrau aufgestiegen, sie alle bedient und oft genug auch bekocht: War der Butler in Urlaub, war sie „Butlerin", war die Köchin krank, kochte Frieda.

Noch heute vermerkt sie kritisch die „Verschwendung" beim Umgang mit besten Zutaten:

„Was da weggeschmissen werden sollte — davon hab ich oft und oft noch die besten Speisen gekocht", erinnert sie sich.

In ihrer schwarzen „Uniform" mit dem adretten weißen Schürzchen und dem weißen Kragen wirkt sie auf den Fotos aus jener Zeit wie ein Sinnbild „deutscher" Verläßlichkeit und Ergebenheit.

Bei einem Besuch Konrad Adenauers in Hyde Park Gate half sie dem großen Alten der deutschen Nachkriegspolitik in den Mantel. Mit der Frieda könne man deutsch reden, erklärte die Lady dem Gast auf deutsch und wies auf ihre Herkunft hin. Der Kanzler fragte dies und jenes, während seine Leibwachen die Ohren spitzten.

„Er hat sich halt nicht frei reden getraut", meint Frieda Abraham. Aber nach seiner Abreise habe er ihr eine freundliche Postkarte geschickt.

Für Lady Clementine war der enge Umgang mit Frieda Abraham immer wieder eine Ermunterung, ihr Deutsch zu üben, aber auch, sich über die damals besonders komplizierte und explosive Situation in Südtirol zu informieren.

„Oft hat sie mir Zeitungsartikel aus der ‚Times' gegeben, wenn etwas über Südtirol dringestanden ist. — Und einmal hat sie mich gefragt, ob ich mich als Deutsche oder Italienerin fühle."

Aber dafür hatte die Frieda ihre eigene Antwort, die wie ein Motto klingt: „Mein Herz und Blut ist österreichisch!" habe sie die Lady wissen lassen.

Ein ewiges Packen und Auspacken habe es gegeben im Hause Churchill. Die Vorbereitung und Begleitung von Reisen — ins Mittelmeer, nach Frankreich, ins englische Seebad Brighton — gab die meiste Arbeit, hat ihr aber auch schöne Erinnerungen eingebracht.

Einmal war sie sechs Wochen mit den Churchills in Marrakesch. Aber das Leben im Luxushotel war dennoch kein Zuckerlecken: Fieber nach einer Impfung, schreckliche Hitze — und Frieda hatte Frieda zu sein, stets zu Diensten und abends besonders adrett in ihrem eigens für diese Reise gekauften schwarzen Kleid und einem Spitzenschal, den sie in London bei den abgelegten Kleidern im Hause Churchill gefunden hatte.

Hübsch muß sie darin gewesen sein mit ihrem rötlich blonden Haar und der durchsichtig hellen Haut, direkt eine englische Schönheit. Und Sir Winston habe zu seiner Frau gesagt: „Frieda was dressed so beautiful yesterday!" — Frieda war gestern so schön angezogen. Aber die Lady habe das gar nicht bemerkt.

Manchmal, wenn das Getriebe im Londoner Haushalt zu groß war, zog sich Lady Clementine in eine Klinik zurück: „zum Ausruhen". Auf Frieda Abrahams Dienste war sie selbst dann angewiesen. Niemand konnte die Blumen im Krankenzimmer so geschickt arrangieren, und lieber als die gebotene Kost aß die Lady, was Frieda ihr mitbrachte und scherzhaft „Millionensuppe" nannte: eine gut tirolerisch zubereitete Griessuppe.

Frieda Abraham muß in dieser Zeit so etwas wie der „gute Geist" von Hyde Park Gate geworden sein. Zwar gab es weiterhin außer ihr selbst den „normalen" Personalstand von Butler, Chauffeur, Köchin, Hausmädchen und Sir Winstons eigenem Kammerdiener, dazu noch eine Sekretärin und später auch Pflegepersonal für den immer hinfälliger werdenden Churchill, der sich schließlich 1962 in Monte Carlo noch einen Oberschenkel gebrochen hatte.

Wieder stellt Frieda Abraham ihren englischen Kollegen nicht gerade ein glänzendes Zeugnis aus. Die Pfleger seien lieber in der Küche gesessen und hätten sich dem Whisky des Hausherrn gewidmet, während der, ans Bett gefesselt, mit einer Bettflasche förmlich ein Loch in die Wand geschlagen habe, um sich bemerkbar zu machen, nachdem ihm der Klingelknopf entglitten war.

„Keiner hat ihn gehört — bloß ich, weil ich in meinem Arbeitszimmer der Lady ein Kleid gerichtet hab."

Und während die Lebenskraft des bald Neunzigjährigen, der sich mit 85 noch einmal den Parlamentswahlen gestellt hatte, sich unaufhaltsam neigte, kam Frieda Abraham für ihr eigenes Leben zu der Überzeugung, daß sie eigentlich nicht nur für den Namen Churchill arbeiten wolle — für 3 Pfund 10 die Woche.

Sie beklagte sich bei der Lady, die nicht einmal wußte, was Frieda in ihrem Haus verdiente. Denn dafür war die Sekretärin zuständig, die ihr Gehalt schließlich unwillig auf 4 Pfund erhöhte.

Doch da war die Frieda schon „stuff" — vor allem über den ständigen Wechsel im Haus und die Eifersucht unter dem Personal.

1962 verließ sie Hyde Park Corner und ging...

...direkt zum Eaton Place ins Haus einer reichen britisch-jüdischen Familie. Nach weiteren drei Jahren kehrte sie der Welt von „Upstairs-downstairs" endgültig den Rücken.

Karin Welponer: „Ohne Titel"

Fußgängerzone München

Paul Flora: „Der große Rabe", 1983

Matteo Thun: ↑ „Headquarter United Airlines", 1985
↓ „Lesbia Oceanica", 1980

Gilbert & George: Gefühl als Thema und Selbstdarstellung. „Frozen Youth", 1982 (Gilbert, links)

Karl Plattner: „Das rote Tuch", 1985

Oswald Oberhuber: „Engel-Tier-Mann", 1984

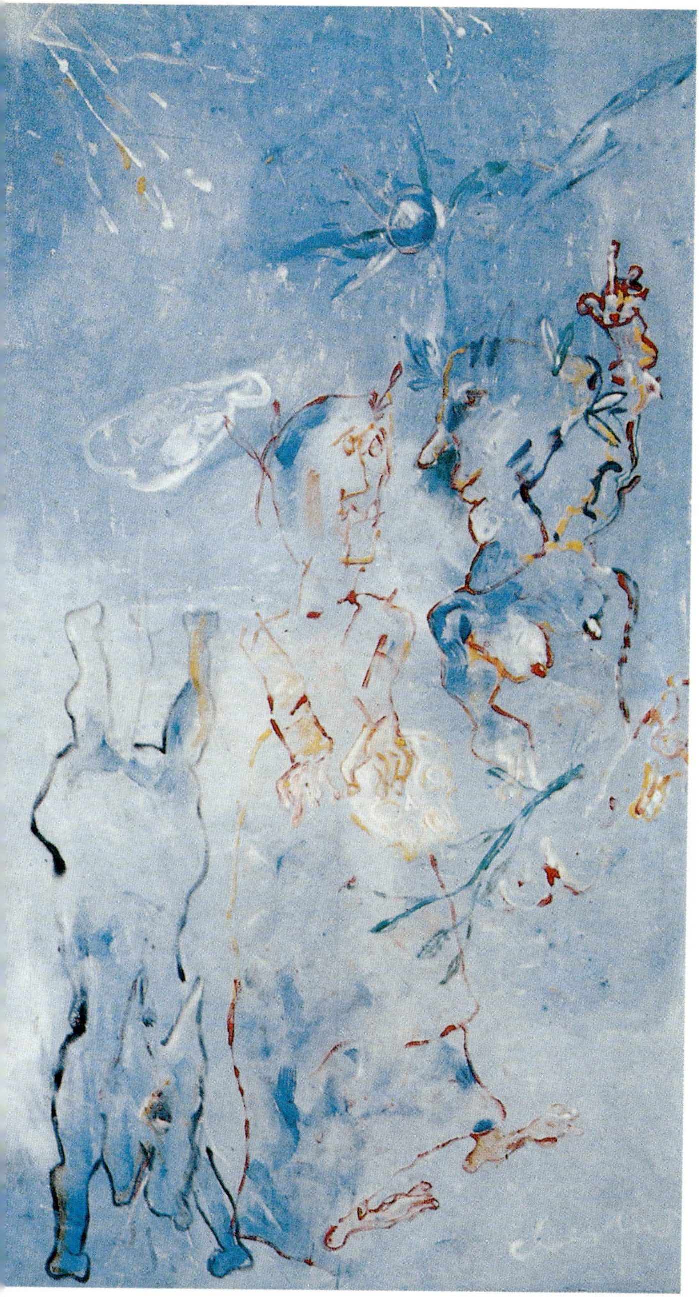

Heinz Winkler: Terrine von Waldpilzen in Gelee mit Rehfilet

Ihre letzten Arbeitsjahre scheinen symptomatisch die Auflösung der gesellschaftlichen Strukturen des Oben und Unten nachzuzeichnen. Da lernte Frieda Abraham — Faktotum und ruhender Pol in einer Jugendherberge im weniger noblen Camden — London von der anderen Seite kennen: Nun hatte sie nicht mehr Anteil an den Freuden und Leiden der alten Oberschicht, sondern an den Hoffnungen und Kümmernissen junger Leute, die ihren Platz in der Gesellschaft weniger leicht finden oder gar nicht mehr suchen.

Am schlimmsten seien die Drogensüchtigen gewesen. Mit ihnen zu leben hat sie in London ebenso gelernt wie mit der Fremdenfeindlichkeit, die immer wieder aufflammt. Es macht sie wütend, das böse Schmähwort „Bloody foreigners!", das in London so oft gegen die „dunklen Enkel des Empire" geschleudert wird.

Niemand weiß, wie viele Farbige es in London gibt, 1980 schätzte man die nichtweißen Londoner aus der Karibik, aus Asien und Afrika auf 600.000, heute werden es über zehn Prozent der über 7 Millionen Einwohner Londons sein. Ghettobildungen und Arbeitslosigkeit heizen die Emotionen an. Für den Touristen mögen die malerischen Gewänder, gutmütigen Gesichter, exotischen Waren und lockenden Küchendüfte erregend sein. Für viele Londoner indessen sind sie Anlaß zu Feindseligkeit — und Frieda Abraham, nach Abstammung und Nationalität selbst ein „foreigner", eine Ausländerin, ärgert sich darüber. „Seid ihr vielleicht anders?" fragt sie daher manchmal ein wenig provozierend und kann dennoch nicht anders als manche von Fremden überfluteten Stadtviertel „heruntergekommen" zu nennen. Aber wenn auch ihr Verhältnis zu London speziell und den Briten im allgemeinen nicht spannungsfrei ist — London mag sie. Es ist das größte Stück ihres Lebens, das sie hier verbracht hat.

Doch was sie sich hier erarbeitet hat, worauf sie wirklich stolz ist — das ist nicht ihr Zimmer in Camden Road, sondern ihre Wohnung in Bozen.

Gilbert & George: Manifest „Art for All", 1970 (im Vordergrund: Gilbert)

These two people resting on a five-bar gate. Such a simple e͟͟
thing to do and yet there is a little more to the story. Observe,
instance, the similarity of their poses, or look to the differenc͟͟
one dark, one light. See the walking stick. One single-breasted s͟͟
and one double-breasted suit. Think of all that diagonal relaxatic͟͟
for only the picture behind is symmetrical.

With Very Best Wishes to You All f͟͟

George   *Gilbert*

'ART FOR ALL'   Autumn

Gilbert & George
Leben als Kunst

Die Gegend in London ist so manchem nicht geheuer: Liverpool Street Station, Petticoat Lane, Shoreditch, Whitechapel, Spitalfield's Market — das ist East End-Tristesse, Cockney-Land, Emigrantengegend. Polen, Juden, Iren, Chinesen, Inder, Pakistani. Hafenanlagen verfallen, Fabriken veröden. 1870 lebten hier 600.000 Menschen, heute sind es weniger als 140.000. Sanierungsversuche schlugen fehl.
Vor 100 Jahren machte in diesem Stadtviertel der Kapitalismus seine besten Geschäfte. Billige Arbeitskräfte gab es in Massen. Um ihr Seelenheil kümmerten sich die Heilsarmee, die besonders in Whitechapel missionierte, und Jack the Ripper, der seine von religiösem Fanatismus diktierten Morde hier beging. Sechs zerhackte Leichen und ihr nie gefaßter „Rächer" waren das Londoner Stadtgespräch anno 1888. Der geheimnisvolle Serienmörder ist inzwischen der hochberühmte literarische Held eines klassischen Thrillers von Marie Belloc Lowndes. Und kein Londoner Fremdenführer vergißt auf die Legende, daß Jack the Ripper vielleicht sogar der Duke of Clarance, ein sadistischer Enkel der Queen Victoria, gewesen sei.
Morgens um 9 Uhr jedoch ist auch in Whitechapel die Welt noch ziemlich in Ordnung. Die U-Bahn entläßt an der Liverpool Street Station ihre vielfarbige Fracht in den Berufsalltag. Aus Spitalfield's Market, einem der vielen Bäuche Londons, quellen Gemüse und Früchte, an der Ecke der Pub nennt sich mit goldenen Lettern nach Jack the Ripper und sieht dennoch recht behaglich aus. Der schmutzigweiße Turm der Christ Church ragt in einen grauen Himmel. Die schwärzlichroten Backsteinhäuser scheinen die Morgenwäsche noch vor sich zu haben.
Nr. 12 steht ebenso schmalbrüstig und alt in seinem moosig feuchten Vorgarten wie die andern in der stillen Straße, aber hinter der braunroten Tür mit dem Messingknauf duftet es nach Holz und Wachs und ganz oben, über fünf knarrende Stiegen hinauf, auch nach frischem Kaffee.

12, Fournier Street ist das Heim von „Gilbert & George, arts". So steht es im Telefonbuch, und dahinter steht die ladinisch-britische Doppelexistenz von Gilbert (Prousch) und George (Passmore), eine Kunstadresse von Weltruf. Ihr Ausstellungskalender ist fest gebucht auf Jahre hinaus, und ihre Bibliographie ist seitenlang und vielsprachig:
„Gilbert & George: Selbstdarstellung als Bildsprache"
„Gilbert & George: The art of living"
„Gilbert & George: Het leven zelf als kunstvorm"
„Gilbert & George: Dandies in Verzweiflung"
„Gilbert & George: Ma che belle statuine!"
„Gilbert & George: Allégories en chromo"
„Gilbert & George: Art for all"

Art for all — Kunst für alle. Mit diesem Motto identifizieren sich Gilbert & George am liebsten, und wenn daraus durch einfaches Wortspiel „Alles ist Kunst" wird, haben sie auch nichts dagegen. Gilbert & George machen Kunst — und sich selbst zum Kunstwerk, seit sie einander gefunden haben: 1967 an der Londoner St. Martin's-Akademie, die genauso heißt wie Gilberts Heimatort St. Martin in Thurn.

Der Abteitaler Schuhmacherssohn, Jahrgang 1943, hatte zwar ein paar Durchgangsstationen: die Wolkensteiner Schnitzschule, eine Kunstschule in Hallein, die Münchner Akademie. Aber gefunden hat sich Gilbert erst, als er in London George traf, den ein Jahr älteren Engländer aus Devon, wie Gilbert aus der Kunst-„Provinz" stammend, wie Gilbert an drei Kunstschulen ausgebildet.

GP & GP. Über die Kunst und ihre gleichen Initialen finden sie zueinander. Ein Jahr nach ihrer Begegnung ziehen sie in die Fournier Street, die Teil eines Hugenottenviertels aus dem 18. Jahrhundert ist. Damals hatten französische Seidenweber in den Backsteinhäusern gewohnt, in deren obersten Geschossen mit den großen Fenstern die Webstühle standen. Aus jener Zeit stammen auch die schönen Holztäfelungen in allen Räumen, die Gilbert & George im Laufe der Jahre mit Hingabe renoviert haben, bis ihr Haus zu jener perfekten Klause ihres eigenen Lebensstils geworden ist, als die sie es jetzt präsentieren können.

Gilbert fühlt sich darin an die hölzernen Stuben seiner Dolomitenheimat erinnert (die natürlich auch George kennt und mag), Georges englische Herkunft scheint symbolisiert durch die über alle fünf Etagen reichende Sammlung englischer Vasen und Möbel aus dem späten 19. und frühen 20. Jahrhundert (die selbstverständlich auch Gilberts Passion entspringt).

Wie sie leben, was sie denken — sie sind eines Sinnes, seit sie sich zu ihrer artifiziellen Zwillingsexistenz entschlossen haben. Sie tragen dieselbe Art von knapp bemessenen, abgetragenen Anzügen, die gleichen angeknitterten weißen Oberhemden und gemusterten bis schrillen Krawatten, sie essen zusammen in der gleichen Arbeiterkneipe, reisen oft und immer zusammen mit ihren Ausstellungsobjekten, haben kein Auto und machen nie Urlaub — außer wenn sie Gilberts Familie besuchen.

Sie sind wohlerzogen, freundlich und religiös, gar nicht destruktiv und geben Interviews nur zu zweit. Man kann nicht über Gilbert allein schreiben noch über George. Gilbert kann jeden Satz beenden, den George beginnt — und umgekehrt. Wenn einer von beiden spricht, begleitet ihn das stumme Einverständnis des andern, und ihre angeborenen Verschiedenheiten scheinen ihre Einmütigkeit noch zu unterstreichen.

George ist der mit dem schütteren blonden Haar, dem runderen Gesicht und der Brille; Gilbert der mit dem vollen dunklen Haar und dem schmaleren, brillenlosen Gesicht. Als sie ihren gemeinsamen Weg als lebende Kunstwerke begannen, trugen sie ihr Selbstbildnis aufgesprüht auf der Stirn — natürlich jeder das des andern — und sich selbst in die Kunstwelt hinaus. Und weil sie nur einander hatten (weder Geld noch Material), wurden sie ihr eigenes Material, und das, wie sie betonten und demonstrierten, „mit den ernsthaftesten Absichten der Welt".

Als sie sich in dieser Welt als Singende, Neue, Lebende, Essende, Rote, Café-, Video- und Zeitschriftenskulptur auszustellen begannen, kamen sie gerade recht in den Aufwind der Performance-Kunst um 1970, und so dauerte es nicht lang, bis sie „international" wurden: Amsterdam, Düssel-

dorf, Mailand, Berlin, Köln, Turin, New York. Das waren ihre Stationen allein 1970 und 1971, aber schon damals ließen sie erkennen, daß es ihnen nicht nur darum zu tun war, ihr Privatleben zur Kunst hinaufzustilisieren, sondern daß sie eine feierliche Botschaft in die Welt hinaustragen wollten.
„To be with art is all we ask" — „Bei der Kunst zu sein, ist, was wir wünschen", hieß eine Papierskulptur aus dieser frühen Zeit mit Gilbert & George auf einem gestürzten Baumstamm inmitten wuchernder Pflanzenwildnis, und das dazugehörige Manifest liest sich so pathetisch wie ironisch: „Kunst, wir widmen Dir unsere Künstlerkunst unablässig. Dir allein, für Dich und zu Deinem Vergnügen, um der Kunst willen. Ehrerbietig möchten wir Dir, Kunst, sagen, wie glücklich wir sind, Deine Skulptoren zu sein...
Wir haben Dich durch die abstrakte Welt hindurch erspäht und haben Deine Wirklichkeit gespürt. Eines Tages haben wir Dich in einer belebten Straße gesehen, Du trugst einen hellbraunen Anzug, ein weißes Hemd und eine kuriose blaue Krawatte. Du sahst sehr fesch aus, aber an Deiner Kleidung war etwas seltsam Abgetragenes. Du gingst allein, leichtfüßig und sehr beherrscht. Wir waren fasziniert von der Helligkeit Deines Gesichts, Deinen fast farblosen Augen und Deinem aschblonden Haar. Wir näherten uns Dir unruhig und dann, gerade als wir Dir nahe waren, verschwandest Du für eine Sekunde, und wir konnten Dich nicht mehr finden. Wir waren traurig und unglücklich und gleichzeitig glücklich und hoffnungsvoll, Deine Wirklichkeit gesehen zu haben. Jetzt fühlen wir uns sehr vertraut mit Dir, Kunst..."
Ein Hymnus auf die personifizierte Kunst. Diese allegorische Attitüde verriet bereits damals, daß Gilbert & George keine autobiographische, sondern eine symbolische Kunst wollten, und die Signale, die sie in ihren Papier-, Postkarten- und Fotoskulpturen benützen, formen eine symbolische Sprache: Bürogebäude und Blütenzweige, Selbstporträts und Arbeiterjungen, Kreuz und Spielzeugsoldaten sind einige Bauelemente ihrer visuellen Welt.

Die wiederum zielt nicht darauf ab, die Wirklichkeit zu reflektieren, sondern sie zu deuten. Gilbert & George fühlen sich zuständig für „modern morals" und transportieren eine

optische Moralität, die nicht mehr und nicht weniger will als zu einer neuen, kulturell-inspirierten Gesamtmoral der westlichen Zivilisation zu führen. („Neue moralische Werke" nannte sich auch ihre große Ausstellung im New Yorker Guggenheim-Museum im Mai 1985.)
Ihre formalen Wandlungen — die bis jetzt von der lebenden über die Postkartenskulptur zu raumfüllenden Zeichnungen und monumentalen Fotowänden reichen — sind daher auch Teile eines Gesamtkunstwerks, das nicht Ausdruck einer Dekade, sondern schlicht unseres Jahrhunderts sein will. Ihr Bekenntnis zu den kulturellen Traditionen dieses 20. Jahrhunderts, zum Christentum, zum Dandyismus, zur Popkultur zielt auf ein „Design für eine Welt von morgen" ab, die — natürlich — eine bessere sein, in der die Kultur die größte politische Macht darstellen und in der eine neue einfache Moral der einfachen Begriffe wieder zulässig sein soll.
Mit diesem zugleich ironischen und naiven philosphischen Programm bringen Gilbert & George gleich zwei Sorten von Kritikern gegen sich auf: Die einen sind zornig, weil ihnen Gilbert & Georges „Moral" zu freizügig und ihre Installationen zu brutal sind. Das sind in Amerika z. B. die Exponenten der neuen Reagan-Moralität. Und die andern erbosen sich, weil ihnen Gilbert & Georges Zielen auf das „Herzenserlebnis" und ihr unbekümmerter Umgang mit trivialen, abgenutzten, ja „beschmutzten" Gefühlen wie „Tod, Hoffnung, Liebe, Angst" (so der Titel ihrer Ausstellung in Turin 1984) zu wenig intellektuell ist. Noch herrscht in weiten Kreisen der modernen Kunst großes Mißtrauen gegenüber dem Gefühl, aber Gilbert & George ist eine Kunst, die sich im intellektuellen Schulterklopfen einer elitären Gesellschaftsschicht bestätigt, ohnehin suspekt.

Was sie wollen, ist vielmehr, in den modernsten verfügbaren Formen direkt „von der Wand zum Herzen" sprechen — „with friendship", fügt Gilbert rasch hinzu: in Freundschaft.

Und er zitiert ein amerikanisches Sammlerehepaar, das seit 30 Jahren Kunst zusammenträgt. Die Kinder, so hätten die beiden erzählt, hätten kaum je registriert, wenn neue Kunstwerke dazugekommen wären. Gilbert & Georges Fotomosaik hätten sie dagegen sofort bemerkt und gemocht. Und George berichtet von einem Jugendlichen, der über „Naked love" (3 × 3 m groß) spontan in Tränen der Überwältigung ausgebrochen sei.

In der vornehmen Bond-Street-Galerie Anthony d'Offay, wo man dem neuen Londoner Faible für die junge deutsche Kunst (die Gilbert & George übrigens für sehr altväterisch halten) ebenfalls heftig frönt, gibt es auch einen 70-Minuten-Videofilm von und über Gilbert & George zu sehen.

Nachdem ein raumgroßes Stilleben von Joseph Beuys aus Filzrollen, Konzertflügel, Schultafel und Fieberthermometer durchschritten ist, entrollt sich im nächsten Raum vom Bildschirm „Die Welt von Gilbert & George": Sie ist eine Welt des Glaubens, der Schönheit und der Tradition, doch dargeboten wird sie nicht als Beschönigungsbotschaft, sondern in der Form eines heftigen Bilderreigens über die Monstrosität der „Megalopolis" London.

„Das ist unsere Welt" zeigen Gilbert & George und schauen redend, schweigend und fasziniert auf Hoffnungslosigkeit und Armut, Häßlichkeit und Öde, auf Verkehrsgewühl und Trunkenheit, Anpassung und Einengung.

So entsteht ein widersprüchliches Panorama der Alltagswelt am Beispiel Londons, in dem alles zu Objekten einer symbolischen Kunst wird, was Gilbert & George sehen, hören und fühlen. Und es ist auch zu sehen, warum die beiden in London und nur dort leben und leben wollen. Man müsse an einer Stadt auch leiden, um darin als Künstler zu arbeiten, sagt Gilbert.

Während der Film läuft, kommen zwei junge Leute herein und sehen eine Weile zu.

Gilbert & George? Ja, natürlich kennen sie die, kennen ihre Wandlungen und finden gut, was sie machen. „Das kommt rüber", meinen sie. „Um die zu verstehen, braucht man nicht die Kunstgeschichte im Kopf zu haben. Die gehen im gleichen Schritt mit der Popkultur und entwickeln sich mit ihr weiter." Ein Urteil, das Gilbert & George zweifellos gefallen würde, denn wenngleich sie „Outsider" sind, ein hochstilisiertes Außenseiterleben führen und auch Außenseiter blei-

ben wollen, so interessiert sie doch nichts mehr als der Zustand der Welt.
Sie wollen auch jenes Publikum erreichen, das gewöhnlich nicht ins Museum geht, zum Sehen aber trainiert ist durch den hektischen optischen Konsum, dem es sich unterwirft.

In New York haben 200.000 Menschen ihre „Show" gesehen, ihre schwergewichtigen Kataloge und Bücher erscheinen (von ihnen selbst finanziert) in Auflagen bis zu 20.000 Stück und werden auch durch den Buchhandel vertrieben. Eines ihrer frühen Manifeste erschien in der Farbbeilage der „Sunday Times".
Sie arbeiten weltweit nur mit wenigen, aber potenten Galerien zusammen und halten viel von Präsentation, weil der Öffentlichkeitscharakter ihres Lebens zu ihrem künstlerischen Credo gehört. Ihre Eigenwerbung betreiben sie mit Hingabe, ihrem Image widmen sie die größte Sorgfalt.

„We are the champions of the world...", singen die „Queen", Leitbilder der akustischen Popkultur. „Wir sind die Helden der Welt!"
Gilbert & George sind den Heroen der Popmusik, den Superstars des Films recht ähnlich, wenn sie wie diese ihr öffentliches Leben in Kunst verwandeln — und sich gleichzeitig darüber amüsieren. Sie machen Kunst nicht nur, sie sind Kunst und lassen ironische Distanzierung zu. Und ihr Meisterwerk ist, daß sie einander ge- und erfunden haben. „Wir werden nie aufhören, für dich zu posieren, Kunst!" Scharlatanerie oder Weitsicht?
Auf ihren jüngsten Fotowänden jedenfalls sind Gilbert & Georges Augen weit offen. Eine Vielzahl von miteinander verschweißten Schwarzweißfotos werden, handkoloriert mit Farbtinten von großer, „psychologisch" eingesetzter Heftigkeit, zu Wänden bis 11 × 5 Meter Größe komponiert.

Augen starren auf fast allen diesen Bildwänden, aufgerissen bis zum Stirnrunzeln. Und Gilberts Gesicht kann das am besten: Wenn er sieht, scheint der Blick seinen ganzen Kopf vorwärts zu ziehen.
Wohin man schaut: Augen — und nirgends eine Frau. Nun, eine solche Irritation muß eine Frau eben hinnehmen.

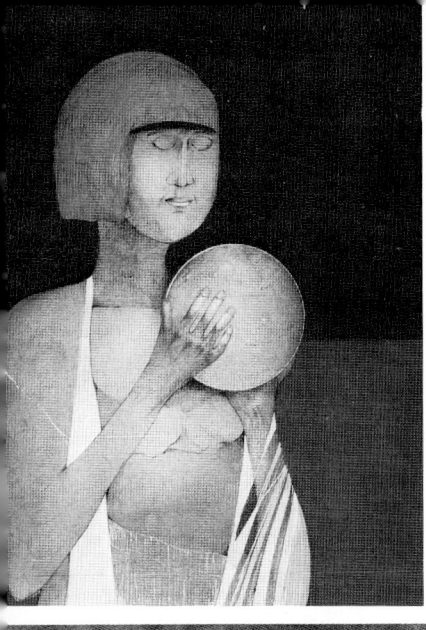

"Kristallkugel", 1985

Karl Plattner

Karl Plattner

Botschaften aus der Erschütterung

„Ich hasse nichts mehr, als gezwungen zu sein, irgendwo bleiben zu müssen."
Oberflächlich betrachtet, könnte man den häufigen Ortswechsel im Leben von Karl Plattner für die Folgen immer wieder aufflammender Langeweile halten. Tatsächlich aber sind seine Wanderungen Nötigungen ganz anderer Art. Sie entstehen offenbar aus seiner Weigerung, es sich leicht zu machen.
So sind seine Bilder auch nur unter einem sehr oberflächlichen Aspekt „dekorativ", dahinter aber Teilaussagen einer Existenz, die immer wieder und jetzt nicht minder als früher an ihren Rand gerät.
Blockiert zu sein, kann er nicht ertragen — weder menschlich noch künstlerisch, aber der Mensch Plattner ist vom Künstler Plattner ohnehin nicht zu trennen. Seine Frau, die er in Paris kennenlernte und die seit 35 Jahren alle Wege mit ihm gegangen ist, weiß es wohl am besten. Als er sie 1951 heiratete, hatte er gerade seine ersten großen Aufträge bekommen: ein Kriegerdenkmal für Mals und eins für Naturns. Aber dort bleiben, wo er damals war, in Südtirol und in seiner engeren Heimat Vinschgau, das wollte er nicht. Seine allerersten Bilder malte er für Leute, die auch nicht bleiben wollten. Südtiroler, die 1939 für Deutschland optiert hatten, nahmen Plattners Aquarelle und Ölbilder ihrer Höfe mit in die Fremde. Damals war er 20 und kannte: die Armut eines Buben aus einer Malser Handwerkerfamilie mit zehn Kindern; die von der faschistischen Unterdrückung geschaffene paradoxe Situation, daß einer in seiner Muttersprache nur heimlich lernen konnte; die Bedingung, daß ein Bub praktisch nur dann studieren durfte, wenn er Pater werden wollte; und die Konsequenz, in eine Anstreicherlehre gesteckt zu werden, weil er Maler werden wollte.
Aber 1938, nach der Lehre in Brixen, traf er dort einen leibhaftigen Maler und ging mit ihm nach Trient. Er lernte die Freskotechnik und machte den italienischen Militärdienst. Dann kam er wieder heim. Ein Berliner Akademiedi-

rektor auf Urlaub riet ihm, seine Aquarelle einzureichen, aber auf dem Weg nach Berlin mußte er 1940 in Innsbruck gemustert werden und geriet statt an die Berliner Kunst mit den Gebirgsjägern an den norwegischen Kriegsschauplatz. Eine Verwundung brachte ihn dort mit dem ebenfalls verwundeten Hermann Gmeiner zusammen, dem später, wie Plattner berichtet, an der russischen Front ein Kind das Leben retten sollte — eine Fügung, die Gmeiner die Idee der Kinderdörfer eingegeben habe.

Karl Plattner profilierte sich indessen bei einer Dolmetscherkompanie in Graz als Porträtist und Kantinenmaler und erreichte 1943 einen sechsmonatigen Studienurlaub für die Berliner Akademie. Das Kriegsende erlebte er als Heeresdolmetscher bei Modena, ein halbes Jahr verbrachte er in amerikanischer Kriegsgefangenschaft. Von da an stand es für ihn endgültig fest, daß er nur noch Maler sein wollte.

Daheim im Vinschgau stellte er 1946 zum ersten Mal seine Aquarelle aus. Es blieben ihm ansehnliche 5000 Lire — Startgeld für die Akademie in Florenz. Der gelernte Anstreicher fühlte sich dort zwar als Ignorant unter „Akademikern", aber der Professor bescheinigte ihm Talent und große Chancen und gab ihm den Mut zum Aufbruch ins lebendigere Mailand. Plattner sah, daß seine Ideen ihn tragen konnten, wurde selbstbewußter, merkte aber auch, daß er sich beeilen mußte, weil er so spät angefangen hatte.

1949 brach er wieder auf: nach Paris zum Spätkubisten André Lhote — und durch alle Tiefen des Selbstzweifels. Wieder richtet er sich am Lob seines Lehrers auf. Von jetzt an fühlt er sich autonom, kehrt heim nach Mals — und geht 1952 mit dem Ertrag seiner ersten größeren Aufträge und mit seiner Frau auf große Fahrt nach Brasilien. Für die Rückreise hätte er kein Geld gehabt.

Was er hatte, war einzig der Wille, dort etwas zu erreichen und ein paar Verbindungen von der Art:

„Wir kannten einen Advokaten, der kannte einen Professor an der Universität, und der hatte einen Bekannten, der Direktor des modernen Kunstmuseums in Sao Paulo war. Mit dem habe ich Kontakt aufgenommen, und er versprach mir, eine Ausstellung zu machen, wenn ich 30 Bilder fertig

hätte. Wir haben in einer billigen Pension in einem kleinen Zimmer gewohnt. Den Schrank stellten wir quer, hinter der einen Seite gab meine Frau Französischunterricht, und auf der anderen Seite malte ich meine Ausstellungsbilder…
Als ich zwei Jahre in Brasilien war, bekam ich einen Auftrag für ein 15 Meter langes und drei Meter hohes Wandbild für eine Zeitung. Inzwischen hatte ich auch den Wettbewerb für das Bozner Landhaus gewonnen."
Das Geld für die Schiffsreise nach Europa bekam Plattner vorgeschossen — auf das Versprechen hin, nach der Bozner Arbeit nach Brasilien zurückzukehren.
Das Fresko im neuen Sitzungssaal des Landtags konfrontierte ihn 1954 mit dem eigenen Erfolg, aber auch mit seinen Gefährdungen. Denn als er halb damit fertig war, merkte er, daß er es sich zu leicht gemacht hatte und schnitt das Fresko kurzerhand von der Wand. Es gab einen Wirbel mit den Landesverwaltern — und für den Landtagssaal einen großen Vorhang über der nackten Wand. Karl Plattner fuhr nach Paris und machte neue Entwürfe, und als der Landtag im folgenden Jahr im Sommerurlaub war, gestaltete Plattner das Fresko neu. Er meint, es heute noch verantworten zu können.
Der Erfolg fuhr auch mit ihm zurück nach Brasilien. Er zog die, wie er sagt, „biologischen Strukturen" der brasilianischen Landschaft, ihrer Farben und Menschen nach, man begehrte ihn bei Ausstellungen. 1954 vertrat er Brasilien an der Biennale von Venedig. Aber ein kulturelles Heimweh nach Europa, das ihn anfiel, als er die künstlerische Substanz der Natur ausgeschöpft hatte, trieb ihn 1958 zurück in die Alte Welt und wieder in den engsten Kreis seiner Herkunft.

Ein Freund aus Brasilien, Guido Holzmeister, machte Karl Plattner in Bozen mit seinem Vater Clemens Holzmeister bekannt. Der sah sich Plattners Landhausfresko an und lud ihn ein zur Mitgestaltung des Salzburger Festspielhauses. Das Tafelbild, das Plattner wegen seiner großen Dimensionen auf dem Bozner Messegelände malte, fand starke Beachtung und öffnete ihm viele Türen. Ein Auftrag mit Prestige eben — wie auch die Fresken in der Kapelle an der Europabrücke, entstanden 1963/64, die Karl Plattner heute mit

Herzklopfen betrachtet: Was er dort mit dem Willen gemalt habe, erscheint ihm auch „gewollt", aber die apokalyptischen Reiter, die über die Brücke hinunterstürzen, ja, die lasse er auch heute noch gelten. Zu jener Zeit der Anerkennung und des bescheidenen Wohlstands warfen ihn eine Bankpleite in Brasilien und ein Todesfall in Paris materiell auf den Nullpunkt zurück.

Von Paris und Südfrankreich ging Karl Plattner wieder nach Mailand, wo er schon einmal begonnen hatte, nun freilich aus einer ganz anderen Konstellation, aber wieder mit seinem künstlerischen Selbstbewußtsein konfrontiert. Denn nun war er zwar kein Anfänger mehr, dafür aber ein Unzeitgemäßer: ein Figurativer unter lauter Abstrakten — und noch heute steht er „außerhalb", obwohl die Kunst längst wieder neue Metamorphosen gezeugt hat. Zwar hält er sich selbst nicht für konservativ, aber: „Ich glaube, ich stehe absolut in Opposition zur heutigen Kunstszene", gestand er 1984 ein, und er zahlt einen hohen Preis für seinen Standpunkt, immer noch durch seine Malerei etwas „mitteilen" zu wollen, eine „Botschaft" weiterzugeben, die immer auch einen Teil Selbstentäußerung verlangt.

Gerade deshalb reklamiert Karl Plattner auch jene oft schwer erreichbare Freiheit für sich, ohne die er nicht arbeiten kann, die er nicht nur aus äußeren Lebensumständen holen kann, sondern aus sich selbst. Und da lauern jene Krisen auf ihn, die ihn schon zweimal bis auf den Existenzgrund erschüttert haben. 1974 hat er in einer solchen Erschütterung Dutzende von Bildern verbrannt und wieder ganz von vorn angefangen — indem er sein Atelierfenster zeichnete.

Zehn Jahre später, im August 1984, hat er in Cipières in Südfrankreich aufgehört zu malen, weil sich eine schwere Depression ankündigte. Erst mehr als ein Jahr danach hat er wieder begonnen — dort, wo er mit den letzten Bildern aufgehört hatte, aber mit helleren Farben, positiver gestimmt, die Schwermut verarbeitend, die ihn nur zögernd verließ. Er war auch dann noch weit entfernt davon, sich etwa „neugeboren" zu fühlen, obwohl er für den Winter 1985/86 wieder in seine Geburtsheimat Südtirol zurückkehrte und

im November 1985 durch den Erfolg einer umfangreichen Einzelausstellung in Bozen eine gewisse Aufmunterung erfahren hat.
Es scheint, als fände er gerade über solche Krisen, Abbrüche und Aufschwünge zu seiner künstlerischen Identität.
Wie sehr er sich dabei selbst in die Pflicht nimmt, wird deutlich, wenn er seine Arbeitsweise beschreibt:
„Für gewöhnlich, wenn ich ein Bild mache, nehme ich ein Blatt Papier und mache ein paar Striche ohne bestimmten Zweck. Die Hand läuft auf dem Papier und macht dort Zeichen, die scheinbar noch nichts bedeuten. Derselbe Prozeß wiederholt sich auf der Leinwand mit Pinsel und Farbe… Aus diesem Labyrinth entwickelt sich allmählich doch eine Organisation, eine gewisse Ordnung. Es ist fast wie ein morphologischer Vorgang — die Materie der Welt hat sich auch langsam, langsam geformt, durch Zusammengehen, durch Verbindung einzelner Elemente oder chemischer Prozesse. So wiederholt sich dieser Vorgang bei mir auf der Leinwand, bis sich die Materie zu einem Organismus entwikkelt. Und wenn diese Entwicklung bis zu einem gewissen Stadium fortgeschritten ist, entdecke ich den Gegenstand."
Karl Plattners Arbeitsgang von der abstrakten Struktur zu Menschen und Gegenständen scheint ungewöhnlich. Aber er stimmt zu der Qualität seiner Bildinhalte, denn:
„Meine guten Bilder sind eine Art Erinnerungsbilder. Es sind Eindrücke, die innerlich verarbeitet und aus dem Unterbewußtsein wiedergegeben werden. Es ist ein inwendiger Verarbeitungsprozeß, den ich durchmachen muß. Ich kann nicht eine Erinnerung direkt auf ein Bild übertragen."
Wenn Karl Plattner sagt: „Ich kann nicht", heißt das auch soviel wie „Ich will nicht" — nämlich eine unverbindliche Projektion von Realität auf die Leinwand bringen, obwohl viele Titel seiner Bilder an Momentaufnahmen des Alltags denken lassen: „Gasse in Planeil", „Bushaltestelle", „Frauen im Zug", „Frühstück", „Wartesaal", „Frauen am Balkon".
Hinter solchen Titeln ließen sich Kopien des gewohnt Realen vermuten, aber Plattners „Realität" zeigt Verstörtheit. Sie ist nicht mit den Kategorien von schön oder häßlich zu messen, denn Plattner malt die schönsten Häßlichkeiten.

Aber seine Welt ist auch nicht antirealistisch, denn er malt manche Details so akribisch, als käm's ihm just auf die Einzelheit an. In seinen Bildern spiegelt sich eine zutiefst unheile Welt, in die jeder Betrachter (außer dem Idylliker) sein Weltbild einbringen kann — sogar jenes klassenkämpferische, für das ihn die linke Kunstszene zeitweise mehr reklamiert als wirklich gewonnen hat.

Es wird ihm aber auch „surrealistische Zweideutigkeit" (Valsecchi, Solmi), „aktuelle Gewissenhaftigkeit" (Croci) und die Schöpfung einer „aktuellen Endzeitpoesie" (Eccel-Kreuzer) bescheinigt. Er ist der Maler, der zeigt, wie die „historische Identität zwischen dem Land und dem, der es kultivierte, aufgebrochen wurde" (Sotriffer) und der Maler einer „Traummetapher aus Schmerz und Angst" (Belli).

Was diese Welt prägt, spricht auch aus den Bildern von Karl Plattner, vermehrt noch um den tristen Nachklang der existentiellen Vereinsamung, des In-die-Welt-Geworfenseins, das aus der vorherrschenden Denkströmung der 50er Jahre in seiner Welt verblieben ist.

„Jedes Bild von mir sollte helfen, in die Dunkelheit einzudringen und etwas Licht zu bringen, das vorher noch nicht da war... Für mich ist diese These wichtig, ich glaube an diesen Aufhellungsprozeß."

In den letzten Bildern von Karl Plattner kündigt sich etwas an, was er selbst eine „Tendenz zur Hoffnung" nennt, auch ein positiverer Umgang mit dem Tod, dem er nun so Rechnung tragen möchte, daß er seine ganze Energie aus dem Bewußtsein des Endlichen heraus anspannt.

Bei seinen Ausstellungen in Frankreich konstatierte er letzthin ein gesteigertes Interesse der Jungen an seinen Bildern. Das bedeutet ihm viel — mehr als eine Dissertation, die auch über ihn geschrieben wurde — weil die Jungen an ihm sähen, daß auch eine nichtimprovisatorische moderne Malerei möglich sei. Und weil sich darin vielleicht Anerkennung zeige darüber, daß er sich beim Malen so anstrengen müsse, anstatt mit jenen zu gehen, die einfach ein Loch in die Erde bohrten oder eine Brücke verpackten und von Kritikern dafür hochgelobt würden. Ist Karl Plattner „altersweise" geworden, ein Klassiker seiner selbst?

Es mag ja sein, daß der Plattner über 65 weniger „Biß" hat, aber gewiß nicht weniger Substanz. Und immer noch nicht ist er fähig, sich in dieser Welt, die nicht zum Festhalten ist, irgendwo festzusetzen.

Natürlich kann einer hier leben, ganz gut leben sogar, meinte er nach jener depressiven Krise im Winter 1985/86, den er in Bozen verbrachte. Und in Südtirol ist er auch vorher schon jedes Jahr für einige Zeit eingekehrt. Heimgekehrt?

Er findet hier, vor allem im Vinschgau, dessen „graphische Landschaft" Kristian Sotriffer ein Grundthema der Plattnerschen Malerei nennt, Reste aus verläßlicher Zeit, die Lebensruhe derer, die nicht dauernd das Neue suchen müssen, die Konstanten aus dem Rhythmus der Jahreszeiten. Er denkt nach über diesen Bezug. Dann sagt er: „Meine Welt bleibt am Boden hängen." Doch den brauche er nicht ständig vor Augen zu haben. Und da ist nach wie vor der Drang nach dem Unbekannten und nach Auseinandersetzung. Er braucht immer noch, was ihn provoziert; nur daraus habe seine Lebensauffassung werden können.

„Auch ein Mensch ist zunächst nur Materie, eine ungehobelte Figur, die im Daseinskampf modelliert wird. — Bis er seinen Raster erkennt."

Welcher ist sein Raster?

„Ich bin einer zwischen Norden und Süden, aber ich tendiere biologisch zum Norden, deswegen wende ich mich so dem Süden zu, weil er mich bereichert und ergänzt. Aber man kann sich nie von der eigenen, inneren Struktur ganz befreien."

Lesehinweise:

Der Maler Karl Plattner — ein Tiroler Porträt von Wolfgang Pfaundler, in Das Fenster — Tiroler Kulturzeitschrift, Heft 34/35, 1984
Kataloge zu den Ausstellungen in der Bozner Goethe-Galerie, 1982 und 1985
Franco Solmi, Karl Plattner, Bologna 1973

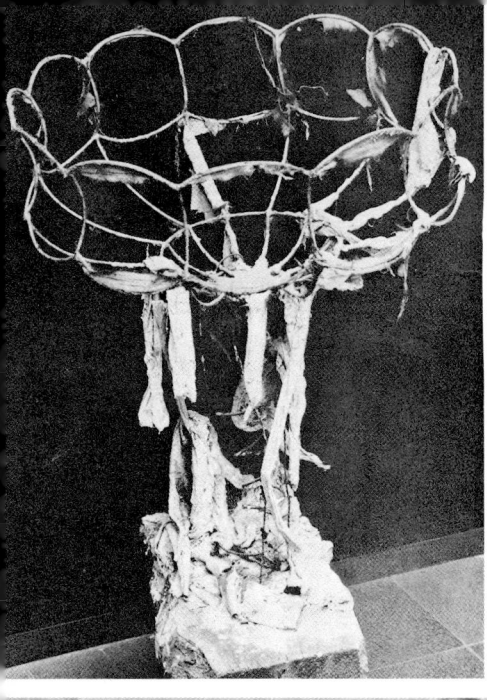

Oswald Oberhuber:
Anfang mit „Ende",
1951

Psychogramm Oswald Oberhuber

Geburtsort: Meran
Sternzeichen: Wassermann
Gibt es besonders ausgeprägte Charakterzüge an Ihnen?
Ordnungsliebe, Jähzorn, Geschwindigkeit
Bekennen Sie sich zu einem Fehler? Obgenannte Charakterzüge können auch Fehler sein; insofern bekenne ich mich zu jeder Art von Fehler.
Was ärgert Sie besonders? Dummheit, langsames Erfassen
Worüber empfinden Sie besondere Genugtuung? Das gibt es bei mir nicht!
Welche Tätigkeit üben Sie besonders gern aus? Meine künstlerische Tätigkeit, die sich vielfältig zeigt.
Sind Sie ehrgeizig? Ja
Gibt es ein Abenteuer, das Sie gern erleben möchten? Nein
Könnten Sie sich mit einer historischen Persönlichkeit identifizieren? Nein, da ich Persönlichkeit genug habe.
Gibt es Persönlichkeiten, für die Sie besondere Bewunderung empfinden? Nein
Welche Autoren bevorzugen Sie? So viele, daß ich sie einzeln nicht nennen kann.
Welche Art von Musik hören Sie besonders gern? Jede gute
Welches Buch hat Sie zuletzt besonders beeindruckt? Kundera, „Die unerträgliche Leichtigkeit des Seins"
Lieblingslandschaft: Diverse
Lieblingsstädte: Diverse
Sind Sie von etwas abhängig! Nein
Was fürchten Sie am meisten? Nichts
Wo fühlen Sie sich daheim? Bei mir selbst, wenn mir warm ist.
Was tun Sie in Südtirol am liebsten? Zechen
Könnte Sie etwas auf Dauer nach Südtirol zurückbringen? Schloßbesitz

Oswald Oberhuber

Stillos aus Prinzip

> „Ich beweise Kunst durch Kunst-Machen
> Das kann ich sagen, beweisen kann ich's nicht."
> „Kunst ist immer gegen jene Kunst, die sich bewußt als
> Kunst gibt und als Kunst ausgegeben wird."
> Oswald Oberhuber
>
> „Le stil — c'est moi."
> (Kristian Sotriffer über Oberhuber)

Im Oktober 1985 eröffnete das „Forum ar/ge Kunst" in Karin Welponers Bozner Museum-Galerie mit einer Werkschau von Oswald Oberhuber seine neuen Aktivitäten.

Für Oberhuber, geboren 1931 in Meran, war diese Ausstellung eine flüchtige Heimkehr unter starker Beachtung, aber obwohl er gelegentlich Schwierigkeiten mit der geographischen Feinstruktur im Land südlich des Brenners hat, wendet er das Wort „Heimat" immer noch, wenn er es benützt, auf Südtirol an.

Von seiner Kindheit und Jugendzeit hat er ziemlich gleiche Hälften in Meran und in Innsbruck verbracht, wohin seine Eltern — väterlicherseits aus dem Vinschgau, mütterlicherseits aus dem Trentino stammend — 1940 umgesiedelt waren.

„Drinnen", in Südtirol, ist er, seit er 1950 auch Innsbruck verließ, kaum mehr gewesen, aber die Faszination durch Sonne und Landschaft und das Gefühl des „Geschädigtseins" durch den Faschismus sind nie gewichen.

Mit einem „bürgerlichen" Beruf hat er sich nach den vier Jahren an der Innsbrucker Gewerbeschule, Abteilung Bildhauerei, nie aufgehalten. Er nahm einfach jeden Job, den er kriegen konnte, und bevor er sich ausschließlich damit zu beschäftigen begann, österreichische Kunst unters Publikum zu bringen, brachte er gelegentlich auch österreichische Kochkunst unter die Leute: als Kellner. Akademische Disziplin war das damals noch keine; Koch-Kunst gibt es erst seit kurzem, nämlich an der Frankfurter Kunsthochschule, wo der Wiener Peter Kubelka „Kochen als Kunstgattung" liest und praktiziert — von der Rahmsuppe bis zum ganzen Schwein.

Aber die Bezüge zwischen Kunst und Kocherei hat Oswald Oberhuber schon im fernen Jahr 1969 aufgedeckt. Damals hielt er in der Wiener Galerie nächst St. Stephan, die ihm in mehr als einer Hinsicht sehr nahe steht, eine seiner amüsanten Denkübungen über die fortgesetzten Schwierigkeiten der Künstler mit der Kunst ab:

„Die Künstler sind verzweifelt: Lieber keine Kunst als Kunst, wenn es keine Rezepte gibt. Nun, Küchenmeister sein, wäre auch schön. Eine Kunstkocherei zu eröffnen, in der man Kunstkochen lehrt, eine Rezepterstellungsquelle für nach Kunst hungernde unentschlossene Künstler wäre auch schön. Wie diese aussieht? So wie jede Küche... Denn so weit sind wir jetzt, daß man Kunst vom Zettel kaufen kann!"

Klee, Kandinsky, Otto Mühl — auch ein Rezept Oberhuber ist dabei:

„Stelle ein Radel Holz hin und betrachte es und denke sehr tief: Radel Holz, Radel Holz, Radel Holz. Dann kannst du es einheizen. Wenn du Kunst haben willst, dann stelle es auf die Seite!"

Ein Rezept für Oswald Oberhuber? Schön wär's, aber er läßt es ja nicht gelten:

„Jede Lösung, jede fertige Auffassung ist nach Fertigstellung auf jeden Fall falsch und sofort wieder in anderer Weise zu lösen."

Wird er dann wenigstens dieses Rezept gelten lassen? „In der Kunst gibt es keine Antworten auf Fragen und keine Resultate, denn alles, was sichtbar gemacht wird, könnte auch in anderer Weise gemacht werden."

Gottlob, dabei bleibt er. Unterstreicht noch:

„Wenn wir denken, so erkennen wir, daß wir den Gedanken nie erfassen können, denn schon ist das, was wir im Denken ergriffen haben, verändert und ein anderer Gedanke geworden."

Der ständige Wandel ist das einzig Beständige. Oswald Oberhuber hat sich vehement auf die Stil-Losigkeit eingelassen. Max Ernst, Franz Marc, Pablo Picasso und Oberhubers

Wegbegleiter Fritz Wotruba hielten es ähnlich. Aber daß Oswald Oberhuber ein Programm daraus gemacht hat, wird ihm als eigenständiger Beitrag zu einem Kunst-„Konzept" der Gegenwart inzwischen ringsum bescheinigt.

Wer ihm wohl will, preist ihn als Ferment der österreichischen Kunst und als Veranlasser des Künftigen oder rühmt sich, wie der Wiener Bürgermeister Helmut Zilk (Ehrenmitglied der Wiener Hochschule für Angewandte Kunst, an der Oberhuber seit 1979 Rektor ist), der sehr engen Beziehung zu Oberhuber.

Will ihm einer eins auswischen, nennt er ihn einen Hansdampf in allen Gassen, was Oberhuber wenig ausmacht, weil er nachweisen kann, daß er in jenen Gassen, in denen sich die Kunstszene heute drängt, schon gespielt hat, als sie noch ziemlich leer waren. Heraklit allenfalls, der altgriechische Philosoph des fließenden Geschehens, ist vor Oberhuber dort schon gewandelt. Aber Heraklit ist einer, Oswald Oberhuber ein anderer — auch wenn beide philosophieren.

Und noch ein paar Vordenker des Oberhuberschen Szenarios sind auszumachen, etwa der Maler George Mathieu, der 1959 den Zusammenbruch der klassischen Werte in der Kunst parallel setzte mit tiefgreifenden Umwälzungen in den Wissenschaften, wo bislang felsenfeste Begriffe wie Raum, Materie, Gleichheit, Gravitation erschüttert wurden und Begriffe wie Unbestimmtheit, Wahrscheinlichkeit, Widerspruch eine Renaissance erlebten, bedeutsam wurden wie Neumanns und Morgensterns Spieltheorie, die Mathieu als eines der wichtigsten Ereignisse in der Wissenschaft unseres Jahrhunderts ansieht, außerordentlich fruchtbar für die gegenwärtige Kunst.

Die Gedanken Mathieus aufnehmend und kommentierend, hat schließlich Umberto Eco, zuerst 1962, das „offene Kunstwerk" gesichtet und der Kunst eine Wegweiserfunktion zugeschrieben:

„In einer Welt, in der die Diskontinuität der Phänomene die Möglichkeit für ein einheitliches und definitves Weltbild in Frage gestellt hat, zeigt sie uns einen Weg, wie wir diese Welt, in der wir leben, s e h e n und damit anerkennen und unserer Sensibilität integrieren können. Ein offenes Kunstwerk

stellt sich der Aufgabe, uns ein Bild von der Diskontinuität zu geben: es erzählt sie nicht, sondern ist sie."
Oswald Oberhuber zieht seine Königsidee von der permanenten Veränderung in der Kunst zur Pflege des eigenen Genies gern heran. Aber vielleicht ist das legitim, wenn man sich vor Augen führt, wie schwierig es sein muß, sich an totalem Wandel festzuhalten.

„Stil" kann da gar nicht werden. „Stil" — das ist für Oswald Oberhuber schlimmer als ein Bauch; die Starrheit schlechthin: „Ich lege mich ins Bett und verschlafe die Zeit. Nach Wochen könnte ich sagen, es ist immer noch der Tag, an dem ich ins Bett ging, denn ich habe die Zeit nicht bemerkt. Das ist Stil...! Ich will verhüten, daß ich lebe, ich bleibe einfach stehen. Dann werde ich Stil. Stil, stiler, am stilsten...! Damit verendet alles im Diktat einer Idee."

Und wieder ist Oberhuber ein Vorreiter — ein Avantgardist — macht das Hindernis flugs zur Herausforderung. Denn während andere den „Stilverfall" als Totenmal der Kunst betrauerten, erklärte er ihn kurzerhand zum Thema der Kunst und zu ihrer einzigen Überlebenschance. Die Kunst ist tot, es lebe die Kunst — und da man sie nicht erklären kann, bleibt nichts als „machen".

Die fortwährende Kreativität ist die einzig erlaubte Kontinuität, die dem Künstler zu Gesicht steht — weshalb er zeitweise auch Exhibitionist werden darf.

„Wenn nichts bleibt, hat man nur sich selbst... sich selbst als Material... Der Exhibitionist hat die perfekte Möglichkeit, als Kunst ohne Künstler zu leben."

1969, als Oberhuber dies sagte, war die Kunst der Selbstaussteller (siehe Gilbert & George) höchst aktuell — und Oswald Oberhuber schon wieder weitergeeilt: etwa zu einer „Gefühlsausstellung" in Graz (1971), zu den Biennalen von Tokio, Venedig (wo er 1972 offizieller Vertreter Österreichs war) und São Paolo — auf dem Weg zu seinem Lehrstuhl an der traditionsreichen Wiener Hochschule für Angewandte Kunst.

„Wien ist nicht Wien, wie Wien ist."

Das klotzige Backsteingebäude am Wiener Stubenring ist mit 1000 Studenten und 200 Lehrkräften die größte der österreichischen Kunstakademien. Ihr Nimbus als Wiener Institution könnte dazu (ver)führen, Meriten aus der ruhmreichen Vergangenheit zu pflegen und im angeschlossenen Museum die weltberühmten Sammlungen zur Schau zu stellen — was natürlich ebenfalls geschieht.

Aber seit Oswald Oberhuber 1979 zum Rektor der „Angewandten" bestellt und 1983 einstimmig wiedergewählt wurde, ist das alte Gemäuer vor allem Standort für Neuorientierung und Brennpunkt der quirligen, international akklamierten neuen Wiener Kunstszene.

Ein Forschungsprojekt des österreichischen Bundesministeriums für Wissenschaft und Forschung, an der Hochschule für Angewandte Kunst ausgearbeitet und Ende 1985 als Studie in Buchform vorgelegt, fußt vor allem auf Oswald Oberhubers Unlust am alten Akademiemodell der Meisterklasse, bei dem Kunst im wesentlichen eine monolithische Verwirklichung der Lehrerpersönlichkeit sei, so daß der Student, um sich selbst zu finden, das Studium nach seiner Beendigung möglichst rasch vergessen müsse. So regt Oberhuber auch eine Analyse der eigenen Werke durch den lehrenden Künstler an, wobei eine kritische Relativierung des Meisterklassenmodells gelingen soll. In seiner eigenen Meisterklasse, die er nur einmal pro Woche betritt, wird Plastik ausprobiert, gemalt, gefilmt, gezeichnet und mit Computern experimentiert. Die Schlachtung heiliger Kühe im gewohnten Akademiebetrieb setzt Oberhuber dadurch fort, daß er zur Abschaffung von Verkrustungen auch die Professoren auf zeitlich begrenzte Lehraufträge einschwört. Außerdem holt er — was er auch mit seinem Landsmann Matthäus Thun vorexerziert hat — wichtige Leute als Gastprofessoren nach Wien und legt das Fächerangebot noch breiter an: etwa in Richtung Mode, wo Karl Lagerfeld, Jil Sander und Jean-Charles de Castelbajac Lehraufträge haben, oder auch hin zur Videokunst. Im Kollegium am Stubenring finden sich Beweger wie Ettore Sottsass und Hans Hollein, Bazon Brock, Maria Lassnig und Daniel Spoerri. Neu und von Oberhuber inspiriert ist auch eine stärkere Einbindung der Hochschule in den Markt, was bis zur Ausarbeitung der entworfenen Prototypen zu Grundmodellen für die Massenproduktion gehen könnte — auch zum Vorteil der Studenten, die so über die ideellen Bedingungen des Schulbetriebs hinaus näher an ihre spätere berufliche Tätigkeit herangebracht werden sollen.

Schließlich wünscht sich Oswald Oberhuber statt der bisher einwöchigen Aufnahmeprüfung mit ihren Zufälligkeiten ein „Aufnahmejahr" für die Bewerber: immerhin jährlich etwa 1000. „Seit ich da bin", setzt er hinzu.

Sein Selbstbewußtsein ist Teil seiner Kunsttheorie.

Und Teil seines Hochschulkonzepts, denn auch für die „Angewandte" soll nach seinen Vorstellungen gelten, was ihm selbst wichtig ist: Können ist nur ein begrenzter Wert einer jetzt entstehenden Kunstäußerung, „so daß die technische Voraussetzung nur eine Voraussetzung des Augenblicks ist".

Kunst ist daher ein Ausdruck der Lebens- und Produktivkraft, von der „Könnerschaft der Hand" eher gehemmt als gefördert.

An diesem Punkt der Kunstdiskussion (vor allem, wenn sie nicht unter „Insidern" geführt wird) stellt sich bekanntlich der Einwand ein: Das kann ein Kind auch!

Oswald Oberhuber, der Kinder liebt und selbst fünffacher Vater ist, hat diesen Einwand sehr gern (sogar wenn er sich gegen seine eigenen Arbeiten richtet), denn dann kann er mit einem Wortspiel antworten, das etwa so lautet:

Man hat nicht deshalb etwas zu sagen, weil man zeichnen kann, sondern man kann zeichnen, sobald man etwas zu sagen hat.

Kunsttheoretiker wie etwa Bazon Brock finden Oberhubers Arbeiten gerade deshalb bedeutsam, weil er bereit ist, auch vom Dilettanten, vom „Nicht-Profi" zu lernen.

Der Künstler tut nämlich nach Oberhuber, was das Kind und der Amateur auch könnten, was aber über lange Zeit und mit Konsequenz doch wieder nur der Künstler tun kann.

Nur: Kreativität ist nicht eine Domäne der Spezialisten, und der Künstler hat noch lange nicht das Recht, sich als Krone der Schöpfung aufzuführen. Im Gegenteil: Der Künstler von heute, weiß Oberhuber, lebt in einer Zeit, die ihn nicht mehr braucht. Nie sei die Kunst — die nun keine Kunst der

Mächtigen mehr ist — so überflüssig gewesen wie heute und daher nie der Künstler zu soviel Freiheit verurteilt. Versteht er diese Freiheit richtig, so wirft der Künstler von heute die Kunst von damals von sich, denn:
„Ein Bewußtsein von Kunst findet nicht statt und ist als Ausgangsbasis nicht gegeben."
Kunst kann in einer Kinderzeichnung verkörpert sein oder im Erstlingswerk eines jungen, unerfahrenen Künstlers.
Aber die wachsende Erfahrung (des Kindes, des jungen Künstlers) kann Kunst auch wieder vernichten. „Kunst" ist fragwürdig, denn sie ist kein statischer Begriff, sondern „der Zustand des einzelnen oder einer Gruppe" also in Bewegung, läßt sich nicht festsetzen.
„So kann ich über Kunst auch alles oder nichts sagen."

Und wo bleibt der Zuschauer? — Der Zuschauer, der ja eigentlich gar kein „Zuschauer" im alten, falschen Sinne sein muß, da er doch selbst die Anlagen, das Zeug zum Kreativen hat? „Er kann sehen, wenn er sehen kann, so er die Erfahrung zum Sehen hat. Oder er sieht nichts, weil er nichts sehen will oder nicht sieht... Der Beschauer muß mit meditativen Kräften zu denken verstehen."
Denn Kunst, wie Oswald Oberhuber sie meint, ist nichts, was dem Beschauer zufliegt, ohne daß er denken muß.
„Der Zwang, denken zu müssen, damit das Sehen nicht gestrichen wird, ist der Beginn eigenschöpferischer Vorgänge."
Aber für gewöhnlich klebt der Betrachter immer noch am Dargestellten. Das bleibt ihm in Erinnerung und das Genie des Schöpfer-Künstlers, im Übermaß verehrt, aus der Versenkung vergangener Epochen gerissen.
Kunst sehen, heißt aber für Oswald Oberhuber: nur Kunst sehen:
„Nicht das Dargestellte", so postuliert er, „bleibt in Erinnerung, sondern Kunst, und diese Kunst kann ich nur als Kunst ansprechen. Aber das, was als Kunst sichtbar wird, kann ich nicht formulieren."
Es kann ein Aquarell auf Zeitungspapier sein, wie Oswald Oberhuber sie im Sommer 1982 auf der Insel Procida vor Ischia serienweise gemalt hat, weil ihm kein anderes Papier

zur Hand war. Es kann ein „Zerwuzeltes Papier" sein oder eine Plastik aus Installationsröhren, ein Mosaik aus zwölf weißen, säuberlich nebeneinandergeklebten Briefkuverts mit offenen Laschen, ein Arrangement aus Babyporträts („Ich als Kind") oder ein Lattengerüst („Haus im Haus").
All dies präsentierte Oberhuber etwa auf der Biennale von Venedig.
Im Ausstellungskatalog scheint auch seine programmatische Plastik „Ende" auf, mit der er bereits 1951 — gerade 20 Jahre alt — seinen Konsens mit dem gewohnten Kunstverständnis aufgekündigt hatte: das umgekehrte Drahtgestell eines Lampenschirms, mit Stoffetzen behängt und mit ein wenig Gips zierlich beworfen, gleichen Sinnes wie viele andere „Gerümpelplastiken" aus Draht, Gips, Holzresten, alten Scherben oder beliebigen anderen, „armen" Materialien: alles Durchgangsstationen und von Oberhuber längst wieder zugunsten anderer kreativer Ideen verlassen.
Geblieben aber ist ihm das Interesse am Stofflichen, das, vorformuliert von andern schon in den vierziger und fünfziger Jahren, von Oberhuber konsequent weiterverfolgt wird. „Alles kann existieren — alles besteht, so es irgendwo auftritt." In-finität, In-distinktion, Un-endlichkeit, Un-abgrenzbarkeit: Wieder fühlt man sich an das große Wissenschaftsthema der Unbestimmtheitsrelation erinnert. In der Materialdebatte der Kunst besteht diese neue Qualität in der Abkoppelung des Materials von seinem Zweck. Draht, Holz, Gips, Papier, Blech, normalerweise eingespannt in einen Verwendungszweck, der das Material gleichsam „zudeckt", werden sinnlich sichtbar erst in der Zwecklosigkeit. So erhält das Material seinen Eigenwert erst aus der Negation des Gestalteten.
Wieder stellt sich eine Erkenntnisaufgabe, die keine Realitätsbeschreibung mehr braucht, ja von ihr eher behindert als gefördert würde.
Der Materialaspekt ist keine Domäne der Bildenden Kunst. Er hat Musiker und Literaten gleichermaßen beschäftigt — und alle haben ihr Wasser aus dem tiefen Brunnen der Existenzphilosophie geschöpft, die das Sein als Sein (und sonst nichts) begriffen haben will — aber es scheint, als sei

die Provokation, die darin steckt, den Bildenden Künstlern am besten gelungen, weil ihre Öffentlichkeit nun einmal am größten ist.

Noch 1985, als Oswald Oberhuber in Bozen im Rahmen einer großen Retrospektive der österreichischen Gegenwartskunst mit Sperrmüll-Plastiken vertreten war, konnte man in der Umgebung seines Ausstellungsbeitrags auch das Wort „Anarchie" raunen hören, und Oswald Oberhuber, wenn er zugegen gewesen wäre, hätte wohl nur „Ja, aber..." dazu gesagt und darauf hingewiesen, daß jene Spielart der künstlerischen Anarchie, die er theoretisch und praktisch betreibt, als Hoffnung für die Zukunft gedacht ist.

Dieter Ronte, Direktor des Österreichischen Museums für moderne Kunst, nannte Oberhuber deshalb in Bozen auch einen „Katalysator im Bereich der Sinne" und schrieb ihm eine Funktion zu, die Oberhuber schon in Innsbruck eingenommen hatte, als er sich aus der Gewerbeschule mit Gerümpelplastiken verabschiedete.

Auf den Weg geholfen hat ihm damals, wie er gern betont, die prägende Tätigkeit des Französischen Kulturinstituts in Innsbruck, das, noch zur Besatzungszeit, die Tendenzen und Bewegungen der internationalen Kunstszene nach Tirol spiegelte, von wo sie über Tiroler Künstler, die nach Wien gingen, auch in die Metropole gelangten.

Daß Oswald Oberhuber nicht bei dieser medialen Rolle stehengeblieben ist, wird spätestens Ende der fünfziger Jahre sichtbar, als er, nach Studien an der Stuttgarter Kunstakademie, nach informellen Bildern und Plastiken, seine Theorie der permanenten Veränderung in der Kunst zu formulieren beginnt und sie künftig nicht nur als Künstler, sondern auch als Schriftsteller, Redakteur von Zeitschriften, Bühnenbildner, Ausstellungsgestalter und Galerieexperte, Sammler und Hochschullehrer vertritt.

So kontrovers seine Ideen, mehr noch seine Arbeiten beurteilt werden — und als Künstler unter Künstlern ist Oberhuber alles andere als ein „Gottvater" — seine immense Integrationskraft ist unbestritten und zeigt sich auch in seiner Begabung als Kunstvermittler und Organisator. Die Kunstsammlung der „Angewandten" ist unter seiner Ägide in vier

Jahren von 200 auf 8000 Werke gewachsen. Das kulturelle Österreich zeigt ihn mit Vorliebe weit umher, und wo immer ein entschiedenes Statement über die Frage der Einbettung zeitgenössischer Kunst in die Gesellschaft fehlt, da wird bei Oswald Oberhuber angefragt.

Und wenn andererseits Apokalyptiker des Kulturbetriebs einen Negativhelden für Untergangsvisionen brauchen, dann beziehen sie sich, mit weit ausgestrecktem Zeigefinger, ebenfalls auf Oberhuber — nun den Zerstörer aller Werte.

„Wenn man die Zunge zeigt, so ist das unanständig und man wird geschlagen."
Seit Oswald Oberhuber vom gärenden Ferment zum Würdenträger geworden ist, hat er das Zungezeigen nicht mehr nötig — und er würde wohl auch nicht mehr dafür geschlagen. Im Gegenteil: Im Jahr 1980 gab ihm die Stadt Wien sogar ihren Großen Preis. Jetzt trägt er Armani-Pullover und muß nicht mehr seine Haut zu Markte tragen. Denn die Kunst hat längst alle Tabus gebrochen, über die man sich einst erregt hat.

Er wirkt auch sehr manierlich, aber er hat seine Option fürs Gefühl — auch für das Menschlich-Allzumenschliche — nicht widerrufen.

Und wieder liegt er gut damit, oder vielmehr: Der Trend zum Gefühl scheint ihm mal wieder nachzulaufen. Gefühle, große und kleine Emotionen, uralt und lang „das letzte": jetzt wieder ganz neu. Ein Kulturkritiker merkte eben an, daß das abwertende Wort „Kitsch" aus dem öffentlichen Sprachschatz so gut wie verschwunden sei. Oswald Oberhubers erste „Gefühlsausstellung" in Graz, lief, wie erwähnt, 1971. Gefühl hat er jedoch nicht nur als Künstler im Programm. Über das Gefühl weiß er sich auch an Österreich und an den mediterranen Raum gebunden (und von „Deutschland" geschieden). Die Kunst Italiens war ihm immer näher als die deutsche. Zweimal hat er sich ausführlich mit Giovanni Segantini, dem 1858 in Arco geborenen „österreichischen" Italiener, befaßt, der als Maler mythischer Alpenlandschaften fern den Metropolen in der Einsamkeit des Engadins lebte, nachdem er als Wehrdienstverweigerer Österreich verlassen hatte; der schließlich mit 40 Jahren im gleichen Jahr starb, als Kaiser Joseph ihn begnadigte.

Oberhuber, der den gegenläufigen Weg aus den Alpen in die Metropole Wien gegangen ist, hält die Substanz, die Segantini in die Kunst des späten 19. Jahrhunderts einbrachte, für „die größte, die je ein österreichischer Maler aufwies".

Oswald Oberhuber werkt heute daran, daß neue „österreichische" Kunstsubstanz ins 21. Jahrhundert hinübergeht. Mit „Lust auf Worte" und mit List macht er Kunst erlebbarer und Kreativität verständlicher.

Theorie: Ein Griff für die Hand, weil Kunst sich nicht festhalten läßt.

„Ich habe mir dazu etwas ausgedacht, etwas für alle. Wir nehmen an, ein jeder notiert seine Sorgen so nebenbei beim Telefonieren. Es entstehen Sorgen auf dem Papier, hemmungslos, ohne Scham, nichts wird verschwiegen, ganz zufällig. Dann erst setzt beim nachträglichen Betrachten der Kritzeleien das Bewußtsein ein und versucht zu verstehen, was sich hier notiert hat. Dieser automatistische Vorgang ist an sich nichts Neues, trotzdem wird er kaum beachtet und zur Kenntnis genommen. Bitte, wo bleibt die Theorie! In diesem Vorgang scheint mir der Schlüssel zu liegen für ein Umdenken im Fall Kunst."

Lesehinweise:

Oswald Oberhuber, „Lust auf Worte" — Texte aus drei Jahrzehnten, Löcker Verlag, Wien-München 1985

Umberto Eco, Das offene Kunstwerk, suhrkamp taschenbuch wissenschaft, Frankfurt 1977

Oberhuber, Wagner, Figlhuber, Kadrnoska, Reder, Neuorientierung von Kunsthochschulen, Falter Verlag, Wien 1985

Kristian Sotriffer

Heimatloser Heimatsucher

Zum Gesprächstermin in Wien hat Kristian Sotriffer einen Lebenslauf in Stichworten vorbereitet. Er kommt auch an Auszeichnungen nicht vorbei. Die neueste hat im Frühjahr 1986 der österreichische Unterrichtsminister beigesteuert: die Ernennung zum Professor als Berufstitel. Seit 1982 ist Sotriffer schon Präsident der österreichischen Sektion der internationalen Vereinigung der Kunstkritiker AICA. Die Nominierung zum Professor sei sozusagen ein Bosheitsakt der Kritikerkollegen, vermutet er und lacht ein kleines Lachen, das er hernimmt, wenn er was Zugespitztes sagt.
Sein Arbeitszimmer im noblen Dreieck zwischen Rathaus, Burgtheater und Universität, tapeziert mit Büchern und Bildern, hoch und stuckverziert, reagiert mit Düsternis und einem Klappern aus dem Kamin auf einen stürmischen Wiener Winternachmittag. Schnee peitscht an den Fenstern vorbei. Der türkische Kaffee tröstet.
Kristian Sotriffer wohnt gründerzeitlich-großbürgerlich in den riesigen Räumen des von der Architektur vorgegebenen Ambientes mit vielen Bildern, Büchern und Objekten. Hier wohnt einer — mit Frau und drei inzwischen erwachsenen Kindern — der seine Augen von Berufs wegen als Sinnesorgane nutzt, der aus dem Sehen Kopfarbeit zu machen gewohnt ist.
Mit Wien verbinden ihn inzwischen fast 30 Jahre Leben und publizistische Arbeit, die ihn freilich nie dazu verleitet haben, sich als Propagandist unreflektierter Wienseligkeit zu betätigen.
Mit Südtirol verbinden ihn seine Herkunft (er ist 1932 in Bozen geboren), elf Jahre Kindheit — und eine widerborstige, immer wieder hinterfragte Heimatliebe, die ihn nirgends ausgelassen hat.
Die lange Liste seiner Publikationen zur Kunst- und Kulturgeschichte, über mitteleuropäische Kulturlandschaften und die gestaltete Umwelt der Alpen wird noch länger, wenn man seine Essays und Aufsätze über Südtirol dazunimmt. Mehr als einmal hat er darin seiner Heimat die Leviten gelesen —

Psychogramm Kristian Sotriffer

Geburtsort: Bozen
Sternzeichen: Waage
Ausgeprägtester Charakterzug: Das müssen andere beurteilen, vielleicht geduldige Ungeduld.
Bekennen Sie sich zu einem Fehler? Unter vielen anderen zu dem, Mitmenschen nicht ernst genug zu nehmen (so ernst, wie sich jeder selbst ernst zu nehmen pflegt).
Sind Sie ehrgeizig? In Maßen
Was verschafft Ihnen besondere Genugtuung: Überzeugenkönnen in einer geistigen Auseinandersetzung.
Welche Tugend möchten Sie besitzen? Weisheit
Bevorzugte Tätigkeit: Picknick im Freien
Steckenpferd: Meine diversen Tätigkeiten
Was ist Glück für Sie? Die Abwesenheit von Unglück (ein Plagiat, fürchte ich).
Was fürchten Sie am meisten? Unglück in der Familie
Was ärgert Sie besonders? Dummheit(en)
Was kränkt Sie? Mißverstandenwerden
Sind Sie von etwas abhängig? Man muß essen (und trinken, rauchen...)
Welches Abenteuer würden Sie gern erleben? Mit einem Sportflugzeug übers Gebirge fliegen oder segeln.
Welche Errungenschaft des 20. Jahrhunderts halten Sie für die bedeutendste? Demokratische Verhältnisse (trotz allem)
Lieblingslandschaft: Layadüra
Lieblingsstadt: Keine, oder gleich mehrere
Lieblingsautor: Kein bestimmter, da wechselnd
Lieblingskomponist: Bach, Mozart
Lieblingsmaler: Immer der gerade entdeckte aufregende, oder vielleicht Antoni Tàpies (was ist mit Bildhauern?).
Liebster Duft: Unter anderen harzendes Föhrenholz in einer sonnenbeschienenen Waldlichtung im Sommer
Welche historische Gestalt wären Sie gern gewesen? Ein Mediceer (von der besseren Sorte)
Was tun Sie in Südtirol am liebsten? Im Mittelgebirge über Landschaften blicken.
Was könnte Sie nach Südtirol zurückbringen? Leider nichts mehr, wenn es definitiv sein sollte.

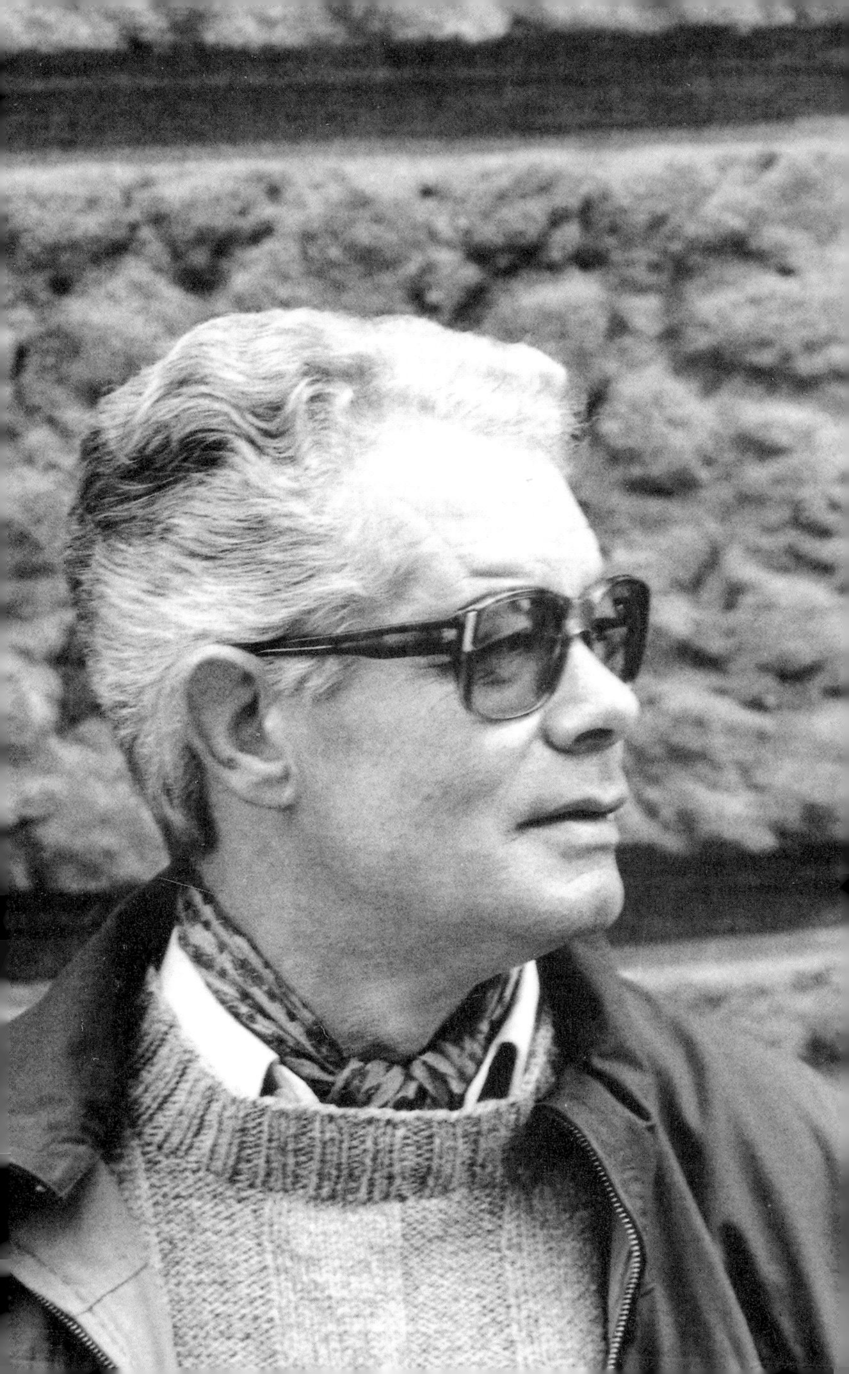

oder vielmehr denen, die nach seiner Meinung ihren Ausverkauf betreiben.

„Südtirol — eine Elegie". Das ist nicht nur der Titel einer sehr persönlichen, fragmentarischen Landeskunde in Texten und eigenen Bildern, die er 1979 veröffentlicht hat. Es ist bis heute der Grundton seines Heimatbezugs geblieben, auch wenn er neuerdings in Südtirol wieder mehr von seinem Metier, der Kunstkritik, her tätig wird: 1985 eröffnete er Oswald Oberhubers erste Ausstellung in Bozen; inzwischen ist er auch wissenschaftlicher Beirat für das neugegründete Museum für moderne Kunst, das sich vor kurzem in Südtirol installiert hat.

Südtirol à la Sotriffer: Das ist wie ein heißer Wind, der die schönen bunten Prospekte mit ihren Lobsprüchen der Selbstanpreisung aufwirbelt, der unter Soutanen und Trachten fährt, Politikerworte verwehen und Klischees verdorren läßt. „Du schönes Südtirol" — der Jodler bleibt einem im Hals stecken, und das Zithersolo verstummt.

Was die Fremdenverkehrswerbung so schwelgerisch hat malen lassen, der Kritiker „zerreißt" es. Mit Wonne und blutendem Herzen. Mit Fotoapparat und Schreibmaschine, was bei Kristian Sotriffer aber nicht dasselbe ist.

Nähme man etwa die Bilder aus seiner „Elegie" und ließe man sie von einem Werbetexter im Sold des Tourismus untertiteln — es kämen lauter liebe Einladungen in eine heile vorindustrielle Welt heraus. Kein Traktor trübt das Bild, kein E-Mast beleidigt das Auge, kein Garni oder Kulturhaus macht die Ellbogen breit. Für Fremde wäre aber gar kein Platz in den braungedörrten Bauernhäusern, auf den steilen, unwegsamen Hängen, in den engen Altstadthäusern. Keine Spur von „Fließend Deutsch und Warmwasser".

Ließe er's bei den Bildern bewenden, hätte er einen achtbaren Fotoband geschaffen, der Sehnsucht nach dem Idyll weckt. Aber: „Die Grundmelodie dieses Buches entsteht aus der Mischung zweier Tonarten. Die eine wird von den Bildern bestimmt, die ein — immerhin noch anzutreffendes und daher nicht vorgetäuschtes — intaktes Bild der Südtiroler Kulturlandschaft darstellen. Es ist das, worüber sich in vielen Teilen ein sehr zerstörerisch-häßliches gelegt hat. Es

wurde deswegen ausgeklammert, weil gezeigt werden soll, was an existenten Substraten, Nährböden für eine mehr als nur gefährdete Kultur auf dem Spiel steht.
Die zweite Tonart ist eine kritisch-analytische, die freilich nur ansatzweise aufzuzeigen versuchen kann, wo Fehlentwicklungen, Fehleinschätzungen, Fehlmeinungen zu welchen Resultaten geführt haben oder führen können."
Zwei Tonarten — sie mischen sich in Kristian Sotriffers „Elegie" wie in seinem Wesen: Die Sentimentalität (seiner Bilder) und die kritische Analyse (die in seinen Texten steckt). Zusammen machen sie Kristian Sotriffer zu jenem heimatlosen Heimatsucher, den er einmal selbst in sich vermutet hat.
Auf den Weg fort von daheim haben auch ihn, wie so viele Landsleute, die Fährnisse der Optionsgeschichte geschickt — und sein Vater, der sich, zuletzt Tierarzt in Mühlbach, noch 1943 auf den Weg „ins Reich" machte und in der Unbehaustheit landete: in Lothringen, von wo im Herbst 1944 das Artilleriegeräusch der nahenden Invasion die „Reichsdeutschen" wiederum vertrieb.
Die Sotriffers landeten im Schwarzwald und blieben dort hängen, obwohl der Vater nach dem Krieg noch die Rückoption angestrebt hatte. Doch inzwischen steckten die drei Sotrifferkinder in bundesdeutschen Schulverhältnissen, und so blieb man, wo man war.
Kristian Sotriffer landete nach dem Freudenstädter Abitur zur Verlagslehre im Stuttgarter Hirzel-Verlag. Verwandtschaftliche Beziehungen zu der in Bozen geborenen Lyrikerin und Verlegersgattin Hildegard Hirzel-Mumelter spielten dabei eine fördernde Rolle, auch wenn Kristian Sotriffer als Neffe des Dichter-Malers Hubert Mumelter diese Verwandtschaft mehr spannungsreich als nestwarm erlebte.
Drei Jahre blieb er in Stuttgart, las viel und sah sich an den dortigen universitären Institutionen um, nicht eben glücklich über deren Vermittlungspraxis.
1954 ging er als Werbeassistent zum Münchner Piper-Verlag, als Außenseiter unter lauter Akademikern. Nach einem weiteren Jahr wurde er „zweite linke Hand" bei dem Verleger, U-Boot-Literaten und Kunstsammler Lothar Günther Buch-

heim in dessen Verlag in Feldafing am Starnberger See, wo er sein persönliches Interesse an Kunst im Verlagsprogramm befriedigen konnte.
1957 zog es ihn nach Wien. Elf Jahre lang besorgte er für den Buch- und Kunstverlag Schroll die Werbung, arbeitete als Lektor, konzipierte Bücher (auch eigene) und wirkte als Hersteller und Gestalter.
Von 1962 an erschienen in der Wiener Tageszeitung „Die Presse" seine Kunstkritiken, die er seither und immer noch schön altmodisch auf seiner Schreibmaschine schreibt. Dem Textcomputer, der inzwischen auch bei der „Presse" allgegenwärtig ist, hat er sich bis jetzt erfolgreich verweigert.
Von 1972 bis 1984 war Sotriffer — als deren künstlerischer Leiter und Lektor — die „Edition Tusch", die durch exquisite bis bibliophile Kultur-Genußbücher auffiel und inzwischen — beinahe — entschlafen ist.
Ihr Programm führt er inzwischen als Lektor des Wiener Herold-Verlags unter neuer Ägide fort.
Verlagsarbeit, Schreiben und Beurteilen (als Mitglied zahlreicher österreichischer und internationaler Kunstjurien) liefen immer parallel und machten Kristian Sotriffer allmählich zu jener „Instanz", die — davon war schon die Rede — in Österreich mit dem Professorentitel geschmückt zu werden pflegt. Höchste Zeit für eine Klarstellung, scheint ihm:
„Nichts hat mich mehr gelangweilt, als pures, einseitiges Expertentum. — Deshalb hab ich immer Bücher über jene Themen geschrieben, über die ich etwas in Erfahrung bringen wollte, und die von anderen so nicht geschrieben werden wollten oder sollten."
Je gewichtiger seine Stimme im Wiener Kunstbetrieb geworden ist, desto umfänglicher wurden auch die thematischen Bogen seiner Bücher: 1982 gab er einen repräsentativen Band „Das größere Österreich — geistiges und soziales Leben von 1880 bis zur Gegenwart" heraus und steuerte eigene Beiträge dafür bei. Ende 1985 erschien von ihm „Im Schnittpunkt der Welten — 1000 Jahre Kunst in Österreich" in thematischen Querschnitten.
Immer wieder schrieb er auch Katalogtexte und Monographien. Zuletzt, im Frühjahr 1986, über den Tiroler Bildhauer

Rudi Wach, der in Mailand lebt, und über den Radierer Ernst Skrička: Er stellte im April 1986 in der Graphischen Sammlung Albertina in Wien aus — am selben Ort wie vor zwei Jahren der Südtiroler Markus Vallazza mit entsprechender, auch von Kristian Sotriffer konzipierter Publikation.

Überhaupt die Albertina: Sotriffer ist ein großer Graphikfreund und erarbeitete gemeinsam mit dem Albertina-Direktor Walter Koschatzky zwei wichtige Überblicksausstellungen: „Mit Nadel und Säure — 500 Jahre Kunst der Radierung" (1982) und „Das Bild vom Stein — Künstlerlithographien von den Anfängen bis zur Gegenwart", beide mit wichtigen Katalogen.

Durch all das hat er sich freilich bisher nie dazu hinreißen lassen, die Kunststadt Wien derart hochzujubeln, wie es gegenwärtig von außerhalb Wiens geschieht. Das Hamburger Kunstmagazin „art" etwa widmete sein Heft 2/1986 zur Gänze dem „Kunst-Wunder von Wien", registrierte die „Explosion" der Wiener Szene, erklärte Oswald Oberhuber zu dem Motor des österreichischen Kunstlebens und zum „Napoleon am Stubenring" und dokumentiert aus dem exquisiten Blickwinkel von Kunst und Gourmandise, daß Wien „in" ist.

Ein Faktum, das, weil es der Selbstgefälligkeit Vorschub leisten könnte, den Kunstbeobachter Sotriffer eher mißtrauisch macht. Denn Selbstgenügsamkeit ist ihm ein Greuel. Den Wienern etwa hat er es mehr als einmal hineingesagt, daß sie dem Zufluß von außen — von Prag und Budapest, aber auch aus Innsbruck, Linz oder Graz — eine Menge zu verdanken hätten. Wie er es umgekehrt den Tirolern mehr als einmal hingerieben hat, daß „diese Selbstgenügsamkeit sowohl im Norden wie im Süden Tirols — mehr als gut sein kann — anzutreffen" sei: „Man ist zufrieden, der Picasso, der Corbusier des Landes zu sein, wo man anderswo nur einer von vielen wäre. Aber für den, der mehr leisten will, ist Konkurrenz notwendig, die es im begrenzten Umraum nicht gibt, vorausgesetzt natürlich eine überdurchschnittliche Begabung. Hingegen findet er das gefährliche Lob der Lokalpresse und die nicht weniger vernebelnden Ehrungen eines Landes, das Maßstäbe aus sich selbst bezieht und sie

eben darum verrückt. Auf diese Weise entsteht Provinzkultur."
Auch sein Onkel Hubert Mumelter („Ich hab ihn immer gern gehabt, aber immer mit ihm gestritten"), meint er, habe sich auf diese Weise unter seinem wirklichen Können im Lande festgeschrieben, sei nach innen geflüchtet: in seinen rätischen Traum.
Mit solchen und anderen Statements reibt sich Kristian Sotriffer bei Gelegenheit gern an seiner eigenen schönen Heimat Südtirol, besonders an jenen, „die den Schönheiten dieses Landes Südtirol sozusagen apathisch anheimfallen: die beim Wein, unter alten Nußbäumen oder Edelkastanien sitzend der ‚verglühenden Pracht' der Dolomitenberge zusehen und dazu ‚Wohl ist die Welt so groß und weit...' singen. Sie begnügen sich mit der engen, weil sie so viel Außerordentliches bietet, die ‚Heimat mein'. In diesem Glück besteht vielleicht das eigentliche Unglück vieler Südtiroler. Sie drohen in ihm zu versanden."
Unter diesem Aspekt beobachtet Kristian Sotriffer in der „Elegie" arglose Sommerfrischidylliker, zaust er aber vor allem die Manager der Südtiroler Ferienlandschaft. „Die Touropa und Südtirol', so konnte man 1979 in einer entsprechenden Anzeige lesen, ‚sind ein Herz und eine Seele' (Gott sei's geklagt)", und er fügt hinzu:
„Die Chance, dem Land ein qualifiziertes, dessen Eigenart respektierendes Publikum durch entsprechend überzeugende Arbeit zu bescheren, scheint dahin. Weil es jetzt andere sind, die mit ihm eben so verfahren, als griffen sie in die eigene und nicht in eine Westentasche, aus der man ihnen rechtzeitig die Finger wieder hätte herausziehen müssen."
Wer da gemeint ist, kann es in der „Elegie" noch unumwundener erfahren:
„Südtirol war deutscher als es noch nicht so deutsch war." Aber: „Wie deutsch ist Südtirol?" fragt Kristian Sotriffer gleich nach und ortet Nachwirkungen aus „großdeutscher" Zeit, die (verbunden mit der Anbiederung an den bundesdeutsch dominierten Fremdenverkehr und mit der Orientierung Südtiroler Politiker nach Bayern) Österreich und insbesondere Wien arg ins Hintertreffen gebracht hätten. Aber er

weiß es ja (wie viele andere Freunde Südtirols in Österreich): „Wien liegt weit im Osten und schon die westlichen österreichischen Bundesländer haben zu ihrer Hauptstadt und deren völlig andersartiger, jedenfalls nichtalpiner Mentalität ein gestörtes Verhältnis."

Auf der Suche nach Tonverwandtschaften in der Südtiroler Kultur-„Melodie" hat Kristian Sotriffer sich des öfteren (lieber als nach Norden) nach Südosten aufgemacht:

„Wer kennengelernt hat, was die benachbarten Landschaften prägt, wird unschwer feststellen können, daß die Gemeinsamkeiten des Lebens, Arbeitens und Empfindens mit Graubündnern, Trientinern (ohnedies lange genug „Welschtiroler", die eigentlichen „Südtiroler" vor 1918), Friulanern, Kärntnern und auch Slowenen größer sind als die mit den nördlichen Nachbarn, ja selbst mit den schon eine andere Mentalität zutage legenden Nordtirolern. Man konnte dies wohl nur anläßlich einer unseligen und mit Scheuklappen behafteten Konzentration auf rein politische Probleme übersehen und vergessen. — Niemand kann mir einreden, daß es über die Sprache hinaus nicht selbstverständlichere Beziehungen gibt."

Eine größere — südalpine — Heimat, die auch eine „Heimat im Kopf" sei, findet er dort: Das einstige deutsche Gepräge Bozens etwa lasse sich in einer Stadt wie Pordenone weit besser vorstellen als in der heutigen Talferstadt selbst.

Diesen Verbindungen hat Kristian Sotriffer besonders in seiner Studie „Geformte Natur" (1981) nachgespürt, diesmal nicht, um Südtirol eine Lektion in seiner Art Heimatkunde zu erteilen, sondern unter dem Blickwinkel der konzeptuellen oder Objektkunst. Vorwiegend im Raum Friaul („Da hab ich ein Heimatgefühl erschnüffelt"), in den Seitentälern der oberitalienischen Seen und um den Monte Rosa fotografierte er Reisigbündel und Holzstapel, Strukturen von Zäunen und Ackerfurchen, Gewachsenes und Geformtes, Arbeitsgerät und Haustypen.

Plastische Objekte als Träger ästhetischer Signaturen: „Ein Aufmerksamwerden gerade auf ihre formalen Qualitäten schärft die Sinne auch in anderen Bereichen... Es handelt sich dabei um ein Formgut, das uns im Zusammenhang mit den ökonomischen Veränderungen verlorengeht."

Was allzu leicht und in anderer Kommentierung als nostalgisches Spiel mit den Relikten einer „heilen" Welt mißverstanden werden könnte, zeigt sich hier als Reflexion über die These, daß Sein mehr bedeutet als Haben. Aber betreibt Kristian Sotriffer nicht dennoch ein ästhetisches Spiel mit der Exotik der Armut, wenn er da in einer „Dritten Welt Mitteleuropas" die vorindustrielle Mühsal des Bauernlebens zur Richtschnur einer Neubesinnung macht?

Er sieht sein Tun als Fingerzeig dafür, „wie sich Systeme organisch entwickeln und mit der Umwelt eine Synthese eingehen, anstatt sich über sie zu legen".

Die Konsequenz heißt für ihn aber nicht platterdings Rückschritt in vorindustrielle Zeit. Für notwendig hält er vielmehr Exerzitien über die schwierige Kunst, mit neuen Mitteln etwas zu bewerkstelligen, was sich den traditionellen Formen anschmiegt — in der Baukunst etwa so, wie der Architekt Lois Welzenbacher in den zwanziger Jahren sein „Haus Settari" in die delikate Mittelgebirgslandschaft von Bad Dreikirchen-Briol stellte.

Er zitiert den Künstler und Kunsttheoretiker Reimer Jochims:

„Leben lernen können wir nur von den Epochen und Personen, die eine ästhetische Kultur hatten und haben."

In Bereichen, die „entwickelt", dem „Fortschritt" unterworfen worden seien, treffe man die Fähigkeit des Lebens mit der Natur kaum noch an. Und die Entscheidungen von dieser Warte aus zu treffen, sei — so kritisiert Sotriffer — eben auch in Südtirol vielfach versäumt worden, hier um so schlimmer, weil in dem hochempfindlichen, heiklen, vom Tal bis zu den Almen durchstrukturierten System, das „einen besonders reich facettierten Organismus darstellt", unsensible Eingriffe sich viel prekärer auswirkten als anderswo. In der Schweiz — im Engadin etwa — sei man moderater mit der Landschaft umgegangen als in Südtirol, wo „sanfter" Tourismus nur in wenigen Gebieten, wie im Gsieser Tal, praktiziert worden sei.

Da aber ein Stopgebot für die Übererschließung nicht der zweifelhaften Selbstbeschränkungswilligkeit des „mündigen" Bürgers überlassen bleiben dürfe, könne es nicht ohne einen gewissen Zwang abgehen. Es müsse aber auch eine positive Indoktrination „von unten her" (und damit meint er auch Schule und Elternhaus) stattfinden, die jedoch bisher „von oben" nicht angeregt worden sei.

Sollen also die Politiker, kurz: die Entscheidungsträger bei den Künstlern und Kunsttheoretikern in die Schule gehen, um zu retten, was noch zu retten ist?

Kristian Sotriffer votiert nicht nur dafür, sondern für ein „Weltverständnis, das aus der Erkenntnis der Notwendigkeit, zusammenzuführen statt zu zerreißen, neue Regeln gewinnt".

Solche Anregung, meint er, „würde dazu dienen, die gewachsenen Kulturzonen zu schonen und aus ihnen für jene zu lernen, die neu zu entwickeln oder zu verändern sind. Wobei eben auf das — in jeder Hinsicht bewährte — Zusammenspiel von Natur und Kultur zu achten ist, wie es in allen vorindustriell verbliebenen Bereichen noch heute erlebt werden kann — und zwar überall dort, wo es sich noch als sinnvoll und möglich erweist."

Sinnvoll — das Wort wird Kristian Sotriffer besonders da wichtig, wo er sich mit den Traditionen beschäftigt: „Tradition ist eine schöne, eine wichtige Sache. Aus ihr entwickelt sich das Selbstverständnis und die sich an ihr messende ‚lebendige' Kultur eines Landes."

Wenn es aber um die „Traditionspflege" in Südtirol geht, wird Kristian Sotriffer leicht scharf: Was sich im Lande an Assoziationen an diesem Begriff anzulagern pflege, sei Konservierung von Entseeltem und Abgestorbenem. Er meint, daß die Südtiroler gar nicht „Gott und Heimat" im Sinn hätten, wenn sie diese „Worthülsen" benützen, denn:

„Sie decken etwas, das sich nicht in retardierenden Beschwörungsformeln und entsprechenden Aufmärschen, Gelöbnissen, Feiern oder Worterergreifungen artikulieren kann, sondern nur in einer neuen Lebendigkeit, die sich zunächst in einer andern Sprache als jener äußern müßte…

Aus ihr heraus müßte dann jene neue Philosophie geboren werden..."

Hier geht Kristian Sotriffers fortgesetzte Südtirol-Elegie in eine Utopie über, die schon fast einem (kultur)politischen Programm gleichkommt.

„Südtirol — das sollten seine Neuplaner bedenken — ist kein Land für Automobile, die aus den Tälern hochsteigen wollen. Für jene, die das unbedingt müssen, sollte man anstelle der alten Straßen und Wege keine Pisten bauen.

Südtirol — das hätten die Siedlungsgenossenschaften längst erkennen müssen — ist kein Land für ortsfremde und von der Bauindustrie vorgefertigte Formen. Zu reichhaltig ist das Anschauungsmaterial für differenzierte, praktische, ästhetisch zufriedenstellende Arten des Bauens.

Südtirol — das sollen sich die Touristikexperten hinter die Ohren schreiben — ist ein Land, das immer gastfreundlich war, das es nie notwendig hatte, sich Fremden gegenüber, die sich nicht als Gäste, sondern als eine Art Eroberer empfinden wollen, anzubiedern.

Südtirol — das sollten seine Politiker und Volkstumsbewahrer endlich erkennen — ist ein Land, in dem man vermeintlich freundschaftlicher Hilfe ebenso wenig aufsitzen muß wie dem Aberglauben von der notwendigen ‚Arterhaltung' unseligen Angedenkens, die zum Schluß nur zum inneren Auflösungsprozeß führt..."

Es ist fast dunkel geworden.

Noch immer treibt der Schnee vor dem Fenster vorbei, klappert es im Kamin. Der türkische Kaffee ist kalt geworden, das Arbeitszimmer ist eine dämmerige Höhle mit ein paar leuchtenden Inseln da, wo Lampen stehen.

Kristian Sotriffer steht auf und holt eine dünne Mappe: eine germanistische Seminararbeit seiner Tochter Katharina über die „Problematik der Südtirolliteratur". — Als die Kinder noch klein gewesen seien, habe er mit ihnen bisweilen ein Identifikationsspiel gespielt, und auf die Frage „Was seid ihr?" habe die dreistimmige Antwort gelautet: „Wir sind Tiroler!" Jetzt fühlten sie sich wohl mehr als Österreicher.

Und er selbst? „Natürlich habe ich ein sentimentales Verhältnis zu Südtirol. Natürlich passiert vieles von dem, was in

Südtirol passiert ist, woanders auch. — Aber woanders geht's mich weniger an." Wenn er, mit Vorliebe im Herbst, nach einem Südtirol-Aufenthalt wieder nach Wien zurückfährt, nimmt er Brot, Kastanien, Käs, Speck, Obst und Wein mit: Nachgeschmack und Essenz des bäuerlichen Südtirol. Denn davon ist er überzeugt, „daß vom wahren Leben, jenem nämlich, das sich keine Ausweichstationen schaffen kann und will, bei ‚den Letzten dort oben' mehr vorgefunden werden kann als bei jenen, die unten immer die ersten sein wollen."

Lesehinweise zu Kristian Sotriffer:
Südtirol — eine Elegie, Edition Tusch, Wien 1979 (Lizenzausgabe der Südtiroler Kulturzeitschrift „Arunda")
Geformte Natur, Edition Tusch, Wien 1981 (Lizenzausgabe der „Arunda")
Was ich eine Heimat nenne, in: „Distel", Nr. 4/1983
Die verlorene Einheit. Haus und Landschaft zwischen Alpen und Adria. Wien-Stuttgart 1978
Domus Alpina. Bauformen und Hauslandschaften im Alpenbereich. Wien-Stuttgart 1982
Einleitung zum Merian-Reiseführer Südtirol, München 1983

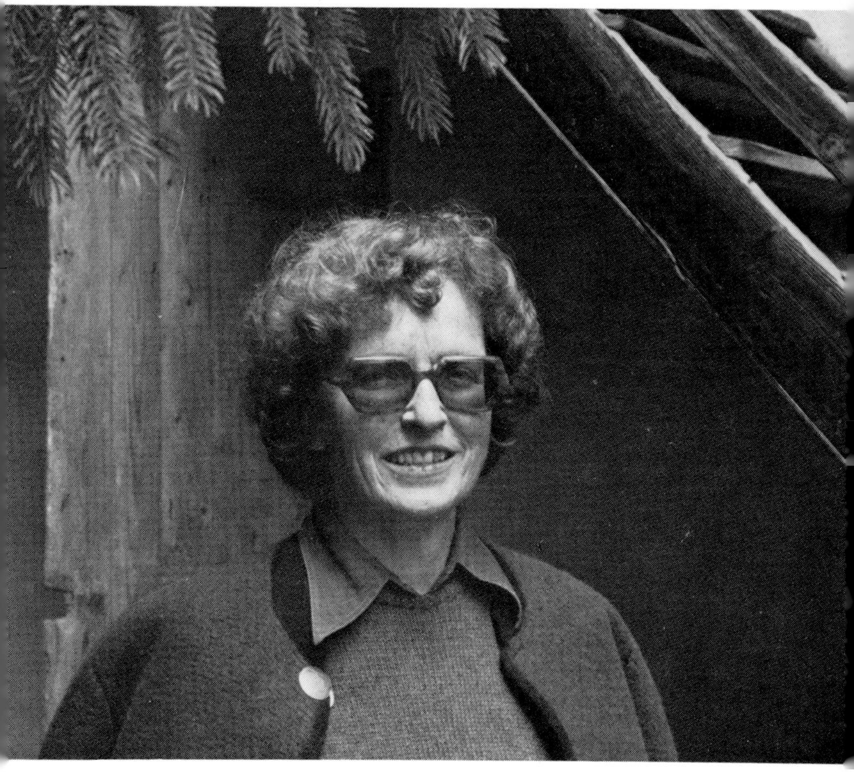

Psychogramm Inge Lehne

Geburtsort: Bozen
Sternzeichen: Waage
Gibt es eine Charaktereigenschaft, die Sie besonders prägt? Vielleicht die Bereitschaft zum Engagement
Würden Sie sich zu einem Fehler bekennen? Ja (warum denn nicht?)
Haben Sie Ehrgeiz? Zum Glück noch ein bißchen
Was bereitet Ihnen besondere Genugtuung? Eine gut geleistete Arbeit
Gibt es ein Abenteuer, das Sie gern erleben würden? Das wäre eher die Lösung eines Rätsels oder ein interessanter Fund als eine Raumfahrt.
Wären Sie gern eine bestimmte historische Persönlichkeit gewesen? Darüber habe ich mir nie den Kopf zerbrochen.
Gibt es etwas, das Sie besonders fürchten? Immobilität und Inaktivität
Was kränkt oder ärgert Sie besonders? Intoleranz
Sind Sie von etwas abhängig? Vom Tee... (aber nicht von Kräutertee!)
Lieblingslandschaft: Die Dolomiten
Lieblingsstadt: Wien
Was riechen Sie besonders gern? Nadelwald
Bevorzugte Autoren: Da fällt mir die Auswahl schwer — ich könnte Matthias Claudius sagen oder Joseph Roth oder, oder...
Welche Musik hören Sie besonders gern? Die große C-Dur-Sinfonie von Schubert
Haben Sie Vorlieben auf dem Gebiet der Bildenden Kunst? Dürer, Vermeer, Corot
Welches Buch hat Sie in letzter Zeit besonders beeindruckt? Umberto Eco, „Der Name der Rose"
Wo fühlen Sie sich beheimatet? In Südtirol
Was tun Sie in Südtirol am liebsten? Schauen
Was nehmen Sie mit, wenn Sie Südtirol wieder verlassen? Schöne Eindrücke, aber auch traurige, ausgelöst von der Baubewegung...
Könnte Sie etwas auf Dauer nach Südtirol zurückbringen? Eine herausfordernde Aufgabe — oder der „Ruhestand" (die Zustimmung meines Mannes halt vorausgesetzt...)

Inge Lehne
Dozentin für Wien(erisches)

Wenn ein junger Amerikaner zum Studium nach Wien kommt, dann ist ihm nichts Besseres zu wünschen, als daß er die Stadt mit den Augen von Inge Lehne zu sehen lernt. Sie wird ihm das in den USA geläufige Bezugssystem Apfelstrudel-Sachertorte-Lipizzaner-Heuriger nicht vorenthalten, aber sie wird es gehörig einbauen in ihr kulturgeschichtliches Koordinatensystem von Wien. Das heißt „Vienna — The Past in the Present". „Wien — Vergangenes in der Gegenwart": ein vernünftiges Konzept, das dem Flair der Stadt gerecht wird und Klischees weder totschweigt noch breittritt.

Es ist zugleich der Titel eines Wien-Handbuchs in englischer Sprache, das Inge Lehne zusammen mit einem jungen amerikanischen Kollegen für Wienbesucher aus dem englischamerikanischen Raum geschrieben hat — für all jene, die Zeit und Lust haben, tiefer in die Eigenart der Donaustadt einzudringen.

Das Autoren-Stichwort auf dem Bucheinband vermerkt für Inge Lehne lapidar: „... was born in 1924 in South Tyrol". Der Hinweis auf Inge Lehnes Herkunft liest sich nicht weniger beiläufig als der ihres Mitautors Lonnie Johnson, der eben in Minneapolis, Minnesota, geboren ist. Aber Inge Lehne ist auch Inge Reut-Nicolussi, und damit ist Schluß mit der Beiläufigkeit. Denn ihre Kindheit in Südtirol erlaubt ihr niemals, wie anderen, einen Blick in die besonnte Vergangenheit einer heilen Welt.

Als sie in Bozen geboren wurde als Tochter des Anwalts, Obmanns der Tiroler Volkspartei und Parlamentsabgeordneten Eduard Reut-Nicolussi, war Not ihr Ausgangserlebnis — nicht materielle Not, sondern die politische Not der faschistischen Rutenschläge gegen Südtirol — nur wenige Jahre nach der als Willkürakt empfundenen Losreißung Südtirols von Österreich.

Während sie laufen lernte, streiften die Carabinieri-Patrouillen durch die elterliche Wohnung, auf der Suche nach Belastungsmaterial gegen den Vater, der gleich 1922 von den neuen Machthabern in Acht und Bann getan worden war mit dem Verbot, sich weiter öffentlich zu betätigen, „widrigenfalls jedem Faschisten freie Hand gelassen sei, gegen mich vorzugehen, wie es ihm beliebe".

Die Würde des Staates, kraft derer Eduard Reut-Nicolussi im römischen Parlament die Achtung der Eigenart Südtirols gefordert hatte, wurde ersetzt durch eine rigoros gehandhabte Staatswillkür. Sie bestand vor allem aus den zahlreichen Gesetzen und Verordnungen, die, von der Schulreform Gentile im Oktober 1923 zur Austilgung des deutschen Unterrichts bis zu dem lächerlichen Gebot der Entfernung deutscher Aufschriften und Monogramme, selbst in der Wäsche und am Hausrat, alles Deutsche ausmerzen sollte.

Eduard Reut-Nicolussi, aus der deutschen Sprachinsel Lusern am Rande der Sieben Gemeinden stammend, hat die Beilschläge des italienischen Faschismus gegen die deutsche Sprache in Südtirol in seinem Buch besonders erbittert aufgelistet. Er, der in Trient, wo sein Vater Lehrer war, deutsche Schulen besucht hatte, konnte dort sehen, daß die Trientiner von damals „alles hatten, was zu einem freien und gesicherten nationalen Leben gehört. Sie entbehrten nur eines: die politische Gemeinschaft mit ihrer Nation."

Im Herbst 1927, nachdem Reut-Nicolussi auch noch aus der Anwaltsliste gestrichen worden war, ging er zu Fuß auf Schleichwegen nach Nordtirol. Einige Tage nach seiner Flucht erschien im Bozner Faschistenblatt die Meldung:

„Der Tiroler Reut-Nicolussi, welcher von der Polizei, die Fehler auf Fehler häuft, wie man sieht, erbarmungslos überwacht wurde, ist mit seiner Familie über die Grenze gelangt." Man müsse nun in Südtirol Geiseln nehmen, um sicherzustellen, daß der Entwichene im Ausland Italien nicht schädige.

Schon ein Jahr nach seiner Flucht erschien in München sein Erinnerungsbuch „Tirol unterm Beil", das zugleich eine Streitschrift ist und bis in die sechziger Jahre hinein ein Kultbuch des Volkstumskampfs in Südtirol war. Es ist vor allem eine pathetische Chronik der Unterdrückung und ein Zeitdokument ersten Ranges.

Seine Lektüre vermag auch zu erklären, warum mehr als zehn Jahre später die Option für Hitlers Deutschland in Südtirol so viele Anhänger fand: man optierte für „das Deutsche" schlechthin und gegen das sich so repressiv gebärdende „Italienische". Denn dies kannte man aus nächster Betroffenheit als radikale Italianisierungspolitik, verstärkt durch faschistisches Rowdytum.

Die ständig enger gezogenen gesetzlichen Daumenschrauben gegen den Gebrauch des Deutschen lesen sich heute wie die Umkehr des Autonomiestatuts: Seine Kompetenzen sind die Verbote von damals.

Für Inge Reut-Nicolussi hat die Flucht der Familie Südtirol zum Sehnsuchtsziel gemacht. Obwohl sie schon mit drei Jahren nach Innsbruck kam, lagerte sich ihr Heimatgefühl doch ganz an Südtirol an.

Die Schul- und Universitätszeit erlebte sie durch die väterliche Position als Verbannung und in dem Bewußtsein: Man ist immer „dagegen". Ihre Mutter habe ihr einmal gesagt, sie habe mit viererlei fremder Polizei zu tun gehabt: von den Faschisten bis zu den Franzosen.

Gleich nach dem Krieg schon beginnt Inge Reut-Nicolussi, mit ihrem Vater, der inzwischen an der Universität Innsbruck die Lehrkanzel für Völkerrecht innehat, über Südtirol zu arbeiten. So ist sie weiterhin fest eingebunden in die Problematik der Südtirolfrage.

Im Innsbruck der französischen Besatzungszeit beendet sie 1949 auch ihr Studium der Anglistik und Germanistik.

Im gleichen Jahr noch geht sie nach Wien, von Anfang an mit dem Vorsatz, sich dort nicht heimisch machen zu wollen. „Bleiben, wo man hingehört", ist weiter ihre Sehnsucht. Das galt auch noch, als sie in England ihren Mann kennenlernte, der ihr Wien zwar kenntnisreich und behutsam interpretierte, aber an ihrer lange Zeit sehr kritischen Einstellung zu dieser Stadt nicht allzu viel ändern konnte. Ihre drei Söhne haben sie freilich stärker dort eingebunden.

Auch ihre Arbeit, zunächst beim „British Council", dann in einer Kunstgalerie, dazu als freie Journalistin und Übersetzerin vorwiegend historischer Werke, half ihr dabei.

Als ihre Mutterpflichten nach der Matura der Söhne ein wenig in den Hintergrund treten konnten, engagierte sie sich beruflich wieder stärker. Am „Institute of European Studies" in Wien übernahm sie zunächst eine diplomatisch-administrative Funktion und dann die Lehrtätigkeit eines „lecturer".

Dieses Studienprogramm für amerikanische Studenten in Europa, assoziiert mit rund 40 Universitäten und Hochschulen in den USA, mit Instituten in Großbritannien, der Bundesrepublik Deutschland, in Spanien, Frankreich und Österreich, wurde bereits 1950 gegründet. Damals kam ein Wiener Student als Stipendiat in den USA auf die Idee, man müsse auch Kontakte in der Gegenrichtung aufbauen. Zusammen mit einem amerikanischen Studenten gründete er aus dem Nichts eine solche Organisation, die jungen Amerikanern das Europa der Trümmerzeit, des überstandenen Weltkriegs zeigte. Das Wiener Institut war das erste, das nach diesem Konzept arbeitete.

Das Studienprogramm am „Institute of European Studies" belohnt akademisches Tun in Europa obendrein mit Zeugnissen, die beim Weiterstudium in den USA anerkannt und nützlich sind. Entsprechend beliebt sind daher die Studienprogramme, die aus einer Kombination lokaler Hochschulkurse mit eigenen Instituts-„Klassen" bestehen und für verschiedene Fachgebiete angeboten werden, meist in der jeweiligen Landessprache. Nur in Wien wird in der Muttersprache der amerikanischen Studenten unterrichtet.

Träger des Instituts sind amerikanische Universitäten, die meist als quasi private Wirtschaftsunternehmen nach den Gesetzen des „business" funktionieren. Und amerikanisch sind auch die Gepflogenheiten des Studienbetriebs, wo hart und sehr kompetitiv um Punkte und Scheine gerungen wird, wie auch die Institute sich um „gute" Studenten von „guten" amerikanischen Hochschulen bemühen, die wichtig sind fürs Prestige der Organisation.

„Wenn amerikanische Studenten gut sind, dann sind sie wirklich exzellent", sagt Inge Lehne dazu.

Für sie war das amerikanische Hochschulmodell eine neue, in manchem durchaus positive Erfahrung. Neu war für sie auch, daß am Ende jedes Kurses jeder Student ein Formular in die Hand bekommt, auf dem er seine Dozenten bewerten muß. Aus diesen Bögen erfahren dann die Lehrer — hart, aber heilsam — wie sie denn so „ankommen" bei ihren Studenten.

„Das relativiert übrigens auch ein wenig den europäischen Hochmut gegenüber dem amerikanischen Hochschulsystem", meint Inge Lehne. Und natürlich gehen die Bewertungsergebnisse auch nach „drüben", ebenso wie die in Wien ausgearbeiteten, aber in den USA zu ratifizierenden Lehr- und Studienpläne.

Inge Lehne ist am Wiener Institut zuständig für die Kulturgeschichte Wiens, die inzwischen zu ihrem Spezialthema geworden ist. Für sie, die sich in Wien nie ganz daheim gefühlt hat, eine besonders hilfreiche Möglichkeit, Boden zu gewinnen.

Ihre Vorlesungen über das Werden der typischen Wiener Stadtkultur etwa oder über die kulturell so folgenreiche Epoche des Wiener „Fin de Siècle" um 1900 sind begehrt nicht nur bei den Studenten des Instituts, sondern auch bei anderem Publikum. So hält sie Vortragsserien in Deutsch und Englisch auch für erlesene Zuhörerkreise um das Laxenburger „Institut für Angewandte Systemanalyse" oder für die Damen der in Wien akkreditierten UNO-Beamten, der Botschaftsangehörigen oder Angestellten ausländischer Großfirmen. Diese Frauen aus vielen europäischen und überseeischen Ländern sind im Wien der Wiener — die in ihrem Selbstwertgefühl mit Vorliebe unter sich bleiben — meist arg isoliert, während ihre Männer in der Wiener UNO-City immerhin berufliche Genugtuung finden. Inge Lehne hilft den Frauen, die Stadt, in der sie mehr leben müssen als wollen, wenigstens in ihrer kulturgeschichtlichen Bedeutung schätzen zu lernen, wenn ihnen schon zum Liebenlernen die menschlichen Bezüge fehlen.

Dankbarkeit und langjährige Freundschaften weit über die Zeit der Wien-Aufenthalte hinaus lohnen ihr die Arbeitsfülle, die sich zusammen mit den familiären Verpflichtungen manchmal zu einem gut tirolerischen „Tschoch" auswachsen. Aber den nimmt sie in Kauf, wie so viele andere Ehefrauen und Mütter, die auch mit Leidenschaft berufstätig sind.

Nebenher besucht Inge Lehne auch gern noch die Veranstaltungen im Wiener Bundesländerhaus, Abteilung Tirol, wo die österreichische „Provinz" in der Weltstadt Wien die Schaufenster ihrer kulturellen Eigenständigkeit dekoriert. Aber Inge Lehnes Versuche, in Wien ihre Tiroler Identität zu wahren, richten sich mehr auf Themen als auf Leute, und ihr Thema Nr. 1 ist und bleibt Südtirol — wie es Wien wäre, wenn sie in Südtirol leben könnte.

Manchmal liebäugelt sie mit dem Gedanken, nicht nur, wie seit vielen Jahren, die Sommerzeit im verwunschenen Bad Dreikirchen zu verbringen, sondern ihren Mann Friedrich Freiherr von Lehne, den inzwischen pensionierten Vizepräsidenten des österreichischen Verwaltungsgerichtshofs, richtig nach Südtirol zu verpflanzen. Dann würde sie versuchen, hierzulande für Wien zu werben.

„Es ist ein Jammer, daß die Südtiroler so wenig von Wien wissen wollen", spricht sie eine in Wien häufig gehörte Klage aus. Man müsse — von Bozen und Wien aus — mehr tun, um die Südtiroler wieder mehr nach Wien zu bringen.

Eine Gruppe von Südtiroler Mittelschullehrern anläßlich einer Studienfahrt durch Wien zu führen und sie schließlich, reicher an positiven Empfindungen und ärmer an Vorurteilen über Wien, wieder heimreisen zu sehen, war für sie eine außerordentlich gute Erfahrung, die sie gern wiederholen würde.

Diese Facette des Südtirol-Engagements von Inge Lehne ist nicht neu. Schon in ihren ersten Jahren in Wien setzte sie sich auf Ersuchen von Kanonikus Michael Gamper dafür ein, das Problem Südtirol in Wien präsent zu halten. Sie ist eine Mitbegründerin des Bergiselbundes Wien, der vor allem in den sechziger Jahren durch rege Publikations- und Unterstützungstätigkeit versuchte, Südtirol als österreichisches Thema zu erhalten — mit unverhohlener Sympathie auch für die Aktionen von 1961.

Inge Lehne gelang es auch, den späteren Bundeskanzler Bruno Kreisky für den Bergiselbund zu werben.

„Es war ein sehr angenehmes Gespräch, das zeigte, daß Südtirol als offene Frage Kreisky wirklich am Herzen lag", erinnert sich Inge Lehne, die auch später nie aufgehört hat, klug und kultiviert in Wien für Südtirol zu werben.

Sie hat auch versucht, das Verhältnis ihrer in Wien lebenden Nord- und Südtiroler Landsleute in der österreichischen Hauptstadt zu erkunden. 1975 befragte sie Tiroler „Emigranten" in Wien über ihr „Wien-Gefühl". Dreizehn zugewanderte Tiroler aus Innsbruck, Imst, Bruneck, Sexten und Außerfern, vorwiegend in Wirtschaft und Politik, in der Kultur und im Hochschulbereich tätig, antworteten vorwiegend mit den verschiedensten Varianten von „gut", unter anderem mit „sauwohl" und „woll woll". Und auf die Frage: „Exil oder zweite Heimat?" mochten sich immerhin zehn der Befragten für reduzierte Formen von Heimatgefühl entscheiden. Es gefiel die „Schönheit der Stadt", die „Umgebung", das „Urbane", der „Blick nach Osten" (ins Slawische und Magyarische). Es ärgerten „die Selbstzufriedenheit" und „die leeren Versprechungen und Schlampereien", „der Snobismus der sogenannten besseren Kreise" und manche andere Wiener Spezialität.

Besonders opulent antwortete ORF-Redakteur Claus Gatterer, der Wien und den Wienern einen ausführlichen Katalog von Mängeln und Vorzügen widmete, das „kakanische Fluidum der verblichenen Reichshauptstadt" schätzte und „den gewissen intriganten, vielfach leerlaufenden Kulturbetrieb" anprangerte. Ausdrücklich und nicht ohne Häme rühmte er an Wien „die Redlichkeit, die im Wiener Schmäh steckt, weil sie sich wohltuend von unserer hinterfotzigen ‚Geradheit' unterscheidet; daß man uns Tiroler liebt trotz aller tirolischen (tyrolischen?) Abneigung gegen Wien…"

Claus Gatterer, den galligen Kritiker Südtiroler Befindlichkeiten, zu befragen, hatte für Inge Lehne einen besonderen Hintergrund: Sie darf sich als seine „Entdeckerin" fühlen. Auf Empfehlung von Kanonikus Gamper vermittelte sie den knorrigen Sextener Jung-Intellektuellen seinerzeit zu den ersten Alpbacher Gesprächen des Jahres 1945, wo er — nachdem er „schwarz" über die Grenze gegangen war — mit seinen Beiträgen starken Eindruck machte, und schließlich

brachte sie ihn als Journalisten zu den konservativen „Tiroler Nachrichten".
Ob sich die Tiroler in Wien verändert hätten, wollte Inge Lehne damals in ihrer Fragebogenaktion nicht fragen. Zu indiskret schien ihr die Frage, aber die langjährigen Doppelexistenzen der Befragten — der Befragerin eingeschlossen — ließen keinen Zweifel daran, daß auch die Wiener Tiroler ihre erste Heimat etwas schärfer anschauen als die meisten einheimisch Gebliebenen.
Auch Inge Lehne mag also, wenn sie nach Südtirol hereinschaut, nicht nur eine heile Welt sehen — davor stellt sich ihr nicht nur der Garni-Boom, den sie besonders im Umkreis von Bad Dreikirchen (also in Barbian und Villanders) registriert. Den neuen Wohlstand in Südtirol gönnt sie denen, die seiner teilhaftig geworden sind, von Herzen. Aber sie würde doch ganz gern wissen, wie weit die Menschen in Südtirol noch zu Opfern für ihre Heimat bereit wären. Von diesem Aspekt, der so sehr mit ihrer persönlichen Geschichte verknüpft ist, kann sie nicht wegdenken.
„Damals fand man seine Identität als Südtiroler über die Abwehr der Italianisierung, heute findet man sie über die Bewahrung der Eigenart."
Definition und Einkreisung der jeweils eigenen Heimat („ein Wort, das jetzt einen richtigen Boom hat, nachdem es jahrelang einen so schlechten Ruf hatte") sieht sie als Grundbedürfnis, das sie auch bei ihren amerikanischen Studenten beobachtet.
Viele von denen betreiben auch für sich selbst die Suche nach den „Roots" (so der Titel einer besonders erfolgreichen amerikanischen Fernsehserie), den Wurzeln ihrer Abstammung. Manche gehen in die Nationalbibliothek und informieren sich in Wien über die österreichische Heimat ihrer Urgroßeltern. Andere fahren von Wien aus weiter nach Böhmen und suchen den Augenschein im Land ihrer Vorväter. Alle hängen sie, ob sie sich auch selbst darüber wundern, an ihren Wurzeln, da geht es den Amerikanern nicht anders als den Tirolern.
„Psychologische Geographie", nennt es Inge Lehne, und zweierlei gilt ihr für ihre Landsleute als erwiesen: Einmal die

große Integrationsfähigkeit der Stadt Wien, die jahrhundertelang gewissermaßen vom „Zuzug" gelebt habe — vom Prinzen Eugen über Mozart bis zum Tiroler Karl Schönherr. Und zum andern weiß sie aus eigener Erfahrung am besten, „daß einen Tiroler Tirol auch in Wien nie ganz losläßt".

Lesehinweise:
Eduard Reut-Nicolussi, „Tirol unterm Beil", München 1928
Das Fenster — Tiroler Kulturzeitschrift, Heft 17, 1975/76

Ulrich Runggaldier

Forschung zwischen Konflikt und Partnerschaft

Natürlich stammt Ulrich Runggaldier aus Gröden und natürlich aus einer Holzschnitzerfamilie.
Die Runggaldier sind eine der großen Sippen des Tales, und immer noch weist das Telefonbuch unter den vielen Runggaldiers in den drei Grödner Hauptorten vorwiegend Bildhauer, Schnitzer und solche, die mit den typischen Produkten des Tales Handel treiben, aus. Dazu die ebenfalls gebietstypische Personalunion mit dem Fremdenverkehr.
Auch Ulrich Runggaldiers Vater, früher Bürgermeister von St. Ulrich, ist Holzschnitzer und -verleger und sorgte mit acht Kindern für stattlichen Fortbestand von Familie und Namen. Einige haben allerdings weder für die Holz- noch für die Fremdenbearbeitung Neigung gezeigt, sondern für die Wissenschaften, weshalb sie zumindest nicht die Liste der eingesessenen Runggaldiers verlängern, sondern den Namen ins Weite getragen haben: Sohn Wolfgang Runggaldier als Mathematiker, der lang in den USA war und jetzt Universitätsprofessor in Padua ist, Sohn Edmund Runggaldier, Jesuit und außerordentlicher Professor für christliche Philosophie an der Innsbrucker Universität, Tochter Heidi, ebendort Universitätsassistentin für Romanistik, und schließlich Ulrich Runggaldier, seit 1984 ordentlicher Professor für Arbeitsrecht und Sozialrecht an der Wirtschaftsuniversität Wien.
Die Berufung dorthin erhielt der damals 34jährige an der Universität Innsbruck, wo er seit 1977 als Assistent für Arbeitsrecht — mit einem Sonderauftrag zur Betreuung der Südtiroler Studenten — tätig war und sich 1983 habilitiert hatte.
Sein eigenes juristisches Studium hatte er in Florenz abgeleistet und 1972, während er bereits in einer Rechtskanzlei arbeitete, abgeschlossen.
In seiner Dissertation hatte er, den Vorteil der Kenntnis beider Sprachen nutzend, die Arbeitnehmermitbestimmung im Vergleich zwischen der Bundesrepublik Deutschland und Italien behandelt. Der Ansatz entsprach den Positionen

Psychogramm Ulrich Runggaldier

Geburtsort: Brixen
Sternzeichen: Steinbock
Ihr hervorstechender Charakterzug: Ausdauer
Sind Sie ehrgeizig? Ja — aber nicht übermäßig
Bekennen Sie sich zu einem Fehler? In bestimmten Belangen zu wenig flexibel
Was verschafft Ihnen besondere Genugtuung? Zu sehen, daß eine aufgewendete Mühe zum Erfolg führt.
Bevorzugte Tätigkeit: Lesen
Steckenpferd: Keines
Was fürchten Sie am meisten? Krankheit
Was ärgert Sie besonders? Einer bestimmten ideologischen Richtung in einseitiger Weise zugeordnet werden.
Sind Sie von etwas abhängig? Nein
Welches Abenteuer würden Sie gern erleben? Eine weite Reise (Australien)
Gibt es Persönlichkeiten, an denen Sie sich orientieren? Nein
Welche historische Persönlichkeit wären Sie gern gewesen? Keine
Lieblingslandschaft: Berg- und Hügellandschaft, Wald
Lieblingsstadt: Keine
Bevorzugte Autoren: Hesse, Cassola
Bevorzugter Komponist: Händel
Vorliebe in der Bildenden Kunst: Paul Klee
Welches Buch hat Sie in letzter Zeit besonders beeindruckt? „Im blinden Winkel" (Hsg: Ransmayer)
Wo fühlen Sie sich beheimatet? —
Was tun Sie in Südtirol am liebsten? Wandern
Was nehmen Sie aus Südtirol mit? Eine Schnitzerei aus der Werkstatt meines Bruders
Könnte Sie etwas auf Dauer nach Südtirol zurückbringen? Ja

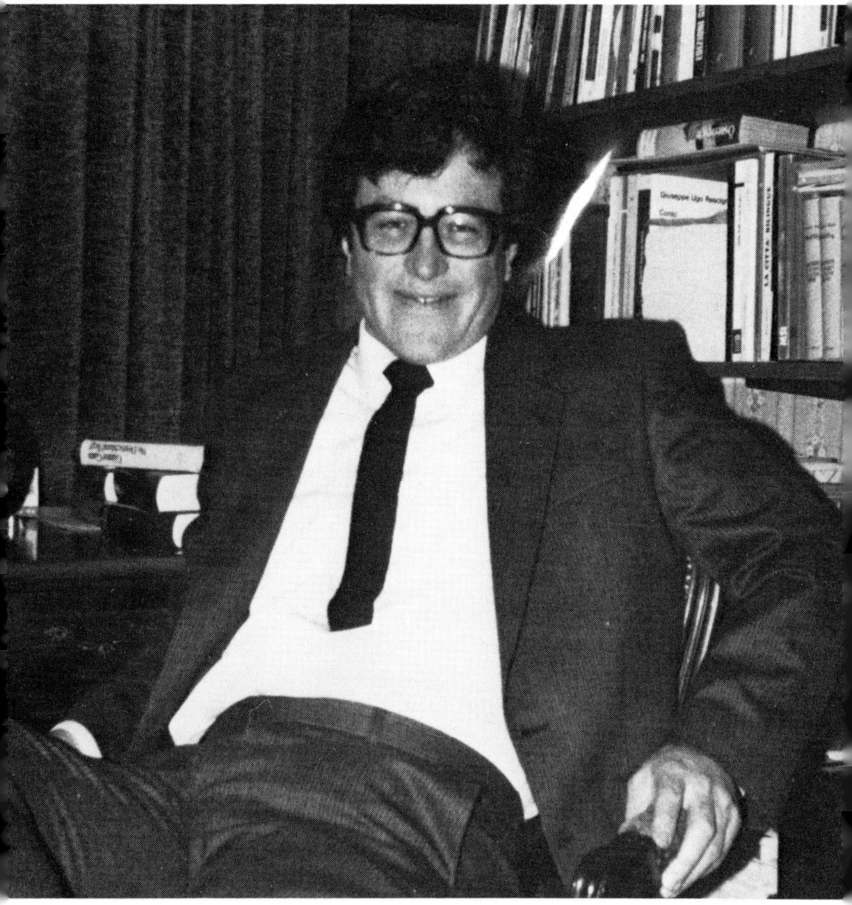

von 1968, ging von der damals betonten Frontstellung Arbeitgeber—Arbeitnehmer aus. Aber Ulrich Runggaldier zeigte schon in seiner Dissertation, was ihm noch heute wichtig erscheint: eine gemeinsame Basis etwa im Sinne der Sozialpartnerschaft zu finden, die geeignet sein sollte, Konflikte eher abzubauen als zu zementieren.
Etliche Monate verbrachte Ulrich Runggaldier damals zum Studium der deutschen Situation in Berlin. Einen weiteren Forschungsaufenthalt nach Studienabschluß absolvierte er wieder in Berlin. Da waren europäisches Kartellrecht und Arbeitskampfrecht seine Themen.
Nach 13 Militärmonaten bei den Alpini in Bozen begann er seine eigentliche Hochschullaufbahn: Florenz — Innsbruck — Wien.
Die Berufung auf die vakante Professur an der Wiener Wirtschaftsuniversität, früher bereits als Hochschule für Welthandel international wohlrenommiert, war das, was man eine „Blitzkarriere" nennen könnte, umso mehr, als Ulrich Runggaldier nach eigener Aussage selbst nicht daran gedacht hatte. Denn er hatte sich mit Rechtsvergleichen in seinem Forschungsgebiet beschäftigt, der Wiener Lehrstuhl aber war ein rein „österreichischer".
Inzwischen hat er es vermocht, sein internationales Spezialwissen in die Wiener Lehrkanzel einzubringen — wie er überhaupt eine stärkere Einbindung Österreichs in europäische Bezüge des Arbeits- und Sozialrechts wünschen würde.
Italien — Bundesrepublik Deutschland — Österreich. Die Dreifachperspektive Ulrich Runggaldiers ist ein wichtiger Aspekt seiner wissenschaftlichen Qualifikation. In der angesichts seiner Jugend eindrucksvoll langen Liste seiner Schriften kehrt sie immer wieder: Österreichisches und Bundesdeutsches in italienischen, Italienisches in deutschen und österreichischen Publikationen.
Ein Beispiel von vielen: Seine Studie zur Rechtsvergleichung deutscher, österreichischer und italienischer Kollektivverträge erbringt Empfehlungen für die Rechtsprechung, für die Unternehmer, für die Gewerkschaften.
Für denjenigen, der die dichte, spröde Diktion der Rechtsforschung zu lesen versteht, ergeben sich daraus wichtige

Einsichten über Konfrontation und Kooperation im sozialen Leben. Literatur für relativ wenige über Themen, die ins Leben fast aller entscheidend eingreifen.

Immerhin sind Gegenstand des Arbeitsrechts alle gesetzlichen Bestimmungen des abhängigen Arbeitsverhältnisses, des Sozialrechts alle gesetzlichen Bestimmungen zum Schutz der Arbeitnehmer. Und „Arbeitnehmer" ist heute der weitaus größte Teil der Erwerbstätigen in den Industrieländern: in Schweden 90%, in der BR Deutschland 85%, in Italien 72%, und in Südtirol sind immerhin auch schon 65% der arbeitenden Bevölkerung Arbeiter, Angestellte und Beamte, also Arbeitnehmer im klassischen Sinn.

Die Interessengegensätze, die sich fast notwendig aus dem Arbeitsverhältnis ergeben, werden ebenso notwendig mit unterschiedlichen Meinungen belegt: in Österreich versucht man sie unter dem Rubrum „Sozialpartnerschaft" unter einen Hut zu bringen, in der BR Deutschland heißt das Schlagwort „Mitbestimmung", in Italien betonen die Arbeitsgesetze noch mehr den Konflikt zwischen Arbeitgeber und Arbeitnehmer.

Gemäß der existentiellen Bedeutung der Arbeit ist das Arbeitsrecht auch in allen wichtigen Rechtsquellen niedergelegt, so in der Verfassung, den internationalen Verträgen (in Südtirol auch im Autonomiestatut), im Zivilgesetzbuch, in den Kollektivverträgen, den Arbeitsverträgen und Betriebsordnungen.

Das gesamte Gebiet des Arbeits- und Sozialrechts ist mit hochbrisanten Fragestellungen konfrontiert, steht inmitten der komplexen Wechselwirkung von Wissenschaft und Politik.

Bei der Gesetzesauslegung im Rahmen von Rechtsproblemen kann die Arbeit des Wissenschaftlers auch durchaus „politisch" werden, dann etwa, wenn die Gesetzgeber die Vorarbeit der Rechtsforscher beachten.

Ulrich Runggaldier sieht seine Aufgabe freilich im Rahmen strikter Neutralität:

„Ich bin nicht festgelegt und auch nicht festlegungswillig", beschreibt er entschieden seine Position. Aber die Hauptprobleme seines Forschungsbereichs sind zugleich auch die

Probleme, mit denen sich Politiker in ganz Europa von unterschiedlichen ideologischen Positionen aus herumschlagen. Da ist etwa die im internationalen Vergleich erörterte Frage der Finanzierbarkeit der Pensionen. Alljährliche Novellierungen des Sozialrechts in vielen Ländern zeigen, daß der angestrebte Standard offenbar nicht zu halten ist. Negatives Bevölkerungswachstum und steigende Arbeitslosigkeit — die nach Meinung der meisten Prognostiker noch bis gegen 2000 weiter zunehmen wird — halten die Problematik „heiß". Und viele Eingriffe, die vordergründig recht patent aussehen, verlagern das eigentliche Problem in Wirklichkeit nur.

Als Beispiel nennt Ulrich Runggaldier etwa das Verfahren, den Arbeitsmarkt durch Frühpensionierungen zu entspannen, wodurch Arbeitslosigkeit zwar oberflächlich „abgeschöpft", eigentlich aber nur verdeckt werde.

Eine weitere Frage an Ulrich Runggaldier nimmt fast philosophischen Charakter an. An der Schutzbedürftigkeit des Arbeitnehmers dürfe zwar auch weiterhin nicht gerüttelt werden, es zeige sich aber bei vielen der Schutzmaßnahmen ein regelrechter Bumerangeffekt auf den Arbeitnehmer. So wirkt sich zum Beispiel ein besonders guter Mutterschutz für Frauen insgesamt eher negativ aus, da er die Beschäftigung von Frauen zu behindern imstande ist.

Aufmerksam beobachtet der Arbeitsrechtler aber auch die neuen Perspektiven, die sich durch die allgemeine Computerisierung der Arbeitswelt ergeben. Die „Sekretärin zu Hause", die, nur mehr elektronisch mit dem Büro verkoppelt, ihrem Job quasi in „Heimarbeit" nachgehen kann, ist zwar noch ein Geschöpf der Zukunft, aber kein utopisches Geschöpf mehr.

Eine Angelegenheit „mit Zukunft", aber aus der Gegenwart bereits auszumachen, sei auch die Auflösung der alten Frontstellungen in der Arbeits- und politischen Welt. Hie Arbeitgeber — hie Arbeitnehmer, hie „Sozis" — hie „Schwarze". So einfach funktioniere das alles nicht mehr, meint Ulrich Runggaldier.

Gerade der aus dem Spätherbst 1984 datierende Hainburg-Komplex (die Konfrontation von Gegnern und Befürwortern des geplanten Donaukraftwerks in der Au von Hainburg in der östlichsten Ecke Österreichs) hat auch Ulrich Runggaldier einen deutlichen Hinweis gegeben. Denn in der Hainburg-Frage verliefen die Fronten auch quer durch die längst nicht mehr so geschlossenen Reihen der Arbeitnehmerschaft hindurch. Die „gestandenen" älteren Arbeitnehmer, typisches Potential der Gewerkschaften, gehörten damals mit der Industrie, mit der (sozialistischen) Regierung zu den Befürwortern des Kraftwerks und wollten mit den naturschützerisch-idealistischen Kraftwerksgegnern, die doch auch zum Großteil Arbeitnehmer waren, nichts zu tun haben.

Auch traditionelle Bewegungen wie Sozialdemokratie oder Kommunismus sieht Ulrich Runggaldier in der Identitätskrise; ihr traditioneller Gegner, „der Unternehmer", sei es nicht minder.

Für sein Fach sieht er deshalb die Notwendigkeit, sich in ein solches flexibleres Muster der gesellschaftlich relevanten Gruppen einzuordnen.

Auch bei der Gruppe, der er als Hochschullehrer sein Wissen weitergibt — bei den Studenten — ortet Ulrich Runggaldier gewandeltes Selbstverständnis. Die Zahl der Hörer an der Wirtschaftsuniversität hat sich in nur vier Jahren auf 16.000 verdoppelt. (Zum Vergleich: Die Innsbrucker Universität hat insgesamt 16.000 Immatrikulierte.)

Das liegt wohl nicht nur daran, daß die Wiener Wirtschaftsuni im neuen Universitätszentrum am Donaukanal seit 1982 in einem hochmodernen baulichen Kleid steckt.

Für die neuen Karrierestudenten, die jetzt die Hörsaalbänke drücken, ist Wirtschaft chic und modisch und verspricht die guten Chancen, die sie im Beruf suchen. Aber der Gebäudekomplex war für 8000 Studenten konzipiert, und so steht man jetzt angesichts des Hörerbooms bereits vor der Frage: Massenuniversität oder indirekter Numerus clausus? Den aber, meint Ulrich Runggaldier, werde man sich wohl nicht leisten können. „Die Ökonomie ist im gesellschaftlichen Bewußtsein letzthin stark aufgewertet worden", stellt er fest. Gleichzeitig sei, ab etwa 1974, zu beobachten gewesen, wie sich die 68er Mentalität, nach der man sich mit „Wirtschaft" nur die Finger schmutzig macht, ständig reduziert habe.

„1972 in Berlin oder Florenz: Da war es noch völlig unmöglich, bieder und kurzhaarig und lernbegierig zu sein."
Die proper gekleideten, strebsamen und protestmüden Studenten von heute sind natürlich ein klischiertes Gegenbild zu der nachlässig gekleideten, überkritischen und aufmüpfigen 68er Generation. Aber ein Blick in die Hörsäle ist geeignet, das Klischee zu bestätigen. Ulrich Runggaldier differenziert: „Studenten wollen heute wissen, was die Norm ist und was sie in der Praxis brauchen. Räsonnieren wollen sie dagegen weniger."
Im übrigen sorge schon das soziale Umfeld der Studenten an der Wirtschaftsuni, die überwiegend aus Familien von Freiberuflern und Gewerbetreibenden stammen, für positive Gestimmtheit gegenüber dem Studium.
Das gilt auch für die insgesamt vier juristischen Institute an der Wirtschaftsuniversität, die den Studenten den rechtlichen Rahmen ihrer späteren Wirtschaftstätigkeit abstecken helfen.
Ulrich Runggaldiers Institut für Arbeitsrecht und Sozialrecht ist eines von ihnen.
Und während (wegen der gerade herrschenden Weihnachtsferien) die wirtschaftsbezogenen Fresken von Leherb in der Eingangshalle auf menschenleere Räume herabblicken, wird in den Büros des Instituts eifrig gearbeitet. Es herrscht eine Atmosphäre von beiläufiger Effektivität, nirgends gibt es Hinweise auf jene stilisierte Amtsautorität, die früher das Umfeld der „alten" Ordinarien prägte.
Nichts mehr auch von der distanzierenden Würde des „Allerheiligsten" im Zimmer des Professors. Ulrich Runggaldiers Arbeitsraum ist so unprätentiös und zugänglich wie ein ganz normales Büro — wie er selbst, der seine Statements in genauer, exakt formulierter Sachsprache auf den Punkt zu bringen versteht.
In seiner Sprachfärbung deutet nichts auf den Grödner. Er habe eigentlich nie einen spezifischen Dialekt gesprochen. Aber nach seiner Identität befragt, rechnet er sich den Romanen zu. Darüber hinaus ist er gleich Europäer. Heimisch

fühlen möchte Ulrich Runggaldier sich deshalb in einem Kulturraum, der, einem System konzentrischer Kreise ähnlich, nicht von nationalen Determinierungen abhängig ist, und in dem Wahlverwandtschaften stärker sind als räumliche.
Als er in Florenz war, habe er sehr intensiv in der italienischen Gesellschaft gelebt und auch einen großen Identifikationsgrad erreicht — sehr zum Unterschied zu vielen anderen Südtiroler Studenten, die dort fast immer unter sich geblieben seien.
Nicht weil er etwa „großdeutsch" dächte, leidet er darunter, beispielsweise in München ein „Fremder" zu sein, sondern weil nationale Zuordnungen ihm überhaupt nicht entsprechen. So gefällt es ihm, Südtiroler zu sein, weil er aus diesem Winkel nicht so leicht national festzunageln ist.
„Der Italiener, der Deutsche, der Österreicher — erst wenn der Gruppenfetischismus einmal verschwindet, wird friedliches Zusammenleben wirklich möglich sein."
Auch jetzt in Wien verhält sich Ulrich Runggaldier nach seiner Überzeugung, daß man sich als Südtiroler allgemein stärker ins Gastland einbinden müsse. So geht er nicht allzu oft zu den Veranstaltungen im „Tirolerheim". Nur die Ladinertagung im Winter 1985/86 — die hat er lückenlos besucht.
Seit er in Wien ist, so fällt ihm auf, denke er stärker und vor allem differenzierter an Osteuropa. Ein Standortvorteil, der schon vielen Wahlwienern angenehm aufgefallen ist.
Es sieht so aus, als werde der Grödner in Wien nichts vermissen. Bis auf eine Kleinigkeit, schränkt er ein, und blickt aus dem Fenster: die Berge.

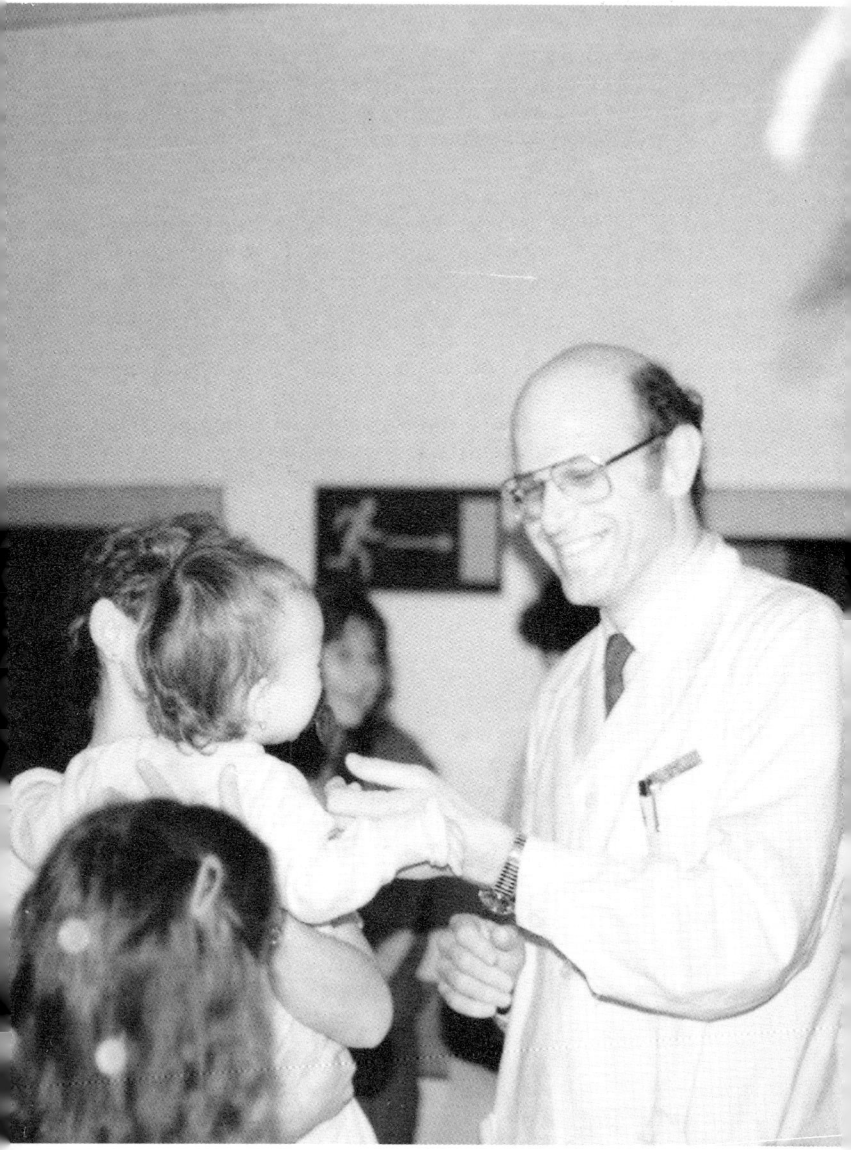

Psychogramm Helmut Gadner

Geburtsort: Bozen
Sternzeichen: Löwe
Besondere Charaktereigenschaften: Kompromißbereit, aber zielstrebig
Bekennen Sie sich zu einem Fehler? Unter vielen menschlichen Fehlern ist der größte der, daß ich ein vorgezeichnetes Schicksal (z. B. Tod) nicht akzeptieren kann.
Sind Sie ehrgeizig? Versteckt ja
Was verschafft Ihnen besondere Genugtuung? Kranke gesund machen, aber auch berufliche Anerkennung.
Bevorzugte Tätigkeit: Krankenversorgung
Steckenpferde: Lesen
Was fürchten Sie am meisten? Selbstherrlich zu werden
Was ärgert Sie besonders? Mangelndes Engagement
Was kränkt Sie? Wenn ich nicht überzeugen kann.
Sind Sie von etwas abhängig? Vom beruflichen Erfolg
Welches Abenteuer würden Sie gern erleben? Eine Weltreise mit Rucksack
Gibt es Persönlichkeiten, an denen Sie sich orientieren? Meine Lehrer und Professoren, die besonders streng mit mir umgingen.
Welche historische Persönlichkeit wären Sie gern gewesen? Albert Schweitzer
Lieblingslandschaft: Ritten, Überetsch, aber auch Nordsee
Lieblingsstadt: Bozen
Bevorzugte(r) Autor(en): Umberto Eco, Elias Canetti, Martin Walser, Ch. Wolff, Th. Bernhard
Bevorzugter Komponist: Brahms
Bevorzugter Maler (Bild. Künstler): Jawlenski
Welches Buch hat Sie in letzter Zeit besonders beeindruckt? „Masse und Macht" von Elias Canetti
Wo fühlen Sie sich beheimatet? In Südtirol
Was tun Sie in Südtirol am liebsten? Bergwandern, Herumstreifen im Land
Was nehmen Sie mit, wenn Sie Südtirol verlassen? Die Erinnerung
Könnte Sie etwas auf Dauer nach Südtirol zurückbringen? Ja, eine leitende Position in einem größeren Krankenhaus, wo es etwas aufzubauen gibt — oder die Erbschaft eines Bauernhofes.

Helmut Gadner

Schweres Geschütz gegen Krebs

Während seiner Studienzeit in Wien war Helmut Gadner einer jener Südtiroler Hochschulstudenten, deren Verhaltensmuster Kristian Sotriffer kritisch beschrieben hat: Sie studierten zwar in Wien, lebten aber nicht eigentlich dort, denn außerhalb des Studienbetriebs blieben sie meist unter sich.
Auch Helmut Gadner, Bozner des Jahrgangs 1940, der von 1959 bis 1966 (bis auf ein Freiburger Semester) sein ganzes Medizinstudium in Wien absolvierte, machte es so: Wenn er nicht gerade auf der Uni lernte oder im Untermietzimmer „stuckte", hielt er sich unter Südtirolern auf. In der „Bude", wie die Geschäftsstelle der Südtiroler Hochschülerschaft genannt wurde, oder anderswo.
Gesellige Angebote von Österreichern habe er meist ausgeschlagen (was ihn heute noch reut), nicht integrieren und nicht identifizieren habe er sich mit dieser Stadt wollen. Heimweh habe er ständig gehabt. Wien — das war Mittel zum Zweck, Durchgangsstation für die Rückkehr nach Südtirol, eine Stadt ohne viel Eigenwert, von der man allenfalls das kulturelle Angebot und den Heurigen akzeptierte: als Konsument und weil man halt da war.
Als er im Frühsommer 1980, ziemlich genau 14 Jahre nach seiner Promotion, wieder nach Wien kam, um eine Klinik zu übernehmen, empfand er es als etwas merkwürdige Fügung, nun ausgerechnet und vermutlich für lange Zeit in diese Stadt zurückzukehren.
Und noch merkwürdiger: Obwohl er immer nur Südtirol auf seinem Lebensprogramm gehabt hatte, kam er damals aus Berlin und hätte von da eigentlich an die Kinderabteilung des Brunecker Krankenhauses gehen wollen. Die Wohnung dort war bereits fürs nächste halbe Jahr gemietet, die Zweisprachigkeitsprüfung bestanden. Alles in Helmut Gadner war darauf abgestellt, daß er ein guter Kinderarzt in Südtirol werden wollte.
„Genau in dieser Situation merkte ich plötzlich, daß meine berufliche Realität und mein Herz nicht zusammenpaßten."

Was Helmut Gadner durch mehr als zehn Jahre vom wissenschaftlichen Assistenten bis zum Oberarzt und Professor an der Berliner Universitätskinderklinik gelernt, erforscht und gelehrt hatte, entwickelte eine Zugkraft, die ihn schließlich dazu brachte, sich aus Südtirol zurückzuziehen. Noch heute läßt ihn sein Gewissen nicht ganz in Ruhe, wenn er daran denkt, und er beeilt sich hinzuzufügen, daß das Wiener Angebot erst kam, als er diesen Rückzug bereits getan hatte.

Das St.-Anna-Kinderspital in Wien hatte 1980 vor allem eine glänzende Vergangenheit als ältestes Kinderkrankenhaus des deutschen Sprachraums — und einen renommierten ärztlichen Leiter, Prof. Paul Krepler, der sich dort, im engen Konnex mit der internationalen Forschung, um Therapiekonzepte für kindliche Leukämien bemühte.

Im übrigen war es ein „alter Kasten" im IX. Wiener Bezirk, der ehemaligen „Alser Vorstadt", eingekreist inzwischen von der Großstadt mit ihrem Lärm, mit bis zu 16 Betten in riesigen Krankensälen.

Gegründet worden war das Kinderspital 1837 vom Kinderarzt Ludwig Mauthner, einem Idealisten, der die Spitalskosten anfangs aus eigener Tasche bestritt und das unsägliche Elend des vorstädtischen Industrieproletariats zu mildern suchte, indem er kranke Kinder armer Eltern unentgeltlich in Pflege und Behandlung nahm.

Was der Armeleutdoktor da trieb, erregte bald Aufsehen. Auch an allerhöchstem Ort wurde huldvoll davon Kenntnis genommen. Der Doktor Mauthner durfte vergrößern, bekam 18.000 Gulden von Kaiser Ferdinand I. für die Erhaltung und von der Kaiserin Maria Anna den Namen für sein Kinderspital, der nach einem weiteren Neubau 1848 auf eine noch höhere Bezugsperson gemünzt wurde: Nun war das „St.-Anna-Kinderspital" fertig und am endgültigen Ort, damals völlig freistehend, so daß die zu jener Zeit noch reine und würzige Waldluft aus Dornbach ungehindert in die Krankenzimmer strömen konnte.

Aus ganz kleinen Anfängen hervorgegangen, wurde dieses speziell auf Kinderkrankheiten zugeschnittene Spital bald führend in Europa und, geadelt durch die angesehene und uralte Tradition der Wiener Medizinischen Schule, zum Prototyp für Nachfolgeinstitutionen in aller Welt.

Davon freilich war im Jahre 1980 nicht mehr viel zu sehen. Augenfällig waren mehr die Bürden als die Würden des Alters und die kaum überdeckten schweren Kriegsschäden in der alten Bausubstanz. Träger war inzwischen das Österreichische Rote Kreuz.

Immerhin stand fest, daß das St.-Anna-Kinderspital als wichtige Infrastruktur erhalten und gründlich erneuert werden sollte. Daß nach vier Jahren Um- und Neubau bei laufendem Betrieb auf dem relativ kleinen Areal nun ein mustergültig sanierter Altbau, ein hochmoderner neuer Pflegetrakt, ein eigener onkologischer Pavillon für die kleinen Leukämiekranken und verschiedene andere Zubauten stehen, hängt wohl auch damit zusammen, daß Helmut Gadner sich 1980 für Wien entschieden hat. Kapazitäten können Ansprüche stellen... — und die Gemeinde Wien engagierte sich kräftig mit einem 200-Millionen-Schilling-Darlehen ans Rote Kreuz, das den Löwenanteil der Baukosten abdeckte.

Inzwischen sind auch Bestrebungen im Gang, das St.-Anna-Kinderspital an die Universitätsklinik anzugliedern. Helmut Gadner, der sich gleich 1980 dort umhabilitiert hat, ist auch damit zufrieden, denn diese Art Anschluß bringe „Leute, die was werden wollen", wie er sagt. Und das sei wichtig, „weil der Zug so rasant unterwegs ist".

Der Zug: Das ist die Forschung im Bereich der kindlichen Leukämien, und Helmut Gadner hat kräftig mit angeschoben. Zunächst aber, am Anfang seiner medizinischen Laufbahn, schien es für Helmut Gadner nur recht zögernd voranzugehen.

1966, nach seiner Promotion in Wien, war er gleich mit fliegenden Fahnen nach Südtirol zurückgeeilt. Ein Jahr lang war er Turnusarzt im Schlanderser Krankenhaus — mit aller Begeisterung des Neuen.

Dann kam der Militärdienst in Florenz und Bozen. Mit 300 weiteren Ärzten lernte er auf der Militärakademie in einem alten Kloster über dem Arno Kriegschirurgie und anderes. Gleich nach dem Militärdienst heiratete er eine Kollegin und Landsmännin: Waltraud Spögler aus Lengmoos am Ritten.

Er gewann einen Wettbewerb für eine Assistenzarztstelle in der Chirurgie des Bozner Regionalkrankenhauses und erinnert sich an die zehn Monate mit Schrecken: Zeit totschlagen... warten... keine Möglichkeit zur echten Weiterbildung. Er wußte bald, daß er das nicht wollte.
Er machte seinen Facharzt für Blutkrankheiten an der Universität Modena und begann auf Verdacht Bewerbungsschreiben loszuschicken. Antworten kamen aus Innsbruck und Berlin. Innsbruck wäre näher gelegen, aber in Berlin lebte seine Schwester, und die war gerade dabei, auf ein Jahr in die USA zu gehen. Die Wohnungsfrage war also gelöst.
Helmut Gadner schloß für ein Jahr als wissenschaftlicher Assistent an der Kinderklinik der Freien Universität Berlin ab.
Aufgrund seiner Spezialisierung beauftragte man ihn mit Forschungen über die Blutgerinnung. Doch inzwischen kam eine der Berliner medizinischen Eminenzen, der Kinderheilkundler und Krebsexperte Prof. Hansjörg Riehm, aus den USA zurück, sprühte von Ideen über neue Therapiemöglichkeiten im Bereich der kindlichen Leukämien, zog den Assistenten Gadner, der nicht gerade begeistert über seinen Forschungen brütete, sogleich in seinen Bann — und machte ihn zu seiner rechten Hand.
Aus einem Jahr Berlin wurden elf, unterbrochen nur durch ein paar Monate an der Zürcher Universitäts-Kinderklinik und den Erwerb des italienischen Facharztdiploms für Kinderheilkunde.
Helmut Gadner stand mitten im Strudel der medizinischen Kontroverse, wie sein „Chef" Riehm begeistert von der Idee, die damals sehr häufigen tödlichen Rückfälle bei leukämiekranken Kindern durch eine radikal neue Behandlungsmethode zu vermindern.

Es ging darum, die bösartigen Zellen (etwa 1 kg oder 10^{12} Zellen) im kranken Körper so stark zu reduzieren (auf 0,1 mg oder 10^2 Zellen), daß die Krankheit nicht mehr „zu sehen" und der Körper imstande wäre, selbst die Kontrolle zu übernehmen. Die dabei wirksamen Medikamente mußten allerdings in so hohen Dosen angewendet werden, daß es zu äußerst dramatischen Reaktionen kam. Schwere Lungenentzündungen und Blutungen brachten Kinder, die mit einer zunächst äußerlich wenig erkennbaren Krankheit eingeliefert worden waren, im Verlauf des auf acht Wochen angelegten Behandlungskonzepts in lebensbedrohende Zustände.

Viele Eltern waren geschockt durch die plötzliche Verschlechterung im Befinden ihrer Kinder und vermochten anfangs nur schwer zu begreifen, daß die kontrollierte Todesgefahr in Kauf zu nehmen war, um die tödliche Krankheit Leukämie „auszureizen" und Rückfälle zu verhindern.

Die Schuldzuweisungen der Eltern, die Widerstände der Kollegen brachten das Therapiemodell in heftiges Kreuzfeuer, aber die erste Behandlungsserie von 1970 bis 1973 ermöglichte auch den ersten Erfolgsnachweis: 55 Prozent der behandelten Kinder wurden dauerhaft geheilt. Das erste Kind ist seit 15 Jahren „in Remission", hat also keinen Rückfall mehr erlitten. Die Krankheit ist nicht mehr auffindbar.

Zwischen 1976 und 1979 wurde bei weiteren Behandlungsserien die Methode verfeinert, die Rückfallhäufigkeit weiter reduziert und immer sorgfältiger quantifiziert. Man erkannte, daß die Wahrscheinlichkeit eines Rückfalls mit der Masse der Leukämiezellen korrelierte. Eine Intensivierung der Therapie bei Patienten mit großer befallener Zellmasse brachte genau den Erfolg, den man „errechnet" hatte. Auch die Leukämien selbst wurden weiter differenziert. Schließlich lag die Erfolgsquote bei 70 Prozent.

Nun begannen auch die Kollegen in der Bundesrepublik Deutschland langsam die Berliner Methode als Meilenstein in der Leukämiebehandlung zu akzeptieren. Andere Universitätskliniken zogen mit. Die BFM-Studie (Berlin-Frankfurt-Münster) wurde weltweit bekannt.

Eine im Grunde triviale „Holzhammer-Methode" hatte sich bewährt, wenn sich auch das schwere Medikamenten-„Geschütz" nur mit Hilfe der Computer-Auswertung zu voller Aussagekraft (und damit zum Erfolg) bringen ließ. Das Durchspielen verschiedenster Fragestellungen zu verschiedenen Leukämieformen wäre ohne Elektronenrechner moderner Bauart unmöglich gewesen.

Am St.-Anna-Kinderspital war Gadners Vorgänger Krepler nach ersten Erfahrungen mit der Berliner Methode fasziniert von ihren Möglichkeiten und legte es darauf an, Helmut Gadner als einen ihrer Proponenten an seine Klinik zu holen.

1980 hatte er sein Ziel erreicht: Helmut Gadner entschied sich für Wien. Die Trumpfkarte seiner wissenschaftlichen Qualifiziertheit hat auch bei den Wiener Verwaltern „gestochen". Dabei war es sicher nicht ganz ohne Bedeutung, daß der Wiener Gesundheitsstadtrat Prof. Alois Stacher zugleich Präsident des heimischen Roten Kreuzes und selbst ein Krebsspezialist von Rang ist. So fließen auch aus dem Medizinisch-Wissenschaftlichen Fond des Wiener Bürgermeisters Mittel in die Forschungsvorhaben am St.-Anna-Kinderspital.

Heute ist jeder Leukämiepatient Österreichs an den Computer des St.-Anna-Kinderspitals „angehängt". Jedes halbe Jahr wird durchgefragt: Wann ging der Patient in Remission? Gab es Rückfälle? Dann: Bleibt die Quote gleich? Wurde sie kleiner?

Inzwischen dauert die elektronische Beobachtung der Methode lang genug, um sagen zu können: Nach fünf Jahren gibt es kaum mehr Rückfälle. Die Quote von 70 Prozent geheilter Leukämiefälle bleibt annähernd stabil.

Aber annähernd gleich bleibt auch die Quote von 30 Prozent Rückfallpatienten, und diese 30 Prozent sind mit dem, wie Helmut Gadner sagt, unelegant groben Besen der Behandlungsmethode nach dem Zellmasseprinzip nicht weiter zu reduzieren.

Nun mag eine Heilungschance von 70 Prozent für die kindlichen Leukämien ein erfreulicher Hoffnungsanker sein angesichts der Tatsache, daß noch vor wenigen Jahren Blutkrebs die Unerbittlichkeit eines Todesurteils bedeutete.

Aber die Philosophie des Heilens mag sich nicht mit Teilerfolgen begnügen — mögen sie auch noch so achtbar sein. Für die Rückfallgefährdeten muß die Forschung nun diffizilere Wege gehen, die nicht so direkt sind wie jener der Berliner Methode.

Neueste Forschungen im Bereich der monoklonalen Antikörper stoßen tiefer in die Zellbiologie hinein; weltweit betriebene Chromosomen-Analysen zeigen, daß Leukämiezellen von der Norm abweichende Chromosomenzahlen (47, 48 oder 52 statt der üblichen 46) oder mißgebildete Chromosomen aufweisen. Ein anderer Versuch zielt darauf, die Lokalisierung der Gene innerhalb des Chromosoms abzufragen.

Wie es scheint, begleiten die Onko-(Krebs-)Gene den Weg des Lebens seit Jahrmillionen, sind in jeder Zelle vorhanden und im Laufe der Evolution allmählich dort eingebaut worden, wo sie nützliche Aufgaben erfüllen können. Wenn aber ein Virus die gewollte Lokalisierung des Onkogens verändert oder selbst ein Onkogen einbaut, kann es zur Entgleisung kommen. Die befallene Zelle beginnt, sich autonom und unkontrollierbar zu entwickeln.

Für die Zukunft hat die Leukämieforschung also zu fragen, wie sich die Genlokalisation bei den einzelnen Leukämien darstellt. Schon jetzt lassen sich Ergebnisse von außerordentlicher Tragweite absehen.

„Als Kliniker können wir da nur mitzuschwimmen versuchen", beschreibt Helmut Gadner die Vorgangsweise der Mediziner angesichts der zellbiologischen und gentechnologischen Vorstöße und betont die Notwendigkeit, relevante Ergebnisse möglichst rasch an die Kliniken zu leiten.

Wie lang das dauern wird, fragen sich neben den Medizinern vor allem die Eltern der Kinder aus der besonders problematischen 30-Prozent-Gruppe.

„In zehn Jahren werden wir vermutlich genug über die Leukämien und über die anderen Krebsarten wissen. Bis dahin können wir nur die Symptome zu beseitigen versuchen."

Als wichtiger Trend sei aber immerhin festzuhalten, daß die Chirurgie bei der Krebsbekämpfung nicht mehr die „alleinseligmachende" Methode sei. Strahlenbehandlung und Chemotherapie dominierten immer stärker.

So gelinge es etwa bei Kindern durch Chemotherapie vor der Operation besonders gut, eine Verkleinerung der Geschwulst zu erreichen, wodurch die chirurgische Intervention leichter werde und sich weniger drastisch auswirke. Wo früher durch die Krebsoperation bei Kindern Folgen hinzunehmen waren — wie etwa ein lebenslänglicher künstlicher Ausgang nach einer Totaloperation der Blase —, die den Arzt direkt mit der Frage konfrontierten, ob solche Verstümmelungen überhaupt in Kauf genommen werden dürften, reicht heute ein relativ kleiner Eingriff bei Erhaltung des Organs. Der Rest des Tumors wird „weggestrahlt". Aber noch immer ist die Begegnung mit krebskranken Kindern ein bedrückendes Erlebnis — sogar im St.-Anna-Kinderspital. Während ein Gang durch die drei internen Abteilungen, die Säuglings- und HNO-Station jene entspannte Atmosphäre zwischen Pension und Kindergarten signalisiert, die an modernen Kinderkliniken inzwischen gottlob zur Regel geworden ist, stellen sich im Behandlungstrakt für die Leukämiekinder zwangsläufig andere Assoziationen ein. Hier ist um die acht Spezialbetten herum ein gewaltiger medizintechnischer Apparat angelagert. Hier wird ein Kampf ums Überleben geführt, der von allen Beteiligten — Ärzten, Pflegepersonal, Eltern und den kleinen Patienten selbst — höchste Anspannung fordert.

In einem der Isolierzimmer liegt ein sechsjähriges leukämiekrankes Mädchen, das einen schweren Rückfall erlitten hatte. Es ist seit zwei Wochen ohne Knochenmark und also extrem infektionsgefährdet. Während das entnommene und „gesäuberte" Knochenmark, extrem tiefgefroren, außerhalb des Körpers verwahrt wird, erhält das Kind einen außergewöhnlich starken Chemotherapie-„Schock", der es — kontrolliert — gewissermaßen an den Rand des Todes bringt. Danach wird das Knochenmark wieder aufgebaut und infundiert.

Die sechs- bis achtwöchige Isolierzeit verbringt das Kind in völliger Sterilität. Sogar die Mahlzeiten müssen auf dem Teller eigens nochmals keimfrei gemacht werden. Die von einem Desinfektionsmittel tiefblau verfärbten Lippen, das kahle Köpfchen, das sich nur kurz zu den Gesichtern im Türfenster dreht und sich gleich wieder und ohne die Spur eines Lächelns dem Fernsehbild zuwendet, weckt heftiges Erbarmen. Eine Empfindung, von der sich diejenigen, die mit der Pflege und Behandlung betraut sind, nicht überwältigen lassen dürfen. „Natürlich ist man betroffen, wenn man miterlebt, was diese Kinder aushalten müssen. Aber im Hinblick auf das vorhersehbar günstige Resultat kann man das gut wegstecken", sagt Helmut Gadner.

Im übrigen seien Kinder großartige Patienten, erstaunlich robust, physisch und psychisch wesentlich besser regenerierbar als Erwachsene.

Selbstverständlich ist es übrigens im St.-Anna-Kinderspital, daß Eltern bei ihren kranken Kindern bleiben können, bei einem Verpflegungssatz, den sich auch weniger Gutsituierte leisten können: Im Einzugsgebiet der Klinik wohnen — etwa in den Stadtteilen Hernals und Ottakring — viele jugoslawische und türkische Gastarbeiter. Auch sie profitieren davon, in ihrer Nähe ein modernes Routinespital zu haben, das zugleich wissenschaftlich auf der Höhe der Zeit ist.

Aber die 168 Betten des St.-Anna-Kinderspitals, davon 40 onkologische, und die imponierende technische Ausstattung dienen nicht nur dem IX., sondern allen 23 Wiener Bezirken. 50 Prozent der Behandelten kommen sogar auch aus anderen österreichischen Bundesländern, vor allem seit das St.-Anna-Kinderspital auch ein österreichisches Zentrum für die Transplantation von Knochenmark ist.

Ein weiteres wichtiges Arbeitsgebiet sind die Spezialambulanzen, in denen Kinder mit chronischen und speziellen Erkrankungen, wie hämatologischen und urologischen Problemen, epileptischen Anfällen und Hals-Nasen-Ohren-Krankheiten, ambulant behandelt werden. Allein 1982 sind dort 11.500 kleine Patienten betreut worden.

Zusätzlich gibt es noch eine „Tagesklinik", in der Kinder tagsüber behandelt werden und aus der sie abends jeweils wieder nach Hause gehen.

Das breite Spektrum, für welches das St.-Anna-Kinderspital ausgelegt ist, zwingt nicht nur Helmut Gadner, sondern auch seine 30 ärztlichen Kollegen zu vollem Einsatz.

„Eigentlich wäre ich allein mit den Krebspatienten ausgelastet." Für den Klinikchef aber wächst sich der Arbeitsanfall meist zu einem Zwölfstundentag aus.

Hat sich Wien nun, da er hier auf lange Sicht seinen beruflichen und privaten Lebensschwerpunkt hat, inzwischen für ihn verändert?

Helmut Gadner meint, daß er nun stärker die Zusammenhänge spürt, die Südtirol geschichtlich mit Wien verknüpfen. „In Berlin habe ich mich als Südtiroler nie besonders gespürt, in Wien dagegen gelingt mir diese Identifizierung schon."
Das hat sicherlich auch mit dem Sympathiebonus zu tun, den Südtiroler in Wien nach wie vor genießen.
Immer noch ist Helmut Gadner froh, wenn er Kontakt zu Landsleuten findet, aber er hat wenig Zeit, ihn zu suchen und noch weniger Interesse an Vereinen, die solche Möglichkeiten böten.
Immer noch fährt er mindestens viermal im Jahr „hinein" und fühlt dann besonders, daß er „irgendwann" zurückkehren will. Wie das geschehen könnte, dafür weiß er freilich keine Lösung.
Was ihm bei der Umschau in seiner Heimat besonders auffällt? Die Verschärfung der politischen Positionen stört ihn. Und für die Bewahrung der Identität der Südtiroler hat er — mit einem Lächeln im Augenwinkel — ein Spezialrezept:
„Wir Südtiroler... wir müssen halt besonders gut sein und uns durch Qualität gegenüber der Quantität behaupten."

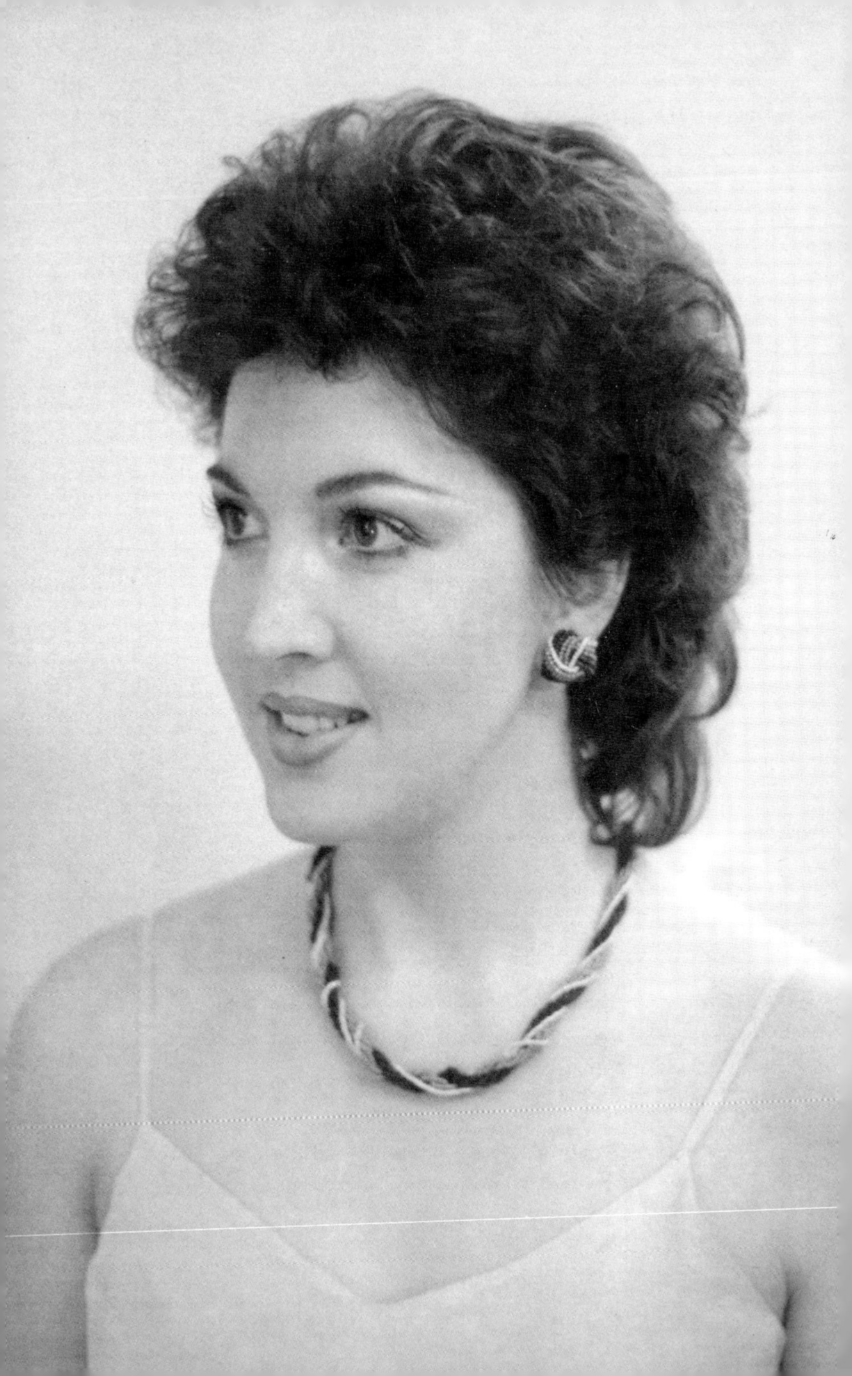

Psychogramm Milena Rudiferia

Geburtsort: Bozen
Sternzeichen: Fische
Gibt es eine Charaktereigenschaft, die Sie besonders prägt?
 Menschen, die mich gut kennen, könnten diese Frage eher beantworten als ich selbst.
Würden Sie sich zu einem Fehler bekennen? Ja
Haben Sie Ehrgeiz? Ja
Was bereitet Ihnen besondere Genugtuung? Leute fröhlicher und positiver stimmen. Leistungen bringen, die ich mir nicht zugetraut hatte.
Haben Sie ein Steckenpferd? Nein
Gibt es ein Abenteuer, das Sie gern erleben würden? Sehr viele, Kennenlernen von sehr ursprünglichen Menschen — Naturvölker
Orientieren Sie sich an Persönlichkeiten? Orientieren nicht, aber ich bewundere einige (sie sind rar).
Gibt es etwas, das Sie besonders fürchten? Krankheiten
Was kränkt oder ärgert Sie besonders? Dummheit, Ungerechtigkeit
Sind Sie von etwas abhängig? Vom Arbeitsklima
Lieblingslandschaft: Meer, Berge
Lieblingsstadt: Wien
Was riechen Sie besonders gern? Parfums verschiedenster Duftnoten, Gras, Heu, Tannen, Flieder, Magnolien (ausgesprochener Nasenmensch)
Bevorzugte Autoren: Thomas Mann, Heinrich Böll, Heine, Dürrenmatt
Welche Musik hören Sie besonders gern? Bruckner-Symphonien, italienische Oper: Verdi, Puccini
Haben Sie Vorlieben auf dem Gebiet der Bildenden Kunst? Französischen Impressionismus
Welches Buch hat Sie in letzter Zeit besonders beeindruckt: Die Memoiren von Quadflieg
Wo fühlen Sie sich beheimatet? Überall, wo ich mich wohlfühle.
Was nehmen Sie aus Südtirol mit? Wein, Speck, Schüttelbrot
Was tun Sie in Südtirol am liebsten? Genießen! Landschaft, Menschen, Küche
Könnte Sie etwas auf Dauer nach Südtirol zurückbringen? Vermutlich nicht

Milena Rudiferia

Turnier mit Stimmen

Palmsonntag 1986: Bozens Kulturschloß Maretsch ist Schauplatz eines Turniers à la ORF: Prominente im verbal-musikalischen Schlagabtausch heißt das Rezept, nach dem das Hörfunkstudio Niederösterreich meist auf der Schallaburg seine akustischen Funkturniere zubereitet.
Von den 300 Sendungen, die bisher liefen, wird bereits die fünfte in Südtirol aufgezeichnet; Leonhard Paulmichl, der Gründer und erste Leiter des ORF-Studios Bozen, hatte die beliebte Sendung ins Land geholt: nach Schloß Korb und Sigmundskron, sein Nachfolger Reinhard Frauscher arrangierte Turniere auf Schloß Velthurns und Maretsch.
Diesmal sind alle Kontrahenten Landeskinder: Milena Rudiferia und Adolf Dallapozza, beide in Bozen geboren, beide Sänger, beide an der Wiener Volksoper im Engagement, dazu der Deutschnofener Othmar Trenner als musikalischer Rüstmeister am Klavier.
Der Schiedsrichter Paul Twaroch, im Zivilberuf Intendant des ORF-Studios Niederösterreich, vergibt zu den Punkten rote Rosen und Erinnerungstaler.
Das Publikum im Saal rekrutiert sich zu einem stattlichen Anteil aus den Familien der Mitwirkenden und ist den Turnier-„Reitern" ohnehin so zugetan, daß Moderator Willi Kralik es gar nicht mehr „aufzuwärmen" bräuchte.
Die Aufnahmemaschinen (die Sendung wird nicht live ausgestrahlt) werden gestartet. Nach Kennmelodie und Einleitung erhält Milena Rudiferia von Adolf Dallapozza die erste Herausforderung: Im Tone Walthers von der Vogelweide (den offenbar auch der niederösterreichische Textautor in bewundernswerter Selbstverleugnung den Südtirolern überläßt) möge sie das Ereignis und die heutigen Zeiten kommentieren.
Kein Problem für die gelernte Germanistin, die wie ihr mittelalterliches Vorbild „ze Österrîche singen unde sagen" gelernt hat. Die Runde gewinnt sie bravourös.
Adolf Dallapozza hat in der Revanche ebenfalls gut aufgelegt: Nächstes Jahr — verrät die Herausforderin — wird er an

der Volksoper „Hoffmanns Erzählungen" singen. So solle er singen, was Klein-Zack als Tourist in Südtirol widerfahren könnte. Dallapozza ist natürlich auch dafür bestens präpariert. Er hat einen parodistischen Text parat und läßt den Zwerg beim Törggelen an zwei verschluckten Kastanien auseinanderbrechen.

Das Törggelen kommt noch manches Mal in den weiteren musikalischen Waffengängen vor: Schließlich ist die Sendung vor allem für Österreich bestimmt, und da kommt man an den landesüblichen Markenzeichen des Fremdenverkehrs nun einmal nicht vorbei, auch nicht an den „luschtigen" Tirolern und am Skifahren. Immerhin ist Milena Rudiferia Grödnerin und passionierte Skifahrerin, und so erhält sie als weiteren Turniergang die Aufgabe, eine Bravourarie aus dem „Barbier von Sevilla" als Skilektion zu erteilen. Die Ski-Koloratur gelingt mit höchster Punktzahl und wirkt beinahe spontan, wenngleich die Texte — Turnierwaffen gleich — vorher sorgsam präpariert, allerdings nicht sonderlich scharf geschliffen worden sind.

Aber dies ist schließlich eine Unterhaltungssendung, an der Publikum und Hörer ihren Spaß haben sollen (und dürfen). Und so wird in milder Kabarettlaune auch auf Österreichs neueste Skandale nicht vergessen: Milena Rudiferia erhält als Lehrerin für kaufmännisches Rechnen à la VÖEST zwei Rosen-Punkte.

Am Schluß steht der Wettkampf jedenfalls 9:9, und die 54 Minuten Sendezeit sind fast auf die Sekunde eingehalten. Eine makellose Aufzeichnung, an der kaum etwas zu schneiden sein wird. Schließlich haben lauter Profis mitgemacht, und das Publikum hat seinen — applaudierenden — Part ebenfalls brav geleistet.

Dafür bekommt es zur Belohnung — nachdem die Bandgeräte schon abgeschaltet sind — von den Solisten noch ein Stücklein Operettenseligkeit nachgeliefert: Mit einem Rosenstrauß im Arm — was kann man da schon Besseres singen als jenes Duett aus dem Vogelhändler: „Rosen in Tirol" werden zum musikalischen Geschenk an die Landsleute im Saal.

Und danach geht's rasch wieder auf die Bahn: Am nächsten Tag ist für Adolf Dallapozza schon wieder Vorstellung in Wien. Er muß zuerst Abschied nehmen. Er tut es nicht, ohne beim „Budl" von Schloß Maretsch mit seiner und Milena Rudiferias stattlicher Verwandtschaft noch ein Lied zu schmettern.

Doch seine Kontakte zur Geburtsheimat sind sonst eher locker. Er ist, auch hörbar, fast ein Wiener. Nur sein allererstes halbes Jahr verbrachte er in Bozen. Dann wanderten die Eltern nach Wien aus, und dort entstand nicht nur seine Sprachmelodie, sondern auch seine Karriere.

Eine ungewöhnlich „bodenständige" Karriere, die ihn nach der Buchhandelslehre direkt an die Volksoper beförderte: zuerst als Chorsänger, dann in einen Solo-Elevenvertrag, und nun ist er also ein hausgemachter „Star": ein eher seltenes Exemplar unter Sängern, die meist nicht daheim reüssieren, sondern woanders (von wo sie allenfalls als Arrivierte wieder heimkehren können).

Als nächster Turnierteilnehmer verabschiedet sich Othmar Trenner. Auf ihn wartet schon ein Sänger zu einer Probe für Schuberts „Lazarus", den er einige Tage später in Bozen aufführen wird. Auch Milena Rudiferia hat darin eine Solopartie, und das Haydn-Orchester, das Othmar Trenner bei diesem Anlaß wieder einmal leiten wird, ist für ihn auch ein Stück Heimat. Neun Jahre war er dort ständiger und Gastdirigent, bis er ein Angebot als Chordirektor und Kapellmeister nach Wiesbaden annahm, das er nach vierjähriger Tätigkeit mit der gleichen Position in Augsburg vertauscht hat. Der Entschluß, Südtirol zu verlassen, sei ihm zwar schwer gefallen, aber die Oper habe ihm einfach auf die Dauer zu sehr gefehlt. Die hat er nun — sowohl in Wiesbaden als auch in Augsburg, wo er ja ohnehin schon fast wieder auf Wochenend-Distanz an Südtirol herangerückt ist.

Musikalisch hat er sich sowieso nie von daheim verabschiedet, und so ist sein Name auch in der Zeit seiner Abwesenheit nicht verblaßt: Immer wieder einmal realisiert er in Südtirol musikalische Projekte — mit Vorliebe solche, die ein wenig außerhalb des Wunschkonzert-Repertoires liegen, und immer in der Weise, daß er einheimische Kräfte mit Musikschaffenden von außerhalb zusammenbringt — ein Konzept, aus dem Interpreten und Zuhörer gleichermaßen Vorteile ziehen.

Milena Rudiferia kann sich diesmal am meisten Zeit mit dem Aufbruch lassen. Sie freut sich, reizend gerahmt von einem Kranz schöner Schwestern, auf ein paar Tage Urlaub daheim in Wolkenstein und parliert mit Wonne ladinisch.

In ihrer Familie — die hauptberuflich auf den wohlhäbigen Säulen des Fremdenverkehrs und der künstlerischen Holzbearbeitung ruht — ist die Musik allgegenwärtig: der Vater Kapellmeister der heimatlichen Musikkapelle, die Mutter dem Chorgesang ergeben, alle zehn Rudiferia-Kinder von früher Jugend an musikalisch sanft indoktriniert.

Doch auch Milena Rudiferia, die Jüngste, ist schon früh Realistin genug, um, obgleich fortwährend singend, einen „seriösen" Beruf anzupeilen. Sie macht ihre LBA-Matura und besucht gleichzeitig in Meran die Musikschule.

1972 bekommt sie im Meraner Kursaal ihre erste Chance von Prof. Peter Hölzl: als Einspringerin in der „Schöpfung", und gleich eine gute Presse: „speranza del futuro" rühmt ein Rezensent. Fürs Germanistikstudium in Innsbruck ist sie zwar schon eingeschrieben, aber Hölzl rät ihr zu Salzburg. Sie fügt sich und stellt sich gewissermaßen mit einem Bein in die Universität, mit dem andern ins Mozarteum, erwirbt 1977 ihr Diplom fürs Lied, ein Jahr später das für die Oper — und beides mit Auszeichnung.

Doch immer noch nicht läßt sie das Sicherungsseil des Brotstudiums aus. Sie verlagert es lediglich nach Verona und übernimmt sogar eine Dissertation über den österreichischen Lyriker Gerhard Fritsch.

Die freilich ist bis heute Milena Rudiferias „Unvollendete", denn ihr erstes Engagement nach Coburg in den äußersten Norden Bayerns bewegt sie schließlich doch dazu, sich ihrer Stimme zu bedienen statt ihrer pädagogischen Ader.

Coburg — wo sich Theatergeher noch heute entzückt an sie erinnern — hatte alle Vorzüge der „Provinz" für die Debütantin: „große" Partien in ständigem Einsatz (Susanna in „Figaros Hochzeit", Ännchen im „Freischütz", Marie im „Waffenschmied"), und so dauerte es von dort bis nach Wien gerade vier Jahre mit nur einer Zwischenstation, einem einjährigen Engagement am Salzburger Landestheater.

Da es auch vom Landestheater, der ständigen Bühne der Festspielstadt, für Begabte nicht weit zu den Festspielen ist, bekam Milena Rudiferia eine schöne Chance: eine kleine Rolle in einer Otto-Schenk-Inszenierung, 1981 beim „Baal" von Friedrich Cerha. Das Gastspiel dieser Produktion an der Wiener Staatsoper brachte Milena Rudiferia nach Wien, zunächst an die Kammeroper, die seit Jahrzehnten Sprungbrettfunktion für viele junge Operntalente hat, und ein Jahr später war sie bereits an der Volksoper. Das Haus am Währinger Gürtel, weniger elitär, aber auch weniger delikat als die Kultstätte Staatsoper, pflegt ein robustes Repertoire aus Oper und Operette und leistet, wenngleich gelegentlich von der Wiener Kritik ein wenig gebeutelt, zweifellos einen wichtigen Beitrag fürs Wiener Musikleben: Wer in die Volksoper geht, kann die Schwellenangst daheim lassen. Sie ist kein aristokratischer Kulturtempel, sondern eine demokratische Institution, die vor allem für den „Wiener schlechthin" zuständig ist.

Gleichwohl gibt es auch dort bisweilen exemplarische Inszenierungen, und von dem neu bestellten Volksoperndirektor Eberhard Waechter, der auch reichlich mit Staatsopernmeriten gesegnet ist, wird viel erwartet.

Außerdem hat die Volksoper — und mit ihr Milena Rudiferia — seit einigen Jahren im Sommer auch in der Staatsoper eine Spielverpflichtung, wenn dort — schlecht für Touristen — Sommerpause ist.

Milena Rudiferia freilich hat mit ihrem Ehemann Wolfgang Holzherr einen weiteren Draht in die Staatsoper: Er ist Mitglied des Staatsopernchors.

Vorerst freilich ist Milena Rudiferia recht fest an die Volksoper gebunden, getragen von der getreulichen Zuneigung des Publikums, das „seine" Milly unter vielen Namen als Adele und Pamina, als Blondchen und Gretel, als Martha und Laura, als Eurydike und Zerline, als Csárdásfürstin und Baronin von Mozart bis Kálmán quer durchs ganze Volksopernrepertoire liebt.

Ihr „lyrischer Koloratursopran mit guter Mittellage", aber auch mit respektablen Höhen (so ihre Stimm-Charakteristik), ist dafür ein Hauptkapital, durch eine reizvolle Erscheinung ansehnlich ergänzt.
Bei jährlich 72 vertraglich festgeschriebenen Vorstellungen an der Volksoper bleiben also aus der Perspektive ihrer eigenen Wertschätzung kaum Wünsche übrig — außer, daß sie gern ein bißchen mehr „Luft" für Eskapaden außerhalb Wiens hätte.
Ein etwas lockerer gewebter Vertrag unter dem neuen Direktor wird ihr diesen Wunsch erfüllen, obgleich sie dann noch mehr unter den Mißliebigkeiten ihres Berufs leiden wird, denn: „Das Schöne an diesem Beruf ist die Schönheit der Musik, alles andere ist eher trist", sagt sie.
Das unregelmäßige Leben, das Entbehren von Sonn- und Feiertagsruhe, das Reisen — auch wenn man nicht dazu aufgelegt ist — sind die Kehrseiten der Karriere.
Immerhin hat sie gewußt, worauf sie sich einließ, und verliert sich nicht in Klagen. Irgendwas muß man ja wohl sagen, wenn man nach den Schattenseiten des Rampenlichts gefragt wird.
Auch das Heimweh wirft keinen nachhaltigen Schatten auf Milena Rudiferias Berufsbild. Schließlich sind ihre neun Geschwister auch neun Bindeglieder, und im übrigen weiß sie, und das ganz ohne Groll und Weinerlichkeit: Das, woran sie am meisten hängt, kann sie daheim nun einmal nicht haben. Und die Großstadt mag sie ja auch recht gern — wenngleich sie es noch mehr schätzt, daß sie aus ihrer Salzburger Wohnung (aus Salzburg stammt ihr Mann) direkt von der Badewanne auf den Untersberg schauen kann. Kein Ersatz für den Langkofel — gewiß nicht.
Aber mit Tournee- und Gastspielerinnerungen an die Sowjetunion und die USA, an Japan und Dänemark, an Belgien und die Schweiz läßt es sich schließlich auch gut leben. Manchmal kann Milena Rudiferia sogar in der Ferne musikalische Botschafterin ihrer Heimat sein: Bei einem Konzert im April 1986 in Berlin versorgte sie den deutschen Norden, auch via Fernsehen, mit ladinischen Liedern.

Psychogramm Walter Deutsch

Geburtsort: Bozen
Sternzeichen: Stier
Ihr hervorstechender Charakterzug: Hilfsbereit
Sind Sie ehrgeizig? Ja
Bekennen Sie sich zu einem Fehler? Ja
Was verschafft Ihnen besondere Genugtuung? —
Bevorzugte Tätigkeit: Schreiben
Steckenpferde: Wandern und Kunstsammlungen
Was fürchten Sie am meisten? Dummheit und Ignoranz
Was ärgert Sie besonders? Ignoranz und Dummheit
Sind Sie von etwas abhängig? Von den eigenen Leidenschaften
Welches Abenteuer würden Sie gern erleben? Keines
Gibt es Persönlichkeiten, an denen Sie sich orientieren? —
Welche historische Persönlichkeit wären Sie gern gewesen? —
Lieblingslandschaft: Vinschgau
Lieblingsstadt: Salzburg
Bevorzugte Autoren: Adolf Portmann und Oswald Jonas
Bevorzugte Musik: Die Volksmusik in Österreich
Vorlieben in der Bildenden Kunst: —
Welches Buch hat Sie in letzter Zeit besonders beeindruckt? Adolf Portmann: Vom Wunder des Vogellebens
Wo fühlen Sie sich beheimatet? Überall in Österreich
Was tun Sie am liebsten, wenn Sie in Südtirol sind? Den Spuren meiner Kindheit nachgehen.
Was nehmen Sie aus Südtirol mit? Bücher zur Kultur, Kunst und Geschichte in Südtirol
Könnte Sie etwas auf Dauer nach Südtirol zurückbringen? Eine Frau!

Walter Deutsch bei der ORF-Sendung „Sing mit!" in Hohenau, Niederösterreich, 1981

Walter Deutsch

Große Nase für Volksmusik

Sein Hauptquartier ist die ehemalige Waschküche eines ehemaligen Nonnenklosters im I. Wiener Bezirk. Sozusagen auf der Rückseite der Hochschule für Musik und darstellende Kunst sitzt Walter Deutsch mit seinem Institut für Volksmusikforschung, das 1965 für ihn errichtet wurde, um die Volksmusik in Österreich wissenschaftlich zu erheben.
Josef Pommer, einer der Nestoren der österreichischen Volksmusikforschung, frönte der Jodlerjagd noch im grünen Wald und notierte dort, was Bua und Dirndl sich im Überschwang der Sangeslust zuriefen.
Der Kiem Pauli, Nestor der bayerischen Volksmusikbewegung, fuhr mit dem Radl in Oberbayern von Hof zu Hof, im Rucksack die zusammenklappbare Zither, und zeichnete in den Stuben auf, was das Landvolk noch zu singen wußte.
Als die erste ungestüme Sammelfreude vorbei war und es ans Definieren ging, wurde es immer schwierig: Was ist denn eigentlich ein Volkslied?
So fragte auch der bayerische Schriftsteller Ludwig Thoma, der noch vor dem Ersten Weltkrieg als Rechtsanwalt im urtümlichen Dachauer Moos nördlich von München seine starrköpfigen Klienten aus der Bauernschaft aufforderte, ihm ins Quartheft zu schreiben, was denn daheim so gesungen werde. Die Ausbeute war kläglich und ganz und gar nicht nach Thomas Geschmack: Vaterländisches, untermischt mit Blümchenkitsch das meiste. Die erwarteten Edelsteine aus der Volksseele schienen nicht auf. Ja wo war es denn, das „gute", das „echte", das „wahre" und „ursprüngliche" Volkslied?
Die Suche nach ihm dauert schon über 200 Jahre und ist ein Teilaspekt der größeren Suche nach der „ursprünglichen" Kultur. Sie war lange Zeit eine Domäne der Germanisten und dann der Volkskundler und immer von sehr idealistischen Motiven getragen: das Volkslied als Verkörperung des Volksgeistes; als Wurzelgrund aller großen Musik; als klingender Aufweis der „romantischen" Vorstellung, daß die unteren gesellschaftlichen Schichten einen „natürlicheren"

Zustand verkörperten; als Beispiel für elementare musikalische Ausdrucksformen abseits des etablierten Kulturbetriebs; als beseeltes Gegenstück zum „entseelten" Schlager; als gepriesene Rezeptur zur Wiederauffindung von „Gemeinschaft" (wo sonst keine mehr war).

Immer war das Volkslied für seine Aktivisten ein gutes und unschuldiges Vehikel zum Ansteuern einer — besseren, wertvolleren — Gegenwelt. Ausnahmen ausgenommen — wie den bayerischen Journalisten Georg Queri, der 1911 ohne Schönfärberei und urteilslose Bewunderung eine außerordentlich deftige Sammlung oberbayerischer Bauernerotik herausbrachte, dem heiklen Gegenstand angemessen natürlich damals noch als Privatdruck.

Der Volkskundler Hermann Bausinger, der als einer der ersten seines Fachs auch um die „Volkskultur in der technischen Welt" (1961) keinen Bogen machte, beschreibt, was den Forschern und Sammlern widerfuhr:

„Aber auch die bürgerliche Romantik suchte zu ihrem Gefühl der sozialen Entfremdung ein soziales Gegenbild und fand es im ‚Volk', was bei der retrospektiven Einstellung fast immer hieß: im ländlichen Volk. Bezieht man sich auf die bäuerliche Bevölkerung, dann scheint auch der letzte Schritt einigermaßen richtig charakterisiert: aus Verklärung durch andere wird Selbstverklärung; das zunächst von außen gesetzte Rollenspiel wird übernommen.

Aber genau diese Beschränkung auf die bäuerliche Bevölkerung macht die genetische Reihe schief. Sie ignoriert die Tatsache, daß sich die Bevölkerungsstruktur entschieden verändert hat, und zwar keineswegs erst in allerjüngster Zeit... Aber ‚Volkskultur' blieb weiterhin ein System ländlicher Relikte, das man zur dauernden und essentiellen Grundlage aller Volkskultur stilisierte."

Vor der fachspezifischen Fallgrube der „alten" Reliktvolkskunde rettete sich das Wiener Institut für Volksmusikforschung durch die Person des Südtirolers Walter Deutsch. Denn der ist weder Germanist noch Volkskundler, sondern ein Außenseiter der Wissenschaft: Ein Musiker, der als Musikant begann und immer noch Musikant sein kann.

„Wir fragen, weil wir Musiker sind, nach der muskalischen Seite. Alle anderen Fragen überlassen wir den andern", sagt er, läuft mit langen Beinen in seinem Waschkuchl-Institut umher und greift sich aus einem Schrank ein „handgemachtes" Buch: eine von 233 Seminar- und Hausarbeiten, die Studenten seines Instituts als künftige Musikpädagogen in 20 Jahren angefertigt haben. Es ist eine „Feldforschung" aus dem österreichischen Waldviertel, also eine genaue Aufnahme des volksmusikalischen Bestands einer Gegend in Text, Noten und Fotos. Erhoben wird dabei, was dort an Volksmusik praktiziert wird, und die Frage, was das denn sein könne, „noch" sein dürfe oder „schon" nicht mehr sei, führt gleich wieder zu einer Klippe, die bedeckt ist mit emotionellen Ablagerungen:

Wie denn läßt sich Volksmusik heute definieren, will man nicht wieder bei den idealistisch-frommen alten Begriffen landen?

Ausgehend von der nicht sehr exakten, aber immerhin nüchternen Arbeitsanweisung von Hermann Bausinger, daß die Gegenwartsvolkskunde „die alltägliche Kultur und Lebensweise der großen Mehrheit der Bevölkerung" beobachten solle, bietet sich denn ein vorläufiger Orientierungsversuch an, dem auch Walter Deutsch folgt: Volksmusik wäre demnach jene musikalische Kategorie einer Hochkultur, die nicht Kunstmusik ist, aber auch nicht (voll kommerzialisierte) Pop(ulär)musik.

In der österreichischen Szene, wo sich, wie anderswo, diese traditionelle Volksmusik aufgrund der gesellschaftlichen Veränderungen bereits im 19. Jahrhundert von ihren eigentlichen Anlässen zu lösen begonnen hat, wird sie in viererlei Weise praktiziert:

erstens von ihren traditionellen Trägern noch im Rahmen von Brauchtumshandlungen oder sonstigen bestimmten Anlässen (das sind die „Naturperlen" bei den Suchaktionen der Volksmusikforscher);

zweitens von ihren traditionellen Trägern außerhalb bestimmter Anlässe, wobei das ästhetische Erlebnis im Vordergrund steht (die „Zuchtperlen" gewissermaßen);

drittens von Volksmusikliebhabern in einer Art von „zweitem Leben" als folkloristische Musik;
und schließlich als vermarktete „Volksmusik", die nun ihrerseits zur Populärmusik wird.
Der Wiener Musikwissenschaftler Franz Födermayr, der diese Einteilung in einem von Walter Deutsch herausgegebenen Bericht über 20 Jahre Volksmusikforschung in Österreich (1965—1985) vorschlägt, weist freilich auch darauf hin, daß die traditionelle Volksmusik als Gegenstand der Volksmusikforschung nur „für einen relativ kleinen Teil der Bevölkerung auch weiterhin — wahrscheinlich zusammen mit anderen Arten von Musik — jene Funktion erfüllt, die der Musik im Menschsein nun einmal zukommt."
Die „neue Volksmusik", also die Populärmusik der großen Mehrheit, dürfe aber von der musikwissenschaftlichen Forschung nicht ausgeschlossen werden.
Eine Absichtserklärung als Zukunftsprogramm also, wenngleich sich Walter Deutsch für Ländler, Schnaderhüpfl und Jodler zuständig fühlt und nicht für Schlager und Modetänze — jedenfalls nicht für heutige.
Da sich sein Institut aber nie an der Wiener musikalischen Stadtkultur vorbeigedrückt hat, kann er immerhin von Tanz-„Schlagern" der Jahrhundertwende erzählen, etwa von der Gavotte, die zum „Boarischen" adaptiert worden sei. Nach dem Foxtrott freilich sei das keinem der ausländischen Modetänze mehr gelungen; zu fremd seien die Motive.
So dürfen denn die Volksmusikforscher die Kirche im Dorf lassen, wo sie gewissermaßen musikalische Mundartforschung treiben. Denn Volksmusik — die dann auch Walter Deutsch wieder als „Musik des Landvolks" festschreibt — habe eine eng begrenzte Aussage, deren Melodien und Formen für gewöhnlich nicht über eine bestimmte Region hinausdringen und daher kaum wirklich „populär" werden können. Ganz im Gegensatz zur volkstümlichen Musik, vergleichbar der Umgangssprache, die überall aufgenommen und nachvollzogen werden kann. Als Beispiel dieser Gattung nennt er das allgegenwärtige „Kufsteiner Lied" und hebt den langen Zeigefinger: Aber nicht, um dieses Pflichtstück jedes Tirolerabends hochmütig abzuqualifizieren, son-

dern um zu betonen, daß damit eben keine Wertung verbunden sei.

Nur sagen müsse man's halt, daß volkstümliche Musik keine Volksmusik sei.

So manchen Bewahrern der echten, wahren und einzigen Volksmusik erteilt er sogar eine milde Abfuhr. Zu kleinlich sei die Volksmusik-„Pflege" oft in ihrer Auswahl, zu verliebt in die eigene Liebhaberei. Und eine „Entwicklungshilfe" für die Volksmusik ist ihm eher suspekt.

„Wenn der Lehrer kommt..." — Der Satz bleibt in der Luft hängen.

Und auch beim 14. von Walter Deutschs Volksmusikseminaren im November 1985 in Wien klang ein wenig Unbehagen an der gegenwärtigen Pflegesituation durch: viel zuviel, sagte einer der Referenten, werde im Hinblick auf das Vorführen von Volksmusik (oft geradezu in der Wettbewerbssituation) gepflegt und zu wenig mit Augenmerk auf die Einbettung der Volksmusik in dörfliche Geselligkeit und Festgestaltung (woher sie ja eigentlich kommt). Tatsache ist, daß viele Sing- und Spielgruppen aus dem Kalkül des publikums- und beifallträchtigen Auftritts ihre Hauptmotivation beziehen, ein Phänomen, das freilich überall im Alpenland zu beobachten ist: In der Scheinwerfersonne, vorm Ohr des Mikrophons gedeiht die Volksmusik besonders rasch zu folkloristischer Blüte.

Wenn Walter Deutsch und seine Sendboten zum Sammeln gehen (mehr als 50 Feldforschungen liegen bereits vor), finden sie immer noch Volksmusik in ihrem „ersten Leben". Dort, „bei den Eingeborenen", gebe es noch eine ununterbrochene Tradition bei der Weitergabe des Liedguts und eine erstaunliche Fülle kleinräumiger Überlieferung, wie eine Feldforschung im salzburgischen Pongau im Jänner 1986 ergeben habe.

In einer anderen Schachtel „Güssing" findet sich eine komplette Momentaufnahme des Liedwissens aus einem südburgenländischen Ort, darunter viele geistliche Lieder, die — nachdem ihre Texte aus den offiziellen Kirchenliederbüchern ausgeschieden worden waren — in häuslichen Liederbüchern „im Untergrund" weiterlebten und von Ort zu Ort mit anderen Melodien weitergesungen wurden.

Sie verdichten sich zu Protokollen des Liedwissens einzelner, und Walter Deutsch versichert, daß „autochthones" (eingesessenes, an Ort und Stelle entstandenes) Liedgut sogar in der Großstadt Wien noch zu finden sei.

Und während bei seinen ersten Feldforschungen vor 20 Jahren Achtzigjährige die Geber gewesen seien, seien es jetzt die Fünfzigjährigen, die inzwischen wieder Varianten oder auch ganz andere Lieder und Tänze anzubieten hätten.

Aber auch aus der Pflege entstehe neues Sammelgut, vor allem Varianten: „Da entfaltet sich durchaus eine Eigenmotorik, die zu eigener Tradition führt."

Als Beispiele nennt er zwei österreichische Erzmusiker, die besonders große Strahlkraft entwickelt haben: Hermann Derschmidt in Wels (selbst ein bedeutender privater Volksmusiksammler), dessen „Sippe" von etwa 150 Leuten die Volksmusikbegeisterten in Oberösterreich dominiert, und, mehr noch, das Salzburger Phänomen Tobi Reiser, dem es mit seinem Wirken gelungen ist, einer musikalischen Tradition eine neue Physiognomie und damit Vorbildwirkung zu geben. Seine Art der Saiten- und Stubenmusi ist quasi über Nacht von Tausenden übernommen worden. Wohl einer jener geheimnisvollen Haupttreffer in Sachen Zeitgeschmack, wie ihn auch die Oberkrainer und die Beatles in völlig anderen musikalischen Bereichen erzielt hätten, meint Walter Deutsch.

Für sein eigenes Wirken, in dem er sich nie auf die engen Grenzen rein wissenschaftlichen Tuns beschränkt hat, gelten ihm Impulse aller Art als wichtigster Motor.

Dabei begann er eigentlich als typischer „Versager", wie er in seiner Stichwortbiographie bekennt, und landete mit 14 Jahren zunächst als Lehrling im väterlichen Friseurgeschäft des Cyrill Deutsch in Bozen.

In der Blasmusikkapelle der „Zwölfmalgreiner" und im Unterhaltungsensemble des Vaters ließ er schon eher aufhorchen.

1940 siedelte die Familie nach Kufstein um, und Walter Deutsch konnte an der Innsbrucker Musikschule ein Studium beginnen. Dann brachte man ihm in einem Spielmannszug des Reichsarbeitsdienstes die damals üblichen Flötentöne bei und nach dem Kriegseinsatz in Nordafrika gaben ihm drei Jahre Kriegsgefangenschaft unfreiwillige, aber nicht unwillkommene Möglichkeiten, in Algier, Schottland und Colorado sein musikalisches Weltbild zu erweitern.

Nach seiner Entlassung bezog er 1948 die Wiener Musikakademie, studierte Musiktheorie, Komposition und Dirigieren bei Alfred Uhl, Hans Swarowsky und Franz Eibner. Besonders er, der jüngst verstorbene Lehrer und Freund, war der geistige Mentor zur Erfassung der Gestalt der Volksmusik. Damals schwebte Walter Deutsch als Berufsbild noch „Dirigent" vor. 1957 wurde er Ballettkorrepetitor an der Wiener Volksoper, trat nebenher in musikalischen Rollen in Spielopern und Operetten auf und ließ sich immer mehr mit der Volksmusik ein. Als „Lehrling" bei Raimund Zoder und Karl M. Klier, im Volksmusikarchiv für Wien und Niederösterreich machte er sich auf die Suche nach unbekannten Volksliedern, brachte dabei die Bestände in Ordnung und legte Kataloge und Melodieregister an, die später im gesamteuropäischen Vergleich zu Studien über die Typologie und Morphologie von Volksliedern ausgeweitet wurden.

„Die Menschen sind in ihrem Erscheinungsbild höchst unterschiedlich — aber im Knochenbau sind sie gleich", erläutert Walter Deutsch die Fragestellung des international vergleichenden Volksmusikforschers. „Wir fragen nach den Unterschieden. So kann man beispielsweise vergleichen, wie ein und dieselbe Melodie in Niederösterreich und Vorarlberg tönt. Und im internationalen Vergleich können Formkriterien, die Tonalität, der Rhythmus betrachtet werden."
Daß die Arbeiten von Walter Deutsch schon in seiner Frühzeit auffielen, bezeugen zwei wichtige Förderungspreise, die ihm schon 1955 und 1956 zugesprochen wurden.

„Begnadet mit großen Löffeln, großer Neugier und einer großen Nase" (so seine Selbsteinschätzung), stöberte er unterdessen weiter im Liedgut an seinem neuen Wirkungskreis, trug beizeiten auch durch seine Heirat mit einer musisch begabten Lehrerin und durch die „Komposition" von fünf musikalischen Kindern zur Weitergabe seiner Begabung bei.

Ab 1963 — als Lehrbeauftragter für „Musikalische Volkskunde" — und ab 1965 als Gründer und Institutsvorstand wurde er dann an der Wiener Hochschule für Musik und darstellende Kunst jene Institution, die der Volksmusik in Österreich einen neuen Stellenwert brachte. Wobei die Öffentlichkeitswirkung vor allem aus den Fernsehsendungen des ORF erwuchs, bei denen Walter Deutsch unter dem Motto „Fein sein, beinander bleiben" sich etliche Jahre lang als Führer durch Österreichs Volksmusik profilierte.

Da erstand die Volksmusiklandschaft in thematischen Querschnitten, vorgeführt von Sängern und Musikanten aus den verschiedenen Landschaften Österreichs. Und um die Puristen und die „Feinschmecker" unter den Volksmusikliebhabern gleichermaßen zufriedenzustellen, mischte er die Mitwirkenden bedachtsam, so daß jeweils „urige" und folkloristisch-„schön" singende Gruppen dabei waren.

Daß die beliebte Sendereihe nach 39 Folgen und vier Jahren „abgedreht" wurde, erklärt sich ihm aus den personell gesteuerten Unwägbarkeiten der ORF-Programmplanung. Seine Hörfunksendungen über Volksmusikalisches für das ORF-Landesstudio Niederösterreich — via Ö-Regional auch nach Südtirol abgestrahlt — sind inzwischen kaum mehr zu zählen.

Ähnlich wie seine Kompositionen, deren Verzeichnis in einer Bio-Bibliographie zu seinem 60. Geburtstag allein 354 Lieder auf- und so Unterschiedliches ausweist wie: „Heimgang" (Lied für Singstimme und Klavier, Text von Erich Kofler), Hochzeitswalzer für die Südtiroler Verwandtschaft, Variationen über Hindemith-Themen, Märchenopern, Hunderte von Volksliedbearbeitungen, Lieder für Kinderdorfkinder, Kantaten, Ballettmusik, Messen, Singspiele, aber auch Gelegenheitswerklein wie „'s Burnhäutl, Wienerische Polka für Zither", „Klavierstücke für gymnastische Studien" und auch einmal einen „Slowfox für Singstimme und Klavier nach eigenem Text".

Nein, uniform ist der komponierende Volksmusikforscher Walter Deutsch wirklich nicht, und wenn die Volksmusik auch seine geistige Hauptnahrung ist, so verschmäht er doch durchaus nicht den Appetithappen aus anderen Töpfen der musikalischen Kochkiste.

„Musikalische Hausmannskost" nennt er ein Liederbuch, das er für eine Schloßtaverne geschrieben hat. Der Titel steht wohl auch für seine Überzeugung, daß Musik Leib und Seele zusammenhält wie das Essen und das Trinken. Und wenn die Volksmusik von Amts und Neigung wegen auch sein Hauptgericht ist, so scheint er deshalb weder auf Vor- und Nachspeisen aus anderen musikalischen Sparten verzichten noch die Volksmusik mit besonderer Andächtigkeit zelebrieren zu wollen.

Dieser unbefangene, frischfröhliche Umgang mit Volksmusik ist geradezu sein Markenzeichen geworden, Teil seiner wissenschaftlichen wie seiner publizistischen Arbeit und wohl am besten geeignet, die Volksmusik am — zweiten — Leben zu erhalten. Wenn ein junger Volksmusiker auch eine „klassische" Musikausbildung ableistet und womöglich bei den Philharmonikern landet, freut's ihn besonders.

Jenseits seines 60. Geburtstags wendet sich Walter Deutsch wieder mehr dem Land seiner Kindheit zu. Zwar hat er den Kontakt nie abreißen lassen, weiß um seine Verwandten in Bozen, Terlan und im Pustertal, erinnert sich lebhaft an seine elf Sommerfrischen am Penzlhof in Lengstein am Ritten, weiß von der damaligen Vielfalt der Tanz- und Unterhaltungsmusik zu erzählen, als sie noch nicht auf die Oberkrainer Einheitsfarben eingeschworen war. Aber in der Volksmusikforschung hatten doch die österreichischen Landschaften jahrelang Vorrang.

Nun aber kommt Walter Deutsch mit geballtem Elan nach Südtirol zurück. Im November 1986 eine großangelegte Feldforschung zur Erhebung des volksmusikalischen Gesamtbestandes in einigen Südtiroler Tälern: 45 Jahre nach der Arbeit von Alfred Quellmalz, der 1940 bis 1942 in reichsdeutschem Auftrag „Südtiroler Volkslieder" (drei Bände, 1968, 1972, 1976 erschienen) aufgeschrieben hatte, um zu archivieren, was durch die den Südtirolern verordnete

Auswanderung dann in alle Winde verstreut worden wäre. Die Ergebnisse der Feldforschung werden 1987 bei einem großangelegten Forschungsseminar — dem 17. des Wiener Instituts und dem ersten in Südtirol — bekanntgegeben.

Von den zahlreichen Veröffentlichungen Walter Deutschs seien genannt:
Volksmusik aus Österreich, 1984
Das große niederösterreichische Blasmusikbuch, 1981
Die Volksmusik des Bezirkes Scheibbs, 1976

Klaus Peter Heiß: Nicht ohne Grund mit viel Himmel

Psychogramm Klaus Peter Heiß

Geburtsort: Berlin
Sternzeichen: Löwe
Vorherrschender Charakterzug: Unternehmerisch
Bekennen Sie sich zu einem Fehler? Sturheit
Lieblingsbeschäftigung: Bridge, Tennis, Sex
Bevorzugte Landschaft: Ritten
Lieblingsstädte: Brixen, München, London, New York
Bevorzugte Komponisten: Telemann, Vivaldi, Mozart, Beethoven, Wagner, Mahler
Bevorzugte Autoren: Larry Niven, Musil, Hayer, Eco, Zweig...
Vorlieben in der Kunst: Mittelalter, Hundertwasser, Hopi
Welches Buch hat Sie zuletzt besonders beeindruckt? Johnson, „Modern Times"
Gibt es historische Persönlichkeiten, mit denen Sie sich identifizieren können? Karl V., Clausewitz, Kaiser Chin, Gödel, Riemann, Mohammed
Welches Abenteuer würden Sie gern erleben? Die Mondstation
Welche Errungenschaften des 20. Jahrhunderts halten Sie für die bedeutendsten? Quantentheorie, Raketen, Kernenergie
Wovor fürchten Sie sich am meisten? Vor der Steuerbehörde
Was kränkt Sie? Afghanistan
Was ärgert Sie besonders? Das „Siegesdenkmal"
Was tun Sie in Südtirol am liebsten? Ausruhen in Brixen
Was nehmen Sie aus Südtirol mit? Mehlspeisen, Wein, Erinnerungen
Würden Sie gern wieder nach Südtirol zurückkehren? Ja

Klaus Peter Heiß
Geschäftsbeziehung zum Weltraum

Seinem Vater war Südtirol Lebensinhalt. Der Brixner Journalist und Rechtsanwalt Dr. Anton Heiß — der seine österreichische Staatsbürgerschaft nach dem Anschluß Südtirols an Italien nie ablegte und sie auch auf seinen Sohn „vererbte" — war der Leitartikler der allerersten „Dolomiten"-Nummer vom Mai 1945.
Sohn Klaus Peter kam zwar 1941 infolge der Kriegswirren in Berlin, der Heimatstadt seiner Mutter, zur Welt, fühlt sich aber nach Kindheit und Jugend in Südtirol gleich wohl und immer noch zuerst als Südtiroler quasi österreichischer Provenienz. Jede Möglichkeit zu Besuchen bei der Mutter und beim Bruder in Brixen nutzt er.
Luftsprünge von der amerikanischen Ostküste, wo er seit 20 Jahren lebt und arbeitet, über den Atlantik sind für den Vielflieger Heiß eine ganz normale Sache.
Aber er hat auch eine Menge dazu beigetragen, daß Ausflüge ins All eine fast schon normale Sache sind — gerade noch eine Meldung in Rundfunk, Fernsehen oder Zeitung wert. Dabei hat insbesondere das Satellitenfernsehen der Raumfahrt alles zu verdanken.
Die Geburtsstunde der Raumfahrt ist der 4. Oktober 1957, an dem die Sowjetunion ihren ersten Satelliten ins All schickte.
„Mit ‚Sputnik 1' gelangte die Menschheit aus ihrem planetarischen Mutterleib hinaus, und für kurze Zeit war ein von Menschen gemachtes Objekt ein unabhängiges Mitglied des Sonnensystems."
Der amerikanische Raumfahrtwissenschaftler Jerry Grey benützt in seinem Buch über Träume, Kämpfe und Persönlichkeiten des amerikanischen Raumfährenprogramms dieses pathetische Bild. Kein Wunder, er ist Vizepräsident der IAF, der „International Astronautical Federation" und ein gläubiger Gefolgsmann des amerikanischen Raumfahrttraums.
Aber inzwischen ist die Raumfahrt aus dem Blütenalter heraus, und die Träume der „Eltern" sind ein wenig ramponiert, wobei das „Challenger"-Unglück vom 29. Jänner 1986

ernster als je zuvor die grundsätzliche Frage aufwirft, ob denn die bemannte Raumfahrt ihren Aufwand überhaupt wert sei.

Und abgesehen von dieser Tragödie scheint es, seltsam genug, als habe der Schuß ins All nicht nur den Menschen neue Ausblicke in den Weltraum gestattet, sondern ihnen auch einen sehr eindringlichen Blick „von da oben" auf die Erde aufgezwungen.

Anders vermutet: Umweltinteresse und Raumfahrtbegeisterung scheinen umgekehrt proportional zu sein.

Als der „Sputnik" startete, war Klaus Peter Heiß sechzehnjähriger Gymnasiast in Brixen. Heute ist er, obwohl erst 45, die „graue Eminenz" des Space-Shuttle-Programms. Ohne seine Kosten-Nutzen-Analysen wären die amerikanischen Raumfähren — Wetter hin, Technik her — gar nicht erst von der Startrampe gekommen. Und als das österreichische Nachrichtenmagazin „profil" österreichische Spitzenmanager im Ausland fragte, ob sie willens wären, Generalmanager der ins Gerede gekommenen VOEST-Stahlindustrie zu werden, befand er sich in exklusiver Gesellschaft von Präsidenten und Vorstandsmitgliedern großer internationaler Unternehmen. Klaus Heiß wollte übrigens lieber nicht VOEST-General werden. Er zieht es vor, sein eigener Chef und Inhaber der Econ Inc. Weltraumforschung und -beratung in Washington zu bleiben und seine Managemententscheidungen allein und ohne politische Einmischung zu treffen.

Aber bei einer ZDF-Diskussion im Spätherbst 1985 muß er sich trotz seines Bekenntnisses zur Prüfung der Rentabilität jedes Weltraumunternehmens „Phantasterei" vorwerfen lassen, wenn er eine größere Vision der Weltraumzukunft zu entwickeln versucht. Die Begeisterung der Jugend für die Raumfahrt, die er aus seiner eigenen Jugendzeit kennt und durch weitreichende Projekte bis zu extraterrestrischen Raumstationen wieder aufwecken möchte, wollen die Gesprächspartner ausschließlich auf die Probleme vor der Haustür gerichtet wissen. Die Faszination der Raumfahrt insgesamt wird grob abgeblockt.

Raumfahrt (so jedenfalls will es der Blickwinkel des Mediums) darf allenfalls sein, wenn das Umweltinteresse

mitfliegt, also etwa, wenn die Erderkundung aus dem All Aufschlüsse über ökologische Bezüge und Maßnahmen zu geben vermag, und selbst solche integren Motive sind harten Raumfahrtgegnern noch suspekt.
Doch die gegenwärtige Raumfahrtskepsis ist weder in bundesdeutschen Fernsehdiskussionen noch von den Grünen aller Schattierungen erfunden worden, sondern von den Amerikanern selbst. Und, noch seltsamer: Der unternehmerische Erfolg von Klaus Heiß beruht auf jener Skepsis, die den Unternehmungsgeist (englisch „enterprise") der Raumfahrtpioniere vorderhand kräftig zurückstutzte.
In den späten sechziger Jahren geriet das US-Raumfahrtprogramm in den Entscheidungsbereich von Leuten, die der festen Überzeugung waren, daß ein paar hundert Pfund Mondgestein als Ausbeute von Milliarden-Dollar-Investitionen schließlich zu wenig wären. Der amerikanische Kongreß rollte der Weltraumbehörde NASA einen Stolperstein nach dem andern vor die Füße. Denn die Bewilligung von Haushaltsmitteln für die NASA war immer vom Interesse des Wählerpublikums abhängig: Den Pionieridealen und der Schaulust mußte etwas geboten werden; unter diesem Druck stand die NASA stets, aber damals ganz besonders.
Klaus Heiß, der 1964 (mit 23 Jahren) an der Wiener Wirtschaftsuniversität über mathematisches Wirtschaftswachstum promoviert hatte, betrieb zu dieser Zeit als Dozent für Wirtschaftswissenschaften an der noblen Princeton-Universität (der akademischen Heimstatt von Einstein, Teller und Oppenheimer) höchst geistige Planspiele. Sein Lehrer Oskar Morgenstern hatte mit John von Neumann die Spieltheorie als neueren Zweig der mathematischen Wirtschaftstheorie begründet, die erkannte, daß zahlreiche Vorgänge im ökonomisch-sozialen Bereich den Charakter eines strategischen Spiels — etwa Schach oder Poker — besitzen, bei dem das Ergebnis zum großen Teil von der Strategie der Spieler abhängt. Nach ihr gelingt unter bestimmten Bedingungen die streng mathematische Ableitung der optimalen von mehreren möglichen Verhaltensweisen.
Und wie man aus der Spieltheorie unschwer auf militärisches Gebiet gerät, so geriet Klaus Heiß auf technologisches.

Das allgemeine amerikanische Nachdenken über die eigenen Weltraumpläne trieb auch die Finanzstrategen im „Office of Management and Budget", die das zentrale Management von Staatsausgaben besorgen, auf die Planspielwiese. Klaus Heiß wurde in einer Fünfergruppe damit beauftragt, im Wettbewerb mit anderen Gruppen eine Rentabilitätsstudie für „Space-Shuttle", die Raumfähre, auszuarbeiten.

Das Heiß-Team war von der Grundüberlegung ausgegangen: Welches Shuttle-System liegt im Preis-Leistungs-Geflecht, in der Analyse von Investitionskosten und Nutzen, am besten?

Anders gefragt: Wie wirkt sich das Transportsystem auf die Kosten aus? (Eine Frage, die, auf den Erdboden gestellt, den Container als Antwort fand.)

Das zunächst quasi spielerisch entworfene Shuttle-Design der Heiß-Gruppe siegte: Ein wiederverwendbares, flugzeugähnliches System, bei dem „niedrige" Betriebskosten wichtiger sein sollten als „niedrige" Entwicklungskosten — freilich unter der Annahme einer genügend großen Auslastung. Dies alles getreu der sehr amerikanischen Maxime: „Das All wird eines Tages Profit abwerfen, zuerst kleinen, später enormen."

Wie revolutionär dieses Konzept war, macht Jerry Grey an einem Beispiel deutlich. Den Schritt von der „Wegwerfraumfahrt" der Pionierzeit zur wiederverwendbaren Raumfähre illustriert er mit folgendem Bild: Ein Raumschiff nur einmal verwenden, heißt, einen Luxusdampfer einmal für eine Weltreise benützen und dann verschrotten.

Daß jedoch Erfolge auch und gerade in Amerika nicht von der linearen Art sind, bekam Klaus Heiß bald zu spüren: Trotz der Annahme seiner Studie ging mit der Raumfähre nichts weiter. Eine hartnäckige Lobby betätigte sich als Shuttle-Killer, Gutachten und Gegengutachten jagten sich. Klaus Heiß, der inzwischen mit seinem Lehrer Morgenstern eine Beratungsfirma für Weltraumökonomie gegründet hat, bekommt den Auftrag für eine Studie über eine Billig-Shuttle (nachdem eine vorherige Heiß-Studie einen Ertrag von schäbigen 100 Millionen Dollar bei Entwicklungskosten von 12,8 Milliarden Dollar ausgewiesen hatte).

Ende Oktober 1971, zu einem Zeitpunkt, als für die Shuttle fast nichts mehr geht, schreiben Heiß und Morgenstern einen flammenden Brief „an alle", in dem sie für eine Raumfähre des Kompromisses zwischen unannehmbar hohen Entwicklungs- und unannehmbar hohen Betriebskosten optieren.

Für diese bedingt wiederverwendbare Teils-Teils-Shuttle, die Klaus Heiß schließlich zum Hauptkonsulenten der NASA für Kosten-Nutzen-Berechnungen von Raumfahrtprogrammen macht, gibt Präsident Nixon im Jänner 1972 grünes Licht. Sie ist konzipiert als Kompromiß zwischen hochfliegenden Plänen und unzureichender Finanzierung, als Mischung aus Altbackenem (wie den relativ primitiven Feststoffraketen) und Hochtechnologie (wie den Hochleistungstriebwerken), aus Sicherheitsbedürfnissen und fatalistischer Risikobereitschaft.

Im April 1981 gibt es den ersten Shuttle-Start. Er bringt der NASA genau jenen Zuwachs an Renommee beim Wahlvolk, der erwünscht war.

Der frühe Erfolg des im Vergleich zu „alten Hasen" wie Oskar Morgenstern noch recht frischgebackenen europäischen Neuankömmlings Heiß ist auch für amerikanische Verhältnisse erstaunlich. Er beruht nicht nur auf seiner unbezweifelbaren Brillanz als Wirtschaftswissenschaftler und mehr und mehr auch als Raumfahrtexperte, sondern nicht minder auf jener Arbeitsbesessenheit, die eine amerikanische Wortschöpfung als „workaholic" bezeichnet und die durch eine Episode charakterisiert werden soll:

Eines Tages zu Beginn der siebziger Jahre fuhr Klaus Heiß mit Oskar Morgenstern zu einem wichtigen Hearing von Princeton nach Washington. Im Zug machte Morgenstern seinen Schüler darauf aufmerksam, daß er immer noch denselben Anzug trüge, mit dem er in die Staaten gekommen war, und meinte, das sei vielleicht nicht die Art von Kleidung, in der man der NASA sagen dürfe, wie sie ein paar Milliarden Dollar ausgeben solle. Zwischen Bahnhof und

NASA-Hauptquartier stattete der Lehrer seinen Meisterschüler noch angemessen aus...

Aber Klaus Heiß' Engagement steckt nicht in seinen Kleidern. Um eine wichtige Verabredung zu halten, verzichtet er auf Essen, Schlaf und Komfort. Um sich durchzusetzen, macht er, wenn's not tut, auch mal Lärm „bis ganz oben hinauf", wie mit jenem folgenreichen Brief, der den Durchbruch für das Shuttle-Projekt brachte. Und wichtige Argumente hält er fest, wo immer sie ihm einfallen — auch wenn gerade nur ein gebrauchtes Briefkuvert zur Hand ist.

So begnügte sich Klaus Heiß natürlich nicht damit, die Raumfähre durchgesetzt zu haben, sondern schaute gleich nach neuen Shuttle-Aufgaben aus.

Die möglichst breite Verwendbarkeit der Raumfähre war ja ein integrierender Bestandteil ihres Konzepts, und so fand Klaus Heiß für die Raumfähre ein ganz neues Feld von „Space-Economics" vor allem in den Bereichen Nachrichtenübermittlung und Erderkundung. Aber auch ein astronomisches Großunternehmen war dabei: die Shuttle-Mission des Raumteleskops, das, von der NASA entwickelt, 1986 in der Ladebucht des Raumtransporters „Challenger" zu seiner Erdumlaufbahn gebracht werden sollte. Das fünf Tonnen schwere Teleskop mit einem Spiegeldurchmesser von fast zweieinhalb Metern sollte von dort aus, unbeeinträchtigt durch Großstadtbeleuchtung oder getrübte Erdatmosphäre, hundertmal lichtschwächere Objekte im Weltraum erspähen können als gleich große Teleskope auf der Erdoberfläche. Das Raumteleskop selbst ist zwar unbemannt, bedarf aber gelegentlicher bemannter Ausflüge zu seiner Bedienung oder auch zur Reparatur.

Von den der Erde zugewandten Shuttle-Missionen propagiert Klaus Heiß — nachdem der Bereich Kommunikation durch eine immer größer werdende Zahl von Satellitentransporten ohnehin prächtig floriert, während die Material- und Medizinforschung unter den Bedingungen der Schwerelosigkeit noch am Anfang steht — ein globales Informationssystem für Rohstoffquellen und Ernteschätzungen, dessen Daten von allen Staaten gegen Gebühr abgerufen werden könnten.

Kritiker einer solchen Datenbank wenden zwar gelegentlich ein, man müsse solche Daten nicht durchwegs aus dem „teuren" Weltraum beziehen. Aber für Klaus Heiß ist das kein Argument, denn er weiß (wie auch jeder Betrachter einer Satellitenwetterkarte), daß erstens der Weltraum besonders schlüssige Bilder von der Erde erlaubt und daß zweitens das gesamte Design der Raumfährenaktivitäten weit in die Zukunft hinein geplant werden mußte, was durch das „Challenger"-Unglück nicht grundsätzlich aufgehoben wird. So ist der Aufgabenbereich der Raumfähre 10 bis 20 Jahre im voraus abgesteckt worden, in eine Zukunft hinein, in der die Grenzen zwischen Realität und Utopie trotz aller Planungsperfektion noch nicht messerscharf zu ziehen sind.

Ein fiktiver Rückblick aus dem Jahr 2076 mit der Perspektive von 1979 zeigt bislang erstaunliche Übereinstimmung mit den abgewickelten Missionen. Die Utopie wird also im nachhinein sanktioniert. Von SDI ist freilich noch nicht die Rede und vom Verlust einer Raumfähre erst recht nicht!

Aber zurück in die Gegenwart: Auch die Erkenntnismöglichkeiten aus Raumlabors (das erste „Spacelab" startete als europäische Entwicklung mit der amerikanischen Raumfähre Columbia Ende November 1983) bedürfen der ständigen Pendeldienste von Raumfähren. Verfolgt werden Studien für neue, hochgenaue Navigationssysteme, Testbeweise der Relativitätstheorie und eine ganze Palette von physikalischen und physiologischen Fragen, die sich unter den Bedingungen der Schwerelosigkeit besser studieren lassen. Auch der deutsch-österreichische Wissenschaftsastronaut Reinhard Furrer, der 1985 im Spacelab flog, meint: „Der Weltraum als Labor erscheint mir als eine der großen wissenschaftlichen Herausforderungen unserer Zeit."

Einige Aspekte der Erdbeobachtung aus dem All sind auch dazu geeignet, sogar „grüne" Herzen für diesen Bereich der Raumfahrt schlagen zu lassen: Die Beobachtung der Kohlendioxidwerte in der Erdatmosphäre, der Vulkantätigkeit oder der Klimawerte könnte vielleicht hochwillkommene Gewißheit darüber bringen, wie sich die Erde in der ökologischen Gesamtperspektive verhalten wird.

Der größte Teil dieses Informationswissens würde übrigens mit einem Gerät eingesammelt, das durch das Liebkind von Präsident Reagan, die Strategische Verteidigungsinitiative, perfektioniert würde.

Kein Wissenschaftler zweifelt heute daran, daß Laser- und Sensortechnik, Mikroelektronik allgemein und Datenverarbeitung im besonderen mit dem SDI-Programm auffallende Impulse erhielten — dafür sprechen schon die stattlichen 25 Milliarden Dollar (vorwiegend Industriegelder), die über fünf Jahre für die SDI-Entwicklung ausgegeben werden. Aber da sich bei SDI Militär und Technologie in die Hände arbeiten, um die USA wieder zur militärischen und technologischen Nummer eins zu machen, steht auch zu vermuten, daß die militärischen Ziele eines Raketenschutzschirms im All sich auf die Weitergabe der technologischen Innovationen an zivile Initiativen nicht eben günstig auswirken könnten. So läuft also in den militärischen Weltraumprojekten zwar eine große Zahl ziviler Themen mit, aber Geheimhaltungsvorschriften könnten deren Wert erheblich verringern.

Auch Klaus Heiß sieht die Gefahr eines neuen technologischen und militärischen Protektionismus der USA, die Gefahr des Zurückhaltens von Daten, und gerade deshalb ist er — darin ganz Europäer — für ein kluges und effizientes Engagement der Europäer bei der Raumfahrt, das immerhin bereits zwei vielversprechende „Früchtlein" (im Vergleich zu den amerikanischen Riesenfrüchten) getragen hat: die munter reifende europäische ESA-Raumfahrtagentur mit den „Ariane"-Raketen und dem Spacelab. Achtmal soll die „Ariane" 1986 starten, und das Spacelab hatte 1985 bereits seinen 4. Start; dazu die immerhin schon zur Knospe gediehene Forschungsgemeinschaft von 18 europäischen Ländern EUREKA, die ein gemeinsames europäisches Technologiekonzept zum Ziel hat.

Gewiß: Die „Ariane"-Aktivitäten verhalten sich zu amerikanischen Dimensionen wie ein US-Truck zum VW, aber der geringere Aufwand (etwa um 50 Prozent niedrigere Startkosten) bedeutet für die europäischen Anbieter von Satellitentransporten zugleich auch eine gute Marktchance. Für nichtamerikanische Weltraumfrachten bekommt die NASA also

— um so mehr nach dem „Challenger"-Debakel — eine ernsthafte europäische (und bald auch eine japanische) Konkurrenz.

Und gerade deshalb hält Klaus Heiß den Raumaufschwung der Europäer für so wichtig, denn, davon ist er überzeugt, nur die Konkurrenzsituation, die ein gegenseitiges Geben und Nehmen erzwingt, kann die Amerikaner davon abhalten, sich etwa in der Datenfrage „bedeckt" zu halten.

Die Option für das SDI-System hat — neben den grundlegenden Fragen, ob es erstens möglich und zweitens stabilisierend sein werde — noch eine ganze Reihe anderer Fragen aufgeworfen, etwa die nach dem Schicksal der Grundlagenforschung.

Klaus Heiß hat auch in Sachen SDI seine eigene Position: Sie ist die des Wirtschaftswissenschaftlers (der die Zündwirkung für die industrielle Innovation sieht), des „Amerikaners" (der überzeugt ist, daß SDI, militärisch gesehen, eine revolutionäre Umstellung von offensivem auf defensives Denken bedeutet), des Europäers (der sich von SDI eine Entspannung im raketenstarrenden Europa verspricht) und des Wissenschaftlers (der von dem Grundsatz ausgeht, daß eine Erhöhung der Ausgaben für militärische Zwecke immer auch ein Plus für die Grundlagenforschung einschließt).

Im übrigen ist er der Meinung, daß es bisher auch schon die Überwachungssysteme aus dem Weltraum gewesen seien, die den dritten Weltkrieg verhindert hätten.

„Das ist doch die heutige Situation: Der Erstschlag der andern Seite darf nicht abgewartet werden! Das alles mag uns passen oder nicht, aber wir müssen es zur Kenntnis nehmen."

Diese Schlußfolgerung paßt zu der komplexen Mischung von „Macher" und „Denker", die das Wesen von Klaus Heiß ausmacht. Und da er gelernt hat, auf höchstem Niveau mit der technologischen Weltraumzukunft zu spielen, ist er immer wieder bei denen, die Szenerien in diese Zukunft hinein entwerfen.

Schon 1976 rechnete er für das AIAA (American Institute of Aeronautics and Astronautics) ein Projekt zur satellitengestützten Übertragung von Sonnenenergie (Satellite Solar

Power) durch, nach dem es möglich sein könnte, im Weltraum geostationäre Sonnenzellen-„Kraftwerke" zu installieren, deren „Ladung", etwa in Mikrowellen umgewandelt, zur Erde „gebeamt" und dort in elektrische Energie umgeformt würde. Ein „Sternbild" von 30 Sonnenenergiesatelliten könnte demnach mehr als den gesamten gegenwärtigen Strombedarf der USA decken. (Als Nebeneffekt bewies seine Studie auch gleich mit, daß die Energieforschung eine sehr meßbare Auswirkung auf die Erdölpreise hat.)

Wann immer Klaus Heiß seinen digitalen Rechenstift ansetzt: Zwangsläufig kommt dabei „Zukunftsmusik" heraus. Aber es sind keine bloßen Sphärenklänge, wie sie von Autoren der Science Fiction produziert werden.

Was immer in der Weltraumforschung geschehen und sehr viel Geld kosten wird — es bleibt auch und gerade in Amerika an politische Weichenstellungen gebunden. Der Tod der sieben „Challenger"-Passagiere hat sich auf makabre Weise in die Entscheidungsprozesse eingeschaltet.

Für Klaus Heiß kam das Unglück — ebenso wie für andere „Insider" und anders als für die schockierte Öffentlichkeit — nicht unerwartet. Wenn etwas schiefgehen kann, dann geht es auch irgendwann einmal schief, sagt ein berühmtes Gesetz. Die NASA rechnete damit, daß durchschnittlich einer von 200 Shuttle-Flügen mit dem Verlust der Raumfähre enden könnte, eine Sicherheitsrate von immerhin 99,5 Prozent. Ein Verlust bei 25 Flügen bedeutet, statistisch gesehen, eine Sicherheit von 96 Prozent.

Klaus Heiß hatte daher schon 1983 bei einem Vortrag am Ritten vorausgesagt: „Zwischen dem 25. und 40. Flug einer Shuttle wird ein Orbiter verloren gehen." Die „Challenger"-Mission war der 25. Shuttle-Flug. Der Rückschlag für die NASA ist erheblich, aber das Weltraumprogramm insgesamt ist ungefährdet. Für Klaus Heiß' eigene Aktivitäten heißt das:

„Es gilt jetzt den zivilen, kommerziellen und wirtschaftlichen Bereich zu erhalten und zu fördern, gegenüber der jetzt dominierenden militärischen Verwendung der Shuttle und anderer Transportsysteme."

Und natürlich hält auch er der NASA nun ihre Versäumnisse vor — von seiner Warte: „Die NASA hätte 1982/83 die private Finanzierung einer fünften Shuttle zulassen sollen, statt sie zu bekämpfen. Dieser Orbiter wäre — für eine Milliarde Dollar — im Juni 1986 fertiggestellt gewesen. Heute ist es fraglich, ob er um zwei Milliarden hergestellt werden kann — bis 1989!"

Vorerst jedenfalls ist die NASA durch die Suspendierung der Shuttle-Starts arg in Bedrängnis geraten: 13 Flüge, bei denen 16 Satelliten zu transportieren gewesen wären, hatte man für 1986 noch geplant. Und eventuelle zukünftige Shuttle-Flüge werden in ihren kommerziellen Aspekten schon jetzt durch die Vorrechte des Militärs stark eingeengt. Das Pentagon setzt inzwischen auf die Wiederbelebung der „alten" Titan-Raketen zur Durchführung militärischer Weltraumtransporte.

Und in dieser Entscheidung liegt begründet, daß für Klaus Heiß mit der Explosion über Cap Canaveral auch eigene Pläne in die Luft gegangen sind: Er hatte bereits 1983 einen Kaufvertrag für vier Titan-34-Raketen ausgehandelt, 75 Millionen Dollar pro Stück. Nach dem Shuttle-Unglück ist der Wert der Titan-Raketen sprunghaft hochgeschnellt: Die Air Force hat für zehn Raketen pro Stück 200 Millionen Dollar hinzulegen.

„Hätte die NASA uns 1983 den Erwerb der Titan-Raketen erlaubt, könnte ich mich heute mit netto 200 Millionen Dollar zurückziehen, denn 40 Prozent des Unternehmens gehörten mir. So aber muß ich halt — wie viele andere — weiterarbeiten."

Lesehinweis:

Jerry Grey, Enterprise — the use of the shuttle in our future space programs, New York 1979

Leonhard Paulmichl
Riecher fürs Wesentliche

Im Personalgefüge des ORF stellen die Südtiroler gegenwärtig eine qualifizierte Minderheit dar: der Antholzer Georg Kofler als „rechte Hand" im Nahbereich des erst vor kurzem abgewählten Generalintendanten Gerd Bacher, die Bozner Franz Kössler und Lorenz Gallmetzer als Korrespondenten in Moskau und Washington. Im westlichsten Bundesland Österreichs ist die Stimme des ORF seit 1982 der Vinschgauer Leonhard Paulmichl.

Auch er verdankt — wie Walter Deutsch — seiner Nase einiges: „Einen Riecher fürs Wesentliche" bescheinigt er sich, weshalb ihm etliche Entdeckungen gelungen seien:

Der Südtiroler Maler Gotthard Bonell gehöre dazu und der Vorarlberger Schriftsteller Köhlmeier, auch ORF-Fernsehprediger August Paterno. Leonhard Paulmichl spürte früh das Können von Luis Stefan Stecher und Joseph Zoderer und produzierte das erste Hörspiel der späteren Bachmann-Preisträgerin Erica Pedretti. Daß er immer wieder auch Künstler aus seiner Südtiroler Heimat ins ORF-Programm brachte, schreibt man ihm daheim auch heute noch gut.
Möglicherweise ist ihm die Begabung, Talente im vorhinein erschnuppern zu können, schon als Bub zugeflogen. Wenn er im Obervinschgau die Geißen hütete, wußte er sehr rasch, welche von den „Gfrastern" auf die Pilze gingen: ein Genuß, den er den genäschigen Tieren nicht gönnen durfte, weil er die Milch verdarb.

Das Hüten, auch andere Bauernarbeiten wie „Erdgratteln" (die von steilen Äckern abgeschwemmte Erde wieder aufführen), Heutragen und „Wassern, wenn man die Road hat" (nach dem uralten Vinschgauer Waalsystem das Wasser auf die Felder verteilen) gehörten zu seinen Obliegenheiten in der kleinen Bauerschaft der Eltern in Stilfs. Zehn Kinder und zwei Kühe nährte das Anwesen des Lehrers und Organisten Paulmichl; die Mutter war eine Tschenett, rätisch das Geblüt und schwarz das Haar.

Psychogramm Leonhard Paulmichl

Geburtsort: Stilfs/Vinschgau

Sternzeichen: Fisch

Gibt es eine Charaktereigenschaft, die Sie besonders prägt? Wenn es eine ist: das Frühaufstehen.

Würden Sie sich zu einem Fehler bekennen? Jederzeit, besonders wenn er arg ist.

Haben Sie Ehrgeiz? Ja, sonst könnte ich diese Arbeit nicht machen.

Was bereitet Ihnen besondere Genugtuung? Wenn es meinen Freunden gut geht.

Haben Sie ein Steckenpferd? Zu Hause klassische Musik mit Partitur anhören.

Gibt es ein Abenteuer, das Sie gern erleben würden? Einen viel jüngeren Kollegen beim Skirennen schlagen, wobei dieser dann einen größeren Pokal bekäme.

Orientier(t)en Sie sich an Persönlichkeiten? Welchen? Ein Geheimnis steht auch mir zu.

Wären Sie gern eine bestimmte historische Persönlichkeit gewesen? Gerne, aber nur, wenn ich mir den Schreiber aussuchen könnte — etwa Leopold von Ranke.

Gibt es etwas, das Sie besonders fürchten? Dummheit als Allgemeinbildung

Was kränkt oder ärgert Sie besonders? Falschheit mit Lächeln vermischt

Sind Sie von etwas abhängig? Vom Wohlwollen meiner Frau

Lieblingslandschaft: Jene auf den Bildern der Niederländer

Lieblingsstadt: Troja und Straßburg

Was riechen Sie besonders gern? Frisch ausgepackte Bücher

Bevorzugte Autoren: Karl Kraus, Eichendorff, Luis Stefan Stecher

Welche Musik hören Sie besonders gern? Bruckner, H-Moll-Messe von Bach

Haben Sie Vorlieben auf dem Gebiet der Bildenden Kunst? Malerei. Die Zeichnung, das Porträt

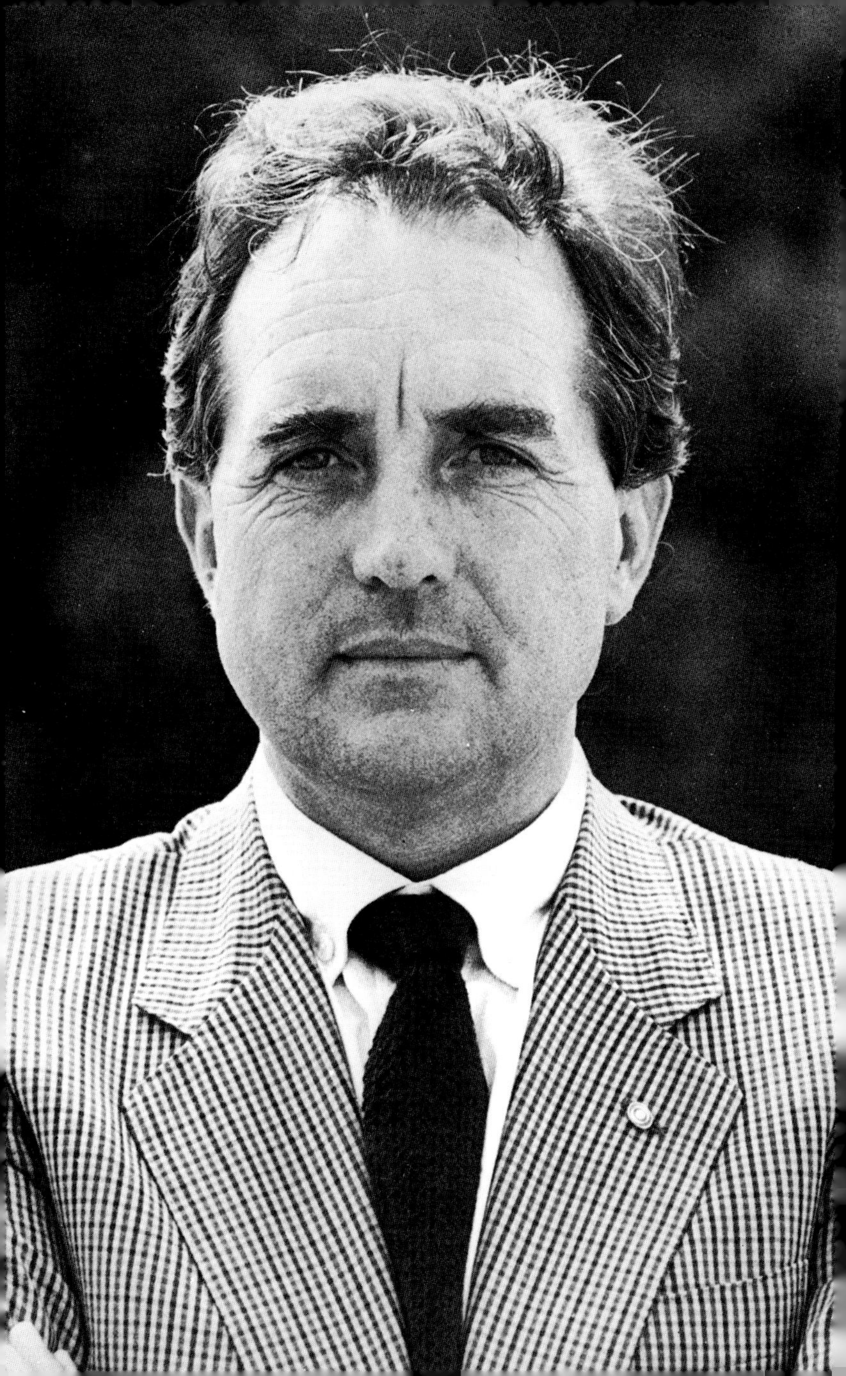

Welches Buch hat Sie in letzter Zeit besonders beeindruckt?
Theodor Haecker: „Tag- und Nachtbücher"
Wo fühlen Sie sich beheimatet? In meiner kleinen und meiner großen Familie
Was tun Sie in Südtirol am liebsten? Mit Freunden zusammensitzen und fast „alles" bereden
Was nehmen Sie mit, wenn Sie Südtirol wieder verlassen? Am liebsten Bilder von Bonell, Stecher, Vallazza (alphabetisch)
Könnte Sie etwas auf Dauer nach Südtirol zurückbringen? Ist nicht notwendig, geistig bleibe ich dort. Allenfalls die Majestät des Ortlers und seine gratis mitgelieferte Gletscherwärme.

Für die Ausbildung der Kinder galt: Die älteren, die schon verdienten, mußten den jüngeren, die noch studierten, finanziell unter die Arme greifen. Leonhard, der Jüngste von allen und Jahrgang 1938, durfte sich da am meisten Fürsorge ausrechnen, was er in der Erfahrung zusammenfaßt:

„Als letztes von zehn Kindern kennt man keine Angst." Der starke musische Einschlag in der großen Familie ist nicht nur ihm zugute gekommen: Gediegene musikalische Ausbildung gehörte zum Rüstzeug mehrerer Paulmichl-Kinder.

Schwester Agnes leitet einen Singkreis in Prad, Leonhard selbst lernte im Brixner Vinzentinum (wo er zwar nicht, wie erwartet, zum Theologen, sondern zum Frühaufsteher erzogen wurde) das Orgelspielen. Und Bruder Herbert Paulmichl studierte in Regensburg und in München bei Karl Richter Kirchenmusik und prägt seit langem komponierend und interpretierend das Musikgeschehen in Südtirol mit. Das Auswandern ist, wie bei vielen Obervinschgauern, auch in der Familie Paulmichl gang und gäbe gewesen; einer seiner Großväter, erzählt Leonhard Paulmichl, sei sogar noch ein „Schwabenkind" gewesen: eins von vielen tausend Vinschgauer und Oberinntaler Kindern, die früher zum sommerlichen Arbeitseinsatz ins Schwäbische hinaus teilzeit-„verkauft" wurden.

Die Ferne im Kopf hatte Leonhard Paulmichl schon, als ihm, noch im Brixner Internat, klar wurde, daß er kein Pfarrer werden wollte. Er ging also zuerst einmal ein ziemliches Stück weit fort, suchte sich als Studienfach die Germanistik und als Studienstadt Bonn und war, was man damals einen Werkstudenten nannte. Auf die Skier, die der begeisterte Wintersportler an den Rhein mitschleppte, weil er auf der Landkarte einen stadtnahen Höhenzug entdeckt hatte, konnte er verzichten; nützlicher war ihm der Stadtplan zur Orientierung.

Arbeit fand er als Nachtschicht-Pfleger in einem Behindertenheim.

Nach drei Jahren rückte er seiner Heimat ein gutes Stück näher — nach München, wo er ebenfalls rasch zum Studenten-Schnelldienst fand: Teppichklopfen für zehn Mark die

Stunde in einer noblen Villa, wo ohnehin alles sauber war; dies sei sein bester Job gewesen.

Während der letzten Phase des Studiums in Innsbruck war er Hilfsskilehrer in St. Anton am Arlberg. Da konnte er die Skier dann besser brauchen.

Seine Dissertation über den Literaten und Meister der feuilletonistischen Kleinform Peter Altenberg war eigentlich schon die zweite; die erste über die Musik bei Walther von der Vogelweide hatte er nach drei Jahren aufgegeben — wegen der Unendlichkeit des Themas.

Nach Promotion und Militärdienstzeit schloß sich der erste Lebenskreis in Bozen, wo er an der Mittelschule unterrichtete und für die Tageszeitung „Dolomiten" schrieb.

Ein Abstecher zu einem amerikanischen Verlag nach Liechtenstein, für den er zwei Jahre lang alte Bücher für Neudrucke aufspürte, und vor allem seine aus Feldkirch stammende Frau verstärkten seinen Kontakt zum „Ländle".

Dann wurde das „Kulturelle Wort" bei Radio Dornbirn acht Jahre lang vom Südtiroler Paulmichl geleitet.

Der war dann auch der Mann der ersten Stunde, als der ORF — „ein Teil der vorbildlichen österreichischen Südtirolpolitik" — sich an Etsch und Eisack etablierte.

Die verfassungsrechtliche Garantie auf den Empfang deutschsprachiger Hörfunk- und Fernsehprogramme in Südtirol, festgeschrieben in den 1973 erlassenen Durchführungsbestimmungen zur Südtirol-Autonomie, bewog den ORF nicht nur zur technischen Zusammenarbeit mit der Rundfunkanstalt Südtirol (RAS) beim Ausbau des Sendernetzes für Südtirol, sondern auch 1974 zur Errichtung eines eigenen ORF-Studios in Bozen.

Sein Leiter wurde Leonhard Paulmichl: Auslandskorrespondent in der eigenen Heimat. Seine Aufgabe hieß: aus nichts etwas machen, eine Maxime, die Leonhard Paulmichl ebenfalls für Obervinschgauer Erbgut hält. Vielleicht ist das die Devise, die auch teilweise erklären könnte, warum diese karge Gegend so reich ist an kreativen Leuten. Ziemlich sicher war sie aber der Grund, warum ORF-„General" Bacher damals Leonhard Paulmichl als ORF-Pionier nach Bozen schickte.

Tatsächlich weht etwas von Pioniergeist aus den Geschichten, die Leonhard Paulmichl über seine Bozner Arbeitsstrategie parat hat. Vor allem schien es ihm wichtig, als Südtirols Auge und Ohr des ORF ständig unter den Leuten zu sein. Da Frau und Tochter, lehrend und lernend, an Vorarlberger Schulen gebunden waren, hatte er dazu die nötige Freizügigkeit. So erreichte er oft Nützliches, wo er eigentlich nur Geselligkeit erwartet hatte: jene Blanko-Drehgenehmigung etwa, die ihm der damalige Vizequästor im Verlauf eines längeren, vom Wein hilfreich begleiteten Gesprächs an einem Bozner Stammtisch erteilt habe. Zu einem Zeitpunkt, als noch für jeden ausländischen Fernseh-„Dreh" eine Genehmigung des Innen- und des Verteidigungsministeriums einzuholen war, fand Leonhard Paulmichl auf eher ungewöhnlichem Dienstweg den richtigen Dreh für freieres Arbeiten. Die Bilanz der Bozner Jahre liest sich denn recht stattlich: „1000 Fernsehsendungen, 6000 Radiobeiträge und 45.000 Meldungen habe ich in meiner Südtiroler Zeit gemacht."
Und er meint, durch solchen Eifer die Südtirol-Gestimmtheit der Wiener ORF-Spitze und des Tiroler Landesintendanten Hans Hauser voll genutzt zu haben. Südtirolbeiträge in den Regionalmagazinen und Nachrichtensendungen des Fernsehens sowie in den Journalen des Hörfunks waren und sind die publizistische Rückkopplung der österreichischen Südtirolpolitik.

„Im ORF wurde Südtirol eigentlich wie ein Bundesland behandelt", erinnert sich Leonhard Paulmichl auch an das übliche „Geraufe" bei der Unterbringung von Programmbeiträgen. Schließlich will jeder Korrespondent seine Berichte plazieren.

Für den Südtirol-Korrespondenten des ORF sei es aber auch immer darum gegangen, den Konnex zwischen Österreich und Südtirol zu intensivieren, den Informationsfluß über die Grenzen zu verstärken und so den Österreichern Südtirol und den Südtirolern Österreich präsent zu halten.

Darüber hinaus ging es, vor allem in den ersten Jahren, auch um Imagepflege für den ORF. Im selben Maße, wie die Programme des ORF durch die Ausbautätigkeit der RAS sich in die Täler hinein ausbreiteten, im selben Maße mußte, so folgerte er, auch die Sympathiewerbung für den ORF mitwachsen.

Das Ergebnis dieser Überlegung war die „Scouty"-Aktion des Jahres 1977, als der „Pfadfinder"-Wagen des ORF, unterstützt durch das Südtiroler Kulturinstitut und die RAS, 25 Südtiroler Orte den österreichischen ORF-Konsumenten vorstellte und gleichzeitig dort den ORF ins rechte Licht rückte. Leonhard Paulmichl beeilt sich hinzuzufügen: „Wir haben das für den ORF gemacht und nicht gegen andere Medien."

Diese Einstellung braucht Paulmichl, seit er auf dem Chefsessel im Dornbirner Landesstudio sitzt, noch viel stärker. Denn in Vorarlberg hat der ORF nicht weniger als dreizehn öffentlich-rechtliche Rundfunkanstalten aus der Schweiz und der Bundesrepublik Deutschland auszuhalten, dazu neun Fernsehkanäle, außerdem eine Zeitungslandschaft mit zwei Tageszeitungen und vier Wochenzeitschriften zu überstrahlen.

Leonhard Paulmichl könnte sich angesichts solch medialer Dichte in seinem Dornbirner Funkhaus fast wie in einer Festung oder auf einem Brückenkopf fühlen, aber er umschreibt seine Situation weniger militärisch als salopp: „Da geht nix mit'n Schmäh!"

Dafür heißt die Devise wieder: flink sein und zu den Leuten gehen. Flink vor allem im Anbieten nach Wien und beharrlich in der Erfindung von Kontaktsendungen. Mit diesem Konzept ist Leonhard Paulmichl mit seinen Mitarbeitern in den vier Jahren seiner Intendanz an einen Spitzenplatz durchgestartet: 48,4 Prozent der Vorarlberger hören täglich die Programme des eigenen Landesstudios. Nirgendwo in Österreich sind ORF-Hörer ähnlich treu, was sich auch mit einem zweiten Platz in der Radiowerbung österreichweit bezahlt macht. Bei Umfragen besonders gelobt werden die Hochwertigkeit der Informationssendungen, die Aktivität der Kulturabteilung und die Veranstaltungsfreudigkeit des Landesstudios.

60 Stunden Fernsehen jährlich aus Vorarlberg im ORF-Programm (zweimal soviel wie vor Leonhard Paulmichl)

gelten dem Intendanten als weiterer Beweis dafür, daß Vorarlberg in Sachen ORF durchaus nicht hinterm Berg bleibt. Das Westend Österreichs, im Schnittpunkt dreier Kultur- und Mundarträume — alemannisch, schwäbisch, bairisch — setzt kräftige Lebenszeichen im Programm des ORF, aber auch im bundesdeutschen, Schweizer und Liechtensteiner Ausland. So erfolgreich, daß sogar die Kollegen der großen Printmedien (etwa die Wiener „Wochenpresse" im April 1986) sich mit lauterem Lob zu Wort meldeten mit dem auf Leonhard Paulmichl gemünzten Kompliment:

„Sie sind ja doch ganz vorn, die Arlberger."

Für den Südtiroler im Dornbirner ORF-Studio ist die Anerkennung aus der Bundeshauptstadt nicht nur ein hübsches Dekor seines Berufserfolgs, sondern auch eine Profilierungschance. So wie sein Bozner Wirken ihm eine gute Position für Dornbirn schuf, könnte ihm sein Tun in Vorarlberg auch den Weg in andere ORF-Positionen ebnen. Wird ihm ein solcher Schluß als Frage vorgelegt, bekennt er freilich doppelte Heimattreue: Weder von der zweiten, der Vorarlberger, noch von der Nähe zur ersten, der Südtiroler Heimat, mag er sich trennen.

Was ihm an Vorarlberg gefalle, sei das „Ländle" selbst und seine kurze Distanz zum Vinschgau. Das gute Klima in der Paulmichl-Familie zieht ihn immer einmal wieder über den Reschen heim. Außerdem sind da noch zwei alte Lieben zum Trentino und zu Friaul und zum Rätoromanischen, die Paulmichl in der westlichen österreichischen Landeshälfte halten.

„Seit 1500 Jahren auf dem Rückzug: Rätoromanen von Aquileia bis Chur" hieß eine Serie von Filmen, die er noch in seiner Bozner Zeit ins ORF-Programm gebracht hatte. Wie das rätische Element gleich einer ältesten Malschicht unter dem heutigen Bild dieses Raumes liegt, hat ihn schon seit langem — darin seinem Landsmann Kristian Sotriffer ähnlich — fasziniert. Am Seher-Echo hat er auch gemerkt, daß die nostalgische Hingabe der Friulaner an den österreichischen Doppeladler der österreichischen Seele zugleich wohl- und weh tut.

Die Programmarbeit hat Paulmichl auch in Dornbirn als Chef von 94 ORF-Mitarbeitern, nicht aufgegeben.

Neu eingeführt hat er eine Hörfunkserie „Fragen unseres Daseins" mit Referenten von großer Breitenwirkung (etwa mit der Sterbeforscherin Elisabeth Kübler-Ross), mit der er nicht nur regional, sondern auch im gesamtösterreichischen Eliten-Programm Ö1 präsent ist und die auch in einem „Studioheft" in Druck geht. Kulturell noch stärker in die Breite (zum Beispiel mit einem beachtlichen Anteil an E-Musik) geht das Vorarlberger Landesstudio zur Zeit der Bregenzer Festspiele und der Schubertiade. Kein Wunder, daß die Bregenzer ihren Rundfunkintendanten auch in den Programmhauptausschuß der Festspiele holten. Außerdem kann Leonhard Paulmichl seinen kulturellen Neigungen noch als Mitbegründer und Vizepräsident des PEN-Clubs Liechtenstein frönen, der seit Jahren den begehrten Liechtenstein-Preis für junge Literaten ausschreibt. (Mit Armin Gatterer gewann ihn übrigens 1980 auch ein Südtiroler).

Wenn er Kultur einmal nicht von Berufs wegen und mit Öffentlichkeitswirkung betreibt, dann frönt Leonhard Paulmichl gern seinen alten literarisch-musikalischen Neigungen. Früher, in der geselligen Korrespondentenzeit in Südtirol, waren es rätische Träume bei Hubert Mumelter unterm Schlern und lyrische Nächte voll Poesie und Rotwein bei Luis Stefan Stecher (dessen „Korrnrliadr" er mit Stechers Frau herausgab).

Jetzt, da er bei seiner Familie in Feldkirch ein niedergelassenes Leben in eigenen vier Wänden führen kann, hat er auch seiner Neigung zur Musik des Barock eine hölzerne „Heimstatt" geschaffen und sich ein Cembalo bauen lassen.

Heute wie damals und wie in seiner Jugend hat er großen Respekt vor jenen Laienmusikern, deren Bezeichnung als „Dilettanten"so arrogant klingt. Musikalische Vorbilder wie der Lehrer und Orgelspieler Julius Grasser (Schwiegervater des von ihm bewunderten Vinschgauer Malers Jörg Hofer) beeindrucken ihn zutiefst, weil sie jene Universalität und Gerundetheit der Persönlichkeit verkörpern, der die Weitergabe des kulturellen Erbes einer Landschaft am meisten zu verdanken sei.

Nicht daß einer — und damit kommt er wieder auf Südtirol — fortwährend schönfärberisches Heimatlob singen soll, aber „a bißl eppes Netts" über das eigene Land sollte halt auch in der Kritik noch drinstecken — „so wie bei Paul Flora oder Markus Vallazza" — ergänzt er. Wehleidigkeit als Grundposition machen ihm den Intellektuellen weniger respektabel als suspekt.
„Vielleicht hab ich was gegen verdrießliche Leute...", schiebt er nach, und ein paar Zeilen von seinem Freund Luis Stefan Stecher:
>„Heimat,
>ein paar
>Festmeter
>Dasein.
>Die Haut
>der Mutter.
>Wer sie auszieht,
>friert."

Peter Mulser: Lehre und Forschung für Kernfusion. Unten: Livermore (Kalifornien), Kernfusion im Versuchsstadium

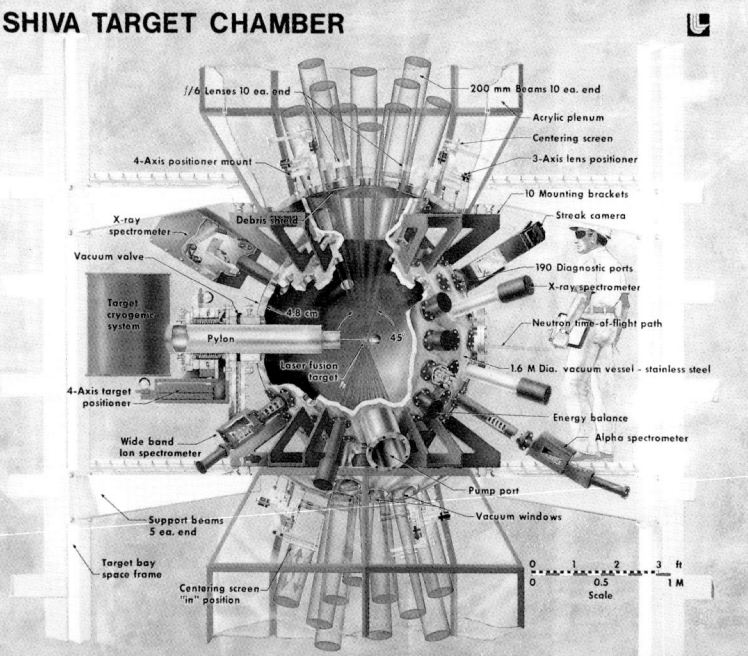

Psychogramm Peter Mulser

Geburtsort: Völs am Schlern
Sternzeichen: Skorpion
Gibt es eine Charaktereigenschaft, die Sie besonders prägt? Zuverlässigkeit (sagen die andern)
Würden Sie sich zu einem Fehler bekennen? Jederzeit
Haben Sie Ehrgeiz? Ja, aber nicht auf allen Gebieten
Was bereitet Ihnen besondere Genugtuung' Ein besonderer Einfall mit Pfiff
Haben Sie ein Steckenpferd? Philosophie
Gibt es ein Abenteuer, das Sie gern erleben würden? Zu Fuß um die Erde
Orientier(t)en Sie sich an Persönlichkeiten? Nein
Wären Sie gern eine bestimmte historische Persönlichkeit gewesen? Nein
Gibt es etwas, das Sie besonders fürchten? Eine schlimme Krankheit
Was kränkt oder ärgert Sie besonders? Falsche Unterstellungen
Sind Sie von etwas abhängig? Nein
Lieblingslandschaft: Toskana
Lieblingsstadt: Verona
Was riechen Sie besonders gern? Frisches Brot
Bevorzugte Autoren: Stefan Zweig, Adalbert Stifter
Welche Musik hören Sie besonders gern? Frühe Barockmusik
Haben Sie Vorlieben auf dem Gebiet der Bildenden Kunst? Renaissance
Welches Buch hat Sie in letzter Zeit besonders beeindruckt? Umberto Eco, „Der Name der Rose"
Wo fühlen Sie sich beheimatet? Südtirol, Toskana
Was tun Sie in Südtirol am liebsten? Auf den Ritten fahren und Südtirols Geschichte nachspüren
Was nehmen Sie mit, wenn Sie Südtirol wieder verlassen? Brot, Wein, Bücher
Könnte Sie etwas auf Dauer nach Südtirol zurückbringen? Sofort: eine Universität. Später: Südtirols intensive Kulturlandschaft und sein Klima

Peter Mulser

Die offenen Enden unserer Welt

„Meine beste Leistung auf dem Gebiet der Physik vollbrachte ich mit zwölf Jahren. Damals baute mein Vater eine Wasserturbine am Völser Bach ein, und ich hörte von „Pferdestärken" reden. Das interessierte mich, aber wo sollte ich erfahren, was das war; damals sprach man in Völs noch nicht in solchen Termini wie PS. Endlich fand ich die Definition in einem Kalender: 1 PS leistet, wer 75 Kilo in einer Sekunde einen Meter hochhebt.

Ich maß dann mit meinem Vater Wasserdurchsatz und Gefälle und dachte mir ein Verfahren aus, die Leistung der Turbine zu bestimmen. Ich fand, sie mußte 9,2 PS leisten. Einige Wochen später kam der Ingenieur und führte selbst eine Messung durch: 9,0 PS! Meinen Stolz hielt ich geheim. Aber dieser Erfolg hilft mir bis auf den heutigen Tag."

Die Krise kam dann mit 15. Damals, Anfang der fünfziger Jahre, steckte Peter Mulser, Jahrgang 1936, geboren in Völs, im Juvenat von Neustift, Novize schon, für den geistlichen Beruf bestimmt und von den Naturwissenschaften fasziniert. Astrophysiker wollte er damals werden, und ein Lehrer war der Anstifter — mit der Kraft seiner Persönlichkeit: Der Mathematiker Benedikt Max Purer gilt Peter Mulser heute noch als Genie.

Aber aus dem Umkreis des Klösterlichen flüchtete er zunächst einmal in ein „privates" Schuljahr. Das Maturajahr verbrachte er bei den Franziskanern in Bozen. Er machte die beste Matura des Jahres in Südtirol und bekam einen Preis dafür.

Und wieder stellte ein Lehrer die Weichen: Mario Pensa, der Präsident der Maturakommission, redete dem begabten Prüfling zu: Geh doch nach Pisa! Der trat zum Aufnahmeexamen an der Scuola Normale, der Elitehochschule für Italiens Natur- und Geisteswissenschaftler, an — und kam durch.

An einen der Prüfer erinnert er sich besonders gut, nicht nur seines imponierenden Namens wegen: Luigi Arialdo Radicati Conte di Brozolo. Aber bemerkenswerter schien ihm

noch, daß der Conte die Füße auf den Tisch legte, als er ihn prüfte.
„Da war die Angst plötzlich weg."
Zwei Jahre blieb Peter Mulser in Pisa, lernte von Carlo Rubbia — damals Assistent, inzwischen Nobelpreisträger und Professor im amerikanischen Harvard — und zog von dort nach München. Seine Leistungen machten ihn hier wie dort eines Staatsstipendiums würdig. Aber er meint:
„Mit 21 — fast auf den Tag — machte ich mir klar, daß ich ein ganz gewöhnlich begabter Mensch bin, und dabei bin ich geblieben."
In München lehrte damals Werner Heisenberg, auch er Nobelpreisträger, der das Weltbild der modernen Physik entscheidend mitgeprägt hatte.
Peter Mulsers Spezialgebiet innerhalb der Plasmaphysik, über das er 1969 mit Auszeichnung promovierte, lag damals, mit der ganzen Münchner Physik, gut im internationalen Rennen.
Sein Fachgebiet ist inzwischen das Studium der kontrollierten Kernfusion mit Hochleistungslasern — nach Tschernobyl als mögliche Alternative der Kernspaltung zur Energiegewinnung noch aktueller geworden.
„Dabei versucht man, Kügelchen von einem Deuterium-Tritium-Gemisch mit etwa einem Millimeter Durchmesser auf das Zweitausendfache der Festkörperdichte zu komprimieren, im Zentrum durch eine Stoßwelle bei 50 Millionen Grad zu zünden und die in weniger als einer Milliardstelsekunde freiwerdende Energie zur Stromerzeugung friedlich zu nutzen.
Während das ‚Pellet', ein Materialstück, wie ein Streichholz lichterloh abbrennt, steigt die Temperatur auf 300 Millionen Grad."
Was Peter Mulser schon 1975 über lasergezündete Kernfusion schrieb, gilt in seinen Problemen noch heute:
„Man ist im Laserfusionsreaktor auf ein möglichst günstiges Verhältnis absorbierter Laserenergie zur Fusionsenergie angewiesen. Hohe Werte hierfür sind nur bei guter Kompression möglich, weil dann selbständiges Brennen einsetzt. Aber es sind zur Zeit zwei schwache Glieder in der Kette des

Gesamtwirkungsgrades. Zum einen haben die heutigen Hochleistungslaser einen sehr niedrigen Umsetzungsgrad für elektrische in Lichtenergie, und zum anderen geht bei der Kompression wegen der langen Wellenlänge die meiste Energie in das dünne, den Rückstoß erzeugende Plasma... Für einen Fusionsreaktor ist der Wirkungsgrad heutiger Laser zu klein; man kann damit jedoch bereits untersuchen, ob die erforderliche hohe Kompression bis auf das 10.000fache realisierbar ist. Eine positive Antwort wäre ein großer Erfolg und der wichtigste Schritt zum lasergezündeten Fusionsreaktor."

Vor 15 Jahren ließ sich bereits spekulativ voraussagen, was Laser alles können müßten, wenn man sie technisch in den Griff bekäme.

Die beiden spektakulärsten Möglichkeiten sind inzwischen ihrer Verwirklichung ein gutes — oder schlechtes — Stück näher gerückt: Kontrollierte Kernfusion mit Hochleistungslasern kann Energie in ungeheurer Ausbeute gewinnen helfen. Und der Röntgenlaser, „gepumpt" (verstärkt) mit der Energie aus Kernexplosionen, kann auch zur schrecklichen Waffe werden.

Peter Mulser hat die Verheißungen und Bedrückungen seines Spezialgebiets seit 20 Jahren mitverfolgt, zuerst in München, wo er in einer Projektgruppe der Max-Planck-Gesellschaft arbeitete, aus der mittlerweile ein eigenes Max-Planck-Institut geworden ist, und seit 1981 (mit dem Spezialgebiet Plasmaphysik und Quantenoptik) als Professor für Theoretische Physik an der Technischen Hochschule Darmstadt, wo zur Forschung nun auch die Lehre gekommen ist. Vorlesungen, Vorträge und Forschungsaufenthalte, unter anderem in den USA, in Japan und in der UdSSR, lassen ihn international Anschluß halten. Jedes siebte Semester ist ein Forschungssemester, das er bei den Kollegen im Ausland verbringen kann.

Im Frühjahr 1986 war es wieder soweit. Erste Station: Los Alamos, New Mexico, USA, Synonym für Amerikas Atomrüstung auf einem Hochplateau zu Füßen des Sandia-Massivs nordwestlich von Albuquerque, mit stattlichen Viertausendern, die wie die Dolomiten glühen können.

Anfangs war Los Alamos nicht mehr als ein Stück alter Wildwestlandschaft, das mit Laboratorien bestückt wurde. Erst viel später wurde die zugehörige Stadt lose über die Hügel gebaut.
Los Alamos entstand aus den Folgen jenes berühmten Briefes von Einstein an Roosevelt: Die Amerikaner sollten die Atombombe bauen, bevor die Deutschen sie zustande brächten. Das „Manhattan-Project" war geboren.

Lawrence Livermore, das mit Los Alamos konkurrierende Staatsinstitut, liegt weit nordwestlich davon, nahe San Francisco. Eng konzentriert stehen die Bauten gegenüber dem Buchtrand, an dem sich Silicon Valley ausbreitet. Eine geballte Quadratmeile, durchsetzt mit strengsten Sicherheitseinrichtungen.

Ein Augenzeuge berichtet:
„Geschlossene Hallen höchster Geheimhaltungsstufen und für die weite Welt bestimmte Ausstellungen des Vorzeigbaren liegen dicht nebeneinander.

Das verschlossene Ende einer großen Laseranlage war durch eine scheunentorgroße Tür zu sehen. Wir blieben auf der Straße davor stehen. Wir hörten nur den gedämpften Peitschenknall, mit dem der Strahlenpuls in periodischem Abstand auftraf. Der neue Free-Electron-Laser in Livermore ist 100 Meter lang.

In Lawrence Livermore wie in Los Alamos experimentiert man mit gigantischen Lasern — und da sind Krieg und Frieden überhaupt nicht mehr zu trennen.

In Los Alamos sendet ein gewaltiger Laser einen Energieblitz aus, der nur eine Nanosekunde dauert; das sind ungefähr 29 Zentimeter eines Lichtstrahls, der sich eben mit Lichtgeschwindigkeit bewegt. Aber in dieser unvorstellbar kurzen Zeit hat der Strahl die Wucht der gesamten Energie aller Kraftwerke plus aller Verbrennungsmotoren der Vereinigten Staaten. Damit soll auf ein Pellet, ein Materialstück, eingeschlagen werden, das kaum größer als ein Sandkorn ist.
In Lawrence Livermore plant man schon weiter. Wenn solch ein Strahl das Gewünschte bewirkt, nämlich die Kernfusion, dann würde aus den Körnchen die Energie von ungefähr 250 Kilogramm TNT frei. Diesen Energieblitz will man in einer

gewaltigen, mit Sand gefüllten rotierenden Kugel bändigen und über Wärmetauscher dem Kraftwerk zuleiten."

Die „dunkle" Seite der Lasertechnologie von Lawrence Livermore liegt hinter Wachtposten und Sicherheitszäunen.

Da werken Supergehirne wie jener Peter Hagelstein, der 1979 mit 24 Jahren die zündende Idee für den Röntgenlaser hatte, der zunächst als Laborgerät für die Krebsforschung hätte taugen sollen und nun als Bestandteil des SDI-Programms Mittelpunkt eines Forschungsprogramms ist, wie es die westliche Zivilisation aufwendiger noch nie gesehen hat.

Topfgucker sind hier unerwünscht, und so trifft Peter Mulser seine amerikanischen Kollegen nur „außerhalb des Zauns". Militärisches bleibt tabu, aber die zivilen Aspekte der Kernfusion durch Laser taugen immerhin zum internationalen Meinungsaustausch.

Nicht anders bei den Russen. Schon zweimal war Peter Mulser in der UdSSR: am Moskauer Landau-Institut, mit dessen Direktor er wissenschaftliche Arbeit auf dem gemeinsamen Forschungsgebiet macht, und in Nowosibirsk, der technologischen Metropole Sibiriens. Auch in der Sowjetunion haben die Wissenschaftler, mit denen er zusammenkommt, mit Militärforschung nichts zu tun.

„Das wird alles irgendwo fernab gemacht, von eigenen Leuten, ohne Kontakt zu jenen, mit denen unsereins zu sprechen kommt."

Ein drittes Zentrum in Peter Mulsers Forschungsbereich liegt in Japan. 1979 schaute er im Institut of Laser Engineering in Osaka den Kollegen vier Monate lang über die Schulter.

„Interessant, aber sehr anstrengend", kommentiert er seine fernöstlichen Erfahrungen.

„Die Japaner sind enorm wißbegierig und vor allem darauf bedacht, aus der Zusammenarbeit gewonnene Ideen sofort — und möglichst als erste — zu veröffentlichen."

Der Wettbewerbscharakter der naturwissenschaftlichen Forschung schlägt auch auf Peter Mulsers Fachgebiet durch.

„Mal liegt man weiter vorn, dann merkt man auf einmal: Jetzt fällst du wieder ein bißchen zurück."

Mit ganz vorn war Peter Mulser etwa 1983, als er erkannte, daß die meisten durch den Laser hervorgerufenen Instabilitäten bei der Licht-Materie-Wechselwirkung vom Lichtdruck des Laserstrahls stammen. Heutige Hochleistungslaser erzeugen für Milliardstelsekunden einen Lichtdruck von einer Milliarde Atmosphären.

Was publicityträchtig ist, wissen nicht nur Showstars und Sportprofis, sondern auch Wissenschaftler. Manche, so weiß Peter Mulser, kalkulieren ganz gezielt mit diesem Marktwert der Forschung.

Aber es gibt immer wieder auch die tollen Treffer, wie den des jüngsten deutschen Nobelpreisträgers Klaus von Klitzing, der einen bedeutsamen „Fund" gemacht hatte, ganz ohne auf den Nobelpreis zu spekulieren.

„Der Nobelpreis — na ja, wissen Sie, von einem gewissen Alter an ist er auch nicht mehr so wichtig."

Für Peter Mulser ist dagegen wichtig, „das riesige Vergnügen, das es mir macht, nur über etwas nachzudenken, es zu wenden und von unten und oben zu betrachten. Vergnügen macht es mir auch, etwas zu veröffentlichen, das Pfiff hat. Aber das kommt nicht so oft vor..."

Der internationale Aspekt seiner Arbeit besteht aus seiner langen Liste von fast ausschließlich englischen Fachpublikationen und aus Gastaufenthalten und Vorlesungen auch in Großbritannien, Rumänien und Italien.

Im Herbst 1986 liest er für zwei Monate an der Universität von Neu-Südwales in Sydney.

Alles wie gewohnt — das ist nichts für Peter Mulser. Deshalb waren ihm auch 19 Jahre Münchner Physik genug, obwohl die Forschungsgelder an den Max-Planck-Instituten reichlicher zu fließen pflegen als an den Universitäten und Hochschulen.

Für die vakante Professur in Darmstadt hat er sich dennoch nicht aus eigenem Antrieb, sondern erst nach fremder Aufforderung beworben.

„Ein Jahr später hab' ich sie dann gekriegt — ich hatte schon kaum mehr daran gedacht."

Darmstadt hat heute, neben Aachen, die einzig verbliebene Technische Hochschule der Bundesrepublik (zum Unter-

schied von den Technischen Universitäten, an denen auch das geisteswissenschaftliche Spektrum mitläuft).
„Das Klima ist bei uns vielleicht etwas ‚härter', durch die Dominanz der technischen Fächer auch stärker spezialisiert. Packen wir's an, heißt die Devise. Das Schöngeistige kommt da ein wenig zu kurz."
Und das bedauert Peter Mulser, der eine Vorliebe für die Philosophie hat, was für einen Physiker, zumal aus der Schule Werner Heisenbergs, durchaus nicht ungewöhnlich ist. Für Heisenberg sei Physik immer die Kunst gewesen, das neue wissenschaftliche Weltbild auch zu denken.
Die seltsame und unerwartete Wirklichkeit der subatomaren Welt, die seit den 20er Jahren von einer internationalen Gruppe von Physikern entdeckt worden ist (unter ihnen der Däne Niels Bohr, die Österreicher Schrödinger und Pauli, der Engländer Dirac, der Franzose de Broglie und der Deutsche Werner Heisenberg), konfrontierte die Physik mit den Grenzen ihres Fachs. Denn jede Frage, die mit einem atomaren Experiment an die Natur gestellt worden war, endete zunächst in einem Paradox.

Erst allmählich lernten die Physiker mit dem scheinbaren Grundwiderspruch ihres Fachs zurechtzukommen: Daß nämlich die kleinsten Bestandteile der Materie eine Doppelnatur als Teilchen und Welle haben, erklärte die Quantentheorie zwar mathematisch, sprachlich aber ließ sich dieser Tatbestand nicht formulieren.
„Die Quantentheorie hat somit die klassischen Begriffe von festen Körpern zerstört. Auf der subatomaren Ebene lösen sich die Festkörper der klassischen Physik in wellenartige Wahrscheinlichkeitsbilder auf, und diese Bilder endlich stellen nicht die Wahrscheinlichkeit von Dingen dar, sondern von Zusammenhängen", formuliert der Atomphysiker Fritjof Capra und sucht mit anderen die Lösung des Dilemmas in einer Zusammenschau von westlicher Physik und östlicher Philosophie.
Wird die Physik mit einer neuen Theorie sich eines Tages selbst überwinden?
Peter Mulser zitiert den Philosophen Jaspers: Die Naturwissenschaften seien prinzipiell unfertig. Seit Newton und Gali-

lei seien die Physiker immer die großen „Zerhacker" der Materiewelt gewesen.

„Darin haben wir es erstaunlich weit gebracht, aber die Grenzen des Experiments konfrontieren uns mit der Sinnfrage — über die Kostenfrage."

Für die bisher kleinsten nachgewiesenen Teilchen, die Quarks (deren Namen die Physiker sich aus James Joyces Roman „Finnegan's Wake" ausgeliehen haben), die zusammen mit den Elektronen möglicherweise das Universum aufbauen, sind „Mikroskope" vonnöten, die immer größere Leistungen bringen müssen:

Teilchenbeschleuniger und Speicherringe, in denen Elementarteilchen mit gewaltigen Energien „auf Tempo" gebracht und aufeinander losgelassen werden.

Nur in internationaler Anstrengung (wie beim europäischen CERN-Beschleuniger in Genf) lassen sich die dafür notwendigen Gelder noch mobilisieren.

Lohnt sich der Wirbel? fragt der Bürger, fragen aber auch Physiker wie Peter Mulser, die über den Herausforderungen ihres Fachs nicht „betriebsblind" geworden sind.

„Als Theoretiker mit Blick auf die Anwendung sehe ich bei den allerkleinsten Teilchen bisher keinen sichtbaren Anwendungsbereich."

Die Frage, ob das Weiterforschen Sinn hat, stellt sich ihm aber auch im eigenen Spezialgebiet, der kontrollierten Kernfusion mit Lasern — nun aber vom Aspekt der Kriegsforschung her.

„Es ist ein Faktum, daß die Militärforschung auch die Gangart der zivilen Forschung beschleunigt. Sogar vom SDI hat sich die Grundlagenforschung allerhand zu versprechen. In den USA ist das die Position, die zählt, denn selbst in SDI realisieren sich für die meisten Amerikaner noch gewissermaßen die Mächte des Guten. — Für uns Wissenschaftler bleibt da nur der Standpunkt: Können wir's schon nicht verhindern (und die Konzerne wollen weiterarbeiten), dann mag es allenfalls vertretbar sein, SDI-Gelder für die Grundlagenforschung zu nehmen — da sie sonst eben andere nehmen. Die Wissenschaftler sind jedenfalls die letzten, die gefragt werden."

Die Position des listigen Fatalismus als Position des involvierten Wissenschaftlers, der im Bewußtsein seiner eigenen Ohnmacht auf das Gewissen der Allgemeinheit hofft.
Peter Mulser — der freilich mit der Kriegsforschung nichts zu tun hat — kann sich nicht vorstellen, daß SDI in der Perfektion realisierbar sein wird, wie es geplant ist.
Die Probleme mit dem Röntgenlaser kämen auch erst, wenn's ans Detail geht. Das sei nicht anders bei der Kernfusion durch Laser zur Energiegewinnung, Peter Mulsers Spezialgebiet.
In der Sowjetunion, schildert er seine Erfahrungen, sei im übrigen der wehrpolitische Patriotismus nicht geringer als in den USA. Die Beunruhigung der Russen über die, wie sie es nennen, „infame Sache" SDI, sporne offenbar die Opferbereitschaft an. Einer der Kollegen in Nowosibirsk habe ihm gesagt: „Wir können uns in unserem Lebensstandard noch viel mehr einschränken, wenn es darum geht, nicht totgerüstet zu werden. Dann machen wir eben ‚SDI' auf unsere Art!"
Ist Forschung auf so bedenkliche Ziele hin überhaupt noch moralisch vertretbar?
Peter Mulser weiß, daß jede allgemeine Erkenntnis für gute und böse Zwecke verwendbar ist.
„Mit dieser Ambivalenz muß jeder Forscher für sich selbst fertig werden."
Fertig werden muß Peter Mulser schließlich auch mit seiner Existenz im „Nirgendwo". Der deutsche Beamte mit italienischem Paß und internationalen Beziehungen holt seine Identität aus einer ideellen Heimat, die er am ehesten vom deutschsprachigen Kulturraum umschrieben sieht. Nationalität spielt für ihn wie für die meisten Auslandssüdtiroler in der Forschung eine recht kleine Rolle. Der Universalismus, der daraus entsteht, stört ihn nicht.
Südtirol — das ihn in seinem Geburtsort unter dem Schlern nicht stärker anheimelt als etwa im Überetsch oder am Ritten — ist vielleicht ein Land „für später", für dann, wenn er mehr Zeit und weniger Spaß an seinem Fach haben wird. Freude und Sinnfindung im Beruf prägen auch seine persönliche Erfolgsbilanz als Physiker, dem an einer guten „Trefferquote" gelegen sein muß, damit er „dabei" bleibt.

„Ich glaube schon, daß ich bisher mehr Erfolgs- als Mißerfolgserlebnisse gehabt habe — nicht weil ich mich für besonders bedeutend halte, sondern weil ich Spaß an meiner Arbeit habe."
Daß die lustvolle Orientierung auf den Beruf nicht ganz ohne private Defizite bleiben kann, nimmt der Vater zweier in München gebliebener erwachsener Töchter jetzt in Kauf, denn: „Die Physik geht vom Menschen weg, hin zum Objekt. Da kann's schon geschehen, daß sich Menschen vernachlässigt fühlen."
Außerhalb der Physik ist also nicht sehr viel Platz im Interessensraum Peter Mulsers; die Philosophie ist Steckenpferd, wie gesagt, aber die gehört fast zum Fach.
Außerhalb hat er eine Vorliebe für Renaissance-Kunst und für Formel-I-Rennen.

„Perfekte Technik, die so viele Möglichkeiten einschließt, ist für mich einfach schön", philosophiert er ein wenig verschämt und fährt fort:
„Ich weiß nicht, wieviel Sinn in alldem steckt, ich selbst jedenfalls finde den Sinn eher im Detail als im Ganzen."
Harmonie bei Freunden und in Gesprächen, auch da findet er Sinn, und er versteht auch den pantheistischen Standpunkt, der das Göttliche im einzelnen lieber sieht als in einer überwölbenden Idee. In solchem Weltbild ist auch jener Wandel der Gottesvorstellung unterzubringen, den die Neue Physik verursacht hat. Er hat das Bild der klassischen Physik von der mechanistisch-maschinenhaft funktionierenden Stoffwelt, die vom göttlichen Gesetzgeber gesteuert wird, verabschiedet.
Die „cartesianische" Trennung von Geist und Materie hat im Bereich des Messens und Wägens (was Peter Mulser „Zerhacken" nennt) in Physik und Technik außerordentliche Erfolge gezeigt.
Aber die Physik der Elementarteilchen hat — neben ihrem Erkenntnischarakter — auch eine Qualität des Absurden. Feste Körper, die sich im leeren Raum bewegen: Dieses „Planetenmodell" der klassischen Physik ist schön und praktisch. Aber es gilt nur im Bereich der mittleren Abmessungen. Im atomaren und subatomaren Bereich dagegen

zeigte sich: Atome sind keine harten und festen Teilchen, sondern ein extrem weiter Raum, in dem sich extrem kleine Teilchen um einen Kern bewegen. Praktisch die gesamte Masse der Materie steckt in diesen Atomkernen. (Wäre ein menschlicher Körper von nuklearer „Dichte", dürfte er nicht größer sein als ein Stecknadelkopf.)
Etwa 200 Elementarteilchen sind bis jetzt gefunden worden. Wenn sie zerbrechen, sind ihre „Stücke" nicht kleiner als das unzerbrochene Teilchen. Eine wunderbare Brotvermehrung „auf physikalisch"?
Teilchenmaterie erzeugt sich aus Bewegungsenergie. Dieser spektakulärste Effekt der Relativitätstheorie ist nur ein Teil der „Kernerfahrung" der modernen Physik. In der Quantenmechanik kann sich dieses Weltbild mathematisch artikulieren, anschaulich vorstellbar ist es freilich nicht.
Die Konsequenz aus der Kernphysik: „Teilchen" sind Prozesse und keine Objekte; folglich gibt es für sie auch keine Gesetze, sondern nur Annäherungen und Wahrscheinlichkeiten — steht noch aus. Das Fehlen einer überwölbenden Theorie hat Physiker schon zu Mystikern werden lassen, wenn sie nach dem Verhältnis des Ganzen zu seinen Teilen fragten.
Eine der neuesten Theorien beruht auf der Idee von David Blohm, das Ganze sei in jeden seiner Teile „eingefaltet" — ähnlich wie das im Laserhologramm der Fall ist. Ein Modell freilich, das nicht statisch, sondern dynamisch zu denken ist: Nur in der Bewegung ist Realität, und untersucht wird daher nicht die Struktur von Objekten, sondern von Bewegung. In solch einem durch und durch bewegten Universum gefällt es dem Physiker Peter Mulser recht gut, auch wenn er sich damit abfinden muß, daß die sicht- und tastbare Welt vielleicht nur ein Grenzfall der Welt der Wahrscheinlichkeiten ist.
„...daß die ewige Krise des Menschen nicht daher kommt, daß er die Welt definieren soll und dabei scheitert, sondern daher, daß er sie definieren will, was er nicht soll."
Peter Mulser ist belustigt über diesen Satz von Umberto Eco. Es gehört eine gesunde moralische Struktur dazu, leichten Herzens zu akzeptieren, daß unsere Welt an beiden Enden offen ist.

Lesehinweise:

Werner Heisenberg, „Physik und Philosophie", Berlin 1973
Werner Heisenberg, „Schritte über Grenzen", München 1976
Fritjof Capra, „Das Tao der Physik", Bern, München, Wien 1984
Robert Held, „Los Alamos und Livermore" („Frankfurter Allgemeine Zeitung"), 19. Februar 1986

Missionsbischof Anton Reiterer in Südafrika

Anton Reiterer
Bischof für alle Hautfarben

Sein Bischofswappen verbindet Südtirol und Südafrika: den Tiroler Adler, das Edelweiß und das Herz Jesu hat er sich gewählt, dazu das Symbol der Mutter Gottes, der Südafrika geweiht ist, und die Nationalblume Protea. Daß er sich nach 50 Jahren Südafrika auch als Südafrikaner fühlt, wird ihm gewiß keiner verdenken.

Wenn er heimkam, 1983 zuletzt, merkte er nicht nur, daß Plentene Knödel und Melchermus als Standardessen in Südtirol passé waren, sondern daß Komfort und Wohlstand auch die Mentalität verändert haben. Dabei gönnt er in Südtirol jedem sein Auto — schon weil er selbst ihm ein Stück seines Erfolgs verdankt.

Über den Bischof Reiterer sagte man seinerzeit, er regiere seine Diözese vom Auto aus. Und das war durchaus als Kompliment gemeint. Inzwischen „regiert" als sein Nachfolger ein schwarzer Bischof, doch vom Auto hat Anton Reiterer auch nach seiner Emeritierung nicht abgelassen.

78 ist er, aber einen Besucher holt er selbst ab. Rund 150 Kilometer sind es von der südafrikanischen Hauptstadt Pretoria nach Middelburg, wo er jetzt wieder lebt, aber auch die mehr als 600 Kilometer nach Durban, der nächstgelegenen Hafenstadt am Indischen Ozean, übersteht er ohne Schwierigkeit.

Daß die Distanzen groß sind in diesem Land, wurde Anton Reiterer schon vor mehr als 50 Jahren klar: Südafrika — das ist 165mal Südtirol. Siebenmal allein würde Südtirol in die Diözese Lydenburg-Witbank passen, die Reiterer als Missionsbischof 27 Jahre lang geleitet hat, als Oberhaupt der etwa 120.000 Katholiken unter den zwei Millionen Einwohnern (davon 300.000 Weiße), und anfangs war sie sogar noch größer: so groß wie Österreich.

Als Bischof ist er, seit er 1983 das „kanonische" Alter von 75 erreichte, im Ausgedinge, aber als Aushilfspfarrer fürs Wochenende bringt er es jedesmal auf 200 bis 300 Reisekilometer.

Während er über die weite, ebene Gras- und Buschsteppe rollt, hätte er Zeit für eine Bilanz: Die Zahl der Katholiken in seiner Diözese hat sich mehr als verzehnfacht. 100 Kirchen und Kapellen hat er gebaut, Priesterhäuser, Schulen, Heime, Spitäler, viele Stipendien für Schwarze bereitgestellt. Aber es gibt zu wenige Priester; fünf Distrikte sind ohne Seelsorger.

Daher wird der Altbischof an allen Ecken und Enden der großen Diözese gebraucht, und daher liest sich sein Tagesablauf so: Aufstehen um fünf Uhr früh, Messe um halb sieben, Betrachtung, Brevierbeten, Studieren, Schreiben, nachmittags Besuche bei den Leuten in dem Altenheim nebenan, wo er jetzt wohnt. Früher war das ein Schülerheim für Farmerbuben, ein stattlicher zweistöckiger Bau unter lauter ebenerdigen weißen kleinen Häusern in der flachen Mulde, in der das Landstädtchen Middelburg liegt. Handel und Landwirtschaft prägen diese Gegend in Transvaal. Am Stadtrand zerfließt Middelburg in die Siedlungen für Schwarze und Inder. Die Industriereviere, die sich um die Kohlengruben des nahen Witbank angelagert haben, sind hier nicht so dominant.

Dafür ist die Landwirtschaft vorherrschend im Bild der Landschaft ringsum: Mais wächst auf riesigen Plantagen, Obst gedeiht prächtig in den verhältnismäßig kühlen Sommern und milden Wintern der Hochebene. All das freilich nur, wenn das Wasser reicht. Zwar gibt es einen großen Stausee in der Nähe, aber jahrelange Trockenheit brachte die Landwirtschaft dennoch in die Krise.

Hierher, nach Middelburg, kam Anton Reiterer schon, als er 1935 in die Mission geschickt wurde. Er war der erste Südtiroler in Südafrika, inzwischen sind noch zehn Patres und Brüder und zwei Schwestern im Einsatz.

Damals gab es in der Diözese ein paar hundert Katholiken. Transvaal: eine der alten Burenrepubliken, hart umkämpft und endlich von den Engländern erobert. Wie überall in Südafrika, überwiegen die reformierten und lutherischen Kirchen, einige von ihnen eifrige Hüter der Apartheid. Dazu gibt es Tausende von Sekten.

„Mir müssen halt schaugn, daß mir sie bekehrn", resümiert Altbischof Reiterer die Missions-„Politik" von früher und heute in seiner sorgsam konservierten Umgangssprache aus der alten Heimat. Darunter verstand er nie spektakuläre Massenbekehrungen, sondern ein gelassenes Zugehen auf die Menschen — gleich ob schwarzer oder weißer Hautfarbe. Es ist wenig missionarisches Eifern in seinen Worten, aber viel Duldsamkeit und jene milde Zielstrebigkeit, die aus dem Gehorsam kommt und Anton Reiterer schon am Beginn seines Lebensweges geleitet hat.

Geboren ist er 1908 in Hafling, wo der Vater Kleinbauer und Messner war. Seine Mutter, die aus Burgstall stammte, starb früh und tragisch: Sie verblutete nach einer Zahnextraktion. Die fünf Kinder — Anton Reiterer war gerade drei Jahre alt — zogen mit dem Vater nach Kuens und später auf den Mitterhof in Tabland. Dort verbrachte der Bub die Schul- und Ferienzeit. 1917 hätte er dem auf Besuch in Schnals weilenden Kaiser Karl ein Versl aufsagen sollen. Aber die Majestät fuhr früher als geplant wieder ab — kriegshalber. Für das Gedicht blieb keine Zeit mehr.

Daß aus dem talentierten Buben ein Studierter zu machen wäre, erkannte man bald, aber der Vater wehrte eher ab: Da war das Beispiel eines Onkels, der Lehrer studiert hatte und nach Amerika gegangen war. Nie mehr hatte man von ihm gehört.

Dem Haflinger Kooperator und Herz-Jesu-Missionär Pater Schöpf gelang es schließlich doch, den Buben als Zögling fürs Missionshaus in Milland anzuwerben. Anton Reiterer ging mit — und hatte schon Heimweh, als er ankam. Seine erste Lernaufgabe, das Vaterunser auf lateinisch, verbindet sich ihm heute noch mit dem sehnsüchtigen Blick aus dem Fenster auf den vorbeifahrenden, „heimfahrenden" Zug.

Aber er hielt aus, besuchte das Augustinergymnasium in Brixen und wurde, als es von den Faschisten geschlossen wurde, für die letzten zwei Jahre nach Graz übersiedelt. Paß hatte er keinen, weshalb es bei Sillian jeweils „schwarz" über die Grenze ging. Noviziat und Theologiestudium absolvierte er wieder in Milland und Brixen, und 1933 weihte ihn Bischof Geißler zum Priester. Da war er die ersten zwei Jahre Aushilfspriester — meist dann, wenn irgendwo der Pfarrer schwerkrank war (und oft auch starb), und so nannten sie ihn scherzhaft den „Pfarrermörder".

1935 meldete sich der Herz-Jesu-Missionär Reiterer dahin, wo er für den Rest seines Lebens geblieben ist: nach Südafrika, in die damalige Präfektur Lydenburg.

Aber zuerst hieß es, „vor Ort", auf einer Eingeborenenstation, eine der drei wichtigsten Stammessprachen zu lernen, und dann wurde er in Middelburg Kaplan, später Pfarrer und Rektor des neu errichteten Schülerheims. Als der Krieg begann und die Väter ins Feld mußten, kamen noch mehr Buben von den weit verstreuten Farmen ins Heim. Sogar die alte Kirche mußten sie als Schlafsaal nutzen.

So unentbehrlich war da der Pfarrer Reiterer bereits, daß der Bürgermeister intervenierte, als man den ausländischen Rektor 1944 kurzerhand ins Internierungslager steckte. So war er nach zwei Monaten wieder frei, um auf die Farmersöhne zu schauen, und man fand noch eine Gruppe, die der Obsorge des Pfarrers bedurfte: Hunderte von italienischen Kriegsgefangenen, die das abessinische Abenteuer des „Duce" in südafrikanische Lager verschlagen hatte.

Mit den wenigen italienischen Fachleuten, die dafür zu brauchen waren, baute Reiterer die neue Pfarrkirche von Middelburg. „Ferienarbeit" für die Gefangenen — für Taschengeld und täglichen Wein. Als sie halb fertig waren, beschwerte sich die Gewerkschaft. Doch der Lagerkommandant war dem Geistlichen gut gesinnt und ließ immer wieder Gefangene auf „Ferienarbeit" kommen, bis die Kirche fertig war.

Und auch die Kathedrale im nahen Witbank, dem jetzigen Bischofssitz, wohin Reiterer 1950 als Pfarrer versetzt wurde. „Für fast nix" sei das Gotteshaus erbaut worden, weiß Anton Reiterer. Lauter winzige Beträge — nur ein „großer Brocken" von 500 Pfund vom amerikanischen Milliardär Oppenheimer sei dabei gewesen und ein bescheidener Beitrag von der Diözese — brachte er auf, und die Schulden gab er halt in die Obhut des lieben Gottes, während er selbst sie allmählich zur Tilgung brachte.

Höheren Orts aber wußte man inzwischen bereits gut darüber Bescheid, daß der Pfarrer Reiterer nicht nur ein guter Missionär, sondern auch ein guter Organisator war. Während er — mittlerweile auch religiöser Missionsoberer der Herz-Jesu-Missionäre in Südafrika — beim Generalkapitel in Europa weilte, starb 1955 der Bischof von Witbank. Daß im fernen Rom in den Dreiervorschlag für seine Nachfolge auch Anton Reiterer aufgenommen worden war, merkte dieser erst, als der päpstliche Delegat „zum Anschauen" kam. Und in Pretoria, nach Essen und Kaffee, da sagte der Gesandte eines Tages plötzlich:

„Übrigens — Sie sind Bischof!"
Anton Reiterer erschrak und wollte nicht.
Da habe ihm der Delegat eine stattliche Predigt über den Gehorsam gehalten: Lang habe er ihn beobachtet, und es müsse eben sein. Er möge heimfahren und sich in Zuversicht üben.

Anton Reiterer fügte sich, wurde 1956 in Witbank zum Bischof geweiht und zeigte ab sofort, was in ihm steckte.
Als sei alles Bisherige nur Vorübung gewesen, kniete er sich in den Aufbau der Diözese. Geld hatte er immer noch herzlich wenig, aber er wußte es zu beschaffen, bettelte in den USA, machte die eine oder andere Erbschaft, kaufte Farmen. Einige von ihnen hat er später ums Zehnfache des Kaufpreises wieder verkaufen können.

Auf jeder Missionsstation wurde gebaut: Kirche, Priesterhaus und irgendeine soziale Einrichtung wie Schule oder Spital. Der Elan des Bischofs und aller, die sich von ihm mitreißen ließen, nötigte sogar den verbissensten Protestanten Achtung ab, und so mancher Prediger von der anderen Konfession legte sich zur Behandlung gern in ein Spital der Katholiken.

Die Katholiken (mit neun Prozent Anteil an der Bevölkerung Südafrikas selbst eine Minderheit) waren der staatstragenden weißen Schicht der Südafrikaner sonst oft genug ein Dorn im Auge, denn sie waren nie Träger, allenfalls Betroffene der seit 1948 propagierten und vor allem nach 1960 mit aller Härte praktizierten Politik der Apartheid.

So durften Schwarze, die zu Besuch waren, plötzlich nicht mehr im gleichen Haus mit den Weißen schlafen, mußten eigene Eingänge zu öffentlichen Gebäuden, eigene Bänke in öffentlichen Parks benützen. Und auch Weiße durften in den „Homelands" der Schwarzen nicht mehr ohne besondere Erlaubnis wohnen und arbeiten.

„In der Seelsorge haben wir uns halt so durchgewurschtelt", erinnert sich Altbischof Reiterer an diese harte Zeit. „Und die Schwarzen haben wir immer in unsere Kirchen gelassen" — ganz im Gegenteil zu den apartheidsfreundlichen „Dutch"- Kirchen der Buren. Da hätten Schwarze oft nicht einmal am Begräbnis ihrer weißen Herren teilnehmen dürfen. Denn es kam vor, daß der „Minister" — der Prediger — sich sonst geweigert hätte, die Zeremonie zu leiten.

Umgekehrt habe man sich selbst in die „schwarzen" Gebiete eben „eingeschmuggelt". Wie das ging, wußte Reiterer schließlich schon von den schwarzen Grenzübertritten seiner geistlichen Frühzeit.

Verbote und Behinderungen der Regierung — etwa die Einziehung katholischer Schulen, die Übernahme der Spitäler — durch all das hat sich der Bischof mit Anstand durchlaviert.

Als er 1983 in den Ruhestand trat, war die harte Phase der Apartheid vorbei, und heute, erzählt Reiterer, sei sie so zahm geworden, daß man sie für abgeschafft halten könnte.

Aber Transvaal ist nicht nur Middelburg und Witbank, sondern auch Soweto. Nicht alle Afrikaander sind „böse" und nicht alle Englischsprachigen „gute" Südafrikaner. Einfache Trennungslinien gibt es nicht in Südafrika. Nicht alle Afrikaander, wie gesagt, sind „Buren" mit der harten Apartheids-Linie, und viele Englischsprechende, deren Stammbäume bis zu den Siedlern von 1820 zurückreichen, sind welche. Und die Schwarzen mögen die Inder nicht. Ein kompliziertes Netz von Antipathien umgibt die Ressentiments der verschiedenen Gruppen.

Außerhalb der Gegenden, wo Schwarze und Polizei im Kreislauf der Gewalt gefangen sind, geht das Leben einen ganz normalen Gang. Und es hängt nicht einmal mehr ganz zwingend von der Hautfarbe ab, ob einer in Südafrika das

Leben der Ersten oder der Dritten Welt führt. Ein Schwarzer als Besitzer einer Ladenkette (für Schwarze) kann das gesellschaftliche Klischeebild, zumindest als Ausnahme, stören. Mit all diesen Widersprüchen zu leben, hat Anton Reiterer längst gelernt.
„Wir haben halt versucht, vernünftig mit den Leuten umzugehen — mit allen Leuten", erinnert er sich. „Ich" sagt er, wenn er davon spricht, nie. Höchstens, um von sich abzulenken. „Daß ich was Extriges getan hätte, will ich nicht sagen."
Sein Charisma — zu allen, mit denen er umgeht, ein gutes Verhältnis zu finden — wird von anderen beschrieben, besonders von den Missionären. Er sei immer dagewesen, immer zur Verfügung gestanden, und er habe schließlich die Diözese mit allem, was geleistet worden sei, finanziell gesund übergeben. Altbischof Reiterer setzt die Bilanz gleich wieder ins Passiv:
„Die Diözese isch aufgebaut worden." Mehr nicht. Ein Satz, mit dem er beim Jüngsten Gericht dereinst gewiß nicht schlecht abschneiden wird.

Die Verfasserin dankt Herrn Dr. Josef Innerhofer für seine vermittelnde Hilfe beim Zustandekommen dieses Beitrags.

Christoph von Unterrichter (links): Hubschraubereinsatz im oberen Napo-Aguarico-Gebiet (Ecuador), 1972

Psychogramm Christoph von Unterrichter

Geburtsort: Sarns bei Brixen
Sternzeichen: Jungfrau
Gibt es eine Charaktereigenschaft, die Sie besonders prägt? Nein
Würden Sie sich zu einem Fehler bekennen? Große Gutmütigkeit und Vergeßlichkeit
Haben Sie Ehrgeiz? Nein, nur Pflichtgefühl
Was bereitet Ihnen besondere Genugtuung? Gelungene Arbeit
Haben Sie ein Steckenpferd? Geschichte
Gibt es ein Abenteuer, das Sie gern erleben würden? Jedwedes
Orientieren Sie sich an Persönlichkeiten? Nein
Wären Sie gern eine bestimmte historische Persönlichkeit gewesen? Nein. Hätte aber wohl besser in das frühe Mittelalter gepaßt.
Gibt es etwas, das Sie besonders fürchten? Nein
Was kränkt oder ärgert Sie besonders? Die Unfähigkeit unserer Nation, sich selbst zu schätzen
Sind Sie von etwas abhängig? Von Tradition und Pflicht
Lieblingslandschaft: Mitteldeutschland — Böhmerwald
Lieblingsstadt: Das Land — möglichst ohne Stadt
Bevorzugte Autoren: Adalbert Stifter, Theodor Storm
Welche Musik hören Sie besonders gern? Mozart, Beethoven
Haben Sie Vorlieben auf dem Gebiet der bildenden Kunst? Gotik
Welches Buch hat Sie in letzter Zeit besonders beeindruckt? Keins
Wo fühlen Sie sich beheimatet? Im deutschen Sprach- und Siedlungsraum auf der ganzen Welt
Was tun Sie in Südtirol am liebsten? Wandern
Was nehmen Sie mit, wenn Sie Südtirol wieder verlassen? Möglichst viele Bücher
Könnte Sie etwas auf Dauer nach Südtirol zurückbringen? Eigenes Land

Christoph von Unterrichter
Entwicklungshilfe als Mission

Nach dem fünften großen Umzug ist der Bedarf der Familie an Weltläufigkeit nun gedeckt.
1951 brachte ein argentinisches Auswandererschiff den Agrarexperten Christoph von Unterrichter und seine Frau von Genua nach Südamerika. Genau 35 Jahre später, im Spätwinter 1986, sind sie mit zwei Töchtern in seine Heimatstadt Brixen zurückgekehrt.
Keine leichte Entscheidung, die eine wie die andere: Am Anfang galt es, sich ein Leben neu aufzubauen, nun heißt es, den Lebensabend sinnvoll zu gestalten — und sich daheim wieder heimisch zu fühlen.
Aber Christoph von Unterrichter ist Fachmann für Siedlungswesen, und so wird er auch die eigene Niederlassung bewältigen. Um so mehr, als ihm Südtirol mit seiner spezifischen bäuerlichen Struktur immer eine Art Musterland mit Vorzeigeeignung für Südamerika war. Aber das ist eine Geschichte, die ohne Exkurs nicht zu bewältigen ist.
Als Christoph von Unterrichter 1918 in Brixen geboren wurde, war Altösterreich, wo die Unterrichters ihre Wurzeln haben, eben zu Ende. Vor der Italianisierung des Schulwesens brachte ihn der Vater an die Klosterschule von Ettal in Bayern, die Sommer verbrachte der Bub meist auf dem mütterlichen Besitz bei Marienbad im Sudetenland. Dort im Egerland machte er auch seinen Landwirtschaftsingenieur. Als er 1947 aus der Kriegsgefangenschaft heimkehrte, war auch dort kein Bleiben mehr. Und in Brixen, wo der junge Agraringenieur eine Saatgutgenossenschaft gründete, konnte er mit seinem Berufstitel nichts anfangen.
So folgte er einem Bruder nach Argentinien und traf dort alsbald auf ein Projekt zur Betreuung von Siedlern.
Im Auftrag der Internationalen Katholischen Wanderungskommission in Genf, die mit der UNO zusammenarbeitete, kümmerte er sich die ersten sechs Jahre lang in Chile um über 3300 Siedlungswillige in katholischen Flüchtlingsfamilien, von der Visabeschaffung bis zur endgültigen Niederlassung, von Ungarnflüchtlingen bis zu Weißrussen.

Die Probleme stammten oft schon aus den europäischen Flüchtlingslagern: So suchte für ein chilenisches Siedlungsprojekt 1949 ein chilenen-deutscher Arzt noch die Leute ausschließlich nach rassentypischen Merkmalen — etwa dem Schädelumfang — aus, wodurch sich Menschen aus allen Ecken Eurasiens im absoluten Neuland wieder-, aber nicht zusammenfanden.

In diesem speziellen Fall brachte es Christoph von Unterrichter fertig, in einem Jahr das Debakel halbwegs zu sanieren, die Höfe durch realistische Kalkulation zu brauchbarem Ertragsniveau zu bringen und jene Familien, die absolut nicht zurechtkamen, zu repatriieren.

Daß eine homogene Siedlerstruktur nicht alles, aber doch vieles bedeuten kann, sah er an einer benachbarten, relativ erfolgreichen Siedlung, die aus Trentinern vom Nonsberg bestand — Leuten mit gemeinsamer Heimat, gleicher Sprache und Kultur. Wobei von der Kultur die brauchtümliche Komponente wichtiger gewesen sei als der Bildungshintergrund, betont er.

Er erinnert sich an eine Siedlerfamilie aus Bessarabien: „Eines Tages traf ich den Bauern (einen Mustersiedler an Tüchtigkeit und Handfestigkeit) bei der Herstellung einer Tür mit ausgeschnittenem Herzen an. Ich fragte, ob vielleicht das WC im Haus defekt sei. Nein, sagte der Bauer, aber so eine Schweinerei mitten im Haus — das sei ihm denn doch zu unappetitlich."

Chile an der Westküste Südamerikas hat von allen Staaten der Erde wohl die eigenwilligste Form und erstreckt sich als über 4000 Kilometer langer, aber durchschnittlich nur knapp 190 Kilometer breiter Streifen von der Grenze Perus und Boliviens bis zur unwirtlichen Südspitze Südamerikas nach Feuerland. Auf der nördlichen Halbkugel würde es vom Nordkap bis weit nach Libyen reichen.

Die Anden, mit Gipfeln von über 6500 Meter, grenzen gegen Bolivien und Argentinien ab, eine zweite Gebirgskette zieht sich an der Küste hin. Große Ebenen im Längstal zwischen den Bergketten gehören ebenso zum Landschaftsbild wie Wüsten, Fjorde, Gletscher und Vulkane.

So lang wie das Land, so unterschiedlich ist sein Klima: wüstenhaft, trocken, subtropisch, feuchtkühl, kalt — in Chile ist alles zu finden, aber von den 75 Millionen Hektar Gesamtfläche kann nur etwa ein Siebtel landwirtschaftlich genutzt werden, und davon der Hauptteil nur mit künstlicher Bewässerung.

Aber das Verkehrsnetz ist gut und gibt einer intensiven Landwirtschaft gute Chancen.

Besonders Südchile empfiehlt sich als Hoffnungsgebiet, und so wurden namentlich seit den fünfziger Jahren des vorigen Jahrhunderts viele, meist deutschstämmige, Siedler dorthin geholt.

Als Landwirtschaftsexperte der FAO, einer Fachorganisation der Vereinten Nationen für Ernährung, Landwirtschaft und Forstwesen, beriet Christoph von Unterrichter in den sechziger Jahren die Siedlungs- und Bodenreformprojekte der chilenischen Regierung. Eines davon, im kühlen Süden des Landes, der dennoch Feuerland heißt, umfaßte allein 400.000 Hektar (eine Fläche, mehr als halb so groß wie ganz Südtirol), dazu weitere Projekte bis hinauf an die bolivianische Grenze. Aber auch in Argentinien, Bolivien, Paraguay und Peru arbeitete er an Siedlungs- und Reformprojekten. Zwischen 1967 und 1973 zum Beispiel war er im Auftrag der Regierung von Ecuador bei einem Siedlungsvorhaben am Ostabhang der Anden. Die Aufgabe hieß: im Urwald in ökologisch heiklem Gelände Siedlungen für Hochlandindios vorplanen.

Eine erste Perspektive aus dem Hubschrauber hinunter in die undurchdringlich dichte Vegetation des riesigen Gebietes zeigte: Hier könnte eine Siedlung möglich sein, dort nicht.

Die Vorbedingungen schufen die Ölgesellschaften, für die damals die ecuadorianischen Anden Hoffnungsgebiete für „schwarzes Gold" waren. Dorthin, wo es möglicherweise fließen würde, flog man inselhaft und punktuell Menschen und Bohrgerät ein.

Wurde die Bohrung nicht fündig, wucherte die Stelle in kürzester Zeit wieder zu. Die erfolgreichen Bohrungen wurden später durch Straßen und Pipelines verbunden, deren

Trassierung und Knotenpunkte von der Besiedlungsfähigkeit der Böden abhängen sollten.
Solche Suche ist teuer und kostet die Ölgesellschaften täglich bis zu einer Million Dollar, aber der Aufwand amortisiert sich binnen fünf Jahren.
Der Bevölkerungszuwachs, der mit dem Vormarsch ins Dickicht einhergeht, ist rasant. Christoph von Unterrichter erinnert sich an den „Ort" Coca, der 1968 nur aus 36 Strohhütten am oberen Amazonas bestand, erreichbar nach fünf Stunden Fahrt im Jeep und elf Stunden mit dem Kanu. Zwei Jahre später gab es dort 3000 Einwohner und zweimal täglich eine Busverbindung.
Die Bedingungen für die indianischen Siedler sind zu Beginn außerordentlich hart: Mit einem leeren Bananenlastwagen gelangt die ans Hochlandklima gewöhnte Familie an das Ende des fahrbaren Knüppeldammes mitten im tropischen Urwald. Alles weitere bleibt der Zähigkeit, dem Überlebenswillen und auch dem Glück der Siedler überlassen.
Für Christoph von Unterrichter hängt der Erfolg solcher Aktionen vor allem von den Frauen der Siedler ab — die das „Kleinklima" in der Familie entscheidend prägen — und von einigen Voraussetzungen, die ihm als Erfahrungswerte während seiner Arbeit zugewachsen sind.
So legte er — oft gegen die Vorstellungen der jeweiligen Regierungen — immer großen Wert darauf, daß jene Beamten, die später die Siedler beraten sollten, an Ort und Stelle ausgebildet wurden und auch am Ort verblieben.
Weitere Erfolgshelfer waren ihm Geräte, deren Wirkung aus ihrer Einfachheit und Billigkeit kommt: Eine Reisdreschmaschine, deren Bestandteile im wesentlichen Stachel- und Maschendraht sind, tut in der Landwirtschaft dieser Entwicklungsgebiete bessere Dienste als ein hochmodernes, aber anfälliges technisches Wunderding, meint Christoph von Unterrichter. „So demonstrierte es auch eine chinesische Beratergruppe mit einfachsten Geräten und bestem Erfolg im Reisanbau."
Entwicklungshilfe, die nicht ohne Traktoren oder hochentwickelte agrarische Technologie auskommen zu können glaubt, ist Christoph von Unterrichter daher eher suspekt:

„Die Menschen zum Arbeiten zu bringen, ist volkswirtschaftlich sicher vernünftiger, als für kostbare Devisen Maschinen zu kaufen."
Entwicklungshilfe scheint ihm immer noch viel zu sehr ein Abfallprodukt der massiven wirtschaftlichen Interessen der Industrienationen zu sein. Oder, ein wenig schärfer, realistischer formuliert:
„Die Geber fragen nach dem Geschäft, die Empfänger nach den Schmiergeldern..."
Auf materialistischer Grundlage sieht Unterrichter die Entwicklungshilfe immer noch stehen, und ob sie nun aus dem Westen oder dem Osten komme: „kapitalistisch" sei sie hier wie dort motiviert.
Er glaubt auch zu wissen, was es in Lateinamerika vor allem zu entwickeln gälte: die Wertschätzung der Arbeit. Aber für die meisten und auch die Intellektuellen sei noch heute Handarbeit gleich Schandarbeit.
„Ich erinnere mich an zwei sehr vermögende und ebenso sozial eingestellte alte Damen in Chile. Ihren Besitz hatten sie zum Großteil ihren Angestellten aufgeteilt. Aber es gab eine mittlere Familienkatastrophe, als der hoffnungsvolle Neffe ein Mädchen heiraten wollte, das berufstätig war!"
Das sei denn auch ein Hauptproblem in Lateinamerika: Man wisse zwar von den drei Grundpfeilern der Volkswirtschaft — Boden, Kapital und Arbeit —, aber man habe noch viel zu wenig zur Kenntnis genommen, daß die Arbeitskraft der wichtigste Wert sei. Wie man die Menschen zum Arbeiten bringe, sei demnach die Königsfrage.
Für Christoph von Unterrichter, der in Südamerika so manche Reform hat scheitern sehen, „weil sie nur mit Eliten oder Engeln funktionieren kann", liegt die Lösung im landwirtschaftlichen Kleinbesitz. Alle Besitzformen habe er in Südamerika beobachten können: Staat, Gemeinschaft, Großgrundbesitzer, aber für nichts und niemand seien die Menschen so leicht zum Arbeiten zu motivieren wie für das eigene Stück Land.
Einer Siedlungspolitik auf dieser Grundlage schreibt er auch die Erfolge der republikanischen Regierungen Chiles im vorigen Jahrhundert gut.

„Vielleicht hätte es damals mehr gebracht, zehn Rockefellers ins Land zu bringen statt Tausender europäischer Bauern. Aber heute hat Chile einen recht guten, selbstbewußten Mittelstand, der, trotz der Herkunft aus vielen Ländern und der ‚verrückten' Landesgeographie, eine chilenische Identität entwickelt hat." Daß die Chilenen gelegentlich die „Preußen" Südamerikas genannt werden, ist für Christoph von Unterrichter keine zufällige Erscheinung, denn die ab 1848 bis zum Ende des Jahrhunderts besonders starke Einwanderung aus deutschsprachigen Ländern nach Chile bewirkte den großen kulturellen Einfluß der Deutsch-Chilenen — „nicht nur im militärischen Bereich, wo noch heute Stechschritt und Pickelhauben preußische Anklänge wecken".

Aber obwohl die deutschstämmigen Chilenen auch die Kultur ihres Herkunftsraums weiterpflegen, bekennen sie sich doch in erster Linie als Chilenen. Als „Über-Chilenen" seien sie sogar gelegentlich besonders nationalstolz.

Die vielen Jahre in Südamerika (mit einem vierjährigen Südtiroler Zwischenspiel von 1973 bis 1977, als er Karl Nicolussi-Leck das Südtiroler Bildungszentrum aufbauen half) haben Christoph von Unterrichter zur Kenntnis von Land und Leuten auch Problembewußtsein eingebracht.

Unabhängig von ideologischen Zuweisungen zeigen sich ihm dort Realitäten, denen nach seiner Meinung jede Regierung, gleich welcher Couleur, gegenübersteht: eine davon ist die Notwendigkeit, den Wert des individuellen Schaffens zu betonen.

Eine andere weist aber auch nach Europa: Es müßte viel mehr ständige Kontakte zwischen Europa und den Entwicklungsländern geben, fordert Christoph von Unterrichter. „Blitzbesuche von Politikern, Touristen und Journalisten nützen gar nichts. In den Dörfern mit den Leuten leben muß man."

Er könne sich durchaus vorstellen, daß auch von Südtirol aus Entwicklungshilfe betrieben werden könnte — und zwar nicht nur mit dem Sammelbeutel. Würde etwa an Südtiroler Landwirtschaftsschulen ein Fach „Entwicklungshilfe" unterrichtet, dann könnten junge Absolventen dieser Schulen für einige Jahre in Entwicklungsländer gehen, dort ihr

Wissen und ihre bäuerliche Lebensform weitergeben und selbst neue — und durchaus den eigenen Horizont erweiternde — Erfahrungen sammeln.

„Gerade den Einflußreichen und Reichen in den Entwicklungsländern muß man sagen, daß es möglich ist, auch von kleinen Flächen gut zu leben, wenn man es versteht, sie gut zu nutzen."

Die Landwirtschaft Südtirols, die aus kleinen und kleinsten Flächen intensivster bäuerlicher Bodenkultur eine ländliche Gesellschaft entwickelt und große Erfahrung damit habe, schiene ihm geradezu prädestiniert, diese Erfahrungen weiterzugeben.

„Aber man muß innovativ dazu sein — und gewillt, an Ort und Stelle praktisch mitanzupacken", wiederholt er, „und man muß auch den extremen Individualismus dieser Menschen kennen und im Auge behalten, der Formen des Gemeinschaftsbesitzes so erschwert. — Ein Experte, der einem Indio zeigt, wie tief er ackern muß, und dann wieder weggeht, wird gar nichts erreichen. Denn der Indio hat von seinem Großvater gehört, daß tief ackern schlecht sei. Also wird er so arbeiten, wie er immer gearbeitet hat, denn der Großvater prägte ihn stärker als der flüchtige Expertenbesuch. Bleibt aber der Experte und bildet er vor Ort indianische Techniker aus, dann wird der Augenschein des gemeinsam erreichten Erfolgs langsam zu einer dauerhaften Veränderung der Arbeitsmethoden führen und zu — nun, sagen wir — zu einem Arbeitsethos."

Überschießenden Optimismus hat bei Christoph von Unterrichter die lange Erfahrung zurechtgestutzt. Der ausländische Fachmann könne nur beraten und vorleben. Die lokalen Regierungen und die weltanschaulichen und moralischen Instanzen müßten, so meint er, die Reife haben, auch gegen den Druck politischer und wirtschaftlicher Interessengruppen langfristig zu entscheiden.

Dies aber, scheint ihm, sei in einer „verpolitisierten, materialistisch ausgerichteten Zeit" um so schwerer, als es bei solchen Maßnahmen ja immer auch um Millionen relativ leicht zu manipulierender Stimmbürger gehe.

Christoph von Unterrichter sieht als einzige Alternative gegen eine „Verproletarisierung" der breiten indianischen Landbevölkerung in pilzhaft wuchernden Vorstadtslums nur die auf lokaler Selbstverwaltung basierende rasche Verbesserung der Lebensbedingungen am flachen Land.

Er glaubt, daß die Regierungen fast aller lateinamerikanischer Länder den Mut und die Standfestigkeit haben müßten, eine solche langsame, „humanistische" Entwicklung der Versuchung vorzuziehen, durch „moderne", mechanisierte, kapitalistisch-rechnerisch zwar scheinbar rentablere Großproduktionsprojekte zu raschen Scheinerfolgen zu kommen.

Er schließt mit einem Wahlspruch, der gleichwohl zeigt, daß ihm der Idealismus in dreieinhalb Jahrzehnten Entwicklungsarbeit nicht verloren gegangen ist:

„Wahre humanistische Entwicklungshilfe ist immer ein Apostolat und kein Geschäft!"

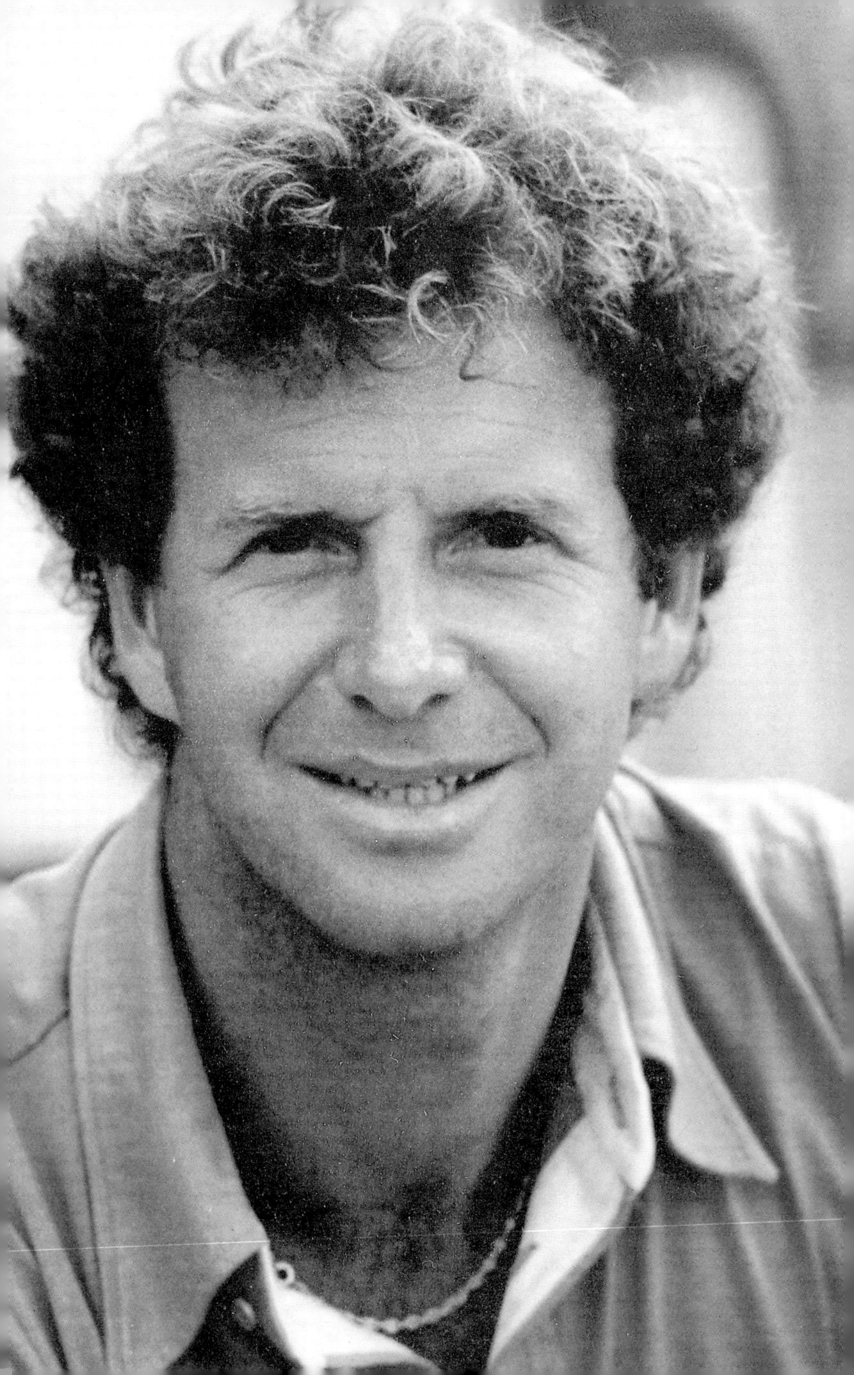

Psychogramm Klaus Dibiasi

Geburtsort: Hall in Tirol
Sternzeichen: Waage
Gibt es eine Charaktereigenschaft, die Sie besonders prägt? Geduld und Ruhe
Würden Sie sich zu einem Fehler bekennen? Ja sicher: Irren ist menschlich.
Haben Sie Ehrgeiz? Ja, für einen Sportler ist das notwendig.
Was bereitet Ihnen besondere Genugtuung? Ehrlichkeit bei Mitmenschen
Haben Sie ein Steckenpferd? Im Sport: Tauchen, Ski fahren, Surfen; sonst: Reisen
Gibt es ein Abenteuer, das Sie gern erleben würden? Mit einem Schlauchboot den Colorado hinunterrutschen.
Orientier(t)en Sie sich an Persönlichkeiten? Welchen? Nein
Wären Sie gern eine bestimmte historische Persönlichkeit gewesen? Odysseus
Gibt es etwas, das Sie besonders fürchten? Spinnen
Was kränkt oder ärgert Sie besonders? Diebstahl
Sind Sie von etwas abhängig? Nein
Lieblingslandschaft: Südtirol im Frühling und im Herbst; Meer
Lieblingsstadt: Bozen, Fort Lauderdale (Florida)
Was riechen Sie besonders gern? Gebäck
Welche Musik hören Sie besonders gern? Leichte melodische Musik
Haben Sie Vorlieben auf dem Gebiet der Bildenden Kunst? Karl Plattner
Welches Buch hat Sie in letzter Zeit besonders beeindruckt? —
Wo fühlen Sie sich beheimatet? In Bozen
Was tun Sie in Südtirol am liebsten? Ski fahren und törggelen
Was nehmen Sie mit, wenn sie Südtirol wieder verlassen? Speck, Wein, Marmelade
Könnte Sie etwas auf Dauer nach Südtirol zurückbringen? Eine gute Arbeit

Klaus Dibiasi

Lokaltermin mit einem Modellathleten

Über den Sohn zu schreiben und mit dem Vater zu beginnen, mag nicht in jedem Fall das richtige Verfahren sein. Man weiß ja (und nicht erst seit Freud): Väter und Söhne leben oft in problematischen Verhältnissen.

Über Klaus Dibiasi zu schreiben und nicht mit seinem Vater Karl Dibiasi zu beginnen, wäre jedenfalls eine große Unterlassung, denn Klaus Dibiasi ist, was er geworden ist, nicht gegen, sondern mit und wohl auch durch seinen Vater geworden. Nicht einmal, daß der Sohn noch erfolgreicher war als der Vater, hat die Beziehung der beiden je getrübt. Vor 25 Jahren starteten sie sogar noch in ein und demselben Wettkampf: Karl Dibiasi vom Turm, Klaus Dibiasi vom Brett. Der Vater tat damals, mit 53 Jahren, seinen letzten Wassersprung, und der Sohn errang in der nämlichen Disziplin seine ersten Erfolge.

Beide haben mit zeitlicher Versetzung den Namen Bozen weit in die Welt hinausgetragen. Aber als Karl Dibiasi Ende der zwanziger Jahre anfing, sich von Podesten und Brücken ins darunter fließende Wasser zu stürzen, da hatte Bozen noch nicht einmal seinen „Lido", sondern bloß das Guglerbad, ein hölzernes Badeidyll, durch das die Talfer rann, weshalb das Schwimmbad auch immer so klar oder trüb war wie diese — und gleich kalt: höchstens 17 oder 18 Grad, sogar im heißesten Sommer.

Dauergäste dort war eine Riege junger Sportfexen, die nichts lieber tat, als sich in den tollsten Kapriolen vom „Kanzele" zu stürzen. Vier von den schneidigsten waren: der Casteiner, der Market, der Waldmüller und der Dibiasi.

Eine besondere „Hetz" hatten sie an Zwillingssprüngen: einer unten, Augen zum Wasser, der andere obenauf, Augen gen Himmel. Der untere sprang, der obere mußte sich bloß festhalten. Das war freilich Allotria, aber die jungen Wassernarren waren nicht nur für die „Schau" zu haben, sondern strebten nach Lorbeer. Sie bettelten so lang, bis im 1931 eröffneten „Lido" ein Acht- und später ein richtiger Zehnmeterturm gebaut wurde.

Das Wasser war dort freilich noch kälter, denn wegen des starken Algenbewuchses mußte es alle paar Tage ausgelassen und wieder eingefüllt werden: sieben bis acht Grad hatte es dann. Aber nicht wegen des kalten Wassers trainierten Dibiasi & Co. neue Sprünge mit alten Pullovern, sondern gegen das Wehtun. Denn auch das war anders bei den Pionieren von der Wassersportgesellschaft: Da gab es keinen, der die Burschen die Systematik eines Sprungs, schön zergliedert in Phasen und unterstützt von Anschauungsmaterial, hätte lehren können. Man lernte Wasserspringen damals nur, indem man ins Wasser sprang — und das tat oft sehr weh, denn es ist ein weiter Weg vom „Bauchplatscher" bis zu jenem spritzerlosen und wohl auch schmerzfreien Eintauchen, für das Klaus Dibiasi später weltberühmt geworden ist. Ein alter Pullover tat also gute Dienste.

Heute gibt es statt alter Pullover moderne Geräte: Eins steht in der kleinen, den Springern vorbehaltenen Schwimmhalle des riesigen Sportkomplexes „Acqua Acetosa" im Norden Roms, wo Klaus Dibiasi die besten Wasserspringer Italiens trainiert. Es besteht aus einem Trampolin und einem gepolsterten Leibgurt, an dem zwei Seilzüge befestigt sind.

Bevor der Sportler sich mit einem ganz neuen Sprung vom Brett oder Turm ins Wasser stürzt, hängt er sich in den Gurt, läßt sich vom Trampolin hochschleudern und übt im Fallen, gesteuert durch die Trainer an den Seilzügen, den Bewegungsablauf. Aber wenn er dann am Brett steht, hilft nichts mehr gegen die Schwerkraft. Wer abspringt, muß auch eintauchen. Wie er das macht, entscheidet über ein Erfolgs- oder ein Schmerzerlebnis — je nachdem.

Wenn er, hochgeschleudert vom federnden Drei-Meter-Brett, oder gar vom Zehn-Meter-Turm stürzend, schlecht landet, kann er sich elend wehtun.

Und das ist bei weitem nicht die einzige Gefahr des Wasserspringers: Er kann sich auch „in der Luft verlieren", dann fällt ihm bei schlechter Konzentration oder übergroßer Aufregung nach dem Absprung der geplante Bewegungsablauf nicht mehr ein. Oder er gerät mit dem Kopf oder Körper — besonders fatal — zu nahe ans Brett.

Gegen diese drei Ängste gibt es nur zwei Mittel: aufhören oder erst recht trainieren.

Wer von Klaus Dibiasi betreut wird, hat die zweite Alternative gewählt: tägliches Training — „trocken" und „naß" — Konzentrationsübungen, ständige Beobachtung des eigenen Körpers, Disziplinierung und Selbstüberwindung.

Die manische Opferbereitschaft, die zum Selbstzweck wird — es sei denn, man hielte den Besitz einer Siegerurkunde für wichtig genug, um all das zu erdulden — ist das Signum und das Stigma des Spitzensportlers. Und beim Wasserspringen lockt noch nicht einmal, wie bei anderen Sportarten, das ganz große Geld für die Allerbesten.

Die Besten von Brett und Turm in Italien liegen immerhin hinter der Sowjetunion, der DDR und der Bundesrepublik Deutschland gegenwärtig auf Rang vier in Europa. Trainiert werden sie in zwei Zentren: in Bozen von Giorgio Cagnotto und in Rom von Klaus Dibiasi, der in seiner aktiven Zeit alles gewonnen hat, was im Springen „drin" ist: olympisches Silber in Tokio und Mexiko, Gold in München und Montreal, Weltmeisterschaften in Belgrad und Cali, Europameisterschaften und internationale Wettkämpfe zuhauf (Statistiker wollen sogar wissen, daß er der am meisten ausgezeichnete Wasserspringer überhaupt sei).

„Klaus Dibiasi siegte immer und überall, steigerte sein Können von Jahr zu Jahr, wurde der vollkommenste Turmspringer der Welt, dessen Stärke — neben der Ausführung der Sprünge — das Eintauchen wurde: 'Flup...' — kaum ein Spritzer, nahezu lautlos verschwand der 'Modellathlet' Klaus Dibiasi in den Sprungbecken in aller Welt."

So preist der Bozner Sportjournalist Josef Außersdorfer seinen Landsmann.

Was Klaus Dibiasi durch Talent und väterliche Pflege war, nämlich der Modellathlet seines Sports, das wird in den starken Nationen des Wasserspringens, vor allem im Ostblock, heute mit enormem Aufwand „gezüchtet".

Immer wieder beobachtet Klaus Dibiasi bei internationalen Wettkämpfen jene neuen „Staats-Athleten", die nicht nur Brettgefühl mitbringen — das unerläßliche Natur-Kapital der Wasserspringer — sondern auch jene ungeheure Schnellkraft, die aus der Kraftkammer kommt und jene explosive Körperkultur erzeugt, die für die immer schwieriger werdenden Sprünge unerläßlich ist.

Die „Springerfabriken" diktieren die Ansprüche, kleinere Nationen können da kaum mithalten. Klaus Dibiasis Wünsche nach einer Turnhalle, verschiedenen Trainingsgeräten und -möglichkeiten nehmen sich da eher bescheiden aus. So wie er das Wasserspringen gelernt hatte, geht's heute wohl nicht mehr.

Aber schön gewesen sei es im Bozner Lido, erinnert er sich. Den ganzen Tag im Bad, wo der Vater damals, nach Options-Jahren in Nordtirol in seine Heimatstadt zurückgekehrt, Trainer des Schwimmclubs war. Viermal täglich Training, ganz beiläufig in Licht, Luft und Sonne und im Rhythmus von Springen und Ausrasten. Die „Geometerschule" war nebenbei ohne weiteres zu schaffen.

Dazu hatte Klaus Dibiasi, wie er betont, den nicht zu unterschätzenden Vorteil, ein „Springersohn" zu sein, bestens motiviert durchs Beispiel des Vaters und von ihm betreut obendrein.

Heute führt der Trainingsstreß bei den jungen Wasserspringern oft zu massiven Schulproblemen, und wer die Schule hinter sich hat, muß Schwierigkeiten und Einbußen im Beruf gewärtigen. Dazu kommen noch die psychischen Belastungen und der ständige Kampf mit den Bedingungen der eigenen Körperlichkeit.

Der „ideale" Wasserspringer ist etwa 1,75 Meter groß; Klaus Dibiasi selbst ist sogar fünf Zentimeter größer, aber ausgestattet mit jenen körperlichen Attributen, die, weil sie einen so harmonischen Gesamteindruck ergeben, die Sprungrichter freundlich stimmt. Denn das ästhetische Bild ist wie bei allen Sportarten, in denen die Punktrichter das Sagen haben, auch beim Wasserspringen entscheidend. Daher gilt: „Figur ist wichtig", wie Klaus Dibiasi weiß. „Kurze Beine sind zwar gut für die Drehung, aber schlecht für die Optik."

Der junge Mann, der zum werweißwievielten Male an der äußersten Brettkante in der römischen Schwimmhalle steht und sich zur Ruhe zwingt, hat ein anderes Handikap:

„Er ist ein bißchen langsam", sagt Klaus Dibiasi. Langsam, wenn einer in den maximal zwei Sekunden, die ihm der Fall vom Brett Zeit läßt, „eineinhalb Auerbach mit zweieinhalbfacher Schraube" unterbringen muß! Und noch eine Schraubendrehung dazu ist jetzt das nächste Ziel. Als der junge Mann sich nach dem Auftauchen wieder auf den Beckenrand zieht, geht sein erster Blick zu Klaus Dibiasi. Der gibt seinen Kommentar ab: ein paar sehr gemessene Handbewegungen, wenige Worte aus unbewegtem Gesicht, ein Griff zum Rücken, eine Beinbewegung.

Der Springer nickt, fährt sich übers Haar, greift zum Handtuch, klettert aufs neue hinauf zum Brett, konzentriert sich, schnauft aus, geht wieder zum Absprung, springt, taucht ein und auf, zieht sich auf den Beckenrand, schaut zu Klaus Dibiasi, nimmt die Korrektur zur Kenntnis. Wann wird ihm der Idealsprung gelingen?

Der junge Mann ist taubstumm. Er hört weder das Poltern des federnden Bretts noch das Platschen beim Eintauchen, noch die Geräusche der andern Jugendlichen, die an diesem Frühlingsabend mit ihm in der Halle trainieren. Gelegentlich trommelt ein rascher Regenguß an die Glaswände, macht die Schwimmhalle zum Aquarium besonderer Art, und dann ist wieder schräge Sonne da und läßt das Wasser im Becken durchsichtig grün werden.

Drei Trainer arbeiten jetzt mit Buben und Mädchen von acht bis 18. Die Kleinsten haben am meisten Spaß, lernen, sich tief über die vorgehaltene Bambusstange zu biegen und sich ins Wasser zu schnellen. Ein junges Mädchen versucht den am Trampolingerät geübten Sprung zum ersten Mal vom Drei-Meter-Brett, klatscht fast mit dem flachen Körper aufs Wasser, verschwindet, taucht wieder auf, krebsrot die Haut vom Aufprall. Alle applaudieren: Noch hat der Sprung nicht richtig geklappt, aber die Überwindung ist den Beifall wert. Das Mädchen lacht, trocknet sich ab und steigt wieder die Leiter hinauf. Sie wird es wieder versuchen und immer wieder. „Die Angst kommt erst mit dem Springen", erklärt Klaus Dibiasi.

„Die Kleinen, acht oder neun, manchmal auch erst sechs Jahre alt, die haben noch keine Angst. Für sie ist das Sprin-

gen noch ganz spielerisch, und am Anfang machen sie auch die größten Fortschritte."
Dann, später, geht es langsamer. Zwischen 14 und 18 muß der Trainingsaufwand am größten sein, denn dann sind die Fortschritte mühsamer und die psychischen Barrieren am schwierigsten zu überwinden. Und auf Fehlschläge reagiert jeder anders: Die einen stecken sie gelassen ein, die anderen geraten an die Grenzen der eigenen Belastbarkeit.

Der Trainer ist nicht nur für die Körperbeherrschung seiner Springer zuständig, sondern auch für ihre seelische Verfassung. Und außerdem ist er — vor allem Klaus Dibiasi als Nationaltrainer — stark an den Erfolg seiner Mannschaft gebunden.
Ein Himmelfahrtskommando? — Nicht so arg wie bei den Fußballtrainern, meint Klaus Dibiasi bloß.

Eine ruhige Kugel schiebt er als Verbandstrainer jedenfalls nicht, das Gleichmaß seines Tagesablaufs täuscht: von 9 bis 12 und von 3 bis 6 Uhr ist er im Schwimmbad, entweder auf dem Gelände von „Acqua Acetosa" oder im nahe gelegenen olympischen Areal.
Hektisch wird es vor allem im „Außendienst", bei den Wettkämpfen:
„An Wettkampftagen herrscht fast immer ein gewaltiges Durcheinander."

Da muß er oft an seinen Vater denken, der ihm gesagt hat: „Der Trainer muß auch auf sich selbst schauen. Wenn er nervös ist, überträgt sich das auch auf die Springer." Wie entspannt sich also Klaus Dibiasi? Natürlich beim Sport: Er taucht gern — bei Civitavecchia oder den Pontinischen Inseln — oder er geht Windsurfen oder im Winter Skifahren (die drei reizvollsten Sportarten, wie er findet) — und manchmal, wenn er guter Laune und das Wetter schön ist, springt er auch noch selbst zum Vergnügen von Brett oder Turm.

Über seine Zukunft ist ihm nichts zu entlocken.
Wie es jetzt ist, ist es ganz gut: Verbandstrainer und ein kleiner Werbevertrag — aber viel sei da nicht drin; die einzige Werbefläche des Wasserspringers sei halt die Badehose. Und Massensport sei es auch keiner.

Den eher raren Verlockungen, aus seinen denkwürdigen Erfolgen großes Kapital zu schlagen, hat Klaus Dibiasi schon erfolgreich widerstanden, als er sich 1976 nach den Olympischen Spielen von Montreal aus dem aktiven Sport zurückzog. „Tarzan" von Hollywoods Gnaden hätte er damals werden können, in die Fußstapfen von Johnny Weissmüller treten.
Klaus Dibiasi widerstand der Verlockung mit stoischem Gemüt. Er blieb in seinem Metier, machte noch die Sporthochschule, wurde Trainer wie sein Vater, gab weiter, was er von ihm geerbt und durch eigenes Können vergrößert hatte: den Ruhm der „Bozner Schule" der Wasserspringer.
Er verkörpert sie übrigens auch in Rom: Sein Nimbus und das Können seiner Schüler machen das seit 1964 bestehende, jeweils im Juli in Bozen stattfindende Internationale Springertreffen zu einem der beliebtesten Meetings dieser Art auf der Welt. Die Springer kommen wegen der guten sportlichen Atmosphäre, die „Offiziellen" auch wegen des Freizeitwerts der schönen Landschaft — und wegen des Weins, weiß Klaus Dibiasi zu berichten.
Und er selbst? „Daheim fühl ich mich immer noch in Bozen, in Rom denk ich nicht groß darüber nach."
Wie gründlich er weg ist von daheim, merkt er allenfalls dann, wenn ihm ein deutsches Wort nicht gleich einfällt.
Aber Emotionen sind auch bei diesem Thema nicht von ihm zu erwarten. Nur den Schmerz über den Verlust der Eltern, die bald nacheinander gestorben sind, kann er nicht verbergen.
Das Training ist zu Ende. Die Schwimmhalle hat sich schon geleert, draußen spazieren in der Dämmerung Gruppen von Sportlern vorbei. Sie kommen vom Schwimmen und vom Hockey, vom Rugby, von der Bobbahn oder vom Taek-wondo: Keine Sportart ist so exotisch, daß sie hier nicht trainiert werden könnte. In der Aula Magna hören Sportstudenten einem Referenten zu, und auch im Labor der Sportmedizin brennt noch Licht.
Der Taxifahrer, der nächstbeste von 5000 in Rom, ist gesprächig. Klaus Dibiasi — ja natürlich kann er mit dem Namen etwas anfangen: der „Bolzanino" — er war der Beste aller Zeiten!

Aldo Parmeggiani
Unser Gesicht aus Rom

Er schaut fast jeden Abend einmal herein, aber er ist nie da. In diesem rätsel-haften Zustand lebt Aldo Parmeggiani, seit 20 Jahren „unser Gesicht in Rom", der seinen Landsleuten aus der Ferne sagt, was in der Welt und daheim geschehen ist. Wenn er erscheint, ist der Feierabend endgültig da. Gegen ihn kommt so leicht kein Bildschirmliebling auf. Die Tagesschau des RAI-Senders Bozen schaltet die Südtiroler gleich — von der Landeshauptstadt bis ins entlegenste Tal: Kulenkampf und Rosenthal, Thoelke und Gottschalk verlieren ihren Nimbus, wenn Aldo Parmeggiani „Grüß Gott, verehrte Zuschauer" sagt.
Er selbst ist wohl der bestinformierte Südtiroler außerhalb Südtirols. Aber paradoxerweise vermag er dieses Prädikat nur zu halten, weil die tägliche Nachrichtensendung des Senders Bozen immer noch aus Rom kommt.
Dort, im betriebsamen „Centro Produzione" der RAI zu Füßen des Monte Mario, hat Aldo Parmeggiani Schreibtisch und Sprechersessel. Fleißig abgeschirmt von Gittern, Schranken, Schleusen und Wachtposten, füllen dort viele hundert Journalisten und Techniker Information und Unterhaltung in die bereitgehaltenen Programm-„Schachteln" auf den drei Fernsehkanälen der RAI.
Die Südtirol-Redaktion, die für den dritten Kanal produziert, haust Tür an Tür mit den Sportjournalisten, deren Archiv die Metallkästen auf dem Flur enthalten, in einem Ambiente schmuckloser Effizienz. Umtriebigkeit und permanente Eile gehören zur täglichen Routine und prägen den Arbeitsstil. Die „Tedeschi" bestehen aus dem Chef vom Dienst, Konrad Neulichedl, Octavia Brugger, Willy Muehs, Kurt Andrich und Aldo Parmeggiani als Redakteuren, zwei Sekretärinnen und dem Tagesschau-Sprecher Uwe Ladinser. Dessen Frau Peppi und Gertrud Maier sagen das Programm an.
Aldo Parmeggiani ist in Rom ein Mann der ersten Stunde; er begann dort gleichzeitig mit dem deutschsprachigen Fernsehen des Senders Bozen im Februar 1966.

Psychogramm Aldo Parmeggiani

Geburtsort: Meran
Sternzeichen: Löwe (Aszendent Jungfrau)
Gibt es eine Charaktereigenschaft, die Sie besonders prägt?
  Ich bin Praktiker, Traditionalist.
Würden Sie sich zu einem Fehler bekennen? Manchmal
  nimmt man sich selbst zu ernst.
Haben Sie Ehrgeiz? Ja
Was bereitet Ihnen besonders Genugtuung? Wenn das Wertvollere die Oberhand behält; wenn ich jemandem Zuversicht geben kann.
Haben Sie ein Steckenpferd? Nein, Gott sein Dank.
Gibt es ein Abenteuer, das Sie gern erleben würden? Auf diesem Gebiet bin ich eher Theoretiker.
Orientier(t)en Sie sich an Persönlichkeiten? Meinen Eltern, Freunden
Wären Sie gern eine bestimmte historische Persönlichkeit gewesen? Nein
Gibt es etwas, das Sie besonders fürchten? Verrat, Falschheit, aufgebrochene Türen.
Was kränkt oder ärgert Sie besonders? Treulosigkeit, unnützer Lärm
Sind Sie von etwas abhängig? Vom Vertrauen, das man in mich setzt, von der Anerkennung aus einer gewissen Ecke.
Lieblingslandschaft: Kommt sehr auf die Stimmung, auf die Jahreszeiten an: Gardasee, Sachsenwald, Burggrafenamt, Mosel, Sizilien…
Lieblingsstadt: Ich bin Städten gegenüber nicht treu.
Was riechen Sie besonders gern? Nußbaumblätter, Holz
Bevorzugte Autoren: Rilke, Lenau, Dostojewski, Hesse, Theodor Haecker
Welche Musik hören Sie besonders gern? Händel, Bruckner, Beethoven

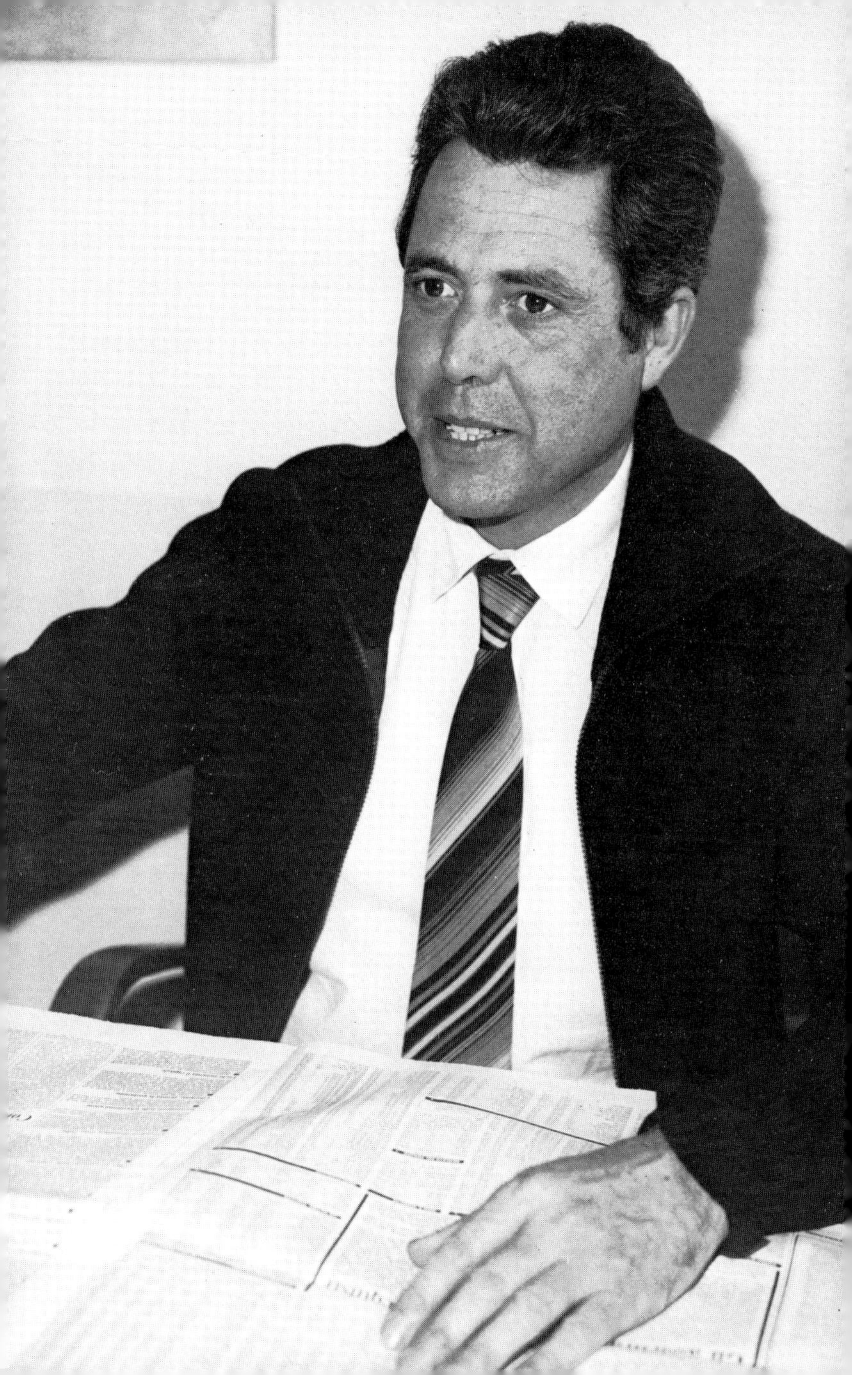

Haben Sie Vorlieben auf dem Gebiet der Bildenden Kunst?
  Symbolismus, Klassizismus
Welches Buch hat Sie in letzter Zeit besonders beeindruckt?
  Thomas Manns „Zauberberg"
Wo fühlen Sie sich beheimatet? Nach 20 Jahren Rom immer
  noch in Südtirol, ansonsten: ubi bene, ibi patria
Was tun Sie in Südtirol am liebsten? Alten Spuren nachgehen, neue entdecken
Was nehmen Sie mit, wenn Sie Südtirol wieder verlassen? Ein
  bißchen Heimweh und hartes Bauernbrot
Könnte Sie etwas auf Dauer nach Südtirol zurückbringen?
  Der Saft in meinen Wurzeln.

„Damals waren wir in Rom die Exoten vom Dienst. Die Römer betrachteten uns nicht ohne Mißtrauen, so als hätten wir möglicherweise eine Bombe unterm Schreibtisch. Verstehen konnte uns ohnehin keiner. Aber als sie allmählich merkten, daß wir keine Extremisten waren, pendelte sich das Verhältnis langsam ein."
Damals wurde die Tagesschau noch aufgezeichnet, und alle Texte mußten übersetzt werden.

Vor seinem Fernsehstart in Rom war Aldo Parmeggiani schon in Bozen hinterm Hörfunk-Mikrofon gesessen. Erich Innerebner war die angenehme Stimme mit der sauberen Artikulation aufgefallen. Aber da hatte Aldo Parmeggiani schon Ehrfahrungen ganz anderer Art hinter sich. Der Sohn eines in der Schweiz aufgewachsenen Italieners und einer Meranerin war nach einer Kindheit in seiner Geburtsstadt Meran und Gymnasialjahren in Bozen zunächst in einer Bozner Großmühle beschäftigt gewesen. Als er nach fünf Jahren kaufmännischer Tätigkeit die Lust an seiner Arbeit verlor, war er Weizeneinkäufer. In seiner Freizeit malte er. Mit 21 wollte er vom Mahlen nichts mehr wissen und zog nach Paris — des Malens wegen. Ein Jahr hielt er es dort aus, besuchte die Akademie, lernte französisch, dann kehrte er nach Südtirol zurück.

Heute ist er froh, daß er weder bei der Kunst noch beim Kommerz geblieben, sondern bei der RAI gelandet ist. Sein beruflicher Status als Redakteur mit Sprechverpflichtung, den er durch die Journalistenprüfung untermauert hat, befriedigt ihn, und: „In Rom läßt sich's recht gut leben — wenn einem nicht gerade die Wohnung aufgebrochen wird."
Das ist ihm allerdings schon dreimal passiert.

Eine gute Tagesschau gut abzuliefern, ist für ihn ein Erfolgserlebnis. Ein Arbeitstag für Aldo Parmeggiani beginnt mit dem morgendlichen Telefonanruf in Bozen, der erste Aufschlüsse über geplante Beiträge für den Abend liefert. Dann verschafft er sich einen Überblick über die während der Nacht hereingekommenen Agenturberichte und sieht die Zeitungen durch. Um 12 Uhr schaltet er im Büro das Fernsehgerät ein. Dann läuft die erste Ausgabe der zweimal täglich angebotenen Filmbörse (die auf den hübschen

Namen „Evelina" hört), einer Auswahl von Filmberichten zur Selbstbedienung der Redakteure.

Im Lauf des Nachmittags und frühen Abends kommt dann das Material aus Bozen: Nachrichten und sendefertige Filmberichte, die per Richtfunkstrecke nach Rom übermittelt werden.

Die eher komplizierte technische, redaktionelle und sprachliche Situation der RAI-Achse Bozen-Rom ist schwer zu vergleichen mit den Arbeitsbedingungen einer „normalen" Fernsehredaktion. Fehlerquellen gibt es da reichlich, und auch die Routine kann sie nicht bedeckt halten.

Trotz der genauen Überwachung durch einen Redakteur, der bei der Sendung den italienischen Regisseur anleitet, kann immer noch etwas schiefgehen.

Für solche Fälle ist Aldo Parmeggiani inzwischen mit der stoischen Ruhe eines Menschen ausgestattet, der in seinem Grundmuster eher empfindsam als robust ist, der aber weiß, daß es auch beim Fersehen noch „menschelen" kann — so hochtechnisiert das Medium auch ist.

Das eigenartigste Erlebnis dieser Art liegt schon einige Jahre zurück: Da präsentierte Aldo Parmeggiani vom Eingangs- bis zum Schlußsignal eine makellose Tagesschau. Als er nach vermeintlich vollbrachtem Tagwerk zufrieden in sein Büro zurückkehrte, rief schon Chefredakteur Hansjörg Kucera aus Bozen an: Wo denn die Tagesschau geblieben sei?

Die Sendung hatte sich auf dem langen Luftweg von Rom nach Bozen buchstäblich in Luft aufgelöst. Wo sie hinkam, ist bis heute ungeklärt.

Für gewöhnlich ist allerdings die Tagesschau keine übernatürliche, sondern eine recht handfeste, alltägliche Erscheinung.

Das Mischungsverhältnis aus Weltgeschehen, nationalen und lokalen Ereignissen ist sorgsam kalkuliert und befriedigt die Gestalter vor allem dann, wenn sie souverän präsentiert, informativ und nicht zu lang ist.

Daß die Tagesschau des Senders Bozen den internationalen Vergleich nicht zu scheuen braucht, untermauert Aldo Parmeggiani durch das Ergebnis eines „Wettbewerbs". Ein bundesdeutsches Institut für Medienforschung hatte an einem beliebigen Tag im November 1984 die Abendinformationssendungen deutschsprachiger Fernsehanstalten verglichen: Die Tagesschau des Senders Bozen kam mit ihrem Beitragsspektrum sogar vor dem ORF zu liegen. Dabei ist die „richtige" Gestaltung, vor allem im internationalen Teil, gar nicht leicht zu treffen. Immer wieder findet sich der Redakteur im Zwiespalt, ob er ein wichtiges Ereignis, über das die übrigen in Südtirol zu empfangenden Informationssendungen bereits ausführlich berichtet haben, nun auch noch in der Tagesschau — und womöglich nur sehr kurz — bringen, oder ob er zugunsten des Lokalteils besser darauf verzichten sollte, sich dann aber der Kritik des Zuschauers aussetzt, der das Fehlen des Beitrags anmahnt, ohne zu wissen, was der Redakteur sich dabei gedacht hatte.

Im Hinblick auf solche Entscheidungen nimmt daher eine gut abgestimmte Tagesschau beinahe die Qualität einer harmonisch zusammengestellten und gekonnt gewürzten Mahlzeit an. Vielleicht sollte der Konsument diesen Aspekt nicht ganz außer acht lassen, wenn er die Tagesschau — vielleicht sogar zugleich mit dem Abendessen — „verspeist", denn sie ist, gleich wie ein schmackhaftes Gericht, weit mehr als ihr bloßes Material.

Sein Verlangen, mehr zu tun als eine tägliche Routine abzuspulen, teilt Aldo Parmeggiani mit vielen Journalisten. Selbst gestaltete Sonderberichte (wie etwa der Film „40 Jahre Sender Bozen") sind daher auch für ihn das Salz in der Suppe, und er würzt sich seinen beruflichen Alltag auch noch seit mehr als zehn Jahren durch seine freiberufliche Mitarbeit bei der deutschsprachigen Abteilung von Radio Vatikan.

Für eine einschlägige Anfrage des Programmleiters bei der RAI hatte Aldo Parmeggiani den richtigen Standortvorteil: an Ort und Stelle, deutscher Muttersprache und außerdem (wie es in der Anfrage hieß) „nicht geschieden und auch noch katholisch".

Im Besitz all dieser Qualifikationen — verheiratet übrigens mit einer Südtirolerin und Vater dreier Kinder — begann Aldo Parmeggiani mit der Radioregie etlicher Hörspiele aus der Feder von Papst Johannes Paul II. und fügte einige Sendereihen hinzu, darunter die Serie „Aktenzeichen" mit Porträts bedeutender Zeitgenossen des Jahrhunderts.

Auch dieser Teil seiner Arbeit trägt dazu bei, daß sich Aldo Parmeggiani in Rom wohlfühlt. Die Lebensart in der Weltstadt gefällt ihm, das internationale Flair mit all den vielen „Gemeinden" von ausländischen Wahlrömern, unter denen die deutschsprachige so stattlich ist, daß man — wenn man es darauf anlegte — fast durchwegs mit Menschen der eigenen Muttersprache gesellig umgehen könnte. Tatsächlich hat Aldo Parmeggiani fast mehr deutsche als italienische Freunde in Rom.

Dennoch: Würde die Tagesschau einst ganz nach Bozen verpflanzt, dann ging er recht gern mit — und zurück nach Südtirol. Die Sehnsucht nach der heimatlichen Landschaft beschleicht ihn aber am ehesten, wenn er Rom verläßt, etwa in der Campagna, wenn ihm bewußt wird, daß die Berge — „richtige Berge" — denn doch recht weit weg sind.

Wenn er, der fast jeden Monat einmal kurz „herauf"-kommt, aus Südtirol wieder fort und nach Rom fährt, dann hat er jedenfalls nicht nur hartes Bauernbrot im Gepäck, sondern immer auch ein kleines bißchen Heimweh.

Frieda Parmeggiani
Studieren beim Probieren

Sentimentales im Gepäck hat auch Frieda Parmeggiani, wenn sie nach einem ihrer seltenen Besuche in Südtirol wieder abreist: „Traurige Sehnsucht" nennt sie, was sie dann spürt. Die Zuneigung zu ihrer Heimat findet sie wie ihr Bruder Aldo über das Landschaftserlebnis, und so tut ihr das Wegfahren immer weh.
Allerdings fährt sie in die andere Richtung: nicht nach Süden wie Aldo Parmeggiani, sondern nach Norden. In Berlin und Hamburg waren ihre ersten wichtigen beruflichen Stationen; nun wohnt sie in München, aber es lockt sie nach Wien, das sie als Stadt stärker anzieht.
Ihr Beruf bindet sie inzwischen an keine bestimmte Stadt mehr, denn seit sie als Kostümbildnerin mit prominenten Theaterregisseuren des deutschen Sprachraums arbeitet, wird sie dorthin gerufen, wo eine Inszenierung gerade gemacht wird. 1987 sind das zum Beispiel München, Paris und Graz. Für die Bayerische Staatsoper stattet sie den jetzt schon vielbesprochenen „Ring" aus, der im März 1987 in der Regie von Nikolas Lehnhoff und mit Erich Wonders Bühnenbildern am Münchner Nationaltheater Premiere haben wird. Für die Pariser Oper macht sie mit Horst Zankl als Regisseur die Kostüme für Händels „Julius Cäsar", und für den Steirischen Herbst arbeitet sie mit Hans Hollmann an einer Staatsopernproduktion von Friedrich Cerha.
Der Münchner „Ring" wirft schon mehr als ein Jahr vor der Premiere seine Schatten — nicht nur theaterintern, sondern auch in den Gazetten. Aber auch im Nahbereich des Theaters wird bereits heftig vorbereitet. Ihre Kostümfigurinen muß Frieda Parmeggiani jedenfalls zehn Monate vorher fertig haben. Dann gehen die Entwürfe in die Werkstätten dieser gewaltigen Opern-„Fabrik" mit ihrem Riesenapparat. Und Frieda Parmeggianis Arbeit hört damit noch lang nicht auf. Korrigierend und modifizierend begleitet sie die Inszenierung, bis sie endgültig „steht". Das dauert bis nah an die Premiere heran.

Psychogramm Frieda Parmeggiani

Geburtsort: Meran
Sternzeichen: Steinbock/Aszendent Schütze
Gibt es eine Charaktereigenschaft, die Sie besonders prägt?
  Zähigkeit
Würden Sie sich zu einem Fehler bekennen? Ja, mehreren
Haben Sie Ehrgeiz? Nicht mehr so extrem
Was bereitet Ihnen besondere Genugtuung? Geglückte Arbeit
Haben Sie ein Steckenpferd? Esoterik
Gibt es ein Abenteuer, das Sie gern erleben würden? Eine ungewöhnliche Beziehung
Orientier(t)en Sie sich an Persönlichkeiten? Welchen? Ja, an faszinierenden
Wären Sie gern eine bestimmte historische Persönlichkeit gewesen? Päpstin Johanna, Elisabeth I. von England
Gibt es etwas, das Sie besonders fürchten? Unerwiderte Liebe
Was kränkt oder ärgert Sie besonders? Schlechte Kritiken
Sind Sie von etwas abhängig? Nein
Lieblingslandschaft: Berge
Lieblingsstadt: Wechselhaft — entweder es gibt sie nicht, oder ich kenne sie noch nicht.
Was riechen Sie besonders gern? Menschen, die ich mag
Bevorzugte Autoren: Biographien, bevorzugt von Heiligen, und Kulturgeschichtliches
Welche Musik hören Sie besonders gern? Sehr vielseitig, hängt von meiner Stimmung ab
Haben Sie Vorlieben auf dem Gebiet der Bildenden Kunst? Arnulf Rainer, Max Klinger, Bosch und die frühen Meister der religiösen Malerei, besonders die Niederländer
Welches Buch hat Sie in letzter Zeit besonders beeindruckt? „Cautio criminalis" (über Hexenprozesse) von Friedrich v. Spee
Wo fühlen Sie sich beheimatet? Nirgendwo
Was tun Sie in Südtirol am liebsten? Die Stille in der Bergwelt suchen
Was nehmen Sie mit, wenn Sie Südtirol wieder verlassen? Traurige Sehnsucht
Könnte Sie etwas auf Dauer wieder nach Südtirol zurückbringen? Ja, die Landschaft

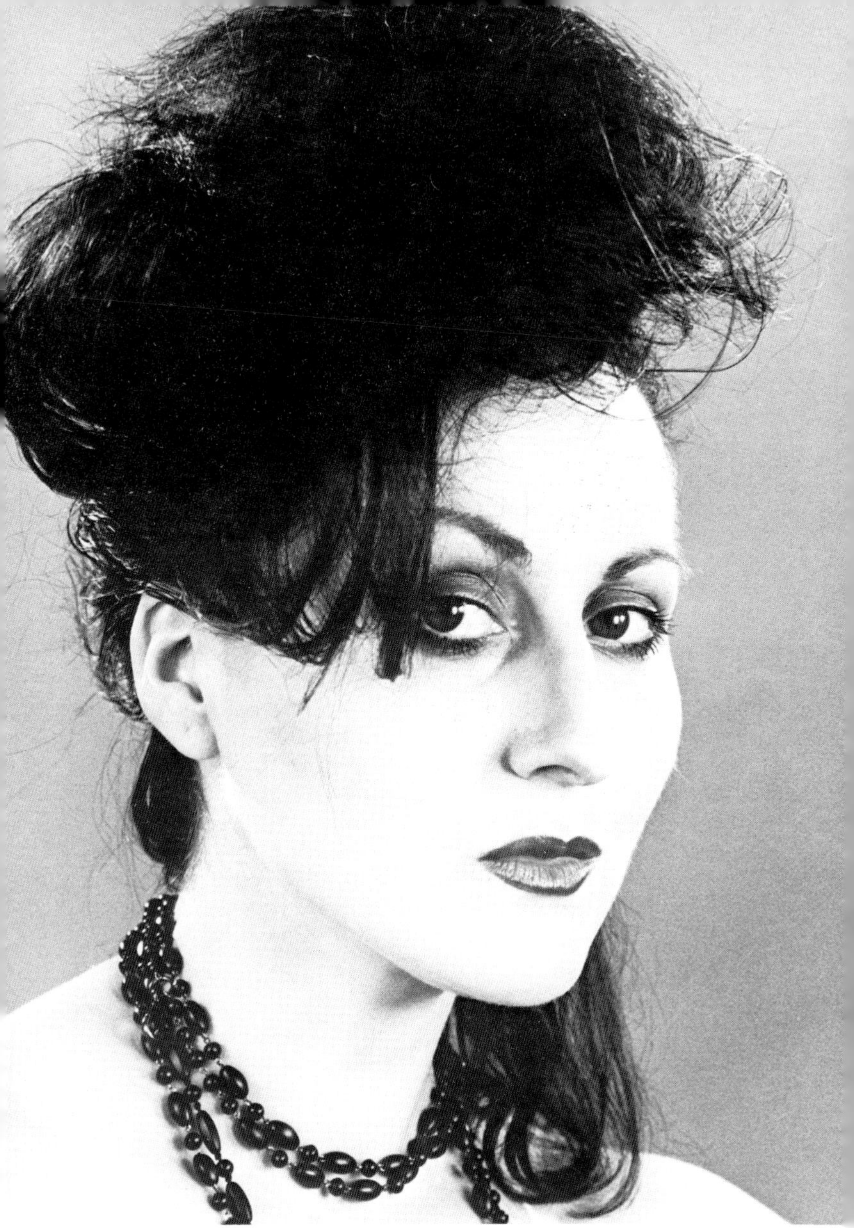

Aber obwohl die Münchner „Ring"-Kostüme prestigeträchtig sind, werden sie doch keine ganz typische Arbeit im „Parmeggiani-Stil". Worin der besteht, sagt die Jurybegründung für den „Förderungspreis Darstellende Kunst" der Berliner Akademie der Künste, den Frieda Parmeggiani auf Vorschlag von Dieter Dorn, Hans Lietzau und Wolfgang Reichmann 1981 zugesprochen bekam: „Sie entwickelt in enger Zusammenarbeit mit dem Regisseur und dem Bühnenbildner mit großem Sachverstand und dramaturgischer Einsicht sowie mit hohem psychologischem Einfühlungsvermögen und individueller Phantasie die Kostüme der Schauspieler während des laufenden Entstehungsprozesses der Inszenierung. Sie hat mit der traditionellen Herstellungsweise von Kostümen nach vorgefertigten kompletten Entwürfen gebrochen und sucht wie der Regisseur und die Schauspieler im Abenteuer eines monatelangen Arbeitsprozesses das lebendige auf den jeweiligen Darsteller zutreffende Resultat."

Die nüchterne Beschreibung dieses Arbeitsstils verbirgt nur zu leicht, wie außerordentlich stark und auch wie neu Frieda Parmeggianis Engagement für das Theater ist.

Nicht, daß sie es nicht auch verstünde, nach den Vorstellungen des jeweiligen Regisseurs brav ihre Figurinen zu zeichnen und dann deren Realisierung durch die Kostümwerkstätten zu überwachen (und viele Regisseure wünschen immer noch diese eher konventionelle Arbeitsweise von der Kostümbildnerin). Viel lieber aber arbeitet sie an Inszenierungen mit, die ihr das Abenteuer der Kreativität erlauben, und begleitet die Regiearbeit auf ihre Weise.

Das ging — beispielsweise 1978 bei Horst Zankls Wiener Burgtheater-Inszenierung von Raimunds „Der Bauer als Millionär" so:

Frieda Parmeggiani kriecht tagelang durch den riesigen Fundus, holt sich alte Kostüme zuhauf heraus, streicht durch Flohmärkte und Trödelläden und sitzt schließlich in einem Zimmer voller Stoffe und Gewänder, prüft und trennt auf, zerschneidet und drapiert — und alle stehen Kopf.

„Des is a Verruckte!" sagen die „alten Hasen" im Theater. „Lauter oide Fetzn nimmt's…!"

In den Werkstätten murrt man anfangs über den so anderen Arbeitsstil, der die Routine behindert. Aber Frieda Parmeggiani, unbeirrt und mit sich selbst eins, setzt ihren Kopf durch, probiert ihre „alten Fetzen" direkt an den Schauspielern. Von Anprobe zu Anprobe werden die Ideen und Materialien konkreter. Und am Ende einer Zeit, die für die Kostümbildnerin selbst am anstrengendsten ist, sind sogar die Nörgler besänftigt: „Verruckt — oba leiwand!" heißt es nun im schönsten Wiener Lobeton. Frieda Parmeggiani hat gewonnen.

André Heller sah diese Inszenierung und war von den Kostümen begeistert, engagierte Frieda Parmeggiani gleich für sein poetisches Varieté „Flic-Flac I" an den Wiener Festwochen 1981, und am Burgtheater hatte sie von da an leichtes Spiel. Bei Lietzaus „Othello"-Inszenierung am Burgtheater fand sie schon keine Widerstände mehr gegen ihre Art zu arbeiten, und bei Hans Hollmanns „Hamlet" kam sie sogar mit dem als „schwierig" verschrieenen Klaus Maria Brandauer glänzend zurecht. Der neue Burgtheaterchef Peymann hat sein Interesse an Frieda Parmeggianis Kostümarbeit bereits signalisiert.

Eine Karriere aus dem Bilderbuch, so scheint es, nach dem Motto: Die Tüchtige setzt sich durch. Aber Frieda Parmeggianis Profession ist nicht nach der gängigen Erfolgsrezeptur geschneidert, und wenngleich sie sich Ehrgeiz und Zähigkeit bescheinigt, sieht es doch so aus, als habe sie, deren Idee so schlüssig wirkt, viel mehr auf den richtigen Umwegen zu sich gefunden als auf dem richtigen Weg.

Ihr Beruf wird nämlich meist durch ein Akademiestudium angestrebt. Eine solche Qualifikation hat Frieda Parmeggiani nie erhalten.

Die einzige Materialverbindung zur Kostümbildnerei war eine Schneiderlehre, die sie nach der Mittelschule absolvierte.

Damals hat sie einen Berufswunsch, der immer noch unter Mittelschülerinnen grassiert: Modezeichnerin. Sie geht eineinhalb Jahre auf die Innsbrucker Kunstgewerbeschule, bricht ab und beginnt in einer Wiener Boutique zu arbeiten. Dann sieht sie sich in Zürich um — und gerät ins Theater: in eine Inszenierung von Peter Stein mit der Ausstattung von Wilfried Minks.

Sie denkt an Schauspielerei, aber noch mehr an Bühnenbild und Kostüme, schreibt an Peter Stein, bekommt keine Antwort, fährt aufs Geratewohl nach Berlin, geht in die Schaubühne am Halle'schen Ufer, zeigt Peter Stein ihre Zeichnungen — Figurinen und Bühenbildskizzen — und bekommt dort tatsächlich eine Hospitanz bei Karl Ernst Herrmann. Ihre erste Assistenz im „Sparschwein" von Labiche paßt auf ihre persönliche Situation, denn sie darf zwar arbeiten, aber gratis: nebenher jobbt sie für ihren Unterhalt und lebt so sparsam wie möglich.

Ihre nächste Hospitanz an der Deutschen Oper in Berlin macht sie, mit 500 Mark monatlich, für ein halbes Jahr glücklich. Dann stellt sie sich für eine Assistenz bei Wilfried Minks vor. Er vermittelt sie für zwei Jahre ans Schillertheater.

Sie assistiert bei Bühnenbild und Kostümen, arbeitet mit wichtigen Leuten und bekommmt 1977 eine Chance am Schauspielhaus Hamburg. Zwei Jahre ist sie dort fest als Kostümbildnerin, profiliert sich mit Bühnenbildern wie Erich Wonder, Rolf Glittenberg und Wilfried Minks und macht Kostüme für Inszenierungen von Jürgen Flimm und Rainer Werner Faßbinder: Jahrmarktskostüme der Jahrhundertwende etwa für Flimms Inszenierung von Else Lasker-Schülers „Wupper"-Stück; Schickeria-Klamotten der 30er Jahre für Faßbinders Regiearbeit an dem Boulevardstück „Frauen in New York".

In dieser Hamburger Zeit wird Frieda Parmeggiani als Kostümbildnerin zum „Regisseurstip": Nun fragen die Theaterleute schon bei ihr an. Sie riskiert die Selbständigkeit und löst sich von der Bindung an bestimmte Häuser. Bremen, Düsseldorf, immer wieder Berlin. Unter dem „gefürchteten" Hans Lietzau stattet sie am Schillertheater Tschechows „Kirschgarten" mit Kostümen aus. Für Frieda Parmeggiani ist der Starregisseur kein Problem: Sie kam schon als Assistentin gut mit ihm aus.

Ebenfalls in Berlin erarbeitet sie, mit dem Autor als Regisseur, einen Einakter von Samuel Beckett:

„Das war eine besonders schöne Erfahrung. Beckett hatte, selbst unendlich gütig und bescheiden, ganz genaue Vorstellungen, die er sehr plastisch zu beschreiben vermochte — aber so, daß ich mich auch einbringen konnte", erinnert sie sich.
Dann kam schon bald ein Anruf aus Bayreuth. 1979 machte Frieda Parmeggiani die Kostüme für Götz Friedrichs Regie des „Lohengrin".

Ihre besondere Arbeitsweise und ihre Selbsteinschätzung als „Materialfetischistin" prädestinieren sie für Phantastisches. Sie gesteht daher ihre Liebe zur Oper, besonders wenn sie dort mit Schauspielregisseuren arbeiten kann. „Manon Lescaut" würde sie gern ausstatten, sagt sie auf die Frage nach Wunschprojekten, aber sie ist jung genug, um sich noch auf jede verheißungsvolle Arbeit zu freuen — besonders, wenn sie sie à la Parmeggiani machen kann und das heißt, mit selbst gewähltem Material und am lebenden Objekt.
„Wenn ich den Menschen vor mir habe und die Stoffe, die mir gefallen, dann traue ich mir die besten Ergebnisse zu…"
Schwierig und schön zugleich findet sie ihre Methode, die von den meisten Sängern und Schauspielern akzeptiert wird, auch von Stars wie René Kollo, Klausjürgen Wussow oder Gisela Stein.

Und wenn es einmal nicht „funkt"?
„Dann muß es trotzdem gehen", sagt Frieda Parmeggiani, macht einen resoluten Mund und läßt erkennen, daß in ihrer kapriziösen Gestalt und über ihren dunklen Riesenaugen eine Menge Energie steckt — und eine Passion hinter ihrem Beruf.

Sich mit einem Regisseur (wie etwa mit Ernst Wendt) auf gleicher ästhetischer Ebene zu finden, hält sie für das Beste, was ihr bei ihren Aufträgen passieren kann.

Ihre Kostüme passen in jene neuen Räume, die eine Bühne nicht als Ambiente, sondern als Kunstwerk erleben lassen. Naturalismus ist nicht mehr gefragt; Damianis weiße Räume und Wilfried Minks' Licht-Räume haben eine neue Realität geschaffen, die Kostüme von der Art, wie Frieda Parmeggiani sie macht, zulassen.

Der „Second-hand"-Effekt ihrer Arbeit mit gebrauchten Materialien zielt aber nicht auf Schäbigkeit, sondern im Gegenteil auf Kostbarkeit und Lebendigkeit.
„Alte Sachen leben mehr, sie schauen weniger umgehängt aus, schmiegen sich an, verwachsen irgendwie mit dem Darsteller, für den sie konzipiert sind."
Es scheint, als habe Frieda Parmeggiani mit ihrer Methode, beim Probieren zu studieren, eine sichere Nadel geführt. Die Jury der Berliner Kunstakademie, die ihr den eingangs erwähnten Preis zusprach, bescheinigt ihr sogar noch mehr: „einen richtungsweisenden Einfluß auf die Theaterarbeit unserer Tage".

Erwin Tappeiner

Luxus mit Seele

„Ein Grandhotel ist eine Bühne."
Ist Erwin Tappeiner also ein Schauspieler?
Der stellvertretende Direktor des „Vier Jahreszeiten" an der Münchner Maximilianstraße stutzt die Gleichung, was seine eigene Rolle anbelangt, zum Annäherungswert zurück. „Irgendwie bin ich schon wie ein Schauspieler, der jeden Tag auf der Bühne steht."
Die „Bühne" hat 365 Zimmer (wer sich's leisten kann, könnte also jeden Tag eines ganzen Jahres in einem anderen Raum desselben Hotels schlafen) mit 620 Betten — und Restaurants und Bar und Hallenbad und Sporteinrichtungen und Friseur und Geschäften und Garage und Sälen für bis zu 600 Leute. Für 150.000 bis 200.000 Lire pro Nacht kann sich einer ins berühmte Ambiente des „Jahreszeiten" einmieten. Aber die dort zu ruhen pflegen, sind meist nicht „einer", sondern „wer", und so würden denn jene Namen aus Hochadel, Politik und Kultur wohl weniger Platz einnehmen als die im dicken Gästebuch verewigten.
Natürlich taugen als Referenzen vor allem die letzteren, und so muß die Liste hier recht summarisch ausfallen: Sie reicht also vom König von Schweden bis zur Königin von Thailand, von Sophia Loren bis Omar Sharif, von Pavarotti bis Domingo, von den Astronauten bis zu den Sternen aus Sport und Mode. Und aus der Politik?
Erwin Tappeiner blättert im Gästebuch und sagt schlicht: „Alle!"
Daß „alle" sich im „Jahreszeiten" wohlfühlen, hat an zweithöchster Stelle in der strengen Hotelhierarchie Erwin Tappeiner zu gewährleisten, und dafür muß er eben tagtäglich auf die „Bühne".
Er sieht deshalb seinen Beruf auch mitnichten als Job, sondern — wie ein rechter Schauspieler — als Passion, von der bereits sein Aufbruch aus dem heimatlichen Vinschgau geprägt war.
Dort hätte er, geboren in Goldrain, nach Handels- und Hotelfachschule in Meran, ganz beschaulich den elterlichen Gast-

Psychogramm Erwin Tappeiner

Geburtsort: Goldrain/Vinschgau
Sternzeichen: Waage
Gibt es eine Charaktereigenschaft, die Sie besonders prägt? Kampfgeist, Standhaftigkeit, Konzilianz
Würden Sie sich zu einem Fehler bekennen? Jederzeit
Haben Sie Ehrgeiz? Ja
Was bereitet Ihnen besondere Genugtuung? Erfolgreiche Problemlösung
Haben Sie ein Steckenpferd? Familie, Tennis
Gibt es ein Abenteuer, das Sie gern erleben würden? Weltreise, eine Pferdezucht
Orientier(t)en Sie sich an Persönlichkeiten? Welchen? Nein
Wären Sie gern eine bestimmte historische Persönlichkeit gewesen? Nein
Gibt es etwas, das Sie besonders fürchten? Krieg und Krankheiten
Was kränkt oder ärgert Sie besonders? Ungerechtigkeit
Sind Sie von etwas abhängig? Leidenschaft zum Beruf
Lieblingslandschaft: Südtirol
Lieblingsstadt: München
Was riechen Sie besonders gern? Rosmarin
Bevorzugte Autoren: Tolstoi
Welche Musik hören Sie besonders gern? Klassik (Beethoven)
Haben Sie Vorlieben auf dem Gebiet der Bildenden Kunst? Nein
Welches Buch hat Sie in letzter Zeit besonders beeindruckt? „So lernt man lernen."
Wo fühlen Sie sich beheimatet? Südtirol
Was tun Sie in Südtirol am liebsten? Wandern und Südtiroler Küche genießen
Was nehmen Sie mit, wenn Sie Südtirol wieder verlassen? Speck, Kaminwurzen, hartes Brot, Knödel
Könnte Sie etwas auf Dauer nach Südtirol zurückbringen? Ja, ein abgeschiedener Bauernhof

Erwin Tappeiner (links): Begrüßung für den Dalai Lama

hof am Eingang ins Martelltal führen können. Ihn aber zog's zur Luxushotellerie, und die verlangte damals wie heute mehr als eine Schnupperlehre im nahen Umkreis, sondern eine gründliche „Tour d'horizon" durch die europäischen Metropolen und durch alle Sparten des Hotelgewerbes.

Das Vorbild fürs Berufsbild fand Erwin Tappeiner allerdings schon an der Meraner Hotelfachschule, wo damals einer unterrichtete, der das Zeug zum Idol hatte: Lambert Bemelmans, der schon vor dem Krieg Direktor des „Ritz-Carlton" in New York gewesen war, später in Klobenstein am Ritten Nobelgäste ins eigene Hotel lenkte und schließlich aus seiner weltweiten Erfahrung heraus für Südtirol ein Hauptpromotor dessen wurde, was man heute „Qualitätstourismus" nennt. (Daß sein Bruder Ludwig Bemelmans, der Zucht und Ordnung wegen ins Hotelfach gesteckt und die Innenschau des Gewerbes anders nutzend, ein köstliches Erinnerungsbuch über seine New Yorker Hotelbeobachtungen schrieb und zeichnete und später ein bekannter Maler geworden ist, sei hier, um der Namensgleichheit willen, nur am Rande erwähnt.)

Von Lambert Bemelmans war Erwin Tappeiner fasziniert: Dessen Eleganz und Weltläufigkeit und irgendeine Komponente seiner eigenen Persönlichkeit, die ihn ins Weite zog, prägten seine beruflichen Erwartungen. Er praktizierte in Italien, Frankreich und England, lernte Sprachen, unterrichtete auch selbst an der Meraner Hotelfachschule und glaubte im Mai 1968 endlich soviel zu können, um sich bei einer personifizierten Legende der Hotelspitzenklasse vorstellen zu dürfen: bei Walterspiel im Münchner „Vier Jahreszeiten"! „Das war an einem Freitag, am Montag fing ich an", erzählt Erwin Tappeiner in seinem pflegsamen, landschaftlich gänzlich entfärbten Hochdeutsch, das er für eine wichtige Qualifikation seines Berufs hält.

Als Einunddreißigjähriger sei er damals für einen Empfangssekretär schon eher alt gewesen. Aber die Karrierestufen erklomm er behende: vom Empfangschef zum Leitenden Empfangschef, zum „Frontoffice-Manager" (der alles befehligt, was sich an der Gäste-„Front" in der Hotelhalle tut), zum Logisleiter (der zur „Front" auch noch die „Etappe" mit

Hausdamen, Wäscherei, Schwimmbad und Garage kommandiert) und schließlich zum stellvertretenden Direktor, dem in der „Jahreszeiten"-Hierarchie nur noch der geschäftsführende Direktor Michel D. Maaß übergeordnet ist (ein Posten, den im Hamburger „Vier Jahreszeiten" übrigens der Südtiroler Gert Prantner bekleidet).

Zusammen mit dem „Atlantic" in Hamburg, dem „Bristol" in Berlin und dem „Gravenbruch" in Frankfurt gehört das Münchner „Vier Jahreszeiten" zur Kempinski-Gruppe, einer Vierer-Phalanx von westdeutschen Luxushotels. Am Münchner Haus sind auch die „Lufthansa" und die Intercontinental-Gruppe zu je einem Viertel beteiligt.

Diese zwar komplizierte, aber geschäftsfördernde Verflechtung und die stete Dienstwilligkeit von etwa 430 Mitarbeitern sichern dem „Jahreszeiten" eine Jahresbelegung von 83 Prozent, die sich in bis zu 1000 Reservierungsbewegungen pro Tag niederschlägt.

Wer da nicht den Überblick verlieren will, muß einen ordentlichen Computer und viel kühles Blut besitzen.

Die Computerisierung des Hotels, damals Pilotprojekt der Gruppe, sieht Erwin Tappeiner (mit Umbau und Erweiterung des Jahres 1971 bei stetig fortlaufendem Betrieb) als Höhepunkt seiner Entwicklungstätigkeit am „Jahreszeiten". Es mag amüsant sein, sich vorzustellen, wie illustre Gäste vom Computer von Bett zu Bett geschoben werden. Aber der Gast darf weder den Computer spüren noch Kaltblütigkeit zu spüren bekommen.

Denn nach der „Philosophie" des „Jahreszeiten", deren eifriger Künder auch Erwin Tappeiner ist, hat der Gast Anspruch auf persönliche Betreuung und warmherzige Dienstfertigkeit ohne Servilität: Luxus mit Seele gewissermaßen und keine reibungslos-kühle Hotelmaschinerie, die perfekt, aber ohne Pulsschlag funktioniert. Jenes spezielle Flair des Münchner Hauses mit 125 Jahren edler Hoteltradition, das sich dennoch auf dem neuesten Stand der Technik befindet, ist das Produkt, das es zu verkaufen gilt. Erwin Tappeiner steht hinter dieser Strategie der Gastlichkeit und setzt ein, was er hat: den Computer also und sein kühles Blut und dazu jene Managementtugend, die richtige Entscheidung im rechten Moment zu treffen.

„Unerwartete Probleme können mit Erfahrung bewältigt werden", doziert er wie beim internen Mitarbeitertreffen, bei dem die Angestellten regelmäßig motiviert und mit den Feinheiten des Know hows ausgestattet werden.

„Wenn mir bei vollem Haus ein Staatsbesuch mit einem Bedarf von 50 Zimmern angeboten wird, dann sag ich eben nicht: leider belegt! Aus meiner Risikoerfahrung weiß ich, daß innerhalb eines Monats etwa zehn Prozent der Buchungen aus verschiedenen Gründen storniert werden..."

Die eigene Beweglichkeit, die bei der Bewältigung rasch wechselnder, immer wieder anders akzentuierter Probleme hilft, sitzt bei Erwin Tappeiner nicht nur im Kopf, sondern auch im Rückgrat.

Die stets bereite Verbeugung — ehrerbietig, aber nicht servil — das Lächeln auf Abruf — herzlich, aber maßvoll — die Frage nach Woher, Wohin und Wohlergehn — freundlich, aber ja nicht plump vertraulich — sind die Komponenten des Berufs-Verhaltens. Die Selbstdressur ist perfekt und permanent, aber Erwin Tappeiner würde das Wort nicht zulassen. Das Selbstverständnis des Dienst-Leisters bezieht sein Ich-Gefühl nur aus dem Da-Sein für andere.

Erwin Tappeiner erklärt glaubhaft, noch nie darunter gelitten zu haben. Und wenn ein Stammgast ihn anruft, um gerade ihm ein trauriges oder freudsames Familienereignis mitzuteilen, dann fühlt er sich besonders wohl bei sich.

Daß das ständige Wohlverhalten auch einmal zum Streß werden kann, mag er gar nicht abstreiten. Dann gibt er seine Aggressionen dem Sport mit, besonders beim Tennis. In der Familie, seinem anderen Steckenpferd, finde er dagegen Erholung. Seine österreichische Frau, mit der er in Südtirol Hochzeit gefeiert hat und die als PR-Managerin selbst im „Jahreszeiten" Dienst getan hat, kennt das Gewerbe ihres Mannes gut genug, um zu wissen, was es fordert. Zu welchen Berufen die beiden Buben tendieren, ist vorerst noch nicht auszumachen. Der dreijährige Maximilian tobt sich jedenfalls auch schon meisterlich beim Tennis aus. Einstweilen braucht er zum Schläger noch den Schnuller.

Aber manchmal flieht Erwin Tappeiner dennoch aus seiner professionellen Uneigennützigkeit. Der Fluchtraum heißt oft Südtirol und die Fluchtbewegung ist: weg von den Leuten, hinauf auf den Berg — den Tappeinerweg und die Leiteralm oberhalb Algund liebt er besonders, und es ist ihm auch ein wenig wichtig, daß er in München „fast in Südtirol" ist.

Die vielen Südtiroler, die sich in Münchner Portierslogen, Rezeptionen, Lokalen und Küchen beschäftigen, scheinen dieses Gefühl zu teilen, besonders wenn der Föhn den Himmel fast so blau und die Luft beinah so transparent macht wie daheim.

Dennoch denkt er, wenn er an später denkt, weniger an einen Betrieb, Marke „Klein aber mein", in der Heimat, sondern eher an ein Avancement im gewohnten Bereich. Das könnte nur noch der „General Manager" eines Hotels sein. Aber von München weggehen?

Nun ja, meint er: Seine Beweglichkeit würde wohl auch ein Stück um die Welt herum reichen. Und bricht zur alltäglichen Kommunikationssitzung auf, bei der alle Abteilungsleiter unter Erwin Tappeiners Führung die Ereignisse des nächsten Tages „durchspielen". Ein Generalstabsplan für die „geheime Kommandosache" Gast. Denn ausgeplaudert wird im „Jahreszeiten" nichts. Die Schlüssellochperspektive überläßt man lieber den Bildschirmhotels, wo es ohnehin nicht so zugeht wie im eigenen Hotel.

„Die Hotelserien im Fernsehen verfälschen meist die Realität", meint Erwin Tappeiner. „Unsere Mitarbeiter müssen diskret, integer und zurückhaltend sein."

Dann schreitet er locker über den vordersten Teil der Hotel-„Bühne": durch die Halle, wo sich Gäste und Zaungäste vom wohltätig gedämpften Rampenlicht der Tischleuchten und der großen Lichtkuppel bescheinen lassen.

Freundliche Begrüßung mit Frau K.-M., Stammgast mit über 100 Übernachtungen in 23 Jahren, rascher Händedruck mit Helmut Lohner, zu Plattenaufnahmen in München, der auf dem Weg zu Chefportier David Langartner ist:
„Ich hätt' da ein Problem!"
Gleich wird es David Langartners Problem sein.

David Langartner (rechts): Auskunft für Piero Capucilli

Psychogramm David Langartner

Geburtsort: Verdings
Sternzeichen: Krebs
Gibt es eine Charaktereigenschaft, die Sie besonders prägt? Konsequenz
Würden Sie sich zu einem Fehler bekennen? Ja
Haben Sie Ehrgeiz? Ja
Was bereitet Ihnen besondere Genugtuung? Erfolg
Haben Sie ein Steckenpferd? Nein
Gibt es ein Abenteuer, das Sie gern erleben würden? Eine Safari
Orientier(t)en Sie sich an Persönlichkeiten? Welchen? Eigentlich nicht
Wären Sie gern eine bestimmte historische Persönlichkeit gewesen? Ja — Napoleon
Gibt es etwas, das Sie besonders fürchten? Krankheit (Krebs)
Was kränkt oder ärgert Sie besonders? Unfaires Verhalten
Sind Sie von etwas abhängig? Nein
Lieblingslandschaft: Italien
Lieblingsstadt: München, Paris
Was riechen Sie besonders gern? Parfum
Bevorzugte Autoren: Zu wenig Zeit zum Lesen
Welche Musik hören Sie besonders gern? Verdi
Haben Sie Vorlieben auf dem Gebiet der Bildenden Kunst? Nein
Welches Buch hat Sie in letzter Zeit besonders beeindruckt? Siehe oben
Wo fühlen Sie sich beheimatet? In Bayern und Tirol
Was tun Sie in Südtirol am liebsten? Wandern, gesellig feiern
Was nehmen Sie mit, wenn Sie Südtirol wieder verlassen? Spezialitäten des Landes
Könnte Sie etwas auf Dauer nach Südtirol zurückbringen? Momentan nicht aktuell

David Langartner
Goldene Schlüssel für Probleme

Der Griff zum Telefonhörer ist auch in diesem Fall der erste Schritt zur Lösung des Problems. Helmut Lohner weiß im Nu, was er wissen wollte, und David Langartner, der Chefportier, kann sich dem nächsten Gästewunsch zuwenden, ohne daß ihm die heitere Miene auch nur für Augenblicke abhanden gekommen wäre.
„Man muß nicht alles wissen, aber man muß wissen, wo man fragen muß!" ist seine Devise.
Nach zwölf Jahren in der Portiersloge des „Vier Jahreszeiten" und nach reichlich 20 Jahren in München haben seine Erfahrungen am Ort kaum noch Lücken.
Ein Herrenmagazin erklärte ihn darum schon zum besten Portier Deutschlands.
Eine andere Qualifikation trägt er an den Revers seines dunklen Rocks: die beiden gekreuzten Schlüsselpaare der bundesdeutschen Portiervereinigung „Goldener Schlüssel", einer nationalen Unterorganisation der weltweiten Portiersvereinigung U.I.P.G.H., die sogar eine eigene Portierschule in Paris betreibt.
Aber einen festen Berufsweg für den Portier gibt es dennoch nicht. Die „klassische" Route über Liftboy und Page wird heute nur mehr selten gewählt. Wer jedoch den „Gipfel" der Portiersloge in einem Grandhotel erklimmen will, der tut gut daran, auf möglichst weitem Weg durch die erhabene Landschaft der europäischen Nobelhotellerie zu pilgern und da die nötige „Trittsicherheit" zu erwerben.
Der gebürtige Verdingser David Langartner, dessen Vater Bauer und Viehhändler war, holte sich in Wolkenstein seine ersten Einblicke in die Hotelbranche. Damals war er schon 20 und erst einmal „David für alles". Nach der Meraner Hotelfachschule und einem Praktikum in Bruneck machte er gleich einen gewaltigen Satz in die Welt der Aristokratie: Die Comtesse de Sessevalle, die damals in der Klausener Stadtburg Branzoll wohnte, vermittelte ihn nach Paris. Er wurde Butler bei dem greisen Karosserieschneider Jean-

Henri Labourdette in einem 17-Zimmer-Haushalt gleich neben Notre Dame. Der Schritt nach Paris brachte ihn nicht nur weit weg, sondern auch weit „nach oben", in die Reichweite der „feinsten Gesellschaft", denn Labourdette war ein Intimfreund von Charles de Gaulle und stellte unter anderem die Staatskarossen für den spanischen Königshof her. Jene Art von Dienst an der Gesellschaft habe ihn entscheidend geprägt, meint er noch heute. Überwältigt hat ihn das Erlebnis aber nicht, denn die nächsten Stationen seiner Karriere waren höchst bürgerlich.

Im Bewußtsein der Wichtigkeit solider Fremdsprachenkenntnisse ging er anschließend nach England: Er wurde Kellner in Birmingham und London.

Seine erste Stelle in München war schon kein Job mehr, sondern das Vorstadium des Berufs, den er inzwischen anstrebte: Portier-Assistent im „Bayerischen Hof". Von nun an ging es ihm zunächst einmal um die Position: 1971 wurde er Chefportier im „Holiday Inn", mit 30 Jahren der jüngste in einem großen Hotel. Danach konnte er berufliche Besserstellung nur noch über einen Wechsel des Hotels anstreben. Als 1974 die Position des Chefportiers im „Vier Jahreszeiten" frei wurde, bewarb er sich, um, wie er sagt, „seinen Marktwert zu testen".

Aber als er tatsächlich eingestellt wurde, war seine Situation erst einmal problematisch. In der ehrwürdigen Portiersloge war der 33jährige Langartner ein „grüner Junge", sein jüngster Mitarbeiter zehn Jahre älter als er selbst, und alle Logenkollegen waren schon lang im Hause.

David Langartner übte sich daher zunächst einmal bescheiden in Zurückhaltung und Beobachtung, bevor er daran ging, seine Qualifikation selbstbewußt einzusetzen.

Und da schien ihm die Synthese seiner Portierserfahrungen aus dem konservativen Münchner Traditionshotel „Bayerischer Hof" und dem „amerikanischen" Hotel „HolidayInn" gerade richtig für das sich behutsam modernisierende „Jahreszeiten". Das erste Ergebnis seiner Erwägungen war ein richtiger, voll ausgearbeiteter Dienstplan.

Nach ihm und unter David Langartners Regime arbeiten heute 31 Hotelangestellte: Pagen, Hoteldiener, Wagenmeister und acht weitere Portiers, die zusammen mit ihrem Chef das Kleinklima zwischen Tresen und Schlüsselwand prägen. David Langartners Stil im Umgang mit den Gästen — und was wäre hier ohne Stil! — prägt auch seine Mitarbeiter. „Alle Gäste sind wichtig, aber manche sind halt noch wichtiger", könnte seine Devise lauten. David Langartners Zuvorkommenheit gibt jedem die Illusion, zur richtigen Kategorie zu gehören.

Aber seine Dienstfertigkeit ruht auf dem Wissen über den erprobten psychologischen „Instinkt" und entbehrt daher nicht einer gewissen Würde. Ein Gast, der durch die Halle geht, bewegt sich im Visier der Portiersloge. Von dort wird er taxiert und „geröntgt", und wenn der Gast dann auf David Langartner zuschreitet, fängt der schon an, den Wunsch des Gastes zu erraten.

Da der Chefportier Kontakte braucht, macht ihm seine Dienstverpflichtung zur Verbindlichkeit an 300 Tagen im Jahr Spaß.

„Wenn ich Grüß Gott sag, kommt der Gast schon in Schwung. Ich halte ihn bei guter Laune, und er fühlt sich bei mir geborgen."

So einfach ist das für David Langartner, und er weiß auch warum:

„In mir vereint sind ein Seelsorger, ein Reiseführer und ein Kulturberater."

Und wenn er einmal an einen „hoffnungslosen Fall" gerät? An einen, der sich partout weder umsorgen noch führen noch beraten lassen will, an einen sogenannten „schwierigen Gast"?

„Notorische Nörgler macht man sich zu Freunden", weiß er auch für den Krisenfall ein Rezept. „Erst läßt man sie sich ausblasen, dann kann man sie gewinnen, meist sogar erstaunlich schnell."

Für heikle Fälle hat David Langartner auch ein kleines Notizbuch, in dem er Eigenheiten, Marotten oder Spleens verzeichnet, die Gästen die Zuvorkommenheit des „Jahreszeiten"-Services in besonders rosigem Licht erscheinen lassen. Genaueres wird natürlich — Diskretion Ehrensache! — verschwiegen.

Aber außer dauerhaften Empfehlungen — etwa, daß Frau X nachts einen besonders dicken Vorhang wünscht und daß Herr Y auf einem Ohr nichts hört und deshalb beim Essen entsprechend zu plazieren ist — außer dem Gebot, daß der weltberühmte Opernstar zur Vermeidung lästiger Publikumsaufläufe durch die Garage zu schleusen sei, verfügt David Langartner auch über Problemlösungs-Strategien, die ad hoc und von einem Moment zum andern zu mobilisieren sind.

So präsentierte sich ihm einmal ein Südamerikaner, dessen Bonität nicht in Zweifel zu ziehen war, als Besitzer eines in Hamburg ausgestellten Schecks über 100.000 Mark, der in München nicht einzulösen war. David Langartner bat um ein wenig Geduld, schickte einen Pagen mit dem Scheck per Flugzeug nach Hamburg und ließ ihn mit der nächsten Maschine und mit dem Bargeld wieder zurückkehren.

Der alte Bürospruch „Unmögliches wird sofort erledigt, Wunder dauern etwas länger" verliert bei David Langartner seinen Verweigerungscharakter und wird zum Ansporn und zur Verheißung: Die Opernkarte für die ausverkaufte Vorstellung ist für ihn nur eine Organisationsfrage, denn was in München nicht zu bekommen ist, kann in Paris oder New York durchaus noch zu haben sein. Seine weltweiten Kontakte mit Agenturen und Reisebüros, bei denen er Restbestände aus München-Programmen einkauft, sind die prosaische Enthüllung des vermeintlichen Zauberkunststücks. Auch David Langartner bekennt sich zur komödiantischen Existenz:

„Wir haben Larven auf." — So drückt er aus, was Erwin Tappeiner mit „Schauspielerei" umschrieb.

Und auch David Langartner legt die berufstypische Maske mit Vorliebe auf dem Tennisplatz ab. Da schadet's niemandem. Gelegentlich hat sich allerdings schon ein am gleichen Platz spielender Hotelgast gewundert, daß der beherrschte Chefportier beim Tennis so richtig Dampf ablassen kann. Er sei heute weniger impulsiv als früher, sagt er und schreibt das auch seiner Familie zu: der Frau aus Jesolo und den beiden Töchtern.

In der Familie und im Beruf fühlt er sich übrigens gleichermaßen „als Europäer", der es sich für seine berufliche Qualifikation positiv anrechnet, im beliebten Ratespiel „Was für ein Landsmann bist du?" nie dingfest gemacht zu werden. Das verdanke er seinem früheren Chef Falk Volkhardt im „Bayerischen Hof", der ein wenig gezweifelt habe, ob sich der David Langartner den Tiroler Zungenschlag je werde wegretuschieren können.
„Ich hab ihm bald bewiesen, daß ich lernen kann, ordentlich Ja und Nein zu sagen", beschreibt er das Ergebnis seiner sprachlichen Zuchtmaßnahme. (Inzwischen steht in der Portiersloge des „Bayerischen Hofs" ein Sarner, der auf dem Weg der mundartlichen Entäußerung auch schon weit fortgeschritten ist.)
Im übrigen tut es dem Selbstbewußtsein David Langartners auch ganz wohl, daß er seine Spitzenposition in einem Betrieb einnimmt, auf den jährlich etwa 4000 Anfragen Arbeitswilliger einprasseln. 80 bis 90 davon werden im Durchschnitt aufgenommen. Die Tendenz zur gehobenen Gastronomie spült sogar Abiturienten und Kinder von Spitzenmanagern und Ministern als Lehrlinge ins „Jahreszeiten".
David Langartner denkt dann daran, wie er selbst „ganz unten" angefangen hat und wie er dennoch aus denkbar schlechter Startposition die drittbeste Abschlußarbeit an der Hotelfachschule gemacht hat, wie er sich seine Ausbildung selbst verdient und seine Karriere nur sich selbst zu verdanken hat. Das, will ihm scheinen, ist wohl auch ein Prädikat. Lieber hat er freilich die Prädikate von der anderen Art: etwa das Lob jener alten Dame, die ihm einmal gestand, sie komme jede Woche dreimal in die Halle des „Vier Jahreszeiten", trinke Kaffee, lese die Zeitung und — das sei ihr die liebste Beschäftigung — beobachte den Chefportier im Umgang mit den Gästen.

Luis Trenker

Drei Variationen über ein Thema

„Wanderlust" ist ein gut amerikanisches Wort (so wie „Butterbrot" ein gut russisches und „Hinterland" ein gut italienisches Wort ist). Wer es verwendet, braucht nicht einmal Anführungszeichen.
In der Rückübersetzung ins Deutsche bezeichnet es eher die Gemütslage von „Fernweh".
Fernweh nach Amerika ist ein Thema, über das sich drei Grödner Variationen schreiben lassen. Sie heißen Luis Trenker, Tonio Feuersinger und Giorgio Moroder.
Luis Trenker spricht für sich, schreibt für sich und filmt für sich; Tonio Feuersinger ist von Luis Trenker gesprochen, geschrieben und gefilmt; und Giorgio Moroder ist Tonio Feuersingers amerikanisches Happy End. Eine fließende Beziehung sozusagen, ins Werk gesetzt durch Luis Trenkers bedeutendsten Film, den „Verlorenen Sohn" von 1934. Er vor allem hat ihm seinen Platz in der Filmgeschichte gesichert und stärker untermauert als seine anderen elf Spielfilme.
Die Legende Luis Trenker mag sich auch aus seinen zwei Dutzend Büchern, rund 40 Dokumentarfilmen und zahllosen Fernsehauftritten nähren, weit länger als sein langes Leben währt. Unsterblich aber ist er als Schöpfer dieses Films.
Luis Trenker selbst hat die Entstehungsgeschichte des „Verlorenen Sohns" — wie alles Erlebte — oft und gern erzählt, natürlich auch in seinen Lebensgeschichten „Alles gut gegangen", deren Titel auch der Untertitel des Films sein könnte: Ein Mann aus den Bergen geht nach Amerika, findet keine Arbeit, hat Heimweh und kommt wieder zurück. Das ist alles.
Auch Luis Trenker, der Mann aus den Bergen par excellence, ging damals nach Amerika, nahm sich jedoch seine Arbeit mit, hatte wohl auch Heimweh und kam wieder zurück, um Erfolg zu haben. Das aber war bei Luis Trenker nicht alles, wenngleich etwas sehr Wichtiges: Erfolg haben — als Stu-

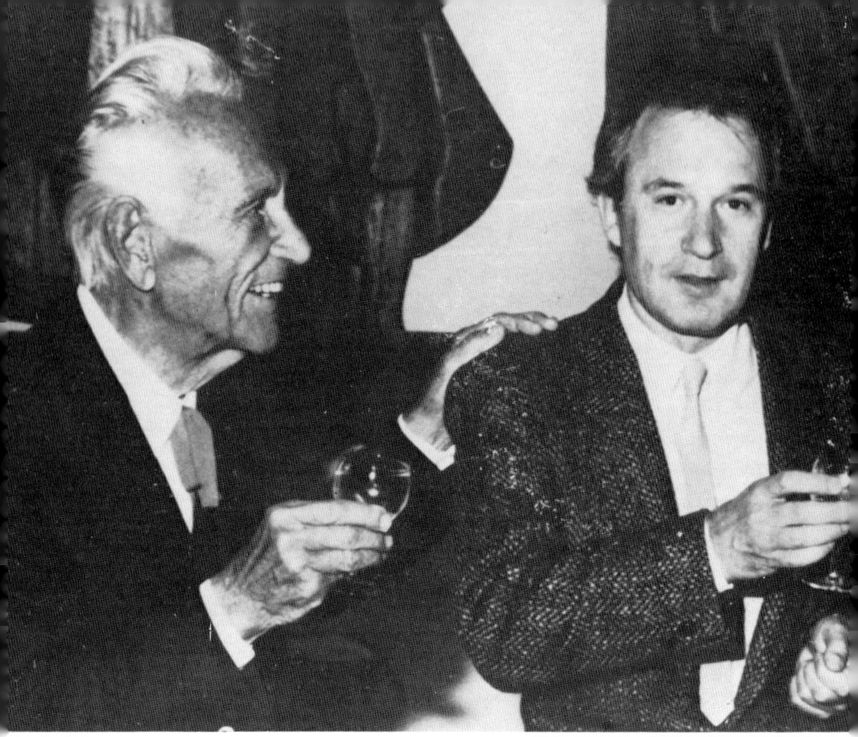

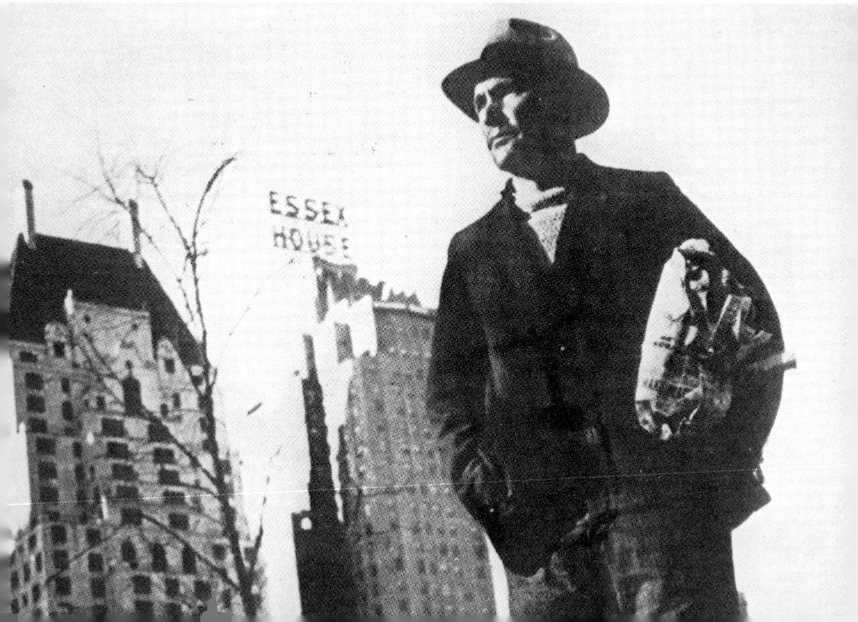
ESSEX
HOUSE

Psychogramm Luis Trenker

Geburtsort: St. Ulrich in Gröden

Sternzeichen: Waage

Gibt es eine Charaktereigenschaft, die Sie besonders prägt? In guten Zeiten bescheiden, in bösen mutig zu sein

Würden Sie sich zu einem Fehler bekennen? Ungeduld

Was bereitet Ihnen besondere Genugtuung? Freundschaften pflegen, erzählen, wandern in den Bergen

Ihr Traum vom Glück? Ein solides, vereintes Europa

Was wäre für Sie das größte Unglück? Einen dritten Weltkrieg erleben zu müssen

Was kränkt oder ärgert Sie besonders? Falschheit, Geiz, Kriecherei

Lieblingsfarbe: Der Himmel bei Sonnenauf- oder -untergang

Lieblingsblume: Vergißmeinnicht

Bevorzugte Autoren: Knut Hamsun, Carl Zuckmayer, W. H. Auden, Manès Sperber, Goethe als Lyriker

Haben Sie Vorlieben auf dem Gebiet der Bildenden Kunst? El Greco, Marc Chagall, Ferdinand Hodler, Vincent van Gogh

Welche Gabe möchten Sie besitzen? Ein besseres Gedächtnis

Wo leben Sie am liebsten? Trotz einiger Unebenheiten: in meiner Heimat Südtirol

Luis Trenker mit Giorgio Moroder (oben)

Heimweh in Amerika: Tonio Feuersinger, der „Verlorene Sohn" (unten)

dent der Architektur in Wien und Graz, als Mitarbeiter von Clemens Holzmeister im gemeinsamen Architekturbüro am Bozner Waltherplatz, als Bergführer und Skilehrer, schließlich als Adept der Bergfilmerei bei Arnold Fanck, von dem er vor allem das Handwerk der Außenaufnahmen lernte. Es war „Das Wunder des Schneeschuhs" (1922), das ihn mit diesem Vater der Bergfilmerei zusammenbrachte, das ihn über den „Berg des Schicksals" (1924) zum „Heiligen Berg" (1926) leitete, ihm einen „Großen Sprung" (1927) bescherte, dann einen filmischen Sieg im „Kampf ums Matterhorn" (1928) und den „Ruf des Nordens" (1929).

Immer rascher wird die Gangart des Filmstürmers: Drei Filme 1929 und 1930 können den tollen Burschen aus den Alpen kaum schnell genug ans gierige Publikum bringen, aber ab 1931 nimmt Luis Trenker, der Darsteller, sich auch als Regisseur und Produzent an die Hand. Für „Berge in Flammen" (1931) besorgt er bereits Regie, Drehbuch und die Hauptrolle des Florian Dimai — und die nicht nur in der deutschen, sondern auch in der gleichzeitig entstehenden französischen Fassung. Ein Jahr später spielt er unter fremder Regie den Florian Dimai auch in der amerikanischen Version „The Doomed Battalion".

Auch im nächsten Film „Der Rebell" (1932) bleibt er dem geschichtlichen, wenn auch nicht unbedingt historischen Thema treu und führt sogar Regie in der amerikanischen Fassung. Luis Trenker ist vor Ort — in Hollywood — und bekommt „zu Hause", in Hitlers Deutschland, Lob von der damals „richtigen" Seite, das ihm später, als alle wußten, daß es die falsche Seite war, laute Schelte einbringt.

Goebbels, 1933: „Eine Spitzenleistung der Filmkunst".

David S. Hull, 1972: „Wenige ließen sich von ihnen (vom neuen Regime) so gänzlich in Gebrauch nehmen wie Trenker."

Der italienische Kulturkritiker Paolo Gobetti kommt 1982 — anläßlich einer großen Trenker-Retrospektive in Turin — zu einer weniger vordergründigen Beurteilung:

„Trenker ist weniger ‚politisch' als man ihm vorgeworfen hat... Er, der oft zum Nazi gestempelt worden ist, war kein Mitläufer von Goebbels, was sich auch darin zeigt, daß er

nach Amerika und Italien ausgewichen ist. Trenker ist seiner Haltung nach ein gläubiger, ein katholischer Regisseur mit einer tief konservativen Einstellung..."
Über Luis Trenkers Wendungen und Windungen zwischen den Regimen nördlich und südlich der Alpen ist viel geschrieben und gehadert worden. Doch der Nachhall dieser Kontroversen entfernt sich langsam von der Einschätzung seines filmischen Werks. Als „Feuerteufel" mit seinem gleichnamigen Film 1939/40 hat er jedenfalls selbst das Feuer gelegt, das die freundliche Wärme von Goebbels' Wertschätzung in wütende Hitze verwandeln sollte.
Mit dem kaum verschlüsselten Speckbacher-Epos vertut er sich das Wohlwollen des Propagandaministers, obwohl er angesichts der erkennbaren Parallele mit der Optionsabmachung zwischen Hitler und Mussolini den Speckbacher in einen Kärntner Holzknecht verwandelt und Szenen mit anzüglichen Dialogen schneidet, um die Zensur passieren zu können.

Dennoch handelt sich Trenker — Rolf Hochhuth hat's ans Licht gebracht — den brennenden Zorn Goebbels' ein:
„5. März 1940: Beim Führer... ich trage ihm den Fall Trenker vor. Dieses Schweinestück hat in Südtirol nicht für uns optiert. Hinhalten, freundlich sein, aber abservieren."

Luis Trenker erinnert sich an seine Gewissensnot im Zusammenhang mit der Option so:

„Wenn ich für Deutschland optierte, sprach ich für jene, die ihre Heimat preisgaben. Das konnte und wollte ich nicht. Für das faschistische Italien zu optieren, kam mir erst gar nicht in den Sinn. Das hätte bedeutet, nicht nur staatlich, sondern auch hinsichtlich der Volkszugehörigkeit Italiener zu werden. Das war unmöglich. Also blieb nur der Ausweg, gar nichts zu unternehmen, sich weder für das eine noch für das andere zu entscheiden. Auch das war vorgesehen. Man nannte die, welche sich für diese Antwort entschieden, verächtlich die Dableiber."

Der „Dableiber" Trenker bekam jedenfalls in Deutschland Berufsverbot und hatte von da an eher aus Rom als aus Berlin Unterstützung zu erwarten:

„Ich überlegte hin und her. Der Film sollte in Rom gedreht werden. Ich beherrschte die italienische Sprache in Wort und Schrift und hatte gute Freunde dort. Auch das mag mit ein Grund gewesen sein, mich einzuschalten. Ich hatte das Nichtstun, das Warten mit gebundenen Händen satt, und schließlich mußte ich doch auch Geld verdienen. So sagte ich zu, denn 1941/42 gab es in Rom noch keine Bombennächte, dafür eine wärmere Sonne und neben Mussolini noch einen kleinen König und einen großen Papst."

Es ist nicht die Nähe zum Papst, der Luis Trenker — nun mit Wohnsitz in Rom — sein Gottvertrauen verdankt. Es gehört zu seinem Lebensentwurf wie zur Dramaturgie seiner Bücher und Filme.

„Und wenn ich nun abschließend sagen kann, daß trotz manchem, das ich falsch gemacht habe, im Grunde doch alles gut gegangen ist, so weiß ich, daß ich das in erster Linie meinen guten Eltern verdanke, die mich von Kindheit an Gottesfurcht und Bescheidenheit gelehrt haben."

Zwar wurde Luis Trenkers Erfolg durch die Politisierung seiner Person (die gewiß nicht ganz ohne sein Zutun erfolgt ist) die Spitze abgebrochen, zwar reüssierte er weder in Italien, noch gelang der zweite Anlauf zum Sprung nach Amerika, auch reichten seine Nachkriegsfilme nicht auch nur annähernd an den Wert seiner besten frühen Filme heran. Aber Arbeitsmöglichkeiten fand er immer wieder.

Zwar verwehrte ihm der nationalsozialistische Gauleiter Hofer 1943 den Aufenthalt in Südtirol, aber bald nach dem Krieg war er wieder da und nahm neben anderen seinen alten Bozner Wohnsitz wieder ein.

Zwar fand er sich in Plagiatsvorwürfe verwickelt, dafür aber hüllte ihn die Liebe eines großen deutschen Fernsehpublikums ein, dem er in vielen Folgen sein Leben vorplauschte. Zwar mochten es seine Landsleute nicht dulden, daß er — ausgerechnet er! — den Andreas-Hofer-Stoff verfilme, dafür gaben ihm die Bayern ihren Verdienstorden und den Karl-Valentin-Orden (das Land Tirol und die Republik Italien ihre hohen Auszeichnungen dazu).

Es ist wirklich „alles gut gegangen", es kommt nur darauf an, wie man's betrachtet. Alle Geschichten vom Verlorenen

Sohn haben schließlich ihr Happy End, und der Luis Trenker gar ist ohnehin nie richtig verloren gegangen. Seine Botschaft hat ihn immer gehalten.

Die ist eher simpel — gewiß; da ist nichts von moderner Doppelbödigkeit. Und natürlich ist seine eigene Botschaft auch die archaische Botschaft seiner Filme, die zum Volksstück eher neigen als zum Seelenstück, vor allem aber zum „Western".

Der amerikanische Filmhistoriker William K. Everson hat Luis Trenker 1983 nach einer Retrospektive seiner Filme beim Telluride-Festival in Colorado „eine einzigartige Kombination von John Wayne und John Ford" genannt. Ein Vergleich, der nicht nur aus amerikanischem Blickwinkel viel für sich hat, bringt man es nur fertig, Pferde und Sättel der Westernhelden durch Berge und Rucksäcke des Bergfexen zu ersetzen. Der „Trenker"-Hut als Markenzeichen fügt sich ebenfalls prächtig ein.

Auch Luis Trenker fügte sich prächtig ins Szenario des amerikanischen Festivals ein. Die helle Begeisterung des Publikums einer ganz anderen Generation beflügelte ihn.

„Trenker selbst, ein unglaublich vitaler 91er, wanderte in den Bergen herum und fühlte sich großartig. Sprach englisch, französisch und deutsch und hatte nicht das geringste Problem, sich verständlich zu machen, und kam es doch einmal dazu, nahm er zur Pantomime Zuflucht. ‚Meine Filme', erklärte er, ‚sind ein bißchen mit dem Kopf, aber vor allem mit dem Herzen gemacht' , während seine Hände mit Emphase mitsprachen. Während des ganzen Festivals sagten ihm die Leute immer wieder, wie sehr seine Filme sie beeindruckt hätten."

Luis Trenker war wieder einmal die Figur, als die er sich selbst geschaffen hat. Wer je erlebt hat, wie er sich aus Müdigkeit und Verdrossenheit an seinen eigenen Geschichten hochzieht, sich als Mensch wiederherstellt, der versteht auch etwas von den Mechanismen, nach denen Publikumslieblinge „funktionieren". Als „Luis Trenker" hat er viele begeistert, am tiefsten beeindruckt hat er jedoch mit Sicherheit als Tonio Feuersinger, der „Verlorene Sohn".

Der scharfsichtige Filmkritiker Gunter Groll nennt drei Grundzüge des guten Films: Bildkunst, Ethos und Dokument. Optik, Bewegung und Atmosphäre, eingefangen durch die Formkraft der Kamera, macht nach seiner Einschätzung den Film zum eigengesetzlichen Phänomen, gibt ihm Stil, suggeriert, verzaubert oder verführt.
Aussage und Sinn des Films, seine Haltung zur Welt, lösen im Zuschauer emotionale Bewegung aus.
Und als Spiegel und Zeichen der Zeit erzeugt er das Vergnügen oder Entsetzen des Wiedererkennens, wird zum soziologischen Dokument.
Als Gunter Groll den „Verlorenen Sohn" bei seiner Wiederkehr auf die deutsche Filmleinwand 1954 rezensierte, fand er ihn im obigen Sinne geradezu exemplarisch:
„Was man aus diesem Werk gerne hinübergerettet sähe in den heutigen Film, ist weder das Heimat-Pathos noch die Achtlosigkeit der Schauspielerführung. Es ist dreierlei: die besessene Liebe zum Bild, die heitere Liebe zur Natur und die gelassene Liebe zu filmischen Themen, die gleichzeitig groß und einfach sind... Man zog mit der Kamera ins Gebirge, als sähe man Berge zum ersten Male. Man wollte, als Kontrast, das bittere Gesicht der großen Städte zeigen — und man ging mit der Kamera auf die Straße, als gelte es, lange vor Rossellini, die Straße neu zu entdecken."
Luis Trenker, ein Vorläufer des Neoverismo. Luis Trenker als Ahnherr Vittorio de Sicas. Tonio Feuersinger, ein früher Kollege des Arbeiters aus den „Fahrraddieben". Und dazu gelingt ihm eine einzigartige Stilverbindung einer romantischen Monumentalschau bewegter Natur mit einer realistischen Reportage aus dem Dschungel der Städte. Uriges Rauhnacht-Brauchtum (gesehen bei Richard Billinger), die schöne Folklore der Kastelruther Fronleichnamsprozession (gegen bischöflichen Widerstand gefilmt) reichen bis in den Kulturfilm hinein.
Die mit versteckter Kamera gefilmten Sequenzen des hungrigen und verzweifelten Tonio, der, weil ihn das Fernweh aus dem heimatlichen Bergwald zog, nun einsam in New York umherirrt, haben Filmgeschichte gemacht. Luis Trenker erzählt:

„Wilder wuchs der Bart in meinem Gesicht, zerrissener und zerlumpter wurde mein Anzug. Wir arbeiteten im Hafen, in der Bowery und in der Gegend, die man drüben Hells Kitchen, Höllenküche, nennt. Der dünne Anzug schlotterte um meine Knochen. Meine Augen waren hohl, die Wangen eingefallen. Meine Habseligkeiten, ein Hemd, einige Taschentücher und zwei Paar Socken, mußte ich, in ein Zeitungspapier gepackt, unter dem Arm tragen. Zu allem Unheil plagte mich ein gemeiner, schmerzender Husten. Meine Augen tränten und waren stark geschwollen. Spiel und Wirklichkeit vermischten sich in meinem Gemüt zu einem Ganzen. Da unsere Kamera sorgsam versteckt blieb und niemand ahnte, was wir trieben, war ich für die Menschen dieser Stadt nur ein elender, herabgekommener Fremder."

Die Verwandlung des „tollen Kerls" zum Ausgestoßenen wurde Luis Trenkers Glanzrolle. Doch die spielte er auch als Regisseur, vor allem mit einer Szene, die sich als filmische Königsidee erwiesen hat:

„Als ich eines Abends die geisterhaft leuchtenden Felswände der Sellatürme vor mir sah, kam mir ein Gedanke: Aus den steilen Wandfluchten dieser drei Türme müßten die Wände der Wolkenkratzer herauswachsen, damit hätte ich mit einem Schlag den Übergang von der Heimat in die Weltmetropole, zugleich aber auch die beiden Gegenpole meines Films."

Der „Verlorene Sohn", Tonio Feuersingers Weg ins Elend und zurück, bahnte Luis Trenker den Weg in die Filmkunst. „Der Mann, der das gemacht hat", schrieb der Kritiker Jacques Deval in Paris, „ist ein Genie." Und der Kritiker Sacchi in Mailand: „Solche Bildqualität ist unübertrefflich." Und eine englische Zeitung: „Beneidenswerter deutscher Film!" und Max Reinhardt sah ihn sich gleich zweimal an...
Dafür konnten Luis Trenkers Südtiroler Landsleute (sein Verlorener Sohn firmierte, wohl der Berliner Produktionsfirma UFA zuliebe, einfachheitshalber als „Bayer") das Kinoereignis überhaupt nicht sehen:

„Das war bitter, denn gerade meinen Landsleuten in Südtirol hätte ich den Film gern gezeigt; für sie hatte ich ihn in erster

Linie und mit besonderer Liebe gedreht. Aber in Bozen herrschte der faschistische Präfekt Mastromattei, ein Mann, der sich durch besonderen Deutschenhaß auszeichnete und der es nicht vertrug, daß man den Südtirolern zeigte, wie schön ihre Heimat, wie tief ihr Gottesvertrauen und wie erhebend ihre religiösen Bräuche sind."

Dafür wurde der „Verlorene Sohn" auf der Biennale in Venedig 1934 für die höchste Auszeichnung, den Mussolini-Pokal, vorgeschlagen, dann aber hinter einen Greta-Garbo-Film zurückgestuft und als „ethisch schönster Film des Jahres" ausgezeichnet. (Den Duce-Pokal bekam Luis Trenker dann auf der Biennale von 1936 für sein amerikanisches Epos „Der Kaiser von Kalifornien".)

Was aus Tonio Feuersinger in Amerika hätte werden können, wenn er kein Holzfäller, sondern ein Musiker gewesen wäre, lehrt — vielleicht — die Erfolgsstory von Giorgio Moroder, Jahrgang 1941.

Auch er ist ein Sohn Grödens, aber ein weniger treuer als Luis Trenker und Tonio Feuersinger. Denn er ist dauerhaft dort gelandet, wohin die beiden anderen nur aufbrachen: in Amerika, und zwar an seinem glitzernden Ende Beverly Hills, von wo er nur zu flüchtigen Besuchen bei seiner Mutter in St. Ulrich und zu raschen Visiten zu Ereignissen der europäischen Popkultur zurückkehrt.

Als er mit 18 auszog, spielte er Gitarre in der Band des Bozners Franceschini und sang manierlich im Falsett. Der Bozner Architekt Manfred Wachter, der 1961 in Basel studierte, beherbergte ihn in seiner Studentenbude und hat lebhafte Erinnerungen an den Tourneemusiker Giorgio Moroder, der sich vom ersten Gesparten ein playbackfähiges Tonbandgerät kaufte und um zwei Uhr nachts erst richtig „zu Leben" zog:

„Vorher spielte er im alkoholfreien Jugendlokal „Atlantis" im Herzen von Basel. Da war ab 5 Uhr nachmittags offen, und die Attraktion war ein Terrarium, in dem ein Krokodil lag." Heim zum Wählen fuhren die beiden über den Ofenpaß in Giorgio Moroders zweiter größerer Anschaffung, einem uralten „Studebaker"-Cabriolet.

Ein Genießer sei er damals schon gewesen, der Giorgio, mit einem Faible für gutes Essen und Trinken und mit vielen Verehrerinnen, die damals noch nicht „Groupies" hießen, im übrigen aber eher introvertiert und wortkarg.

Basel — Paris — Berlin — München. Rock-Idol Johnny Hallyday stand am Weg und Ricky Shane, für den Giorgio Moroder 1967 seinen ersten Hit produzierte: „Ich sprenge alle Ketten" — ein durchaus übertragbares Motto, denn noch im gleichen Jahr war er mit dem Primitiv-Ohrwurm „Looky Looky" selbst unter den Hit-Sängern.

In München wurde Giorgio Moroder „elektronisch" und kreierte auf einem Moog-Synthesizer den Disco-Sound, dem sich seither Millionen von Jugendlichen ausliefern — ohne Rücksicht auf (Gehör-)Verluste.

Zum Sound lieferte er — noch in München — gleich die Disco-Lady mit: die schön-farbige Donna Summer und ihren (und seinen) erotischen Welthit „Love To Love You Baby", entstanden in Moroders „Music Land"-Studio als Spaß an der Lust und gestöhnte Clownerie. Moroders akustisches Sex-Vermächtnis. Bettgeflüster — ganz aktuell.

Mit „Bad Girls" schoben Donna Summer und Giorgio Moroder 1979 das — sagen manche — beste Rock-Album der späten siebziger Jahre nach. 1983 lag Moroder, längst in Amerika zur Stelle, wieder goldrichtig mit „Flashdance", der Partitur einer weltweiten Tanz-Manie, desgleichen 1984 mit „Reach Out For The Medal", der Erkennungsmusik für die Olympiaberichte aus Los Angeles.

In Kalifornien wurde Giorgio Moroder aber auch hollywoodreif: Filmmusik für Alan Parkers „Zwölf Uhr nachts", ein Hit für den Film „Ein Mann für gewisse Stunden" und der erwähnte „Flashdance"-Soundtrack spielten ihm außer Dollars und Devisen auch die feinsten Lorbeeren ein, die das amerikanische Flimmer-Business zu vergeben hat: Golden Globes und Grammys, Schallplatten aus Gold und Platin, garniert zu allem Überfluß mit Oscars.

Was Trenkers Hut und Tonios Brotdiebstahl waren, das ist im Amerika von heute „moroderized music" — moroderisierte Musik — Markenzeichen des Bedeutsamen.

„Und wenn ich nun abschließend sagen kann, daß trotz manchem, das ich falsch gemacht habe, im Grunde doch alles gut gegangen ist, so weiß ich, daß ich das in erster Linie meinen guten Eltern verdanke, die mich von Kindheit an Gottesfurcht und Bescheidenheit gelernt haben."
Kein Moroder-Statement, sondern „trenkerisierte" Lebensrückschau. Giorgio Moroder resümiert anders:
„Los Angeles ist das Zentrum der Entertainer-Welt", und daß die Amerikaner fair sind, denn sie fragen nicht danach, woher einer kommt, wenn er nur Talent hat und die richtige Sprache spricht.
Und die spricht er: die Sprache von Spaß und Genuß. Vielleicht baut er sich in sein feines Haus mit dem weißen Flügel ja doch noch eine Tiroler Stube ein — ein wenig „moroderized" möglicherweise.
1985 hat er eine der berühmtesten Film-Utopien, Fritz Langs „Metropolis", moroderisiert, hat dem 60jährigen Stummfilm eine radikale Verjüngungskur verpaßt, hat gefärbt, gestrafft und komponiert und aus dem expressionistischen Stummfilmklassiker einen neuen Moroder-Film gemacht.
Das Echo auf diese Tat war fabelhaft: Die Puristen heulten auf vor Erbitterung, die Freaks vor Entzücken, und dazwischen gab es noch jene, die zwar bedenklich den Kopf wiegten, aber trotzdem „interessant!" sagten. Manchmal fanden sich alle drei Rezeptionsmöglichkeiten nebeneinander in ein und derselben Zeitung.
Giorgio Moroder war das dreidimensionale Echo ziemlich egal. Und die Gazetten zitierten ihn mit seinem Lieblingsspruch: „Kunst machen kann jeder. Aber Kunst machen, die sich verkaufen läßt — das ist eine Kunst."
Vielleicht hat Giorgio Moroder diese Tugend ja von Luis Trenker, der sein Großonkel sein könnte, geerbt. Vielleicht wird er eines Tages auch einmal versuchen, den „Verlorenen Sohn" zu moroderisieren.

Lesehinweise:

Luis Trenker, „Alles gut gegangen", Bertelsmann Verlag München

„Il Cinema di Luis Trenker", a cura di Alberto Barbera, Pietro Crivellaro, Giovanni Spagnoletti, Torino 1982

„Südtirol — Filmkulisse, Filmthema", Katalog zu den Filmtagen in Bozen 1982, von Elisabeth Baumgartner, Bozen 1982

Edward Gronowetter, „Film Authorship In The Third Reich", London 1984

Gunter Groll, „Lichter und Schatten — Filme in dieser Zeit", München 1956

Psychogramm Norbert Untersteiner

Geburtsort: Meran
Sternzeichen: Fische
Gibt es eine Charaktereigenschaft, die Sie besonders prägt? Vielleicht die Bereitschaft, ein Risiko einzugehen
Würden Sie sich zu einem Fehler bekennen? Natürlich, zu einer langen Liste. Als vielseitig, aber durchschnittlich Begabter hat man ja immer das Gefühl, nichts so ganz richtig durchzubringen. Ich halte meine Fehler für zahlreich, aber ziemlich uninteressant.
Haben Sie Ehrgeiz? Ja
Was bereitet Ihnen besondere Genugtuung? Wenn der „underdog" in einer gerechten Sache gewinnt. Zivilcourage. Es ist auch ein schönes Erlebnis, wenn ein Mächtiger gelegentlich einmal nicht von der Macht korrumpiert wird.
Haben Sie ein Steckenpferd? Tischlerei, Feinmechanik
Gibt es ein Abenteuer, das Sie gern erleben würden? Einige: Ich würde gern an einem (erfolgreichen) Weltraumflug teilnehmen, mit meiner Familie in der Arktis überwintern und mit einer Kamelkarawane die Sahara durchqueren. Ich würde auch gern die Matthäuspassion dirigieren, sofern das Ensemble so gut ist, daß es sich durch mich nicht irritieren läßt.
Orientier(t)en Sie sich an Persönlichkeiten? Welchen? Wohl in erster Linie an meinem Vater. Ganz besonders bewundere ich es, wenn in einem Menschen das Denken und das Handeln aus dem gleichen Material gegossen sind, insbesondere wenn das Handeln gefährlich ist (wie etwa bei Camus).
Wären Sie gern eine bestimmte historische Persönlichkeit gewesen? Um die Frage nicht oberflächlich zu beantworten, müßte man wissen, wie sich so eine historische Persönlichkeit — über das historisch Bekannte hinaus — gefühlt hat. Eroberer, Machtmenschen und Gewaltanwender aller Art haben mich nie besonders interessiert. Am liebsten hätte ich eine sehr große denkerische oder künstlerische Begabung, deren Realisierung ich dann mit Haut und Haar leben könnte.

Norbert Untersteiner als ORF-Moderator

Gibt es etwas, das Sie besonders fürchten? Atombomben, dumme oder verbrecherische Potentaten, Krebs, Gletscherspalten mit dünnen Schneebücken, giftige Schlangen... das Übliche.
Was kränkt oder ärgert Sie besonders? Wenn mir jemand aus Neid oder Eifersucht schaden will.
Sind Sie von etwas abhängig? Von Arbeit, Nikotin und einem bescheidenen Quantum von Anerkennung.
Lieblingslandschaft: Berge und Wüste
Lieblingsstadt: Salzburg, San Francisco
Was riechen Sie besonders gern? Salbei, in der Hand zerrieben, „Jardins de Bagatelle" (Guerlain)
Bevorzugte Autoren: Camus, Melville, Hemingway, Dürrenmatt, Conrad und was Lermontov geschrieben hätte, wäre er nicht frühzeitig zum Abschuß freigegeben worden.
Welche Musik hören Sie besonders gern? Bach
Haben Sie Vorlieben auf dem Gebiet der Bildenden Kunst? Nein
Welches Buch hat Sie in letzter Zeit besonders beeindruckt? „Justiz" von Dürrenmatt, „Humboldt's Gift" von Bellow, „Montauk" von Max Frisch.
Wo fühlen Sie sich beheimatet? Im weiteren Sinn in Österreich. Im engeren Sinn im Rauriser Tal, in Innsbruck und in den Bergen zwischen Meran und dem Ötztal.
Was tun Sie in Südtirol am liebsten? Schauen
Was nehmen Sie mit, wenn Sie Südtirol wieder verlassen? Den Wunsch, wiederzukehren.
Könnte Sie etwas auf Dauer nach Südtirol zurückbringen? Ja, der Ausstieg aus jenem Teil meines Berufes, den ich nur an einer Universität ausüben kann.

Norbert Untersteiner
Dynamik im Eis

Selbst für amerikanische Verhältnisse ist es eine ansehnliche Distanz von Los Angeles bis hinauf nach Seattle im Bundesstaat Washington, nah an der kanadischen Grenze: kerzengerade 2000 Kilometer Luftlinie zwischen den beiden Städten. Da gibt es nicht so sehr viele Gemeinsamkeiten mehr, außer vielleicht der Nähe zum Pazifischen Ozean — und dem Wein.
Wein in Kalifornien: natürlich, aber in der nassen Nordwestecke der Vereinigten Staaten?
Seattle ist so amerikanisch wie Los Angeles und Dallas. Aber es hat weitaus bessere Luft als jenes und eine schönere Lage als dieses. „The Emerald City", die smaragdgrüne Stadt, nennt sich die etwas provinzielle Metropole am Puget Sound: links und rechts Wasser, dahinter ferne Berge, dazwischen Hochhausklötze. Seattle wird im Osten vom Lake Washington begrenzt, den man auf einer langen Pontonbrücke überqueren kann. Hinterm Sammamish-Fluß liegt ein Chateau im Stil eines französischen Landhauses in einem gepflegten Park: Hier wird Wein professionell erzeugt und verkauft: Riesling und Chardonnay, Cabernet, Merlot und „Guhvertztrameener". Die hochprämierten Reben freilich gedeihen weiter im Osten, jenseits des riesigen, mit Vulkanen gespickten Gebirgsriegels der Cascade Mountains im trockenen, kontinentalen Teil des Staates Washington auf künstlich bewässerten Feldern.
Immerhin: Das ist die gleiche geographische Breite wie Burgund und Bordeaux.
Seattle beherbergt aber nicht nur jenes größte amerikanische Weingut außerhalb Kaliforniens, sondern auch an seiner Universität einen Vorgeschmack arktischer „Nachbarschaft", das „Polar Science Center", einen der Weltschwerpunkte der Polarforschung. Sein Direktor ist Norbert Untersteiner, Geophysiker und Glaziologe von internationalem Rang, geboren 1926 in Meran, wo Rebgärten und Gletschereis noch näher beisammenliegen als in Amerika.

Seit 1962 arbeitet er, unterbrochen von einem dreijährigen „Gastspiel" in der Hauptstadt Washington, auf dem Campus der Universität von Seattle, einer Forschungsuniversität mit 34.000 Studenten, überwiegend in höheren Semestern und kurz vor dem Examen.

Die Universität von Washington in Seattle ist eine der mit staatlichen Forschungsgeldern am reichlichsten bedachten. Über 200 Millionen Dollar im Jahr werden über sie ausgeschüttet. Die medizinische Fakultät hat wichtige Geräte mitentwickelt, auch Genetik und Biochemie forschen an vorderster Front.

Entsprechend anstrengend für die Wissenschaftler ist der jährliche Wettlauf um die Forschungsdollars — und um „gute" Studenten. Mehr als 95 Prozent des Budgets müssen im Wettbewerb mit anderen Instituten erkämpft werden. Nur einige wenige reiche amerikanische Privatuniversitäten haben genügend Eigenmittel, von denen allerdings meist nur die Professorengehälter bezahlt werden.

Mit dem Ruf Seattles in der Arktisforschung ist Norbert Untersteiner schon seit 30 Jahren verbunden; er hat ihn mitbegründet. Dabei hat er sich die Stadt nicht ausgesucht, sondern ist, wie man so sagt, dorthin verschlagen worden. 1952 hatte er nach seinem Studium in Innsbruck und einer Dissertation über Seespiegelschwankungen im Achensee eine Assistentenstelle am Institut für Meteorologie und Geophysik an der Universität Wien angenommen. Mit einer Arbeit über Gefüge und Bewegung im Gletschereis erregte er internationales Interesse, das er für ein Auslandsstipendium zu nutzen hoffte: Eines ans California Institute of Technology zerschlug sich, ein anderes zur Antarktisforschung war schon vergeben, aber eins aus Seattle im Rahmen der Arktisforschung war noch zu haben. Da der Südpol also schon „besetzt" war, entschied sich Norbert Untersteiner für den „freien" Nordpol. 1957 ging er von Seattle aus als wissenschaftlicher Leiter der „Drifting Station Alpha", eines Forschungsprojekts im Rahmen des Internationalen Geophysikalischen Jahres, aufs Eis — und zwar gleich für eineinhalb Jahre.

Schon vorher hatte er seine Reiselust, die ein Teil seiner Berufsmotivation war, bei einer Karakorum-Expedition mit wissenschaftlichen Nebeninteressen erprobt.

Auf einer drei Meter dicken alten Eisscholle 1000 Kilometer nördlich von Alaska errichtete das Team, unterstützt von der Air Force und 500 Tonnen Material, im Frühjahr 1957 ein wissenschaftliches Areal zur Beobachtung des Wetters und der physikalischen Vorgänge, die zur Bildung und Abschmelzung des Packeises führen. Außerdem wurden Messungen des erdmagnetischen und des Schwerefeldes sowie Untersuchungen der Meeresströmungen und der chemischen Zusammensetzung des Meerwassers vorgenommen. Überdies wurden mit einer automatischen Tiefseekamera erstmals Aufnahmen des Meeresgrundes in etwa 3000 Meter Tiefe hergestellt, auf denen sogar Spuren verschiedener Lebewesen festgestellt werden konnten.

In einem Bericht in einer populärwissenschaftlichen Monatszeitschrift schrieb er zu den Vorbedingungen des Treibeisexperiments:

„Im zentralen Teil des Nordpolarmeeres entspricht eine Eisdicke von drei Metern etwa dem Gleichgewichtszustand, jener Dicke nämlich, bei der sich die sommerliche Abschmelzung und der winterliche Eiszuwachs ungefähr die Waage halten.

Unsere Umgebung bildete eine Reihe ebensolcher ‚alter' Eisschollen, von uns nur durch schmale Rinnen getrennt. Bei kaltem Wetter, etwa von September bis Mai, bildet sich auf dem Meerwasser in diesen Rinnen rasch eine dünne Eisdecke, die bei jeder Bewegung der dicken Eisschollen wieder in Stücke geht. Die Hauptursache dieser Bewegungen ist die horizontale Schubkraft des Windes. Wegen der durch die Erdrotation hervorgerufenen Ablenkungskräfte bewegt sich dabei das Eis aber nicht genau mit der Windrichtung, sondern wird um etwa 35 Grad nach rechts abgelenkt. Sogar im Winter, wenn bei Temperaturen von minus 30 bis minus 50 Grad Celsius die Eisbedeckung des Ozeans am kompaktesten ist, wird sie vom Wind in ständiger Bewegung gehalten. Richtung und Geschwindigkeit dieser Bewegungen des arktischen Packeises sind uns heute in großen Zügen bekannt."

Die Grundlagen dieses Wissens hatte die Pionier-Eisdrift durch das Arktische Bassin des Norwegers Nansen, der sich mit seiner „Fram" im Nordpolarmeer hatte einfrieren lassen, bereits 1893 bis 1896 geschaffen. Später waren es vor allem sowjetrussische Unternehmungen, die weitere Kenntnisse brachten, etwa die Eisschollenstation von J. D. Papanin, die 1937 genau am Nordpol startete und neun Monate später in Ostgrönland landete.

Fast ein Jahr lang passierte auf Station Alpha nichts Beunruhigendes. Die wissenschaftlichen Arbeiten verliefen programmgemäß, das Eis blieb ruhig. Doch ab April 1958 wurde es ungemütlich in den behaglichen Eishütten mit voller Speisekammer, ständig dampfendem Kaffeetopf, elektrischem Licht und Plattenspieler: Die Eisscholle begann zu zerbrechen. Pressungen und ständig neu aufbrechende Spalten zwangen die Bewohner der Eisscholle zu ständigen Umzügen und schließlich zur Übersiedlung auf eine andere Eisscholle.

Dort erhielten die Forscher im Sommer sogar Besuch vom amerikanischen Atom-U-Boot „Skate", das unter dem Eis bis zu ihnen durchgetaucht war. Doch wieder geriet das Eis in Bewegung, und die „Skate" suchte schleunigst das Weite. Bald tat dies auch die Mannschaft der treibenden Station. Als sie das „Dorf" mit stattlicher Ausbeute endgültig verließ, hatte „Drifting Station Alpha" 3000 Kilometer zurückgelegt. Nach dem Ende dieses Forschungsprojekts kehrte Norbert Untersteiner zunächst nach Wien zurück und habilitierte sich.

Vier Jahre später, 1962, wanderte er richtig aus und wandte sich wieder nach Seattle.

Seit 1967 ist er dort Professor für Meteorologie und Geophysik mit angenehm geringen regulären Lehrverpflichtungen und daher viel Zeit zum Forschen.

Das unpolitische Klima an der Universität, der vielfältige Umgang mit den Professoren, der trotz des Wettbewerbs im Buhlen um Forschungsgelder nie seinen freundschaftlichen Charakter verliert — dies alles läßt ihn gern dort ausharren.

Etwas weniger gern ist er Mitglied einer, wie er inzwischen findet, „erschreckenden" Anzahl von Komitees und Kommissionen, von der Amerikanischen Geophysikalischen Union über diverse nationale Polarforschungsgesellschaften zu großen internationalen Organisationen und Forschungsprogrammen seines Fachbereichs. Bei Konferenzen und Symposien von Australien bis China, von Norwegen bis Neuseeland hat er zu organisieren, zu referieren, zu moderieren und zu präsidieren. In 20 Jahren kanalisierte er Forschungsaufträge im Wert von 20 Millionen Dollar, nahm 1980 an bilateralen Verhandlungen zwischen den USA und der Volksrepublik China zum Austausch von Ergebnissen aus Wissenschaft und Technologie teil, erfüllte als Berater für Arktisforschung auch seine patriotische Pflicht im Dienste der Bundesregierung (seit 1973 ist er amerikanischer Staatsbürger) in der Bundeshauptstadt Washington am andern Ende des Kontinents.

Sein größtes Projekt, das er federführend plante und leitete, war das „Arctic Ice Dynamic Joint Experiment" (AIDJEX) mit einem Eisbären auf einer Eisscholle als „Wappen", das von 1970 bis 1977 vier Grund- und eine ganze Reihe von Nebenfragen über die Dynamik des arktischen Meereises untersuchte. Über 150 Forscher aus neun Staaten arbeiteten daran mit, produzierten ein enormes Quantum von Wissensdetails und Daten und archivierten es schließlich in einer eigenen Datenbank zur Verfügung aller Interessierten.

Neben den akribischen Erkenntnissen, die ohne mathematisches und physikalisches Wissen weder dargestellt noch verstanden werden können, brachte das Projekt auch die Überzeugung, daß trotz aller Fortschritte in der automatisierten Beobachtung auf den Einsatz von Menschen in der Arktisforschung nicht verzichtet werden kann.

Freilich — Norbert Untersteiner meint damit nicht jene gewiß ehrenwerten Abenteurer, die in der mörderischen Arktis ihre physischen und psychischen Grenzerfahrungen machen wollen. Ihnen traut er wissenschaftlichen Nutzen, wie er von der eigentlichen Arktisforschung erbracht wird, eher nicht zu. „In der Arktis größere Strecken zurückzulegen, ist ein feines Abenteuer, für das ich jedes Verständnis

habe. Nur sollte man es nicht mit der Aussicht auf wissenschaftliche Ergebnisse bemänteln."
Im übrigen seien in der polaren Abenteuerregion zwischen Alaska und Spitzbergen gelegentlich auch abenteuerlich inkompetente Leute unterwegs. In Spitzbergen habe er einmal eine spanische Nordpolexpedition gesehen, die allen Ernstes mit schnellen Motorrädern übers Eis wollte.
Mit einer Speedwaypiste hat die Arktis freilich nicht die geringste Ähnlichkeit.
„Die Arktis ist eine Art kalte Sahara, eine grandiose Einöde, die sehr faszinierend sein kann."
Der Vergleich mit einer Wüste scheint ihm auch in anderer Hinsicht gar nicht schlecht gewählt, denn in der Zentralarktis fallen nur etwa 100 bis 150 Millimeter Niederschlag pro Jahr.
Nur eines ist die arktische Eisebene nicht: platt und eben. Denn das Eis ist einer verwirrend vielfältigen Dynamik unterworfen. Seine Risse und Spalten, Pressungen, Wälle und Festungen verlegen immer wieder den geraden Weg.

Die heutige arktische Feldforschung ist daher nicht eine Sache redlicher Einzelgänger mit Abenteurerherzen, sondern fast immer eine Kombination von Fern- und Nahbeobachtung mit Generalstabsqualität und großer apparativer und menschlicher Beteiligung. Ein Forschungsprojekt wie die damalige „Drifting Station Alpha" würde heute, 30 Jahre später, etwas anders ablaufen — etwa so, daß man im Frühjahr hinausfliegt aufs Eis und dort von Helikoptern im weiten Umkreis Meßgeräte einpflanzen läßt: Datenbojen zum Beispiel, die an Papierfallschirmen zur Erde schweben und ein Instrumentenpaket und einen Sendemechanismus enthalten. Die aufgenommenen Werte schicken sie automatisch jede Minute, ein Jahr lang, zu Satelliten, von wo aus die Daten ins Auswertungszentrum gelangen. „9000 Dollar kostet eine solche Datenboje — sehr billig! Von Menschenhand ausgeführt, würden diese Beobachtungen das Fünfzigfache kosten."
Nachdem das AIDJEX-Projekt dieses Erkundungssystem bereits erfolgreich eingesetzt hatte, werden immer wieder Datenbojen im Eis ausgesetzt und helfen, ein an Facetten

geradezu überreiches Bild von den Verhältnissen im arktischen Eis zu erstellen.
Dennoch — Beobachtung ist nicht alles in der Arktisforschung. „Mehr rechnen als verifizieren!" heißt — auch angesichts der hohen Kosten — die Devise. Mit solchen Modellrechnungen schlägt sich auch Norbert Untersteiner mit seinen Mitarbeitern am Polarforschungszentrum von Seattle herum.
Ihre Vertracktheiten erläuterte er einem Publikum von Eingeweihten und Interessierten im Frühjahr 1986 vor dem Innsbrucker Naturwissenschaftlich-Medizinischen Verein — im gleichen Hörsaal, in dem er zuletzt vor 36 Jahren als Jungwissenschaftler gesprochen hatte.
Er macht vor allem klar, daß beim Eis bislang nur sehr wenig wirklich klar ist. Was bei der Atmosphäre relativ leicht sei (nämlich sie mit Gleichungen, sieben an der Zahl, zu beschreiben), funktioniere fürs Eis mitnichten, da es eben kein Kontinuum, sondern mannigfaltigen Schwankungen und Unregelmäßigkeiten unterworfen sei.
Die Folge davon schildert Norbert Untersteiner an Grafiken und Rechenexempeln, die an seinem Institut gemacht worden sind und die er unter allen möglichen Vorbehalten präsentiert, da die Dynamik des Eises immer wieder die Resultate verfälsche und dann die Rechenmodelle zur „Zahlenmystik" degradiere.
Dennoch: Das Rechnen können die Meereisforscher nicht mehr lassen (genausowenig übrigens wie das Beobachten durch Satelliten; ein neues Gerät dazu wird 1989 mit einem europäischen Erdtrabanten starten), denn auf Ergebnisse warten außer den Wissenschaftlern selbst auch „Kunden":

Das können Ölgesellschaften sein, die bei der Planung von Versuchs- und Förderplattformen im erdölträchtigen Schelf der arktischen Kontinentsockel auf die mörderische Gewalt der Eisdrift Rücksicht nehmen müssen. Aber auch Behörden interessieren sich für Driftstatistiken, denn im Falle eines Ölunfalls in der Arktis können sie darüber Auskunft geben, wohin ein Ölteppich wahrscheinlich treiben würde.
Norbert Untersteiner schildert die Probleme seines Fachs mit ebenso viel Ernsthaftigkeit wie glaziologischer Selbst-

ironie. Diese Kombination, gepaart mit telegener Erscheinung, hatte auch der ORF für seine filmische rot-weiß-rote Spurensuche zum Jahrhundertjubiläum der „Tegethoff"-Expedition von Payr und Weyprecht (1882) genutzt, für die Norbert Untersteiner schreibend und als Moderator gewirkt hatte.

Beim Innsbrucker Vortrag widerfahren ihm — trotz ungefärbt österreichischer Sprachmelodie — gelegentlich Zwangspausen bei der Übertragung der ihm selbstverständlichen englischen Fachausdrücke ins Deutsche. Angesichts der Kompetenz der Zuhörerschaft läßt die übersetzerische Hilfestellung nie lang auf sich warten. Auch die Innsbrucker Kollegen sind daran gewöhnt, daß die wissenschaftliche Literatur in ihrem Fachbereich zumeist englisch geschrieben ist.

Norbert Untersteiners eigenes Schriftenverzeichnis beläuft sich inzwischen auf mehr als 70 Publikationen unterschiedlichen Umfangs (oft mit Mitautoren verfaßt), sein Name schmückt die „Adelsverzeichnisse" der internationalen Gelehrtenprominenz, und ihn schmücken Auszeichnungen aus Österreich, den USA und der UdSSR. Die sowjetischen Kollegen beispielsweise dekorierten ihn für besondere Verdienste in der internationalen Geophysik.

Auf diesem Gebiet gibt es übrigens eine gute Zusammenarbeit auch über die großen Machtblöcke hinweg, desgleichen in der vertraglich geregelten Antarktisforschung. Auf seinem eigenen Spezialgebiet, der Arktisforschung, allerdings, klagt Norbert Untersteiner, durchkreuzten U-Boote und Interkontinentalraketen mit ihrer Geheimniskrämerei den Austausch von Forschungsergebnissen erheblich. Nationale Interessen reiben sich dort — etwa zwischen Kanada, den USA und der UdSSR — so heftig am Eis, daß die territorialen Ansprüche nächstens vor dem Internationalen Gerichtshof in Den Haag ausgestritten werden sollen. Besonders auf dem Gebiet der arktischen Ozeanographie seien die militärischen Interessen so erdrückend, daß es praktisch keinen Datenaustausch gebe. „Man" besucht einander lediglich auf internationalen Kongressen.

Solcher „Kongreßtourismus" bringt Norbert Untersteiner immer wieder auch nach Europa und in seine engere Heimat. Er macht dann gern einen kurzen Abstecher ins Salzburgische, gelegentlich auch nach Südtirol — hierher freilich mit Empfindungen zwischen Wehmut und Nostalgie, so etwa, wenn er in Meran ist und nach Martinsbrunn hinaufspaziert, das mit seiner Familiengeschichte eng verknüpft ist.

Er denkt dann an seinen Großvater Alfred Untersteiner, einen Rechtsanwalt und Schöngeist in Meran, und an seinen Großonkel Norbert von Kaan, der das kleine Bauernbadl Martinsbrunn seinerzeit zum Modesanatorium stilisiert hatte. Sein Vater hätte es als junger Mediziner übernehmen sollen. Aber inzwischen war Südtirol von Österreich abgetrennt, und die prominente Kurklientel entschwand aus Meran.

So wandten sich die Untersteiners denn nach Salzburg, von wo Norbert Untersteiner nur mehr in den Ferien und zur Sommerfrische in seine Geburtsheimat kam. Hartnäckig behaupten sich in seiner Erinnerung subtropische Reminiszenzen an das Bambusgestrüpp im Park von Martinsbrunn. Und seinem verzweifelten Vater stellte er erste bohrende Forscherfragen von zwingender Kausalität:

„Wenn Italien am Meer liegt und Meran in Italien — warum liegt dann nicht Meran am Meer?"

Möglicherweise wird ihm sein im Februar 1986 geborener Sohn aus seiner Ehe mit einer jungen Polin (Tochter Andrea aus erster Ehe waltet als Gräfin Herberstein in der Oststeiermark) einmal ähnliche Fragen stellen. Der Vater würde es jedenfalls gern sehen, wenn der Sohn seine späteren Bubenjahre in Südtirol verbringen könnte, während er selbst vielleicht noch das eine oder andere Buch schriebe...

Auch gegen eine Rückkehr an eine österreichische Alma Mater oder gar an seine alte Universität in Innsbruck hätte Norbert Untersteiner nichts einzuwenden. Denn bei aller arktischen Spezialisierung bewegen ihn nach wie vor auch die Grundfragen seines Fachs, etwa: Wie antwortet die Vegetation, wie reagieren die Gletscher auf Klimaänderungen, und woher kommen sie überhaupt?

Nichts gegen Seattle, wo es auch Wälder und Berge gibt (vom Frühstückstisch aus sogar den Blick auf einen Viertausender), nichts gegen die südnorwegisch-anmutige Harmonie von Land und Wasser rund um Seattle, nichts gegen die kosmopolitische Atmosphäre auf dem Uni-Campus, in der Herkunft und Abstammung so gar keine Rolle spielen, nichts gegen das Kulturangebot der Stadt, das mit Opernhaus, Theater und ständigem Orchester recht stattlich geraten ist. Aber die Kulturlandschaft Mitteleuropas und besonders seiner engeren Heimat Österreich wie auch so manche alte Freundschaft dort beginnen ihm langsam zu fehlen.
Ist er „amerikamüde"? Nein, Müdigkeit läßt sich in keiner Zusammensetzung mit Norbert Untersteiner assoziieren. Auch macht er nicht den Eindruck eines besonders sentimentalen Menschen. Aber ein klein wenig Nostalgie gibt er gern zu.

Paul Pfister

Ein halbes Jahrhundert Japan

Ein paar Worte „japanisch" kann bei uns in Europa fast jeder: Produktnamen von Autos und Motorrädern, von Unterhaltungselektronik, Fotoapparaten und zwei zerstörten japanischen Städten. Als Eingeweihter darf sich bereits fühlen, wer Bonsai nicht mit Ikebana verwechselt, einen Film von Kurosawa gesehen hat, den Kimono nicht für eine Methode der Selbstverteidigung und den Fujiyama nicht für einen japanischen Schlafanzug hält. Es weiß auch bereits jedes fernsehgebildete Kind, daß Shogun etwas mit Unterhaltung zu tun hat, und Kung-Fu kommt ja wohl auch aus jener Ecke.
Daß die Vorurteile über Japan sich hierzulande vorwiegend in Mißverständnissen erschöpfen, ist der Tatsache zu verdanken, daß Südtirol durch sein abseitiges Verhältnis zum Flugtourismus selten in den Genuß japanischer Reisegruppen kommt, die anderswo die Übernachtungsziffern, aber auch die Präjudizien gegen die Bürger Nippons vermehren (so als seien nur japanische Touristenrudel manchmal penetrant).
Am besten wissen wir Europäer von den Japanern, daß sie uns in vielem nachahmen: unsere Autos und unsere Kleidung, unsere Musik und unser Essen, unsere Möbel und unsere Trinksitten. Das nützt unserem Überlegenheitsgefühl, schadet aber gelegentlich auch unserer Exportwirtschaft, denn überall, wo wir Märkte wittern, wieseln schon Japaner herum.

Dies übrigens — Scherz beiseite — wissen sogar die Japaner selbst:
„Wir haben jede Technik erlernt", schrieb der Publizist Yukio Kanasawa, „aber keine hat unsere Seele verändert."
Auch europäische Japankenner wie der frühere Bundeskanzler Helmut Schmidt schließen sich dieser Einschätzung an:
„Politisch, wirtschaftlich und militärisch gehört Japan zu den sieben großen industriellen Demokratien des Westens. Und doch wird Japan nie ein ‚Land der westlichen Welt'

Paul Pfister mit Papst Johannes Paul II. bei dessen Besuch in Tokio, 1981

Die Kath. Sophia-Universität in Tokio: Zentral-Campus mit Ignatiuskirche und Sportplatz

werden, obwohl es heute viele westliche Gesichter trägt: in der Kleidung, im Konzertprogramm, im Straßenverkehr, im Tokioter Hochhausbau, in der Modernität der Industrie, im Parlament."

Was bei uns oft leichtfertig für bloße Nachahmung gehalten wird, stellt sich Helmut Schmidt als soziologische Folgeerscheinung geschichtlicher Wirkfaktoren dar:

„Wahrscheinlich hat Japan heute eine der egalitärsten und am stärksten homogen geprägten Gesellschaften der Welt... Konsens zu erarbeiten und im Konsens zu handeln: Dies ist typischer japanischer Führungsstil... Man sagt, Gruppenloyalität und Konsensusgesellschaft haben sich aus der Gemeinsamkeit des Dorfes beim Reisanbau und bei der Ernte ergeben. Wahrscheinlich steckt darin jedenfalls ein wichtiger Faktor für die Entwicklung der japanischen Gesellschaft von heute. Insgesamt ist die Kultur dieses Volkes von seiner Geschichte auf das stärkste geprägt."

Diese Geschichte war seit mehr als 1000 Jahren eine insulare und vom 17. bis ins 19. Jahrhundert hinein zugleich eine Geschichte der gewollten Isolierung. In der Machtpolitik und den Kriegen der Weltmächte hat Japan erst vom Ende des 19. Jahrhunderts an eine Rolle gespielt. Die weltpolitische Ambition Japans hat nur 50 Jahre gedauert: Da betrieb das Land unter militärischer Führung eine aggressive Expansions- und Unterwerfungspolitik in Ost- und Südostasien und im Pazifik, in den Augen der heutigen Japaner eine Fehlentscheidung, die durch Hiroshima und Nagasaki egalisiert ist.

Seit 1945 steht Japan mit seinen heute 120 Millionen Menschen im Banne seines enormen wirtschaftlichen Aufstiegs, und seine Gesellschaft durchläuft radikale Umwälzungen. Die Umstände, unter denen die meisten Japaner heute leben, einen Partner suchen, heiraten, eine Familie gründen, Kinder erziehen und alt werden, sind extrem anders als vor dem Zweiten Weltkrieg oder gar im vorigen Jahrhundert:

Japaner arbeiten wesentlich länger und intensiver als Europäer, wohnen nach westlichen Maßstäben, gelinde gesagt, außerordentlich beengt (in Tokio auf 12 m^2 Wohnfläche pro Person), unterwerfen ihre Kinder einem für europäische

Verhältnisse enorm harten (und teuren) Ausbildungsstandard und haben die höchste Lebenserwartung der Welt mit allen Aussichten auf eine künftige „Überalterung" der japanischen Gesellschaft.

„Im Schatten des Wohlstands" nennt der Soziologe Akiko Fuse von der Wirtschaftsuniversität Sapporo einen Bericht über „Die japanische Familie im Übergang", nach dem der beeindruckende Erfolg des Wirtschaftsunternehmens Japan auch auf Kosten der Familie gehe.

Sein Kollege Fumie Kumagai von der katholischen Sophia-Universität in Tokio nimmt die japanische Familie genauer ins Visier und ortet dort aus Berufsgründen meist abwesende Väter und Mütter, die ihre kleinen Wohnungen mit technischem Gerät gleichsam im Handumdrehen pflegen und daher ihre Hauptenergien auf die Erziehung des Nachwuchses richten können.

„Dies reflektiert das gesellschaftliche Phänomen der ‚Notokratie', also der Überbetonung des Wertes von Noten anstelle des Inhalts der Erziehung…", berichtet Kumagai.

Die Sophia-Universität, an der Paul Pfister lehrt, ist ein weitläufiger Gebäudekomplex mit Kirche und Sportplatz. Er wird von zwei Bahnlinien tangiert und von Straßen gesäumt. Aber vor den unteren Stockwerken steht das Grün dichter Baumreihen und holt ein wenig Natürlichkeit in das unübersehbare Häusermeer Tokios.

Die Sophia-Universität wird vom Jesuitenorden geleitet; die Atmosphäre ist international, Vorlesungen werden japanisch und englisch gehalten.

Einer der Professoren (inzwischen emeritiert) ist der 1906 in Bozen geborene, väterlicherseits aus dem Zillertal stammende Paul Pfister.

Nach der Matura am Franziskanergymnasium und dem Philosophie- und Theologiestudium in Innsbruck und Rom empfing er 1930 die Priesterweihe und trat 1931 in die niederdeutsche Provinz der Gesellschaft Jesu ein. In Holland und Westfalen verbrachte er seine ersten Ordensjahre und kam 1933 nach Japan.

Sein um 13 Jahre jüngerer, in Bozen lebender Bruder Karl war fünf Jahre alt, als er fortging, und lernte ihn eigentlich erst kennen, als er selbst schon 30 war und Paul Pfister 1949 erstmals für eine kurze Woche seine Heimat besuchte (da Japan nicht in den Tropen liegt, sind Heimaturlaube aus klimatischen Gründen für die dort lebenden Missionare selten. Sie verbringen ihre „Sommerfrischen" für gewöhnlich auf dem Lande in Japan).

Trotz der merkwürdigen Tatsache, daß die beiden Brüder kaum mehr als Briefpartner sind, haben sie mit den Jahren ein inniges Verhältnis zueinander gefunden. Karl Pfister berichtet seinem Bruder Neuigkeiten aus der Heimat auf die andere Seite der Erde, Paul Pfister revanchiert sich in gestochener Schrift mit Berichten aus Japan. Ein umfänglicher Stapel von Briefen ist in mehr als drei Jahrzehnten zusammengekommen, eine Korrespondenz, die zugleich ein Zeitzeugnis ist. Gelassen, ja lakonisch faßt Paul Pfister ein halbes Jahrhundert Japan in seinen Briefen zusammen.

Schon lang vor seinem Aufbruch fand er aber Berührungspunkte mit dem Land, in dem er sich längst heimisch fühlt — nach 53 Jahren heimisch fühlen muß —, erstaunlicherweise in seiner Heimatstadt Bozen:

„In der 2. Hälfte des 19. Jahrhunderts hatte sich Japan nach langer Abgeschlossenheit der Welt geöffnet und die moderne Staatsform einer parlamentarischen Monarchie angenommen. Bei der Ausarbeitung der Verfassung von 1889 war übrigens auch ein deutscher Fachberater, Dr. Hermann Roesler, tätig, der nach 15jährigem Aufenthalt in Japan krank nach Europa zurückkehrte und in Bozen Heilung suchte. Dort ist er am 2. Dezember 1894 gestorben. In meiner Jugend sah ich öfter seinen Grabstein am alten Friedhof, und mir wurde mitgeteilt, daß er auf den Friedhof in Oberau umgebettet worden sei.

Nach den schlimmen Ereignissen des Zweiten Weltkrieges, die ich in Tokio und am Ende in Hiroshima miterlebt habe, geschah eine Neuordnung der staatlichen und gesellschaftlichen Institutionen mit allseitiger Durchführung der demokratischen Prinzipien: Die neue Verfassung von 1946, die Reform der Gesetzgebung und die Landreform waren die großen Marksteine dieser Neuordnung. Auf diesen Grundlagen erfolgte der großartige Wiederaufbau, der dem japani-

schen Volk einen erhöhten Wohlstand und einen wichtigen Platz unter den großen Nationen brachte.
Bei dieser Entwicklung war in Japan der Bruch mit der Vergangenheit weniger heftig als bei den Völkern Europas. Die Dynastie, die älteste der Welt, blieb erhalten als Symbol der Einheit der Nation, die Familie behielt weithin ihren Wert und ihre Bedeutung, und das gemeinsame Kulturerbe so vieler Jahrhunderte wirkt als einigendes Band."
Auch ein Japaner könnte nicht mit mehr Engagement und Stolz über sein Land schreiben. In dieser Hinsicht ist Paul Pfister voll integriert, und wer wollte sich darüber wundern angesichts all dessen, was er in Japan miterlebt hat:

Noch vor dem Krieg Sprachstudium und Missionsarbeit in Tokio und Hagi, einer Stadt an der Westküste; die Berufung an die Sophia-Universität, wo er Philosophie und Theologie dozierte und das Studentenheim leitete.

1941 wurde er beauftragt, am neu errichteten Theologat der Jesuiten in Japan theologische Vorlesungen zu halten. Sie fanden zuerst in Hiroshima, dann in Tokio und seit Anfang 1945 wieder in Hiroshima statt. Dort erlebte Paul Pfister das Kriegsende und war — wohl als einziger Südtiroler — Zeuge des amerikanischen Atombombenabwurfs am 6. August. Er berichtet: „Über die Atombombe in Hiroshima ist schon viel gesagt und geschrieben worden. Ich möchte von meinen Erinnerungen nur das Erlebnis absoluter Hilflosigkeit gegenüber einer so ungeheuren Macht der Zerstörung hervorheben. Unvergeßlich bleibt mir der Gang durch die brennende Stadt am Abend des 6. August 1945.

Unübersehbar war die Zahl der Verwundeten und Sterbenden. Viele der Verwandten, die von auswärts zur Krankenpflege herbeigeeilt kamen, starben selbst nach wenigen Tagen an den Auswirkungen der Bombe.

Die Kapelle unseres Noviziats, etwas außerhalb der Stadt gelegen, wurde — obwohl schwer beschädigt — in ein Notspital umgewandelt, und P. Pedro Arrupe, der spätere Generalobere des Jesuitenordens, der vor seinem Ordenseintritt Medizin studiert hatte, mühte sich Tag und Nacht ab, um den Eingelieferten Hilfe zu leisten.

Wenn wir auch noch nicht genauen Bescheid wußten, so war es uns doch klar, daß mit dieser neuen Waffe ein neues Zeitalter begonnen hatte."

Den Wiederaufbau nach dem Schock von Hiroshima erlebte Paul Pfister teils in Tokio, teils in Hiroshima: 1947 wurde er Rektor des interdiözesanen Priesterseminars von Tokio, 1949 Provinzial der Jesuiten in Japan, 1954 Oberer des Noviziats in Hiroshima. 1956 berief man ihn nach Tokio zurück. Bis zu seiner Emeritierung 1980 lehrte er dort an der theologischen Fakultät der Sophia-Universität.

Ein Höhepunkt seiner Laufbahn, aber auch seines Lebens war seine Berufung zum theologischen Berater für den Erzbischof von Tokio, Kardinal Doi, während des Zweiten Vatikanischen Konzils. Paul Pfister bewertet dieses Ereignis und seine Teilhabe daran als besonderes Gnadengeschenk, durch das er die Arbeit des Konzils und das Werden seiner Dokumente aus nächster Nähe habe miterleben können:

„Zu Beginn war ich, nach Einsicht in die Vorlagen, nicht ohne Besorgnis. Aber bald nach der Eröffnung zeigte sich, daß eine höhere Macht tätig war und die Arbeiten zu der von Papst Johannes XXIII. gegebenen Zielsetzung des ‚aggiornamento' leitete.

Die Beschlüsse und Dokumente des Konzils sind auch für unsere Arbeit hier von großer Bedeutung. Ich erwähne hier nur das vom Konzil gezeichnete Bild der Kirche, die Rolle der Laien in der Kirche, die Liturgie in der Volkssprache, den Ökumenismus.

Durch den Gebrauch der Volkssprache wurde die aktive Teilnahme der Gläubigen an der Liturgie in großem Maße gefördert, zumal in Japan das Latein wenig bekannt ist. Die Laien sind zu einem neuen Bewußtsein ihrer Aufgabe im Dienste der Kirche und der Glaubensverkündigung gekommen. Der Ökumenismus ist hier ebenfalls von besonderer Bedeutung, da alle Christen zusammen in Japan nur eine kleine Minderheit im Volksganzen darstellen und neben der katholischen Kirche auch andere christliche Bekenntnisse, vor allem zahlreiche protestantische Gemeinschaften, eine vielseitige Tätigkeit entfalten. Und in Wirklichkeit hat sich in Japan seit dem Konzil ein neues Verhältnis zwischen den

Katholiken und anderen Christen im Geiste des Ökumenismus entwickelt."

Die Teilnahme am Konzil 1962 bis 1965 bescherte Paul Pfister auch einige seiner seltenen Heimatbesuche, die Wiedersehen gestatteten, aber auch unbewußte Abschiede erzwangen:

„Bei den ersten Besuchen — 1949, 1953 und 1954 — sah ich meine beiden Eltern, 1964 zum letzten Mal meine Mutter. Mein Bruder Fritz war 26 Jahre Dekan in Klausen und starb 1979 als Pfarrer in Waidbruck."

Seit 1965 ist Paul Pfister nicht mehr in Südtirol gewesen. Die Briefe seines Bruders, Bildbände, die ihm noch seine Mutter geschickt hat und die er manchmal japanischen Freunden zeigt, sowie „Volksbote" und „Katholisches Sonntagsblatt" sind die einzigen Brücken zur alten Heimat, mit der er sich dennoch immer noch geistig verbunden fühlt.

Zerstörungen und Not des Krieges, die er beim ersten Südtirolurlaub 1949 noch betroffen registriert hatte, fand er bei späteren Besuchen vorteilhaft getilgt.

Während des Konzils konnte er in Rom oft mit dem Südtiroler Diözesanbischof Gargitter sprechen und junge Priester und Seminaristen aus Südtirol, die in Rom studierten, kennenlernen. Bekannte, die aus Japan nach Europa reisten, brachten Grüße und Nachrichten zu seinen Angehörigen.

Einige Südtiroler, die nach Japan kamen, besuchten ihn in Tokio, wie etwa Senator Karl Mitterdorfer, der sich schon 1974 anläßlich einer Tagung der Interparlamentarischen Union zu ihm durchgefragt hatte und bei allen, die Paul Pfister kannten, viel Respekt und Anerkennung konstatiert hatte.

1985 besuchte er ihn erneut und fand in dem fast Achtzigjährigen einen bemerkenswert agilen, gesunden und geistig regsamen alten Herrn, der auch als Emeritus noch Vorlesungen hielt und sich dem Land, in dem er seit mehr als einem halben Jahrhundert lebt, geradezu anverwandelt hat, der geläufig japanisch spricht und schreibt und gleichzeitig über alle zeitungskundigen Vorgänge in seiner alten Heimat gut informiert war.

In seinem sehr sorgfältigen Deutsch hat er die leichte Tiroler Einfärbung konserviert, aber die Sprache singt schon ein wenig nach der japanischen Melodie.
In langen Gesprächen agierten beide — je nach dem angeschlagenen Thema — als Informand und Informant. Paul Pfister erläuterte dem Besucher die Vertracktheiten der japanischen Sprache, in der ein Wort je nach dem Sinn der verschiedenen chinesischen Schriftzeichen mehrere unterschiedliche Bedeutungen haben kann.
Aber es sei auch von aktuellen Problemen der japanischen Gesellschaft die Rede gewesen, in der Gewaltphänomene, besonders unter Schülern, Besorgnis erregen, und in der die Brücke zwischen der alten und sorgsam gehegten kulturellen Physiognomie des Landes und seiner sozialen und technischen Entwicklung doch gelegentlich zum Dilemma werde.
Spät in der Nacht begleitete Paul Pfister dann den Gast zu Fuß von der Sophia-Universität ein gutes Stück durch Tokio bis zum Hotel.
Auf die Abschiedsfrage des Besuchers nach dem Termin des nächsten Heimaturlaubs habe Paul Pfister mit leisem Lächeln geantwortet, er werde jetzt wohl nicht mehr heimkommen.

Psychogramm Franz Matscher

Geburtsort: Obermais bei Meran
Sternzeichen: Steinbock (bedeutet mir aber nichts)
Gibt es eine Charaktereigenschaft, die Sie besonders prägt? Bescheidenheit, Hilfsbereitschaft, Realismus, Ordnungssinn, (Streben nach) Konsequenz
Würden Sie sich zu einem Fehler bekennen? Ja
Haben Sie Ehrgeiz? Ein Mann, der es verneint, ist m. E. nicht ehrlich.
Was bereitet Ihnen besondere Genugtuung? Ein Problem geistig eingeordnet, eine mir gestellte Aufgabe erledigt zu haben
Haben Sie ein Steckenpferd? Meine Arbeit
Gibt es ein Abenteuer, das Sie gern erleben würden? Bin wenig romantisch veranlagt.
Orientier(t)en Sie sich an Persönlichkeiten? Welchen? Ich bewundere meinen Namenspatron, Franz von Assisi; er hat mir viel gegeben.
Wären Sie gern eine bestimmte historische Persönlichkeit gewesen? Würde sich mit meinem Realismus und mit meiner Antwort auf die zweitvorangegangene Frage nicht reimen.
Gibt es etwas, das Sie besonders fürchten? Einmal, in einer entscheidenden Situation, nicht auf der Höhe meiner Aufgabe zu stehen und nicht entsprechend zu handeln.
Was kränkt oder ärgert Sie besonders? Unaufrichtigkeit, Inkonsequenz, die „Sünde wider den Geist"
Sind Sie von etwas abhängig? Ich liebe viele Dinge, ohne von ihnen abhängig zu sein.
Lieblingslandschaft: Nenne ich nicht, da ich sie ganz für mich alleine behalten möchte.
Lieblingsstadt: Meran, Mailand, Bologna
Was riechen Sie besonders gern? Almenwiesen im August, Obst- und Weinernte im Oktober, Ruß + Schmieröl = alter Bahnhof, Kerosin + Gummi = Flughafen, und manches andere

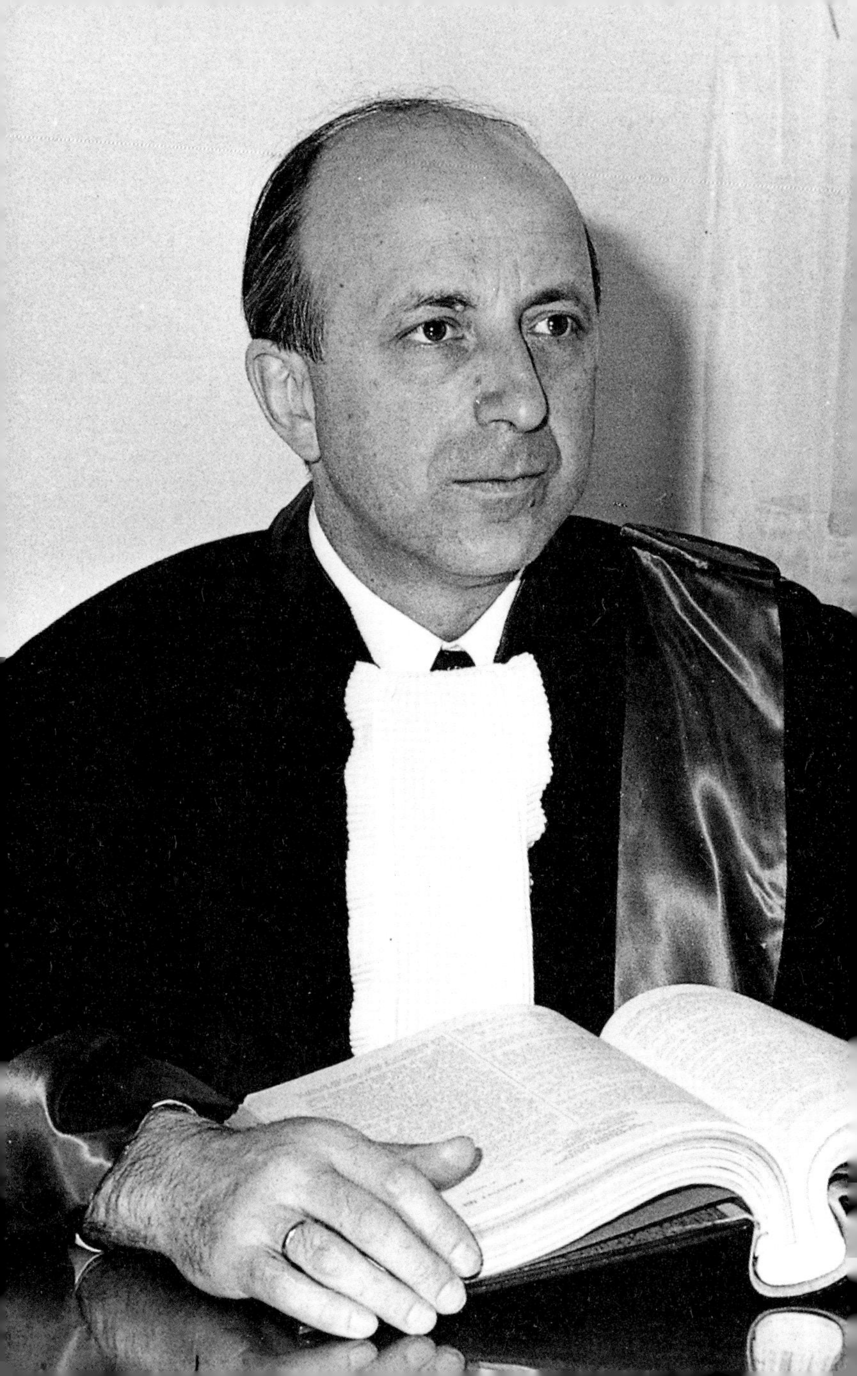

Bevorzugte Autoren: Schnitzler, Sartre, Silone
Welche Musik hören Sie besonders gern? Gregorianischen Choral, Gitarrenmusik
Haben Sie Vorlieben auf dem Gebiet der Bildenden Kunst? Rodin, Van Gogh, die Impressionisten, Klimt
Welches Buch hat Sie in letzter Zeit besonders beeindruckt? Kundera, „Die unglaubliche Leichtigkeit des Seins"
Wo fühlen Sie sich beheimatet? Im Burggrafenamt
Was tun Sie in Südtirol am liebsten? Wandern, liebe Freunde besuchen
Was nehmen Sie mit, wenn Sie Südtirol wieder verlassen? Rotwein, Speck, Vinschger Brot, je nach Jahreszeit Äpfel oder Schlanderser Marillen
Könnte Sie etwas auf Dauer nach Südtirol zurückbringen? Das Bedürfnis nach innerer Einkehr, sicher der „Lebensabend"

Franz Matscher
Reisender in Menschenrechten

Mit 58 darf er sich in Straßburg noch als „junger Bub" fühlen. Seine Kollegen sind meist zwischen 60 und 75, ein Belgier ist gerade mit 87 ausgeschieden. Und Franz Matschers Vorgänger am Europäischen Gerichtshof für Menschenrechte, der berühmte österreichische Völkerrechtler (Südtiroler Herkunft) Alfred Verdroß, gab sein Amt mit 89 ab.

Das war 1977, und damals war Franz Matscher noch nicht einmal 50 und im Dreiervorschlag für die Verdroß-Nachfolge an letzter Stelle. Doch ausgerechnet der „dritte Mann" wurde berufen (was nie zuvor geschehen war) und wieder ein Südtiroler: Franz Matscher, geboren in Meran, drittjüngster unter den Europarichtern und seither Reisender in Menschenrechten.

Seine europäische Richterrobe hängt im Gebäude für Menschenrechte gleich neben dem Europarat in Straßburg. Dort tagen die Europäische Kommission und der Gerichtshof. Es gibt wenig Platz und viel Arbeit: Gelangten bis in die 70er Jahre noch zwei bis drei Fälle pro Jahr aus der nationalen Rechtsprechung zum Gerichtshof, so sind es jetzt bereits 20 bis 30, die in die Kompetenz der 21 Europarichter (entsprechend 21 Mitgliedern des Europarates) kommen. Für jedes Verfahren werden aus ihnen sieben durch das Los bestellt. Ein Richter stammt aus dem Land, woher auch der Fall stammt, und hat den Präsidenten und die fünf Kollegen über das jeweilige nationale Recht aufzuklären.

Hier wird auch klar, warum gerade Franz Matscher nach Straßburg berufen worden ist: Als Verfahrensrechtler, doppelter juristischer Doktor (er promovierte in Graz und Paris) und österreichischer Diplomat verfügt er über vielfältige internationale Erfahrungen und Interessen.

Die unstete Lebensweise, die damit verbunden ist, muß er freilich auch in Kauf nehmen. Seine Woche besteht aus vier Tagen Wien (wo auch sein Familienwohnsitz ist) und drei Tagen Salzburg. Die letzte Woche jedes Monats verbringt er in Straßburg. Dazu kommen Vortragsreisen von Polen bis Griechenland und von Spanien bis Finnland und schiedsrichterliche Tätigkeiten für die Internationale Handelskammer in Paris (seit 1982).

Aber Franz Matscher zeigte in seiner ganzen Laufbahn ohnehin nie viel Neigung zu übermäßiger Ansässigkeit, und so sieht er an seiner Mobilität mehr die positiven als die negativen Seiten.

Die Ferienwohnung in Meran kann daher bislang nicht mehr sein als ein Quartier für etliche Kurzaufenthalte im Jahr. Aber auch seine Frau und seine drei Töchter samt Schwiegersohn und Enkelkindern, die alle zu begeisterten „Südtirolern" geworden sind, kommen gerne hin. Franz Matscher nimmt sie dafür als Verheißung für den Lebensabend, den er, wie viele seiner fernen Landsleute, in seiner Heimat verbringen möchte. Dann wird sich ein Lebensbogen runden, der früh aus Südtirol hinauswies, es nie aus den Augen verloren hat und sich eines Tages wieder zurückkrümmen wird in seine Lieblingslandschaft Burggrafenamt, wo er — in Obermais — 1928 zur Welt kam.

Sein Vater, gebürtig aus Schluderns, war nach dem Militärdienst nach Meran gezogen und Polizeiwachtmeister und später Gemeindeangestellter geworden, seine Mutter stammt aus der Gegend von Igls in Nordtirol.

1943 wanderten die Eltern, wie so viele, die sich nicht durch Grundbesitz doppelt gebunden fühlten, nach der Option für „das Reich" aus und übersiedelten nach Graz. Für Franz Matscher war es auch eine Übersiedlung vom Bozner Franziskanergymnasium ans Grazer Akademische Gymnasium. Die Kriegszeit diktierte das erste „Studienziel": Flakhelfer am Grazer Flughafen, Einsätze in Böhmen und Kärnten. Vor dem geplanten Partisaneneinsatz rettete ihn das Kriegsende. Und 1947 machte er, wieder in Graz, mit Auszeichnung die Matura.

Warum er danach weder Altphilologie noch Bodenkultur, sondern Jus studierte, weiß er nicht so genau zu sagen. Ein Freund teilte mit ihm die Suche nach dem rechten Studienfach, die Verliebtheit in eine Juristin gab — vielleicht — den Ausschlag. Was davon übrig blieb, war Franz Matschers Liebe fürs Juridische und eine handfeste Neugier auf Ausländisches. Er lernte Französisch, Spanisch und Russisch

(Italienisch und Englisch konnte er schon von der Schule her) und begann sich gegen Ende seines Studiums fürs Außenamt zu interessieren.
Ein Stipendium brachte ihn nach Frankreich, wo er ein Rechtsstudium auch an der Pariser Universität begann. Die französische Dissertation schrieb er während seines Grazer Gerichtsjahrs. Danach studierte er noch Rechtsvergleichung und machte seine Dolmetschdiplome für die italienische und spanische Rechtssprache. 1953 siedelten seine Eltern zurück nach Südtirol. Franz Matscher blieb.
Aus dem Außenamt gab es freilich zunächst keine günstigen Nachrichten für ihn. Nach einer Quasi-Ablehnung hatte er sich schon darauf eingerichtet, wieder nach Paris zu gehen. Kurz vor der Abreise plötzlich ein Telegramm aus Wien: „Wann können Sie Ihren Dienst antreten?"

Franz Matscher war unschlüssig: Paris lockte mit prickelnder Unsicherheit, Wien bot weniger Freuden, dafür mehr Sicherheit. Franz Matscher wählte die „Vernunftehe" mit dem Außenamt — als einer der letzten aus einer ganzen Reihe von Tirolern, die der damalige Außenminister Gruber zu sich gezogen hatte.

Aber gerade, als er sich für Wien entschieden hatte, begann es auch dort zu „prickeln": Bis 1953 hatte es wenig Fortschritte im Bemühen um einen Staatsvertrag für Österreich gegeben. Vierzehnmal hatten die Außenminister der Großmächte, 345mal ihre Stellvertreter getagt, stets ergebnislos. Der „Kalte Krieg" zwischen den USA und der Sowjetunion verhärtete die Fronten.

So begann Österreich allmählich immer mehr auf die dauernde Neutralität zu setzen. Sie schien die einzige Möglichkeit zu sein, das Land von der Besatzung zu befreien und seine Einheit zu wahren.

1953, nach Stalins Tod, kam plötzlich Bewegung in die sowjetische Außenpolitik, und an der Schwelle der Jahre 1954/55 leitete Chruschtschow mit seiner Politik der friedlichen Koexistenz eine Wende ein — auch für Österreich.

Im Februar 1955 erklärte der sowjetische Außenminister Molotow (zuerst mehr Hemmschuh als Förderer des Staatsvertrags) die Bereitschaft der Sowjetunion zum Vertragsabschluß.

Franz Matscher, damals Legationssekretär in der Politischen Abteilung des Außenamts, hatte als Hauptaufgabengebiet Italien und Südtirol; der Leiter der Abteilung, Gesandter Josef Schöner, der ihm später, als Botschafter in Bonn, zum väterlichen Freund geworden war, betraute ihn aber auch mit Aufgaben im Zusammenhang mit dem Staatsvertrag. Die rechtlichen Aspekte bearbeitete vor allem der Völkerrechtler Stephan Verosta, und sein Stellvertreter im Völkerrechtsbüro war der neu ins Außenamt gekommene Landgerichtsrat Rudolf Kirchschläger, der spätere Bundespräsident. Franz Matscher erinnert sich an die damalige personelle Situation und zieht einen Vergleich mit heute:

„Insgesamt bestand die Politische Abteilung, wie sie damals hieß, aus fünf diplomatischen Beamten. Heute, sozusagen in Friedenszeiten und unter für uns normalen Verhältnissen, ist die Politische Sektion in acht Abteilungen gegliedert, mit an die 30 Mitarbeitern. Das ist gewiß ein Ausdruck der großen — manchmal allzu großen, wie mir gelegentlich scheint — außenpolitischen Aktivitäten des heutigen Österreich, und es zeigt auch, daß wir wohlhabender und selbstbewußter geworden und auch bestrebt sind, einen Platz in der Weltpolitik einzunehmen."

Damals war an Weltpolitik noch nicht zu denken. Franz Matscher selbst fühlte sich allenfalls als Kleindarsteller am Ballhausplatz, aber als solcher geriet er 1955 mit Österreich doch in die Weltpolitik:

„In persönlicher Erinnerung habe ich noch die große Überraschung, in der Freude, aber auch Ungewißheit mitschwangen, die im Bundeskanzleramt und im Außenamt herrschten, als die Meldung über die Rede Molotows in Wien einlangte.

In den nächsten Wochen kam es dann zu mehreren Unterredungen zwischen Molotow und dem österreichischen Botschafter in Moskau, Norbert Bischoff. Gleichzeitig fanden intensive Kontakte zwischen der österreichischen Regierung und den vier alliierten Hochkommissaren in Wien statt. In jener Zeit hatte ich mehrmals die Aufgabe, den Hochkom-

missaren der vier Alliierten Noten des Außenamts zu überbringen. Zu meinen stärksten Eindrücken zählte es, etwa innerhalb einer Stunde in den vier Hochkommissariaten vorzusprechen. Die Reihenfolge war mir überlassen; der Auftrag sollte nur binnen kürzester Zeit erledigt sein. Ich wählte daher eine Route nach ‚verkehrsgeographischen' Gesichtspunkten. Jedes der vier Hochkommissariate war eine Welt für sich, wie ich sie heute noch deutlich vor mir sehe:
Die Sowjets residierten im Hotel Imperial. Die Hotelmöbel standen in den zu Büros umfunktionierten Zimmern bunt durcheinandergemischt: Kein Fauteuil paßte zum anderen, Biergläser auf den Tischen dienten als Bleistift- und Federhalter.
Die französische Botschaft in der Technikerstraße erinnerte mich an die älteren französischen Hotels, wie ich sie zuvor, in Paris, kennengelernt hatte: leicht heruntergekommen und verstaubt, etwas schlampig, aber mit Atmosphäre.
Wenn ich an die britische Botschaft in der Reisnerstraße zurückdenke, sehe ich dunkel getäfelte Räume und braune Ledergarnituren vor mir. So ähnlich, dachte ich mir, muß es in den vornehmen Londoner Herrenclubs aussehen. Gesamteindruck: etwas steife Eleganz.

In der amerikanischen Botschaft in der Boltzmanngasse hatte ich das Gefühl, in einer modernen Klinik zu sein: Alles wirkte sehr sauber und gepflegt, unpersönlich und irgendwie aseptisch."

Am 11. April 1955 reiste die österreichische Regierungsdelegation nach Moskau; vier Tage später schaltete das sogenannte Moskauer Memorandum den Weg zu den abschließenden Verhandlungen auf Grün. Die fanden im Mai auf Botschafterebene in Wien statt, die österreichische Delegation war von Leopold Figl und Bruno Kreisky (seit April 1953 Staatssekretär im Außenamt) angeführt.

„Nach einer kurzen Erörterung der Prozedurfragen, am ersten Konferenztag, wurde der österreichischen Delegation das Wort zuteil. Minister Figl trug in etwa 15 Minuten das österreichische Anliegen auf endlichen Abschluß des Staatsvertrags und auf Wiederherstellung der Freiheit vor. Er sprach in bewegten Worten und mit seinem unnachahmlichen und, wie ich in jenen Jahren immer wieder feststellen konnte, gerade Ausländern gegenüber voll zur Geltung kommenden Charme. Es war eine Mischung von Klugheit und Naivität, von Schläue, gepaart mit Geradlinigkeit und Offenheit, daher auch Glaubwürdigkeit, und viel Herz; so wenigstens habe ich ihn in Erinnerung. Nachdem man sich über die Prozedurfragen geeinigt hatte, ging man zur Behandlung der einzelnen Artikel über." Schwieriges wurde zunächst zurückgestellt. Dann hieß es: „Die Sitzung verlief in unfreundlicher und gespannter Atmosphäre." Ab 10. Mai wurde das Klima zusehends wärmer. Am Nachmittag des 14. Mai (am Vormittag hatte Molotow in Warschau den Warschauer Pakt, das Verteidigungsbündnis der Ostblockstaaten, unterzeichnet) fand die Außenministerkonferenz statt. In wenigen Minuten wurde eine letzte offene Frage geklärt. Feiertagsstimmung breitete sich aus. Inzwischen hatten die unteren Ränge der Konferenz-Arbeiterschaft noch allerhand zu erledigen. Franz Matscher fungierte in der Botschafter- und Außenministerkonferenz in erster Linie als Französisch-Dolmetsch für Außenminister Figl. (Die Delegationen der Großmächte hatten Berufsdolmetscher des Alliierten Rats zur Verfügung; für die österreichische Delegation übersetzten junge sprachkundige Beamte des Außenamts.)

„Es war ausgemacht, daß die Amerikaner den englischen, die Franzosen den französischen, die Sowjets den russischen und wir den deutschen Text für das Original schreiben würden. Anhand meines Arbeitsexemplars, in das ich die meritorischen Änderungen der beiden Konferenzen und die sprachlichen Korrekturen des Redaktionskomitees mit Bleistift eingetragen hatte, diktierte ich dann am 13. und 14. Mai die österreichische Reinschrift. Dieses mein Arbeitsexemplar habe ich aufbewahrt. Es war aus Anlaß der 25-Jahr-Feier des Staatsvertrags, zusammen mit verschiedenen anderen Papieren und Konzepten von mir, in einer Vitrine im Belvedere ausgestellt.

Am 14. Mai, spät nachts, wurden die Reinschriften etappenweise zur gegenseitigen Überprüfung ausgetauscht. Man wird es mir glauben, wenn ich sage, daß wir unseren Text zu mehreren und mehrfach durchgelesen haben. Trotzdem machten uns die Russen auf zwei Tippfehler aufmerksam. Das Einbinden der vier Texte, nachdem alle Korrekturen durchgeführt worden waren, hatte man uns überlassen. Es wurde damit eine Wiener Buchbinderfirma betraut, deren Vorgängerin bereits die Akte des Wiener Kongresses 1815 gebunden haben soll. Die Amerikaner, die Franzosen und die Engländer überließen uns die Siegel ihrer Außenminister und ihrer Botschafter und begaben sich zur Ruhe; wir sollten das gebundene Werk selbst siegeln. Nur die Sowjets verlangten, verständigt zu werden, wenn wir soweit wären; sie würden dann zum Siegeln kommen.

Das war am 15. Mai, gegen 3 Uhr früh. Von diesen Siegeln haben sich einige von uns, spaßhalber, Abdrucke gemacht, so auch ich in mein Handexemplar des Staatsvertragsentwurfs."

Natürlich hat sich auch Anekdotisches in Franz Matschers Erinnerungen an den Staatsvertragsabschluß angelagert.

„So hat eine Wiener Hutfirma am 13. Mai im Außenamt angefragt, ob wir die Hutmaße der vier Außenminister feststellen könnten; sie wollte ihnen, als Erinnerung an Wien (und wohl auch als Werbegag), je einen Ausseerhut mit Gamsbart offerieren. Einzelne Kollegen im Außenamt hatten dagegen Bedenken. Nach Absprache mit Gesandtem Schöner machte ich mich ans Telefonieren. Die Hutmaße von Dulles, von Pinay und von Macmillan habe ich rasch erfahren können. Ich weiß nicht, ob die Botschaften zu Hause rückgefragt haben, oder ob sie so gut dokumentiert waren, daß sie sogar diese Angaben in der Botschaft lagernd hatten. Lediglich die Hutmaße Molotows konnte ich nicht in Erfahrung bringen. Wahrscheinlich erschien das Ganze den Sowjets suspekt, oder sie hatten einfach zuwenig Sinn für Humor. Seinen Ausseerhut mit Gamsbart hat schließlich aber auch Molotow entgegengenommen. Ob er gut gesessen hat, weiß ich nicht mehr, er soll sich aber darüber gefreut haben.

Bei der Staatsvertragsunterzeichnung, am 15. Mai vormittags im Belvedere, hatte ich die ehrenvolle Aufgabe, Außenminister Dulles an der Treppe zu empfangen und in den Saal im ersten Stock zu geleiten. Ich erinnere mich noch, daß alles in Schwarz oder zumindest dunkel gekleidet war. Lediglich Dulles trug einen leuchtend blauen Anzug mit einer weißen Nelke im Knopfloch."

Auf dem offiziellen Staatsvertragsgemälde ist auch Franz Matscher anwesend und namentlich bezeichnet, aber sehr bald danach sieht er sich in Paris am vorläufigen Ziel früherer Wünsche: Er ist Legationssekretär und wird mit diplomatischer Alltagsarbeit betraut. Er erledigt Konsularisches, bemüht sich um die „Erlösung" österreichischer Fremdenlegionäre, sucht französische Väter für österreichische Besatzungskinder, steht in Not geratenen Österreichern bei und hilft einmal auch einer sehr hübschen jungen Frau namens Renata Maria Waitzendorfer, eine bürokratische Hürde zu überwinden. Der diplomatische Beistand führt auf ziemlich direktem Weg zum Traualtar in der Obermaiser St.-Georgen-Kirche, wo er als Bub Ministrant gewesen war — und die Karriere weiter nach Madrid.

Mit dem nächsten Vierjahresturnus gelangt Franz Matscher wieder nach Wien: zu Rudolf Kirchschläger ins Völkerrechtsbüro und 1962 zu Kurt Waldheim in die Politische Sektion. Als Leiter der Südtirol-Abteilung gestaltet er von 1962 bis 1977 fast alle Südtirolbesprechungen und -verhandlungen mit, die in den 60er Jahren einen Schwerpunkt der österreichischen Außenpolitik unter Bruno Kreisky darstellten. Ein Foto aus dem Herbst 1963 dokumentiert diese Phase: österreichisch-italienische Verhandlungen über Südtirol in Genf. Der Konferenztisch ist kostbar und groß. Groß genug, um zwischen den beiden Delegationen viel leeren Raum zu lassen. Um Außenminister Kreisky sitzen der Tiroler Landesrat Rupert Zechtl, Staatssekretär Ludwig Steiner, Landeshauptmann Eduard Wallnöfer, die Diplomaten Kurt Waldheim und Rudolf Kirchschläger und neben ihm, grazil von Gestalt und fleißig in die Akten blickend, Franz Matscher.

Schon 1954 hatte er erstmals (damals noch mit Kanonikus Gamper, Friedl Volgger, Toni Ebner und Landeshauptmann Graus) an Südtirolverhandlungen teilgenommen, aber Österreich konnte seine volle Schutzfunktion doch erst aus-

üben, nachdem es durch den Staatsvertrag seine gesamte außenpolitische Handlungsfreiheit wiedergewonnen hatte.
So wurde Südtirol um 1960 schließlich auch zum UNO-Thema. Im Herbst 1960 trifft sich die österreichische außenpolitische und diplomatische Prominenz zum Rendezvous im New Yorker Glaspalast, ausgestattet mit Dokumenten, Appellen, Südtirol-Bildbänden (zur positiven Einstimmung der ausländischen Delegationen) und den besten Absichten. Friedl Volgger als Südtiroler Teilnehmer erinnert sich:
„Außenminister Kreisky und Staatssekretär Gschnitzer hatten alle führenden österreichischen Diplomaten für New York mobil gemacht. Mit Botschafter Dr. Heinrich Haymerle waren, um nur einige mit Namen zu nennen, der Gesandte Dr. Rudolf Kirchschläger und Dr. Kurt Waldheim, damals Botschafter in Ottawa, dem UNO-Stab zugeteilt worden. Aus Innsbruck kamen die Landesräte Oberhammer und Rupert Zechtl sowie die Leiterin der Südtirol-Abteilung, Dr. Viktoria Stadlmayer, die über drei Jahrzehnte ihre Sachkenntnisse, ihr politisches Geschick und ihre ganze Energie in den Dienst des südlichen Tirol gestellt hat. Die Südtiroler Volkspartei entsandte Senator Dr. Luis Sand sowie die beiden Obmann-Stellvertreter Dr. Alfons Benedikter und mich."
Das waren die stürmischen Tage jener Generalversammlung, bei der Nikita Chruschtschow mit Faust und Schuh auf den Tisch drosch, der irische Präsident beim Versuch, die Ruhe wiederherzustellen, seinen Hammer zerschlug und einen unbotmäßigen Redner mit der Schere vom Mikrofonkabel „trennte". Es waren auch jene Tage, als Botschafter Waldheim Südtirols Chancen vor allem bei den Blockfreien ortete — und Recht behielt. Nicht nur Friedl Volgger rühmt Waldheims „Wendigkeit, diplomatisches Geschick, blitzschnelle Auffassungsgabe und seinen großen Bekanntenkreis". Auch Franz Matscher bestätigt aus eigener Anschauung und langjähriger Zusammenarbeit:
„Waldheim hat die Südtirol-Agenden mit viel Geschick und Fingerspitzengefühl geführt."
1960 und 1961 bearbeitete Franz Matscher als Mitarbeiter des Gesandten Kirchschläger Südtirol-Agenden der Generalversammlung in der Völkerrechtsabteilung des Außenamts.

1962 und 1963, inzwischen zum Leiter der neuen Südtirol-Abteilung in der Politischen Sektion bestellt (deren Leiter Botschafter Waldheim war), ist er dann Mitglied der österreichischen Delegation bei der Generalversammlung der Vereinten Nationen. Danach geht er als Botschaftsrat nach Bonn und schließlich 1966 als österreichischer Generalkonsul nach Mailand.

All die Jahre über hat er ein Steckenpferd, das ihn auf keinem Posten seines Auswärtigen Dienstes losläßt: die Juristerei.

Er solle sich doch habilitieren, raten ihm befreundete Professoren von der Universität Innsbruck. Er tut's 1966, und kaum ist er in Mailand, kommt der Ruf nach Innsbruck. Zwischen zwei stattlichen Sesseln sitzend, habe er sich gedreht und gewunden, gibt er zu, und weder an der Universität noch im Außenamt habe man sein Zaudern verstanden. Ein weiterer Ruf aus Salzburg, wo eine Lehrkanzel für Zivilprozeßrecht erst im Aufbau war, gibt ihm zunächst eine Möglichkeit, mit dem Zwiespalt zu leben: Er kann den Salzburger Lehrstuhl von Mailand aus supplieren. 1970 (die aus den Wahlen hervorgegangene sozialistische Alleinregierung ließ die Hoffnung Eduard Wallnöfers auf einen Südtirol-Staatssekretär Franz Matscher verblassen) entschied sich der Diplomat für Forschung und Lehre und reichte beim Außenamt seinen Abschied ein. Er übernahm die Salzburger Lehrkanzel; die alte Liebe Justitia hatte ihn ein- und heimgeholt, und er blieb ihr treu und nützlich: als Dekan (1971/72) und Rektor (1974/75) in Salzburg, als Stellvertretender Vorsitzender der Österreichischen Rektorenkonferenz (1975/76), zusätzlich als Lehrbeauftragter für österreichisch-italienische Rechtsvergleichung an der Universität Innsbruck (1974—1983) und für englisches Recht an der Diplomatischen Akademie in Wien, als Vortragender bei der Akademie für Internationales Recht in Den Haag (1978) und als Gastprofessor in Bologna (1985). Inzwischen ist ihm Salzburg, neben Meran und Wien, zur dritten Heimat geworden.

Die zwei Seelen in seiner Brust, die diplomatische und die juridische, meint er inzwischen ganz schön miteinander ausgesöhnt zu haben. In seinem Inaugurationsvortrag als

Salzburger Rektor versuchte er jedenfalls, die Vorteile seines zwiefachen Spezialistentums auf einer neuen Ebene zu vereinen: „Die Bedeutung von Verfahrensregelungen für die zwischenstaatlichen Beziehungen" hieß sein Thema.
Vergleich des Prozeßrechts als Diplomatie mit anderen Mitteln? Franz Matscher ist hoffnungsvoll:
„Ich betrachte das Verfahrensrecht als den rechtlich geregelten Weg, Ansprüche durchzusetzen und Streitigkeiten beizulegen, und das sowohl im nationalen wie auch im internationalen Bereich."
Sein Richteramt in Straßburg ist ein zusätzliches Forum, um seine These zu untermauern. Man habe ihn dort wohl auch deshalb haben wollen, weil er Verfahrensrechtler sei. Wie weitreichend die Rechtsprechung am Europäischen Gerichtshof für Menschenrechte gelegentlich sein kann, erläutert er an zwei Fällen: Im einen, österreichischen, ging es um eine Verletzung des Lebensmittelrechts, bei der dem Angeklagten nach seiner Meinung kein fairer Prozeß gemacht worden war, denn der ihn angezeigt hatte, fungierte in dem Verfahren als Gutachter. In Straßburg bekam der Verurteilte recht, daheim in Österreich eine Entschädigung, und die angefochtene Bestimmung des Lebensmittelgesetzes wurde in Österreich inzwischen abgeändert. Und von Italien aus wandte sich einer an die Straßburger Richter, den die heimische Justiz auf eine kleine Insel konfiniert hatte. Er hielt dies, weil in seiner Bewegungsfreiheit über Gebühr eingeschränkt, für einen Freiheitsentzug mit anderen Mitteln und jedenfalls nicht im Einklang mit der Europäischen Menschenrechtskonvention und ihrem Katalog von Grundrechten.
Auch dieser Mann bekam von den Europarichtern recht. Franz Matscher, der in Straßburg außer der Materie selbst besonders die Diskussion mit Kollegen der verschiedenen europäischen Rechtsschulen schätzt, weiß, daß es immer noch zuwenig Information über die Möglichkeit gibt, in Europa Recht zu suchen, wenn das eigene Land es seinem Bürger — seiner Meinung nach — verweigert. Daher bietet der Europarat jetzt auch Informationsseminare darüber an, unter welchen Voraussetzungen es sinnvoll ist, sich nach der

Ausschöpfung des nationalen Rechtswegs mit einer Beschwerde an die Europäische Kommission zu wenden, die dann entscheidet, ob ein Verfahren am Europäischen Gerichtshof eröffnet wird.
Vielleicht verstärkt sich das Europa-Gefühl, wenn erst einmal alle und nicht nur die EG-Europäer mit den neuen dunkelroten Europapässen ausgestattet sind. Inzwischen leisten Eingeweihte wie Franz Matscher die Vorarbeiten für einen „Bundesstaat Europa".

Lesehinweis:

Franz Matscher, Die Bedeutung von Verfahrensregelungen für die zwischenstaatlichen Beziehungen, in: Salzburger Universitätsreden, Pustet-Verlag, 1975

FranzMatscher, Erinnerungen eines Augenzeugen, in: Salzburger Nachrichten, 15. Mai 1985

Friedl Volgger, Mit Südtirol am Scheideweg, Innsbruck 1984

Walter Gubert:

Puzzlespiel fürs Kapital

In New York gibt es neuerdings besonders monumentale Verbindungen von Kommerz und Kunst. Sie finden in den Hallen und Glashäusern von Geldvermehrungspalästen ihren Ausdruck und betonen mit Bezeichnungen wie Piazza, Plaza, Gallery, Atrium ihren Öffentlichkeitscharakter.
Leute von der Straße weg- und anzulocken ist das erklärte Ziel der teuren Arrangements aus Marmor, Granit und Glas, aus Brunnen, Bächen und Rinnsalen mit allerlei wucherndem Grünzeug. Die klimatisierten Idyllen sind Wohltat und Geschäft zugleich, denn mit dem Geschenk einer Plaza fürs Stadtvolk erwirbt der Bauherr nach dem New Yorker Zonierungsgesetz, das die Höhe und Ausmaße von Wolkenkratzern seit 1961 beschränkt, einen Bonus von 20 Prozent mehr Stockwerken.
Wer also die Öffentlichkeit vor, in oder neben sein Hochhaus läßt, darf höher hinaus, und seither schießen die Wolkenkratzer-Lobbys munter ins Kraut — das Javits Convention Center am Hudson ist das neueste und mit 50 Meter Hallenhöhe das höchste, das Rockefeller Center das älteste und menschenfreundlichste. Dazwischen das 43stöckige dunkelgrüne Granithochhaus von IBM mit seinem kolossalen Wintergarten neben dem Trump Tower oder die Lobby des neuen Equitable-Turms in der Siebenten Avenue, wo an der Stirnwand ein 20 Meter hohes Gemälde von Roy Lichtenstein aufgehängt ist. Die Halle ist eine Art Kunsthalle vor dem eigentlichen Hochhaus des Versicherungskonzerns mit einer Dependance des Whitney-Museums für amerikanische Kunst.
Im hinteren Teil des Kolosseums wirkt neuerdings unter einem vierteiligen Fresko des Florentiners Sandro Chia, das die Geschichte des Pferderennens von Siena erzählt, im Luxusrestaurant „Il Palio" ein gewisser „Andrea da Merano". Ihm zollt die New Yorker Küchenkritik derzeit höchstes Lob für seine Kompositionen aus Salm, Froschschenkeln, Lammfilets, Sorbets und anderen Duftigkeiten einer kreativ durchlüfteten italienischen Küche. Eine der

Psychogramm Walter Gubert

Geburtsort: Meran
Sternzeichen: Zwilling durch und durch (auch im Aszendenten)
Gibt es eine Charaktereigenschaft, die Sie besonders prägt? Neugier
Würden Sie sich zu einem Fehler bekennen? Immer — und ich lege auch Wert darauf, auf einen Fehler hingewiesen zu werden.
Haben Sie Ehrgeiz? Allerdings
Was bereitet Ihnen besondere Genugtuung? Den Tennisball gut zu treffen und in der Arbeit neue Wege zu finden.
Haben Sie ein Steckenpferd? Natur erleben in der Meereslandschaft
Gibt es ein Abenteuer, das Sie gern erleben würden? Mein Leben ist zur Zeit abenteuerlich genug.
Orientier(t)en Sie sich an Persönlichkeiten? Welchen? An keiner speziellen Einzelpersönlichkeit
Wären Sie gern eine bestimmte historische Persönlichkeit gewesen? Talleyrand macht mir Eindruck, aber ich wäre nicht unbedingt gern er gewesen.
Gibt es etwas, das Sie besonders fürchten? Krankheit, besonders Krebs
Was kränkt oder ärgert Sie besonders? Engstirnigkeit und Unehrlichkeit
Sind Sie von etwas abhängig? Vom Schlaf — ich käme gern mit weniger davon aus.
Lieblingslandschaft: Meeres- und Berglandschaft
Lieblingsstadt: Paris
Was riechen Sie besonders gern? Meer und Feuer im Kamin
Bevorzugte Autoren: Rilke, Rimbaud, Churchill
Welche Musik hören Sie besonders gern? Meine Tochter auf der Geige und das Wohltemperierte Klavier
Haben Sie Vorlieben auf dem Gebiet der Bildenden Kunst? Henry Moore, Quattrocento Fiorentino

Walber Gubert (Mitte, sitzend) und Team.

Unten: der Morgan-Tank und seine Mannschaft, mit Brille: Walter Gubert

Welches Buch hat Sie in letzter Zeit besonders beeindruckt?
  Die Erinnerungen von Lee Iacocca
Wo fühlen Sie sich beheimatet? In Europa; im engeren Sinne
  in Paris, London und Südtirol
Was tun Sie in Südtirol am liebsten? Landesüblich essen mit
  alten Freunden
Was nehmen Sie mit, wenn Sie Südtirol wieder verlassen?
  Erinnerungen und Brot
Könnte Sie etwas auf Dauer nach Südtirol zurückbringen?
  Möglicherweise — aber wohl kaum permanent

Spezialitäten aus dem „Palio", mit Pilzen und Kräutern vermengte „Cordoncini", entpuppte sich einer deutschen Journalistin gegenüber als die bewährten Tiroler Schupfnudeln. Aber unter der Kochhaube steckt eben auch kein toskanischer Küchenkünstler, sondern der Meraner Andreas Hellrigl, der dem „Palio" zu seinen Meriten verhilft.
Für beide Kulturbereiche — die Gratiskultur der öffentlichen Kunst in den Hallen und Atrien und die Kochkultur à la „Palio" — finden sich die Mäzene in den Hochhausetagen der Banken und Großfirmen. Sie fördern die Kreativität von Architekten und Köchen, was im Bereich des Bauens zu konkurrierender Monumentalität führt — und beim Kochen eben manchmal auch zu Verrenkungen wie bei „Andrea da Merano". Städte von der Größe New Yorks leben auch von ihrer Überheblichkeit und Übertreibungssucht.
Einen Künstlernamen zur Förderung des Geschäfts hat ein anderer Südtiroler in New York nicht nötig. Walter Gubert, Meraner auch er, muß nicht „Walter da Merano" sein, um sich eine Option auf beruflichen Erfolg zu sichern. Im Gegenteil — seine Arbeit unter den Wallstreet-Bankern vollzieht sich im nationalen Vakuum des internationalen Busineß, wo es ganz egal ist, woher einer kommt, Hauptsache, er verfügt über ein bestimmtes Grundwissen, gute Kontakte und, vor allem, über jene Kreativität, die ständig gute Ideen produziert, um aus viel Geld mehr Geld zu machen.
Als Senior Vice President von Morgan Guaranty betreibt Walter Gubert die Geschäfte einer außerordentlich florierenden New Yorker Handelsbank, die in einigen Zweigen ihrer weltumspannenden Aktivitäten Spitzenplätze in den „olympischen" Disziplinen der Geldvermehrung einnimmt. Sie ist eine der Handvoll amerikanischer Banken, die auf dem Eurodollarmarkt besonders gut verwurzelt ist.
Da setzte sich schon der legendäre John Pierpont Morgan Ende des 19. Jahrhunderts fest, der — aufgewachsen und erzogen in Deutschland — in den USA nicht nur die Eisenbahn vor dem Bankrott bewahrte und die Regierung aus einer Goldkrise rettete, sondern auch aus der Vermählung von Geld und Kunst bedeutende Wachstumsimpulse für das New Yorker Metropolitan Museum (das größte Kunstmu-

seum der westlichen Hemisphäre mit drei Millionen Kunstwerken) schuf. Als dessen Präsident und Förderer (Spitzname „Pierpontifex") erwarb er Sammlungen en gros, streckte oft das Geld für den Ankauf vor und sammelte nach gelungenem Erwerb bei der New Yorker High Society die Auslagen (und mehr) in Gestalt von Spenden wieder ein.

Der „Pierpontifex" ist als Kunstsammler und -organisator zur Legende geworden — einer, der die Kunst des Kaufens von Kunst perfekt beherrschte. Als JPM ist sein Name in New York noch heute Synonym für Bankerfolg. Er und nun auch das gegenwärtige Morgan-Team machten die Adresse 23, Wall Street, Sitz von Morgan Guaranty Trust Co., zur Verheißung für cleveren Umgang mit dem großen Geld großer Kunden. In keiner anderen Bank gehen Angestellte mit so viel Geld um, und dennoch ist Morgan mit seinen 15.000 Beschäftigten nach dem Urteil der Branche „kompakt" genug, um bei den profitabelsten Banken des Landes zu sein, und der Finanzdirektor eines Großunternehmens der chemischen Industrie — das natürlich Morgan-Kunde ist — lobt im amerikanischen Wirtschaftsmagazin „Business Week" ganz ungeniert:

„Von allen Banken ist Morgan die professionellste." Solche Professionalität ist auch der Grund, warum etwa Walter Gubert immer wieder zu Vorträgen vor der Berufsvereinigung der „Treasurer" (eben solcher Finanzdirektoren) eingeladen wird.

„Bei seinen Anstrengungen, ins Handelsbankwesen einzudringen, schreibt Morgan Guaranty alle Spielregeln neu", lobte im Juli 1985 ein amerikanisches Finanzmagazin und glaubte auch zu wissen, wie die Morgan-Bank zum wichtigen Bankpartner von Firmengiganten aufsteigen konnte: Das Morgan-Team bestach mit neuen Ideen anstelle von konventionellem Marktdenken und eroberte sich speziell auf dem europäischen Anlagenmarkt die „Medaillenränge" vor den amerikanischen Konkurrenten. So kommt es, daß die Geschäftspartner heute von der Morgan-Gruppe lieber Ideen als bloß Geld leihen, besser gesagt: Ideen, die Geld bringen.

Diese Ideen entstehen im engen Kontakt mit den Klienten und immer im Team, weshalb Walter Gubert trotz seiner gehobenen Stellung in der Moneymaker-Maschine von Morgan um gar keinen Preis als „Chef" taxiert werden will. Und so sieht es auch die Fachpresse:
„Morgans wahre Geheimwaffe sind wohl seine Legionen von Teamspielern auf den Kapitalmärkten und im Bankwesen."
Sie alle agieren nach einer Philosophie, die sie dem Spiel entliehen zu haben scheinen und die Walter Guberts Vorgänger Roberto Mendoza in einem Interview folgendermaßen beschreibt:
„Wir probieren es. Und wenn jemand sagt, daß es so nicht geht, dann prüfen wir das fünfmal, bevor wir ihm recht geben." Auch eines seiner eigenen beruflichen Hauptziele teilt Walter Gubert mit Mendoza: „having fun" — Spaß haben, Spaß am gleichsam spielerischen Lösen von Problemen. Es sei ungemein befriedigend, Probleme auf diese Weise zu lösen — wie beim Puzzlespiel.
„Und du fühlst dich riesig wohl, wenn du's wieder ein bißchen besser gemacht hast!"
Als Star darf sich dabei freilich keiner fühlen. Schon bei der Aufnahme ins Team der Anlageartisten wird gefragt: „Paßt er dazu? Und was ihn dazupassen läßt, ist, daß er keine Primadonna ist, daß sich nicht alles um ihn drehen muß. Vielmehr muß er sich vor allem um anderer Leute Angelegenheiten kümmern wollen."
Zum System dieses lustbetonten Spiels im Dienste des Kunden gehört weiter die konsequente Rotation durch alle Geschäftsbereiche, „so daß jeder jeden kennt", und eine ständige Kommunikation zwischen Morgan New York und Morgan London. Für Walter Gubert, dessen Arbeit (wegen des Zeitunterschieds zu Europa) schon um halb acht Uhr früh beginnt und (wegen der Zeitdifferenz zu Japan) sehr spät endet, bedeutet das einen Arbeitstag von mindestens zwölf Stunden.
Jeden Morgen versammelt sich die ganze Gruppe bei einem Konferenz-Telefonat mit London. Dabei werden schrittweise alle Aktionsmöglichkeiten durchgespielt nach dem Prinzip: „Was wäre, wenn wir dies oder jenes täten…?"

Am Ende des Gemeinschaftspuzzles mit telefonischer Partnerhilfe steht die für den Anleger günstigste Entscheidung. „Und dabei geht's nicht nur darum, etwa aus zwölf Prozent Rendite zwölfeinhalb zu machen, sondern auch die steuerlichen und allgemein die rechtlichen Voraussetzungen in den verschiedenen Ländern möglichst gut zu nutzen", erklärt Walter Gubert, der sich den Durchblick im internationalen Finanzgeschäft erst nach dem (mit Auszeichnung abgeschlossenen) Jusstudium in Florenz erwarb. Auf einer der führenden Kaderschmieden des Managements, dem Insead-Institut in Fontainebleau bei Paris, erwarb er ferner den Abschluß eines „Master of Business Administration" (MBA). In den USA entlassen 500 solcher Business-Schulen jährlich an die 60.000 Absolventen, in Europa bieten sieben Schulen MBA-Programme mit insgesamt nicht mehr als 1000 Studienplätzen an. Chancen, dort aufgenommen zu werden, aber auch Chancen, mit dem Abschluß später Karriere zu machen, haben nur die Besten. Für sie rentiert sich das MBA-Zertifikat nicht zuletzt wegen der vielen nützlichen Kontakte und Bekanntschaften, die sich durch die Business-School gewinnen lassen.

Walter Gubert, der damals als selbstverständliches Rüstzeug auch schon perfektes Englisch und Französisch besaß, fiel bereits in Paris den Morgan-Leuten auf. Erfolgreiche Finanzberatung für die Morgan-Gruppe brachte ihn an den Londoner Brückenkopf der Bank. Von dort gelang ihm der transatlantische Karrieresprung nach New York.

Nach Jahren als unermüdlicher Vielflieger zwischen den Kapitalmetropolen der Neuen und Alten Welt spürt er den Okkasionen auf dem Kapitalmarkt nun mehr telefonisch als physisch nach. Zwanzigmal „Hallo London!" an einem Tag, dazu noch ein paarmal Zürich, Frankfurt und Tokio, sind durchaus normal.

Am Ende eines solchen Tages, den Walter Gubert als „hektisch, aber interessant!" kommentiert, steht meist der Anruf nach Japan, und ein Memo-Protokoll mit Fragen, Wünschen und Kommentaren wird als „Missile" nach London und die anderen wichtigen Finanzplätze „geschossen". Am nächsten Morgen schickt London das „Gegengeschoß" zurück — mit

Antworten auf die Fragen aus New York. „Und all das vollzieht sich in einem Klima völliger Offenheit für das Team. Nichts wird hinter verschlossenen Türen besprochen. Alles, was geschieht, steckt in Konferenzschaltungen und diesen 'Missiles'. Jeder weiß, was läuft — und das ist ganz wesentlich, um auf dem komplexen Markt von heute die bestmöglichen Geschäfte zu finden. Man braucht die verschiedenen Aspekte: einen, der gute Ideen über Steuern hat, einen, der alles über den Anleihenmarkt an diesem bestimmten Tag weiß, und so weiter, nicht einen, der alles im Kopf hat."

Wenn Walter Gubert sein Büro für eine kurze Nacht oder ein längeres Weekend verläßt, fährt er eine kurze Zugstunde oder 20 bis 50 Autominuten nach Hause. Das ist gleich neben dem Jachthafen an der segelbetupften Meeresbucht des Long Island Sound im Staate New York, wo er gern mit dem eigenen Boot herumkreuzt.

Auch seine Sportarten Segeln, Tennis und Golf betreibt er mit Passion. Mit der gleichen Hingabe und Konsequenz spielt er Klavier und spricht er deutsch mit seinen beiden kleinen Töchtern, die — seine französische Frau macht's möglich — dreisprachig aufwachsen. Das Au-pair-Mädchen kommt aus Südtirol. Und einmal im Jahr macht die ganze Familie Urlaub am Vigiljoch.

Wie lange Walter Gubert seine anstrengenden Spiele mit dem großen Geld (der Kunden) noch fortsetzen will? Er weiß es nicht. 1987 wird er erst 40.

„Ich mach das, solange ich Spaß dran hab."

Ein Job, der von neun bis fünf dauert, findet Walter Gubert, mache vermutlich nicht weniger müde.

Heinz Winkler (rechts): Anerkennung von Alt-Bundespräsident Walter Scheel

Psychogramm Heinz Winkler

Geburtsort: Afers bei Brixen
Sternzeichen: Krebs
Gibt es eine Charaktereigenschaft, die Sie besonders prägt? Ausdauernd, zielstrebig
Würden Sie sich zu einem Fehler bekennen? Ja, immer
Haben Sie Ehrgeiz? Ja
Was bereitet Ihnen besondere Genugtuung? Zufriedene Gäste
Haben Sie ein Steckenpferd? Alte Kochbücher sammeln
Gibt es ein Abenteuer, das Sie gern erleben würden? Eine Expedition durch den Urwald
Orientier(t)en Sie sich an Persönlichkeiten? Welchen? Immer an erfolgreichen Persönlichkeiten
Wären Sie gern eine bestimmte historische Persönlichkeit gewesen? Christoph Columbus
Gibt es etwas, das Sie besonders fürchten? Nein
Was kränkt oder ärgert Sie besonders? Unehrlichkeit
Sind Sie von etwas abhängig? Von meiner Leistung
Lieblingslandschaft: Berglandschaft
Lieblingsstadt: Paris, San Francisco
Was riechen Sie besonders gern? Veilchen, Orangenblüten
Bevorzugte Autoren: Kochbuchautoren
Welche Musik hören Sie besonders gern? Jede gute Musik
Haben Sie Vorlieben auf dem Gebiet der Bildenden Kunst? Nein
Welches Buch hat Sie in letzter Zeit besonders beeindruckt? Lee Iacocca, „Eine amerikanische Karriere"
Wo fühlen Sie sich beheimatet? Im südbayerischen Raum
Was tun Sie in Südtirol am liebsten? Törggelen
Was nehmen Sie mit, wenn Sie Südtirol wieder verlassen? Speck, Breatln
Könnte Sie etwas auf Dauer nach Südtirol zurückbringen? Eine große gastronomische Aufgabe

Heinz Winkler

Kochkunst für den Zeitgeist

Ein edles Menu verlangt sein „Amuse gueule". Ein so geschmäcklerisches Kapitel sollte einige Appetithäppchen über die Kulturgeschichte des Gaumenkitzels erlauben. Denn Kultur läßt sich bekanntlich auch aus der Küche verstehen. Das Kochen braucht sich nicht erst zur Kunstform zu erheben, damit man seiner Bedeutung für die Zivilisation inne wird. Doch wo dies geschieht, ist die Kulturgeschichte zweifellos besonders schmackhaft.
Der Historiker Fernand Braudel verfaßte neben vielem anderen auch eine umfangreiche Kultur- und Wirtschaftsgeschichte des 15. bis 18. Jahrhunderts („Die Strukturen des täglichen Lebens") und untersuchte — natürlich, ein Franzose! — auch die Ernährungs- und Küchengebräuche verschiedener Kulturen und Epochen.
Und sein Landsmann Claude Lévi-Strauss läßt mit dem Kochen überhaupt erst den Prozeß der Kultur beginnen. Ein „kulinarisches Dreieck" der Hauptzubereitungsarten Braten — Sieden — Räuchern gibt die wechselnde Beziehung einer Gesellschaft zu Natur und Kunst an. Die Kochkunst steht in seinem System zwischen beiden und leistet eine notwendige Verschränkung von Natur und Kunst. In Lévi-Strauss' Mythenstudie vollzieht sich demnach nicht weniger als der Prozeß der Zivilisation auf engstem Raum: in der Küche. Er ist auch der Weg vom Rohen zum Gegarten, vom Verderblichen zum Haltbaren. Kultur kommt — auch — vom Kochen.
Die Kultur in unserer Ecke Europas besteht gottlob nicht nur aus „Fast Food" und Fertiggerichten, sondern auch aus einer stetig steigenden Zahl von kulinarisch kochenden Hausfrauen und von Gourmet-Restaurants, die keinen Vergleich mit ihren französischen Urbildern zu scheuen brauchen.
Da der eßbare Teil Italiens und der Schweiz nach den geltenden kulinarischen Maßstäben der Gastronomiekritiker ohnehin seit langem vorzüglich abschneidet, bezieht sich der konstatierte Aufschwung in der einschlägigen Literatur vor allem auf die Bundesrepublik Deutschland (und dane-

ben auch auf Österreich). Dort besteht zwar der eine Sektor der Koch-"Kultur", wie wir der Werbung entnehmen und bei persönlichem Besuch erschnuppern können, aus Hamburgern, Grillhuhn, Pizza und Schaschlik, der andere aber aus "Koch-Kultur", deren Ambition nicht aus Quantität, sondern aus Qualität kommt, und die der gelegentlich recht derben Regionalküche jene Leichtigkeit gegeben hat, die dem französischen "esprit" entstammt — so wie die Neue Deutsche Küche von der "nouvelle cuisine" des westlichen Nachbarn abstammt. Keine Küche der überfüllten Mägen (wenngleich bisweilen eine des geschrumpften Geldbeutels), sondern eine Küche für den internationalen Prestigeesser. Und der muß gemeinhin auf sein Gewicht und auf seinen nervösen Magen mehr achten als auf seinen Geldbeutel, neigt daher nicht zur Völlerei, sondern zur Ästhetik.

Er neigt offenbar auch dazu, sich wie bei den meisten ästhetischen Angeboten unserer Zeit von Magazinen bedienen zu lassen. In einem deutschen Wirtschaftsmagazin wird daraus alljährlich eine Hitliste der heimischen Spitzengastronomie, erstellt aus den Bewertungen der wichtigsten Restaurantführer.

Die Summe der Sterne, Kochmützen und gekreuzten Löffel, die als Prädikatssymbole vergeben werden, bestimmt den Listenplatz der Edelköche.

Hier haben Spitzensportler und Spitzenköche das gleiche Schicksal: Tausendstelsekunden und Zehntelpunkte entscheiden über die Plazierung. Kochen als Rekordversuch.

So könnte ein Reporter berichten: "Auf den ersten zwei Plätzen mit 95,7 Punkten, also punktegleich, D. Müller und H. Winkler, auf Platz drei E. Witzigmann mit einem halben Punkt Rückstand. Auf Platz vier M. Schwarz, der Aufsteiger des Jahres."

Und wenn die Kochchampions der Nation schon per Computerrangliste ermittelt werden wie die Tennischampions, warum sollten sie dann nicht auch gegeneinander antreten? Diese Version malte sich der Kommentator eines deutschen Feinschmeckermagazins aus: "Man stelle sich vor: Winkler gegen Witzigmann nach dem dritten Gang 3:3, im Tie Break schlägt Witzigmann mit dem Dessert auf, dann wechselt der

Service, und Winkler knallt sein Buttermilchsorbet übers Netz... und das alles live im Fernsehen!"
Doch vom Fernsehtennis wird der Zuschauer nicht fit und vom Fernsehkochen nicht satt (vom Lesen allerdings auch nicht). Hingegen haben Winkler & Witzigmann gegenüber Becker & Co. den erfreulichen Vorzug, sich vor ihren Anbetern nicht verbergen zu müssen, sondern sich ihnen im Gegenteil mit aller Dienstfertigkeit und Würde zu widmen und ihnen statt harter Bälle duftige Kreationen zu servieren. Im Fall von Heinz Winkler können sich genußfreudige Landsleute sogar noch — quasi als Tischdekoration — des Stolzes erfreuen, daß hier einer der ihren kocht. Freilich übt er seine Kunst nicht in seiner Heimat aus, sondern im nahen München, wo ihn noch jeder gefunden hat, der ihn suchte — da draußen, wo Schwabing sich schon ins Randstädtische verloren hat, ein Stück hinter der „Münchner Freiheit".
Da lehnt sich ein Restaurantmythos namens „Tantris" niedrig in Betongrau, Schwarz und Rot an ein Hochhaus, unter sich einen Keller mit 45.000 Flaschen Wein, verzichtend auf jegliche dekorative Verlockung. Nur der Namensschriftzug trägt Spuren orientalischer Reize.

Die Abwesenheit von Reklame hat nicht nur Snobappeal, sondern ist die logische Folge davon, daß Laufkundschaft in dieser wenig urbanen Gegend ohnehin nicht zu erwarten noch unterzubringen ist — allenfalls mittags, wenn die Geschäftsesser dominieren.

Hier also pflegt Heinz Winkler seit 1977 sein Renommé und seit 1981 auch drei Michelinsterne — und München pflegt, Winkler sei Dank, seinen Ruf als Gourmet-Hauptstadt, den es seinen zwei Dreisterneköchen Winkler und Witzigmann zu verdanken hat.

40 dienstbare Geister kümmern sich unter der Ägide des Chefs — pardon: des „Patron" — um maximal 80 Gäste, die in ihrer Mehrzahl den diskreten Charme der Bourgeoisie und die unauffällige Eleganz des Kapitals verkörpern, gelegentlich aber auch (wie 1983 bei der „Bambi"-Preisverleihung für die beliebtesten Filmstars) auch die grelle Heiterkeit des internationalen Showgewerbes. So tafelten denn auch schon der Heston und der Hagman, der Gottschalk und der Bel-

mondo bei Heinz Winkler aus Afers bei Brixen, der auch einmal Brooke Shields im Arm halten durfte — natürlich vor essendem Publikum. Nicht, daß ihm das keinen Spaß machte, aber ein ordentliches Stück vom Charolais-Rind in Händen könnte ihn vielleicht noch stärker inspirieren.

Heinz Winklers Weg durch die Brutstätten der Eßkultur könnte allzu leicht einen „Heinz im Glück" vorspiegeln, der mit einem Kunstlederkoffer auszog, um sich mit den wertvollsten drei Sternen seines Metiers niederzulassen. Er ist auch nicht von der Art jener märchenhaften Küchenjungen, die nach einem Donnerschlag plötzlich statt der Kochhaube die Königskrone aufhaben. Immerhin ist sein Weg so konsequent, so ohne Sackgassen und Parkplätze, daß er gar nicht ohne Ambition gegangen worden sein kann.

Seine ersten Kochstationen leistete Heinz Winkler, der aus einer Bauernfamilie mit zehn Kindern stammt, in Lana, Bozen, Gröden und Milano Marittima ab. Mit 18 ist er schon im Münchner „Continental" und beim „Humplmayer", einer ehrwürdigen Münchner Eßinstitution. Dort bleibt er für zwei Jahre, noch im Commisstadium, aber dann geht's richtig auf: St. Moritz, Luzern, Lausanne, Interlaken, Davos — alle einschlägigen „Paläste" sieht er aus der Küchenperspektive —, und mit 24 Jahren ist er Chefkoch im Schloßhotel in Pontresina.

Nun befehligt Heinz Winkler bereits eine 21-Mann-Brigade, mit der er im Sommer in einem Lindauer Luxushotel „gastiert". Seine Chefin gibt ihm einen Freibrief für Kreativität: Er darf sich profilieren, „sich austoben" beim Jagdbuffet oder bei Tafeleien à la 1001 Nacht.

Aber er mag sich noch nicht niederlassen, fühlt sich zu jung, um schon arriviert zu sein. Er fängt wieder unten an, aber bei einem „ganz oben": bei Paul Bocuse in Lyon, dem bekanntesten Erfinder der nouvelle cuisine. In Paris lernt er weiter, und von da kommt er als „normaler" Koch zu Eckart Witzigmann, der damals dem „Tantris" die höheren Weihen gab und bereits zwei Michelinsterne sein eigen nannte.

Es dauerte nur ein Vierteljahr, da bot man Heinz Winkler das „Tantris" in Eigenregie an (Witzigmann wanderte in seine „Aubergine" ab).

„Ich hab mich richtig gewehrt gegen das ‚Tantris'. Aber ich hab mich dann doch überreden lassen."
Zuerst verliert das Restaurant — durch Witzigmanns Weggang — einen seiner Sterne, aber schon nach einem Jahr hat ihn Winkler zurückerobert, wird „Koch des Jahres" 1979, bekommt 1981 von einer hochkarätigen Jury die „Silberne Eule", den Preis für Lebenskultur eines deutschen Gourment-Journals, und im November des gleichen Jahres, ein Jahr nach Witzigmann, seinen dritten Stern nach anonymem Test durch einen jener Inkognitofeinschmecker, die für die Restaurantführer probeessen. Und 1984 kommt noch — zum Darüberstreuen — die Siegermedaille von „Europa a tavola" aus Italien. Der jüngste Dreisternekoch sei er gewesen mit seinen 31 Jahren (Frankreich inklusive).

„Aber es waren auch meine härtesten Jahre", erinnert er sich. Die Alleinregie im „Tantris" habe ihm viel abverlangt — Ambition und Anspannung, ständige Anwesenheit und sorgfältigste Kontrolle jedes Tellers, der die Küche verließ. „Es geht nur so: keine Spur von Schlamperei tolerieren, auch wenn sie noch so geringfügig erscheint."

Ein nachlässig angerichteter Salat wird da schon zum Sakrileg. Wo, wie bei Heinz Winkler, die Gäste alle Sinne auf den Genuß richten (während sich ihr Argwohn aus dem Preis-Leistungs-Gefüge nährt), wo Essen zum Ereignis werden muß, hat Perfektion Routine zu sein.

Doch einmal wurde eine Panne nicht zum Desaster, sondern zur Anekdote:

Ein schwergewichtiger Gastgeber lud Freunde zu einem Diner im „Tantris" ein. Es gab auch eine Suppe à la Bocuse — also mit einer Blätterteighaube über der Suppentasse. Die Gäste löffelten begeistert. Auch der Gastgeber brach die Teigschicht auf. Dann legte er irritiert den Löffel weg, denn die Tasse darunter war — leer.

Beim Abservieren fiel die trockene Suppentasse natürlich als mittlere Katastrophe auf, wurde zum Küchengespräch, und Heinz Winkler war peinlich berührt.

Er blieb es, bis beim Abschied sich der Gastgeber für die figurfreundliche Serviceleistung ausdrücklich bedankte; eine sehr elegante Lösung für sein persönliches Problem.

Heinz Winkler hat das Kompliment mit Erleichterung eingesteckt. Soupe surprise oder: die Suppe als Therapie. Manchmal ist die Haute Cuisine unter den drei Sternen eine besondere Gratwanderung. „Der dritte Stern ist schwer, aber es hilft enorm, wenn man ihn hat", bestätigt Heinz Winkler.

Er verhilft ihm auch zu einem Großteil seiner Klientel: etwa 45 Prozent Geschäftsesser und 55 Prozent Privatschlemmer. Drei Viertel der Gäste seien Münchner, der Rest komme von außerhalb, von Restaurantführern oder Mundpropaganda geleitet.

Die drei Sterne sind also gut fürs Geschäft. Für ihn selbst haben sie weniger Bedeutung:

„Für einen oder keinen Stern würde ich genauso arbeiten", beteuert er. Mit dem „Drüberschweben" sei es nämlich nicht getan.

Heinz Winkler jeden Tag am Markt, jeden Tag am Herd? Genau so sei es! Alles, was er anbiete, könne er selber machen, ein Pianist der großen Küche, der alltäglich seine Etüden ableistet — mit den Händen und mit dem Kopf, wo die Kreativität sitzt und immer wieder neue Schübe braucht.

Die tägliche Qualfrage der Hausfrau: „Was koch ich heute bloß?" stellt sich auch einem Heinz Winkler bisweilen in aller Grausamkeit. Dann flucht er auch einmal.

Und was macht den Koch kreativ?

„Nicht, daß er überall Gänseleber und Trüffeln drauftut oder daß er Gerichte von der Farbästhetik her entwirft oder vom Showeffekt. Ein Gericht muß auf dem Teller für sich allein bestehen. Es soll nicht bloß sättigen, sondern Energie bereitstellen, keinen Verdauungsstreß hervorrufen, sondern Lebensfreude mobilisieren."

Daher auch bleibt Mehl — keine Frage! — in der Winklerschen Küche auf die Patisserie beschränkt.

Es würde ihm auch kein Händler Obst oder Gemüse aus dem Kühlhaus andrehen, und bei Enten, Rindern oder Zicklein hätte der Tierschutz gewiß nichts auszusetzen gehabt: Sie gehörten bei Lebzeiten zu den Auserwählten, die das Glück der Freilandhaltung genießen durften, bevor sie der Verwertung in Heinz Winklers Küche würdig wurden.

Haute Cuisine: Das ist aber, laut Winkler, nicht nur Hummer in Basilikum, Spargel mit Kaviarsauce und Taubenbrust auf Lauch und Pfifferlingen, sondern auch ein „einfacher" Kalbskopf mit Vinaigrette auf Feldsalat, bestreut mit ein wenig frischem Kren.

Das klingt nun schon ein wenig heimatlich, aber dennoch hat Heinz Winkler nicht die Absicht, sich in München als Südtiroler zu profilieren. Die Anstrengungen vieler Köche in seiner Heimat, die Hawaiischnitzel-„Kultur" zugunsten einer leichten und eleganten Küche auf bodenständiger Grundlage aufzugeben, verfolgt er jedoch mit Sympathie. Aber würde es ihn denn nicht reizen, auch daheim seine Sterne strahlen zu lassen?

Ja, sicher, im Hinterkopf habe er so etwas wohl. Aber er weiß auch, von welchen Voraussetzungen sein Metier geprägt ist: Es sei ein verbreiteter Fehler, wenn ein guter Koch irgendwohin aufs Land gehe und meine, die Leute würden schon zu ihm kommen.

„Ein Koch muß dorthin gehen, wo seine Gäste sind."
Die Art von Kochkunst, die Heinz Winkler zelebriert, braucht wohl ein Reservoir von Gästen, die seine Ästhetik goutieren — und bezahlen. Und zahlreich muß die Kundschaft sein, denn Essen à la Winkler hat das Flair des Außergewöhnlichen. Haute Cuisine für jeden Tag? Er weiß, daß der Großteil sogar seiner betuchten Stammgäste da eher abwinken würde.

Also geht er vorläufig lieber seinen deutschen Gästen als seiner Südtiroler Heimatverbundenheit nach: „Heinz Winkler auf Mallorca" wird sein neues Restaurant in Palma Nova heißen, für das er einen finanzkräftigen Partner gefunden hat. Er springt also nicht ganz so weit wie sein Landsmann und Kollege Andreas Hellrigl in New York; aber für jemanden, der auf die Nähe zum eigenen Herd so viel Wert legt wie Heinz Winkler, ist Mallorca weit genug weg. Er will sich deshalb durch eine eigene, sorgfältig ausgewählte Brigade von Leuten, „die alle schon bei mir waren", und durch Wochenendbesuche auf Mallorca für den Export seiner Fähigkeiten qualifizieren.

Vorher aber wird er noch ein ehrenvolles Angebot aus Japan annehmen: Die von Bocuse gegründete Kochschule in Osaka hat Heinz Winkler zu einer Reihe von Vorträgen über seine Art des Kochens eingeladen. Offenbar gehört auch die Haute Cuisine zu jenen westlichen Lebensformen, auf die sich japanische Neugier richtet.
Kann aber auch ein Heinz Winkler von der japanischen Eßästhetik noch etwas lernen? Er lächelt so höflich wie ein Japaner:
„Japanisches Essen ist sicherlich das schönste der Welt..."
Das „aber" spült er mit einem Schluck Champagner hinunter, der das Gespräch in einer Sitzecke des „Tantris" begleitet hat.
Nebenan im Restaurant ist die Mittagszeit jetzt vorbei. Eben greift die letzte Tafelrunde zu den Aktenkoffern und schickt sich an, in den Geschäftsalltag zurückzukehren.
Das schwarzrote Ambiente wirkt jetzt, bei Tage, seltsam deplaziert — erotisch zum falschen Zeitpunkt. Wer immer sich Namen und Interieur ausgedacht hat, bezog sich wohl eher auf Liebesdinge und Kultisches als auf Business.
Es gibt sicher nicht viele Leute, die sich — nichts als Geschäfte im Kopf — bei Heinz Winkler nur den Bauch vollgeschlagen haben. Aber mit Sicherheit haben bei ihm schon viele Leute empfunden, daß Essen auch etwas mit Erotik zu tun hat; daß aus Kochen und Essen ein Kult gemacht werden kann, ist ohnehin eine zeitgemäße Erkenntnis der Überflußgesellschaft.
Diesen kultischen Essern verdankt Heinz Winkler zweifellos die größte Portion seines Rufs als Kochkünstler. Doch er ist klug genug, um sich weder in die Selbstüberhebung des Genies zu verlieren noch durch allzu clevere Vermarktung seinen Namen abzuwerten. Was er über seine wichtigste Motivation sagt, ist so ambitioniert wie unprätentiös — ein Künstlerstatement im Grunde:
„Man muß es für sich selber tun!"

Lese- und Kochhinweis:

Heinz Winkler, Dreisterneküche für Zuhause, Südwest Verlag München, 1984

Zwischen Heimat und Ferne: „Heimatferne"

An das Wort lagern sich eher sentimentale Beiwerte als soziale Anliegen an: Wer „heimatfern" ist, hat wohl auch Heimweh, leidet an jener Entfremdung, die Heimatlieder beklagen und aus der es nicht weit vom „Ausland" ins „Elend" ist. Im Mittelhochdeutschen steht „ellende" noch für beides — für Ausland und für das Leben in der Fremde, der Verbannung.

Wer von der Bozner Arbeitsstelle für Heimatferne betreut wird, lebt nicht in der Verbannung und wohl auch nicht im Elend (an Heimweh könnte er vielleicht manchmal leiden). Wenn er Probleme mit der Südtiroler Heimat hat, sind sie eher von der handfesteren Art: Es geht um Rente und Pension, um den Wehrdienst oder um die Staatsbürgerschaft, um die Namensänderung oder den Berufstitel.

Verzwickte rechtliche Verhältnisse im alles andere als „vereinten" Europa lassen keinen Raum für Sentimentales, und das war 1956 bei der Gründung der Heimatfernenstelle nicht anders als heute — 30 Jahre später.

Zwar gab es „Heimatferne" in Gestalt von Hausierern, Stukkateuren, Schnittern, Bergknappen, Teersammlern, Wurzelgräbern, Branntweinbrennern und vielen anderen Erwerbsleuten in Tirol schon vor Jahrhunderten. Auch die „Schwabenkinder" aus dem Vinschgau gehören dazu.

Aber erst durch das Hitler-Mussolini-Abkommen vom Juni 1939 wurde die Abwanderung zu einem Südtiroler Massenphänomen.

Damals entstanden Probleme, die noch heute die Heimatfernenstelle beschäftigen.

Wie etwa kommt einer zu Recht und Geld, der erst als Soldat Italiens in Abessinien war, dann durch seine Option nach Nordtirol abwanderte und fürs Deutsche Reich Wehrdienst leistete, nach dem Krieg in der Schweiz arbeitete und als Pensionist wieder nach Österreich zurückkehrte?

Oder wie ist einem Südtiroler zu helfen, der, in der Bundesrepublik Deutschland lebend und verheiratet, dort straffällig geworden ist, seine Haft verbüßt hat und abgeschoben wird, während seine Familie „draußen" verbleibt?

So diffizil sind viele „Fälle", die Dr. Johannes Messner, als Diözesanassistent des KVW auch für Heimatferne zuständig, zu betreuen hat.
Als er anfing, sich um seine heimatfernen Landsleute zu kümmern, war er Theologiestudent in Rom. Dort lebten in den fünfziger Jahren viele Südtiroler Mädchen als Haushaltshilfen: Eine Kartei für Leute bis hinauf zum Botschafter, die sich „una tirolese" fürs Hauswesen wünschten, wies 600 Adressen aus. Johannes Messner wurde für viele der Mädchen die Kontaktstelle zur Heimat.
Im gleichen Jahr 1956 wanderten 200 Südtiroler Arbeiter — meist ungelernte Arbeitskräfte mit landwirtschaftlichem Hintergrund — dem damaligen deutschen Wirtschaftswunder nach und verdingten sich als Bergleute im Ruhrgebiet. Einer von ihnen berichtete 1982 beim 25-Jahr-Jubiläum der Heimatfernenstelle:
„Ich bin damals dabeigewesen. In Duisburg hieß es aussteigen, die Hälfte soll dableiben. Da sagte ich, ich fahre weiter, solange der Bus fährt. Dann sind wir wieder eingestiegen und zu 48 bis nach Dinslaken gefahren. Diese 48 waren aus allen Teilen Südtirols gekommen. Das ist genau vor 26 Jahren passiert.
Am 20. Februar 1956 machten wir die erste Schicht. Die war noch über Tag. Am nächsten Tag ging es hinunter.
Wir sind heute noch unsere sieben auf dieser Schachtanlage. Zu denen in Duisburg-Hamborn haben wir den Kontakt verloren. Ich habe viele angeschrieben, aber keine Antwort bekommen.
In der Zwischenzeit haben fast alle von uns eine Familie gegründet. Wir haben damals eine Schuhplattlergruppe gebildet. Dreimal haben wir den Spieler verloren, weil alle drei nach Südtirol zurückgekehrt sind.
Wir in Dinslaken haben heute noch einen guten Zusammenhalt. Der Arbeitsstelle für Heimatferne möchte ich danken und Herrn Dr. Messner ein Stück Steinkohle überreichen, das ich persönlich aus 734 Meter Tiefe heraufgeholt habe."
Die Arbeitsstelle für Heimatferne, im November 1956 formell gegründet, hatte ursprünglich ihren Sitz bei der Katholischen Bewegung und ist dann dem Katholischen Verband der Werktätigen (KVW) übertragen worden.

Nach den Jahren des Aufbaus wurden allmählich die Heimatfernen selbst Träger der Heimatfernenarbeit. Seit 1975 sind auch die gewählten Vorsitzenden der Südtirolervereine im Ausland von Rechts wegen Mitglieder der Arbeitsstelle. Heute hat Dr. Veit Wenter, der seit 1978 Vorsitzender der Arbeitsstelle für Heimatferne ist und als Lebensmitteltechnologe mit Studium und etlichen Berufsjahren in Österreich selbst einmal Heimatferner war, über 9000 Adressen von Alleinstehenden und Familienoberhäuptern in seiner Kartei (1962 waren es 2500, 1966: 4500 und 1970: 8000 Adressen).

Trotzdem kann er auf die Frage nach der Gesamtzahl der Südtiroler Heimatfernen keine genaue Antwort geben: Vielleicht sind es 15.000, wahrscheinlich sogar mehr, die Dunkelziffer ist groß. Eine Studie aus den frühen 70er Jahren schätzte über elf Prozent der deutsch und ladinisch sprechenden Erwerbstätigen aus Südtirol als Heimatferne ein. Ihre Wandermotive mögen einst Hunger und Not gewesen sein, ab etwa 1955 aber waren es vor allem gesellschaftliche Wandlungen und aktuelle Beschäftigungskrisen, wie etwa die tiefgreifende Strukturveränderung in der Landwirtschaft, die Arbeitskräfte freisetzte, oder die Krise der Pustertaler Holzindustrie in den sechziger Jahren.

Aber längst nicht mehr gilt die These, daß nur Ungelernte in die Ferne ziehen. Im Gegenteil — ein signifikanter Anteil der Südtiroler Heimatfernen hat daheim bereits eine Ausbildung durchlaufen, wird also nicht unbedingt aus Chancenlosigkeit zu Abwanderern, sondern um die beruflichen Chancen zu verbessern.

Nicht um überhaupt Verdienst zu finden, sondern um mehr zu verdienen und höher aufzusteigen, wandern Südtiroler — private Motive einmal beiseite gelassen — aus der Heimat ab, am stärksten zwischen 1957 und 1965 und aus dem Vinschgau und dem Tauferer Ahrntal; seither flacht sich die Abwandererkurve wieder ab.

Wo sie sich niederlassen, erarbeiten sie sich oft rasch Vertrauenspositionen, nicht zuletzt wegen ihrer Italienischkenntnisse, die ihnen besonders in den „Gastarbeiterländern", in der Bundesrepublik Deutschland, in Österreich und der Schweiz berufliche Vorteile verschaffen.

In diesen drei Ländern finden sich auch die meisten Südtiroler Heimatfernen: mehr als die Hälfte in der Bundesrepublik (meist in Baden-Württemberg und Bayern), ein Viertel in der Schweiz (vor allem in den Kantonen Zürich und Graubünden), etwa 15 Prozent in Österreich (vor allem im Raum Innsbruck, danach in Wien und Vorarlberg).
Über die Berufsgliederung der Heimatfernen lassen sich angesichts der hohen Dunkelziffern und der Schwierigkeiten, zu Befragungsergebnissen mit repräsentativem Charakter zu kommen, nur wenig verläßliche Aussagen machen: Etwa 60 Prozent sind wohl als „Arbeiter" in Land- und Forstwirtschaft, in Bau-, Metall- und Holzberufen einzustufen. Ebenfalls stark vertreten sind die Hotelberufe.
Die quantitative Schätzung der Akademiker kann ebenfalls nur mit Vorsicht weitergegeben werden. Die Heimatfernenstelle durchkämmte zuletzt im Jänner 1986 ihre Adressen, von denen aber nur etwa 40 Prozent Angaben über den Beruf enthalten. Von ihnen weisen sich etwa vier Prozent als „Heimatferne mit hochqualifizierten Berufstiteln" aus, unter denen Ärzte und Ingenieure am häufigsten vertreten sind. Würde man diesen Anteil auf den Gesamtbestand der Adressen hochrechnen, läge der Akademikeranteil der erfaßten Heimatfernen bei rund zehn Prozent.
Veit Wenter weiß jedenfalls, daß sich Akademiker über Initiativen der Heimatfernenstelle nur schwer ansprechen (und somit feststellen) lassen. Es scheint fast, daß sie sich wegen des hohen Spezialisierungsgrades ihrer Berufe von Anfang an stärker auf dauerhaften Verbleib außerhalb Südtirols einstellen und dann weitgehende Integration anstreben. Kontakt mit Südtirol suchen und finden sie im Urlaub daheim, nicht in den Südtirolervereinen, die es mittlerweile in allen „Ballungsgebieten" der Heimatfernen gibt.

Wie sie funktionieren und welche Schwerpunkte sie setzen, hängt stark von der Prägung durch den jeweiligen Vereinsvorstand ab. Die Berichte, die im Zweimonatsblatt der Heimatfernen „Heimat und Welt" veröffentlicht werden, geben Auskunft darüber, daß brauchtumspflegerische Tätigkeiten und gesellige Zusammenkünfte im Vordergrund stehen. Zwar sind nicht mehr wie seinerzeit bei den Südtiroler

Kumpels in Dinslaken die Schuhplattler die Hauptträger der Tiroler Identitätssuche, aber Brauchtums- und Theaterveranstaltungen verraten doch eine Vorliebe für Selbstdarstellung mit folkloristischen Beiwerten.

Das verhindert freilich nicht, daß einzelne Südtirolervereine in Bereichen, wo es sich nicht um die Heimat handelt, zeitnah und sogar zeitkritisch agieren.

Die Bereitschaft, sich in Südtirolvereinen zu organisieren, ist freilich nicht zu allen Zeiten gleich gewesen:

Bei den Südtirolern in der Schweiz zum Beispiel, weiß Veit Wenter zu berichten, ist sie in dem Maße gewachsen, wie dort die Ausländerfeindlichkeit (wenn auch Südtiroler offenbar nirgends als eigentliche Gastarbeiter betrachtet und behandelt werden) zugenommen hat. Manche Heimatferne hätten sich nach 20 oder 25 Jahren der Vereins-„Abstinenz" plötzlich wieder darauf besonnen, daß sie ja Südtiroler sind.

Eins freilich fehlt in keinem Vereinsbericht: die Törggelefahrt. Jenes spätherbstliche Südtiroler Hauptvergnügen, das die heimische Fremdenverkehrswirtschaft zur Anlockung von Gästen perfekt vermarktet hat, ist von den Heimatfernen mit Wonne „exportiert" worden:

„Törggelen am Rhein" vermeldet die Vereinschronik oder: „Berliner fuhren zum Törggelen nach Hannover."

Sicherlich nicht davon, aber vom Grad an beruflicher Erfüllung und familiärer Bindung hängt es ab, wie rückkehrwillig Südtiroler Heimatferne sind.

In einer Umfrage aus dem Jahre 1970 erklären zwar die meisten Heimatfernen, sie würden gern nach Südtirol zurückkehren, aber nur die wenigsten tun es dann auch tatsächlich.

Von den damals verschickten 8000 Fragebogen kamen übrigens ganze 800 Stück zurück, was wohl nicht nur mit Indifferenz zu tun hat, sondern auch mit der Tatsache, daß die heimatfernen Südtiroler, sind sie erst einmal abgewandert, gar nicht mehr leicht zu (er)fassen sind:

Dann nämlich werden sie erst richtig „mobil", wächst die Bereitschaft zum Adressen- und auch zum Berufswechsel. Auffinden lassen sie sich dann — sofern sie nicht von sich aus Kontakt halten — allenfalls noch über die Meldelisten in den Heimatgemeinden.